Hans-Peter Schwarz
Phantastische Wirklichkeit

Das 20. Jahrhundert im Spiegel
des Polit-Thrillers

Deutsche Verlags-Anstalt
München

Bibliographische Information Der Deutschen Bibliothek
Die Deutsche Bibliothek verzeichnet diese Publikation
In der Deutschen Nationalbibliographie; detaillierte
bibliographische Daten sind im Internet über
http://dnb.ddb.de abrufbar.

Diese Ausgabe wurde auf chlor- und säurefrei gebleichtem,
alterungsbeständigem Papier gedruckt.

1. Auflage
Copyright © 2006 by Deutsche Verlags-Anstalt, München,
in der Verlagsgruppe Random House GmbH
Alle Rechte vorbehalten
Lektorat: Ulrich Volz, Stuttgart
Typographische Gestaltung und Satz: DVA/Brigitte Müller
Gesetzt aus der Minion und der Frutiger
Druck und Bindung: Friedrich Pustet, Regensburg
Printed in Germany
ISBN 10: 3-421-05875-x
ISBN 13: 978-3-421-05875-1

www.dva.de

Inhalt

Zur Einführung

»Wir leben in haarsträubenden Zeiten … Neben der enormen Zunahme konventioneller Verbrechen haben wir jetzt außerdem noch das politische Verbrechen.«[1] So ließ der damals noch junge Frederick Forsyth in seinem Bestseller »Der Schakal« einen Geheimdienstbeamten sinnieren. Knapper und zutreffender läßt sich die Thematik des Polit-Thrillers nicht erfassen. Es dreht sich um eine besondere Spielart des Verbrechens: die Polit-Kriminalität auf höchster Ebene. Während der Kriminalroman von Conan Doyle bis Elizabeth George den Mord und die Aufspürung des Mörders gewissermaßen im Alltag von Herrn und Frau Jedermann schildert, konzentriert sich der Polit-Thriller auf die Weiße-Kragen-Kriminalität in den Spitzenetagen der Gesellschaft sowie die Versuche, ihrer Herr zu werden.

Häufig geht es dabei um Spionage. Aber diese ist in der Regel nur Teil einer Handlung, die sich um Vorgänge auf hoher und höchster Entscheidungsebene entwickelt. Spionage und Spionageabwehr, politische Intrigen, ideologisch oder von Geldgier motivierter Landesverrat und Hochverrat, Putschversuche und die Gefahr der Auslösung von Weltkriegen, pathologische Machtbesessenheit, auch sexuelle Obsessionen von Staatspräsidenten, Ministern, Admiralen oder Top-Managern mitsamt deren Gespielinnen, kaltblütiger Massenterror und dessen Vereitelung, doch genauso die Einsamkeit des Spions und die Angst des Individuums auf der Flucht vor den Killern der Geheimdienste – das und vieles mehr sind die Stoffe, aus denen die Polit-Thriller ihre Spannung beziehen. Bekanntlich waren das auch Zentralthemen der Zeitgeschichte des 20. Jahrhunderts, und schon heute läßt sich erkennen, daß es im 21. Jahrhundert wie bisher polit-kriminell weitergehen wird. Die hohe Politik ist zwar nicht im Regelfall so gemeingefährlich, wie sie im Polit-Thriller erscheint, aber doch viel häufiger, als es die stets hochmoralisch daherredenden Staatsmänner zugeben möchten. So gesehen, steckt in vielen dieser Romane ein zeitkritischer Kern.

Freilich würde sich kein Massenpublikum finden, wäre der Thriller nicht Spannung pur. Nichts darf fehlen, was die Phantasie ängstigt und zugleich anregt: Fahndung nach den großen Schurken im Dschungel der Geheimdienstbürokratien oder in exotischen Ländern, eine rasche Abfolge von *cliffhanger*-Szenen, Schießereien aus altmodischen großen Revolvern oder mit Laser-Kanonen, Grauen, Gefahr, Erpressung, Folterszenen und Verfolgungsjagden – der Polit-Thriller ist eine Fortentwicklung des klassischen Abenteuerromans im düsteren Stil des 20. Jahrhunderts.

Doch die Größen des Polit-Thrillers, die im folgenden vorgestellt werden, also die Eric Ambler, Graham Greene, Ian Fleming, Frederick Forsyth oder John Le Carré, wußten und wissen genau, daß gepfefferte Spannungsromane allein kaum ausreichen würden, das Interesse einer anspruchsvollen Leserschaft auf Dauer zu fesseln. Die Polit-Thriller schlagen Jahr für Jahr Millionen süchtiger Leser auch deshalb in ihren Bann, weil sie ein weiteres Element enthalten: die jeweils aktuellsten Schrecken der Zeitgeschichte, von denen sich jeder seelisch oder auch ganz existentiell bedrängt sieht, der nicht völlig stumpf durch die Welt läuft.

Die Handlung der Polit-Thriller dreht sich somit nicht nur um die jeweiligen Helden und deren Widersacher, so unverzichtbar diese auch sein mögen. Das tiefere Bewegungsgesetz des Genres ist die Zeitgeschichte selbst. Es sind die schrecklichen Gefahren der Gegenwart, welche die Handlung untergründig in Gang setzen und vorantreiben – die Weltkriege zwischen den Großmächten oder auch zwischen den Regierungen kleiner, aber grausamer Länder, der vierzigjährige Kalte Krieg, ethnisch und religiös bedingte Schlächtereien auf dem Balkan und in Dritte-Welt-Ländern, die unendliche Schreckensgeschichte des Nahostkonflikts zwischen Israel und den arabischen Terror-Organisationen, maritime oder weltraumgestützte Operationen, der Krieg im Dunkel zwischen den mörderischen Geheimdiensten KGB, CIA und MI6, die Labilität der Finanzmärkte, die rasante galoppierende Waffentechnologie mit allen von den ABC-Waffen und den riesigen Raketenarsenalen ausgehenden Gefahren, überhaupt das irrsinnige Entwicklungstempo des technisch-naturwissenschaftlichen Zeitalters, das zunehmend fürchterlichere Anschläge ermöglicht.

Die Zeitgeschichte des 20. Jahrhunderts und die Polit-Thriller haben somit dieselben Themen. Wer kann den Gefahren begegnen, die ganzen Großgesellschaften, großen Imperien, ja der Menschheit drohen? Wird es entschlossenem Handeln gelingen, die Schrecken im letzten Moment abzuwehren und die Bösewichte zu vernichten? Wenigstens die besseren dieser Romane sind ein Spiegel der Moderne, deren absurdes Bedrohungspotential noch nicht erschöpft ist. »Das Zeitalter der Angst«, hat seinerzeit der britische Schriftsteller W. H. Auden die kurz nach dem Zweiten Weltkrieg vorherrschende Grundstimmung benannt.[2] Das ist in der Tat auch das in den Polit-Thrillern vorherrschende psychologische Klima.

Doch die Thriller-Schreiber begnügen sich nicht mit der Schilderung des Grauens der modernen Zeitgeschichte. Erstaunlicherweise legen zumindest die bedeutenden Mitglieder dieser Zunft ein ganz bemerkenswertes politisches Engagement an den Tag. Sie ergreifen Partei und machen für jene Ziele, Mächte und Ordnungsvorstellungen Stimmung, die sie zu Recht oder zu Unrecht für die gerechten halten. In den Zeiten von Jean-Paul Sartre und Albert Camus hat man viel von der *littérature engagée* hergemacht. Gemeint waren damit die Intellektuellen unter den Literaten Frankreichs, Italiens, Englands, Amerikas oder auch Deutschlands. Bisher wurde aber weitgehend übersehen, daß Tausende von Polit-Thrillern, die im 20. Jahrhundert auf den Markt kamen, häufig gleichfalls *littérature engagée* sind. Gewiß, die Thriller-Schreiber möchten mit ihren Trivialromanen viel Geld verdienen, und den berühmtesten unter ihnen gelingt das auch. Doch es ist erstaunlich, wie penetrant und wie schamlos sie das Medium dieses Genres nutzen, um – bald ganz unverblümt, bald mehr unterschwellig – ihre recht unterschiedlichen politischen Botschaften zu verkünden.

Legt man ein Rechts-Links-Schema zugrunde, so sind Graham Greene, Eric Ambler in seinen Anfängen, John Le Carré und Robert Ludlum ganz eindeutig linke Autoren. Ebenso eindeutig artikulieren John Buchan, Ian Fleming, Colin Forbes, Frederick Forsyth und Tom Clancy konservative Positionen. Deshalb ist es übrigens auch geboten, den Blick auf die oft weniger bekannten Biographien dieser Autoren zu lenken. Schiebt man einmal den ganzen Klamauk der Spannungshandlung beiseite, so geht es den genannten Autoren und manchen anderen ihresgleichen um die Legitimität der politischen Ordnung. Dieses Problem wird vielfach festgemacht an der Tätigkeit der Geheimdienste. Wie man weiß, drehen sich viele Polit-Thriller um die Frage, ob die Tätigkeit der westlichen Geheimdienste legitim ist, moralisch fragwürdig oder einfach nur absurd. Indem die im Folgenden dargestellten Schriftsteller die Motivation und Psychologie der Geheimagenten, Verräter, Terroristen und Spitzenpolitiker ihrer Romane schildern, nehmen sie dazu direkt oder indirekt Stellung. Je nach politischem Standort porträtieren sie die entsprechenden Figuren als unerschrockene Patrioten, als traumatisierte Existenzen oder gar als Doppelagenten mit unwiderstehlicher Neigung zur Verräterei am eigenen Land.

Die Publizistin Margret Boveri, die in den fünfziger Jahren des 20. Jahrhunderts ihre engagierte Darstellung der Widerstandskämpfer, Atomspione, Kollaborateure, Attentäter und weiterer Typen im Zwielicht veröffentlichte, gab ihrem Buch den Titel »Der Verrat im 20. Jahrhundert«[3]. Diese zeitgeschichtliche Thematik wird, oft nur unwesentlich verfremdet, in den Polit-Thrillern nochmals nachgespielt und so oder anders bewertet.

Der Polit-Thriller ist also manches gleichzeitig. Er ist eine Sonderform des Kriminalromans, die in den Korridoren der Geheimdienste und der hohen Politik spielt. Er ist ein mit politischer

Thematik befrachteter moderner Abenteuerroman. Er ist aber auch Zeitkritik und *littérature engagée*.

Von solchen Überlegungen ausgehend, interessieren uns im folgenden die Polit-Thriller eines ganzen Jahrhunderts mit der Frage, wie sie den Zeitgeist der jeweiligen Jahrzehnte, häufig sogar des jeweiligen Jahrs ihres Erscheinens[4] zum Ausdruck bringen. In gewisser Hinsicht haben sie viel mit den zeitgenössischen Filmen gemeinsam, und es ist kein Zufall, daß die erfolgreichsten dieser Spannungsromane verfilmt und damit noch erfolgreicher gemacht, nicht selten allerdings auch verfälscht wurden. Filme, so hat der Doyen der amerikanischen Historiker, Arthur M. Schlesinger, unlängst geschrieben, »mit ihrem Panorama des Lebens, der Arbeit, der Daseinsstile und des Todes in den großen Städten sind wahre Schatzkammern für den Sozialhistoriker. Durchgehende Bilder, Genre, Stile und Mythen könnten sogar tiefere Besorgnisse enthüllen«[5]. Was Schlesinger für die *Warner movies* aus den dreißiger Jahren formuliert hat, gilt auch für die Polit-Thriller. Während aber eine beträchtliche Zahl von Film-Historikern besonders in den USA schon seit langem der Frage nachgeht, inwiefern der relevante Zeitgeist im Medium des Films zum Ausdruck kommt[6], finden hierzulande die weltweit genauso erfolgreichen, massenwirksamen Polit-Thriller bei den zünftigen Erforschern der politischen Ideen, Ideologien und Mentalitäten bisher nur wenig Beachtung.[7] Unsere Studie versteht sich somit auch als Versuch, dem im 20. Jahrhundert wirksamen Zeitgeist auf diesem wenig begangenen Weg näherzukommen.

Aus der Titelflut, die alljährlich den Druckmaschinen entströmt, mußte natürlich eine Auswahl getroffen werden. Von Interesse konnten nur die Meister des Genres sein, deren Bücher sich über Jahrzehnte hinweg an der Spitze der Bestsellerlisten hielten oder halten und die in viele Sprachen übersetzt wurden. Auf diesem internationalen Polit-Thriller-Markt spielen nur englische und amerikanische Autoren eine nennenswerte Rolle. Teilweise erklärt sich das aus der Weltherrschaft der englischen Sprache. Es gibt aber noch einen anderen Grund dafür.

Der Polit-Thriller ist auch ein imperiales Genre. Man könnte das 20. Jahrhundert mit Oswald Spengler auch als »das Zeitalter der kämpfenden Staaten« bezeichnen.[8] Dieses Zeitalter kennt nicht nur Imperien, die aufsteigen, die sich bedroht sehen, die siegreich bleiben oder untergehen, sondern auch Trivialromane, die eben diesen Vorgang schildern. Eigenartigerweise sind die Triumphe, die Tragödien, doch auch die ganz schmutzige Nachtseite der Imperien nur in zwei Ländern zum Gegenstand interessanter Polit-Thriller geworden: in Großbritannien und in den Vereinigten Staaten.

Selbstbehauptung und melancholischer Abstieg des britischen Empire kommen in den Polit-Thrillern der angelsächsischen Autoren ebenso zum Ausdruck wie der von Selbstzweifeln weniger belastete Aufstieg der amerikanischen Weltmacht. Wie nicht anders zu erwarten, figuriert das rätselhafte Deutschland in diesen Polit-Thrillern recht prominent, allerdings durchweg aus britischer und amerikanischer Sicht. Da unser Buch für deutsche Leser geschrieben wird, findet das recht differenzierte Bild Deutschlands und der Deutschen natürlich besondere Beachtung. Lassen wir es dahingestellt, weshalb es den verbissenen Deutschen nicht selbst gegeben war, ihr imperiales Schicksal in die Form des Spannungsromans zu bringen. Das Errichten von Gedenkstätten und Museen liegt ihnen mehr.

Doch genauso aufschlußreich wie das Deutschland-Bild ist das Negativ-Bild, das Rußland, China, Japan, Frankreich und seit langem auch schon die arabischen Gesellschaften in den Angst-Szenarien der angelsächsischen Polit-Thriller spielen. Eine Welt voller Feinde oder doch recht zweifelhafter Freunde – so stellt sich das 20. Jahrhundert aus angelsächsischer Perspektive dar. Dabei zeigt sich indessen, daß auch die Amerikaner den Briten und die Briten den Amerikanern häufig mißtrauen. Wer die Faktoren Xenophobie und Rassismus im Verhältnis der modernen Gesellschaften studieren möchte, kann in den Thrillern seine Entdeckungen machen. Doch wie alle Völker beschäftigen sich auch Briten und Amerikaner am intensivsten mit ihrem eigenen

Überleben inmitten einer Welt, die aus dem Ruder gelaufen ist. Alles in allem ist dieses Genre somit auch ein Spiegel der politischen Dynamik in der westlichen Welt seit den fernen Tagen der Dreadnoughts und der deutschen Gefahr bis zu den Zukunftskriegen Tom Clancys.

Wie soll man ein durchaus eigenwilliges Buch komponieren, in dem Autoren und Romane für untersuchungswürdig erachtet werden, die von der zünftigen deutschen Zeitgeschichtsforschung bisher beiseite gelassen wurden? Bei der Komposition haben wir uns »The World Atlas of Wine« des zu Recht berühmten Hugh Johnson zum Vorbild genommen.[9] Auch er beginnt mit einer knappen Einführung und erklärt, wie man die Weine servieren und verkosten soll. Dann aber wendet er sich den einzelnen Weingebieten zu, um ihre Lagen und die Qualität der dortigen Jahrgänge zu studieren. Vinologischer Genuß erfordert, daß man sich nicht verzettelt, sondern auf bestimmte Zielgebiete konzentriert. So gehen auch wir vor. Anders als Johnson wollten wir jedoch keine enzyklopädische Vollständigkeit anstreben. Wohl aber macht es Sinn, die mentalitätsgeschichtliche Thematik jeweils am Beispiel einzelner Autoren zu behandeln. Die Konzentration auf rund ein Dutzend Größen aus der Polit-Thriller Szene ist aufschlußreicher, aber auch genußvoller, als es jeder Versuch wäre, das einige hundert Mann und ein paar Damen starke Kontingent weniger erfolgreicher, zumeist auch schlicht mediokrer oder ganz mieser Thriller-Schreiber zu erfassen.

Die Kapitel unseres Buches sind locker chronologisch angeordnet. Der Leser ist eingeladen, am Beispielfall der hier behandelten Autoren zu entdecken, welche Gefährdungen im Verlauf des Jahrhunderts jeweils ins Blickfeld traten, wie sie bewertet wurden und wie sie mit viel Glück unschädlich gemacht werden. Der Durchgang läßt zugleich Themen erkennen, die als eine Art Zeitsignatur des 20. Jahrhunderts immer wieder auftauchen. Das sind die eigentlich bedenklichen Phänomene nicht bloß der Thriller-Welten.

Bei der Auswahl unserer Autoren wurde ebenfalls darauf geachtet, fast ausnahmslos Bestseller-Autoren zu erörtern, die über

Jahrzehnte hinweg publiziert haben. Die Art und Weise, wie ein begabter Verfasser im Verlauf eines längeren oder sehr langen Lebens seine Themen wechselt, ist besonders aufschlußreich. Gewitzte Bestsellerautoren achten schließlich genau darauf, welche Stimmungen und Einstellungen bei ihren Lesermillionen gefragt sind. Der Polit-Thriller funktioniert dann als eine Art Indikator der jeweils vorherrschenden Ängste und Abneigungen. Im übrigen wurden in der Regel nur solche Autoren aufgenommen, deren Thriller heute noch frisch und im Buchhandel erhältlich sind. Die Exhumierung längst vertrockneter Größen hat uns nicht gereizt.

Den Auftakt machen Erskine Childers (1870–1922) und John Buchan (1875–1940). Ihre bis heute viel gelesenen Agentenromane lassen bereits charakteristische Grundmuster des Genres erkennen. In der Folgezeit stehen Eric Ambler (1909–1998) und Graham Greene (1904–1991) im Blickfeld, auch sie Engländer, deren Thriller den Zeitraum von der Zwischenkriegszeit bis weit in die Jahrzehnte des Kalten Krieges hinein abdecken, desgleichen die »haarsträubenden Zeiten« in Ländern der Dritten Welt. Neben ihnen wurde die einstmals vielgelesene, entschieden anti-totalitäre Schottin Helen MacInnes (1907–1985) als Kontrastfigur, zugleich auch aus Gerechtigkeitsgründen, aufgenommen, damit in unserer Auswahl von Autoren dieses doch recht ausgeprägt machistischen Genres wenigstens eine Dame vertreten ist.

Alsdann markiert Ian Fleming (1908–1964), der Erfinder von James Bond, mit seinen Thrillern aus den fünfziger und sechziger Jahren eine Art zeitlichen Scheitelpunkt des Agenten-Thrillers im 20. Jahrhundert. Mit John Le Carré (*1931), Paul E. Erdman (*1932), Colin Forbes (*1923), Frederick Forsyth (*1938), Clive Cussler (*1931), Robert Ludlum (1927–2001) und Tom Clancy (*1947) werden dann Bestsellerautoren behandelt, deren Bücher im großen und ganzen die politische Geschichte von den frühen siebziger Jahren bis in unsere Tage abdecken. Während die Thriller bis in die sechziger Jahre hinein den Anschein erwecken könnten, das 20. Jahrhundert sei ein britisches gewesen, dominiert in diesem Teil unseres Buches mit Paul Erdman, Clive Cussler, Robert Ludlum und Tom Clancy, wie es eigentlich seit dem Zweiten Weltkrieg Wirklichkeit ist, die Perspektive der amerikanischen Weltmacht. Das Panorama des Jahrhunderts der Angst entfaltet und verändert sich, wie gesagt, von Kapitel zu Kapitel, aber auch im Oeuvre der Autoren selbst, das sich vielfach über dreißig oder vierzig lange Jahre erstreckt.

Selbstverständlich ist es geboten, die Darstellung in eine systematische Erörterung einmünden zu lassen. Diese findet sich im abschließenden Kapitel »Das 20. Jahrhundert im Thriller«. Je nach Lust und Laune mag der Leser die Lektüre auch mit diesem panoramischen Kapitel beginnen. Wir raten aber dazu, lieber wie der Wein-Papst Hugh Johnson vorzugehen, sich also von Weinberg zu Weinberg vorzuarbeiten und nicht gleich alles durcheinander zu trinken.

Zum Schluß sei nicht ganz verschwiegen, daß mit dem vorliegenden Buch nicht nur eine Vermehrung der Erkenntnis beabsichtigt ist. Thriller-Schreiber wollen unterhalten, sonst sind sie ihr Geld nicht wert. Auch unser Buch möchte unterhalten. Wer es als eine Art zeitgeschichtliches Divertimento versteht, liegt nicht ganz falsch. Jedenfalls ist es nicht allein für Leser geschrieben, denen es wie uns selbst Spaß macht, den politischen Zeitgeist der Moderne einmal mit einem unkonventionellen Ansatz zu erfassen. Das Buch hat auch die Geheimgesellschaft der Thriller-Leser im Visier.

Bekanntlich gehört solche Lektüre von Polit-Thrillern zu den harmloseren der nächtlichen Laster, über die man sich nicht gerne outet. Offenbar geht aber die Zahl derer, die sich nach getaner Arbeit oder im Urlaub daran erfreuen, in die Millionen. Sonst wären die entsprechenden Bestseller-Autoren keine schwerreichen Leute. Der interessierte Thriller-Leser, der diese Droge am Bahnhof oder kurz vor einem Atlantikflug am Kiosk ersteht, würde aber häufig gerne mehr zum biographischen und zum zeitgeschichtlichen Hintergrund des betreffenden Spannungsromans erfahren. Doch der Platz für die Klappentexte der Verlage ist eng beschränkt, und die einschlägigen amerikanischen Handbücher oder neuere Spezialstudien sind nicht immer zur Hand. Im folgenden wird deshalb auch der biographische Aspekt mehr oder weniger eingehend berücksichtigt.[10] Die Lebensläufe der Thriller-Schreiber, deren politisch-propagandistische Absichten und die zeitgeschichtlichen Entstehungsbedingungen sind oft genauso spannend wie die Polit-Thriller selbst. Wer will, mag somit die folgenden Studien auch als eine Art Service zum informierteren Genuß dieser Spannungsromane verstehen. Wir wünschen viel Vergnügen.

Erskine Childers entdeckt die deutsche Gefahr

1903 erscheint in England ein Buch, das politisch Furore macht. Es repräsentiert ein neues literarisches und zugleich politisches Genre – den modernen Spionage-Thriller. Sein Titel: »Das Rätsel der Sandbank. Ein Bericht des Geheimdiensts«. Der Autor: Erskine Childers, ein noch recht junger Mann von 33 Jahren aus bester Familie und angesehener Beamter im House of Commons. Ihm wird nur ein kurzes Leben beschieden sein, doch ein dauerhafter Nachruhm. Thriller-Fans und Freunde des Segelsports schätzen ihn bis zum heutigen Tag. Zugleich verehren ihn radikale irische Nationalisten als einen ihrer Helden.

Childers entstammt einer alt-angesehenen Familie des englischen Landadels und wird von den Herren des politischen Establishments als einer der Ihren betrachtet. Sein Cousin beispielsweise gehörte verschiedenen Kabinetten Premierminister Gladstones an – als First Lord of the Admiralty, als Kriegsminister und als Innenminister. Childers' Vater ist ein berühmter Orientalist. Seine Mutter, Anna Barton of Glendalough, kommt aus einem gleichfalls ahnenstolzen, weitverzweigten Clan anglo-irischer Grundbesitzer und Geschäftsleute. Erskine Childers selbst studiert am Trinity College zu Cambridge und erhält schon in jungen Jahren das Vertrauensamt eines Clerk of the House of Commons. In dieser Eigenschaft ist er für die Hausordnung des Unterhauses zuständig, führt die Sitzungsprotokolle und verwahrt die amtlichen Urkunden.[1] Beim ersten Blick deutet somit alles auf eine unspektakuläre Karriere.

Kein Gedanke daran, daß die Herkunft aus angesehenen englischen und anglo-irischen Familien diesem Kronbeamten zum Schicksal werden könnte. Doch in den beiden letzten Jahrzehnten des 19. Jahrhunderts ist die immer rabiater formulierte Forderung der katholischen Iren nach Autonomie, wenn nicht gar nach völliger Unabhängigkeit, zu einem Problem geworden, das die britische Innenpolitik zusehends vergiftet. Es erfaßt auch Erskine Childers und macht aus ihm einen Mann zweier Welten. Er wächst als ein sehr patriotischer Engländer auf, wird aber dann aus Gerechtigkeitsempfinden in den letzten Friedensjahren vor dem Ersten Weltkrieg zusehends zu einem Sympathisanten der *Home Rule*-Bewegung, aber noch voller Hoffnung auf eine friedlich-schiedliche Lösung der Irlandfrage. Doch als sich im Krieg und danach die bewaffnete, bald auch terroristische Rebellion von Sinn Féin und die brutale englische Repression gegenseitig aufschaukeln, vollzieht Childers erst insgeheim, dann offen den Bruch mit dem englischen Establishment. An der Seite des späteren Staatspräsidenten de Valera wird er zum kompromißlosen Vorkämpfer für einen von England völlig unabhängigen Freistaat. Am 24. November 1922 findet dieser zum radikalen irischen Nationalisten mutierte Engländer vor einem Erschießungspeloton irischer Soldaten der Provisorischen Irischen Regierung ein paradoxes Ende.

Childers ist also beides gleichzeitig – eine tragische Galionsfigur der irischen Nationalbewegung und die Galionsfigur eines literarischen Genres, das im Jahrhundert der Weltkriege, des Kalten Krieges und der weltweiten Bürgerkriege aufblüht, dabei Autoren unterschiedlichster Orientierung umfaßt und die gesamte Wirrnis dieser Jahrzehnte wie in einem Spiegel erkennen läßt, nicht selten auch im Zerrspiegel. »Krieg im Spiegel« [2] wird später John Le Carré, eine der Größen des Spionage-Thrillers, eines seiner Bücher benennen. In den Jahrzehnten John Le Carrés haben indessen die Spionage- und Polit-Thriller genauso wie das Jahrhundert selbst schon einen weiten Weg zurückgelegt. Sie schildern die Welt der Kriege, Bürgerkriege und der Geheimdienste, die durch gräßliche Schauplätze, Untaten und Charaktere, durch klaustrophobische Ängste, auch durch Depressivität und Zynismen jeder Art gekennzeichnet ist.

Das alles beginnt mit Childers, ist aber im Frühjahr 1903 erst Vorahnung, als er sein Meisterwerk abschließt. Von der späteren Persönlichkeitsspaltung zwischen England und Irland ist noch keine Spur zu erkennen. Vielmehr ist der Autor des Buches ein hundertfünfzigprozentiger englischer Patriot, und er glaubt an die zivilisatorische Idee des britischen Empire. Während des Burenkrieges hatte er das durch persönlichen Einsatz bewiesen, als er sich freiwillig zum Einsatz in Südafrika in den Reihen der City Imperial Volunteers meldete. Auf einem der wenigen frühen Photos, die von ihm bekannt geworden sind, posiert er in Uniform hoch zu Roß auf einem Gespann leichter Feld-Artillerie. Gewiß spielt dabei auch Abenteuerlust eine Rolle. Childers hat ein unruhiges Naturell. Wer sich wie dieser begeisterte Hobby-Segler manchmal wochenlang mutterseelenallein auf einem kleinen Segelboot in der Nord- und Ostsee herumtreibt oder das warme Nest im House of Commons verläßt, um im fernen Südafrika für das Empire zu kämpfen – so ein Mann ist kein Stubenhocker.

Doch bald kehrt er wieder zurück und veröffentlicht 1900 sein erstes Buch mit dem Titel »In the Ranks of the C.I.V.« über die zumeist alles andere als lustigen, doch noncholant erzählten Kriegsabenteuer. Der literarisch anspruchslose Erlebnisbericht beruht auf einer Auswahl sehr lebendiger Tagebuchbriefe, die er aus dem Feld an seine Schwestern und Freunde geschrieben hat. Der Kriegsberichterstatter Winston Churchill, mit dem er später bis zum politischen Bruch in der Irlandfrage freundschaftlich verkehrt, läuft ihm zwar den Rang ab. Doch in der Londoner Gesellschaft wird er bereits als interessanter Autor wahrgenommen, und die militärischen Erfahrungen, die er im südafrikanischen Guerilla-Krieg gemacht hat, beschäftigen ihn eine Reihe von Jahren. So veröffentlicht er verschiedene, längst vergessene Bücher militärgeschichtlichen Inhalts über jene Kampagnen, doch auch kontroverse Reform-Vorschläge. Die Kavallerie, dies einer seiner Hauptpunkte, sei überholt – zu teuer, schwer zu versorgen, im Kampf sehr verwundbar, eine altmodische, von der Zeit überholte Waffengattung. Derart kritische Ausführungen fechten natürlich die Militärbürokratie überhaupt nicht an, aber der Erste Weltkrieg wird ihn in dieser Auffassung bestätigen.

Schon damals ist Childers aber alles andere als ein engstirniger Imperialist. Er respektiert die gegnerischen Buren und bewertet die brutalen Maßnahmen gegen die Bevölkerung als inhuman und kurzsichtig. Doch zu Beginn des neuen Jahrhunderts, als das britische Empire unbestritten die Weltmacht Nr. 1 ist, wünscht er, daß dies weiterhin so bleibt. Deshalb möchte er nicht bloß die britische Armee reformiert sehen, sondern vor allem auch die Royal Navy. Wie aber läßt sich eine träge, von den Kosten und Verlusten des Burenkriegs ermattete Öffentlichkeit von der Notwendigkeit überzeugen, mehr Mittel für die Verteidigung der Insel aufzuwenden und bessere Vorsorge zu treffen? Damit verbindet sich eine zweite Frage: Wie kann sich ein noch junger, ehrgeiziger und seiner Fähigkeiten sicherer Clerk im House of Commons einen Namen machen? Childers Antwort auf beide Fragen: Man schreibe einen alarmistischen Thriller!

Ein mächtiger Feind liegt auf der Lauer, aber verschlafene »Dummköpfe von Staatsmännern«[3] vernachlässigen die Verteidigung in der Nordsee – das ist die politische Botschaft des Thrillers »Das Rätsel der Sandbank«. Das Buch ist eine brillant geschriebene, eben deshalb sehr wirkungsvolle Warnung vor Deutschland, dem »künftigen Rivalen auf See«[4]. Doch werden die geostrategischen und machtpolitischen Überlegungen eher beiläufig eingestreut.[5] Aber die Handlung mündet zielsicher in der Entdeckung finsterer deutscher Absichten und in entsprechenden Warnungen.

Zugleich aber ist dieser Roman, wie Eric Ambler später begeistert schreiben wird, »eines der schönsten Bücher über kleine Segelboote, die je geschrieben wurden«[6]. Über weite Partien hinweg ist das Buch ein hinreißend frischer, abwechslungsreicher Bericht von einem herbstlichen Segeltörn in der Ostsee und im Wattenmeer um die Ostfriesischen Inseln. Childers, ein talentierter und begeisterter Hobby-Segler mit genauesten Kenntnissen der deutschen Seegebiete, hat hier zahlreiche Impressionen seiner einsamen Fahrten festgehalten: traumhaft schöne, weite Blicke bei strahlendem Wetter (»eine niedrige Linie von Sanddünen, rosig und hellbraun in der untergehenden Sonne, am Ende ein kleines, weißes Dorf, eng um einen wuchtigen Leuchtturm geschart – das war Wangerooge«[7]); die Stimmung in der unbequemen Kabine eines kleinen Schiffchens, wo man überall anstößt und in der es nach Öl riecht und nach nassen Kleidern; triste, feucht-kalte Nebeltage im Wattenmeer; lebensgefährliches Kreuzen in unsichtbaren, tückischen Fahrrinnen, und das alles verbunden mit einem nur langsam in Fahrt kommenden Spionageabenteuer sowie einer knapp angedeuteten, ganz züchtigen Liebesgeschichte.

Der Plot ist nicht besonders kompliziert. Nach dem kompositorischen Strickmuster der damals in England beliebten sogenannten Waverly-Romane schreibt Childers im Vorwort, er veröffentliche hier den Bericht eines befreundeten jungen Diplomaten namens Carruthers über einen herbstlichen Segeltörn in deutschen Gewässern. Carruthers, so die Story, hat im September 1902, als in London noch jedermann im Urlaub ist, in einem langweiligen Büro des Foreign Office die Stallwache zu halten. Ein guter Studienfreund aus den Jahren in Oxford namens Davies, großer Segelsportler, doch auch etwas exzentrisch, lädt ihn brieflich dringend ein, sich doch rasch mit einer Jagdflinte, vielleicht auch mit Mal-Utensilien ausgerüstet, zur Flensburger Börde aufzumachen, wo sich famos segeln lasse – »und Enten soll es auch eine Menge geben«[8]. Carruthers nimmt Urlaub und trifft seinen Freund, gewöhnt sich etwas mühsam an das spartanische Leben auf der »Dulcibella«, lernt es aber zugleich genießen. Man segelt erst in der Ostsee, begibt sich dann durch den Kaiser-Wilhelm-Kanal zur Elbmündung und weiter zu den Ostfriesischen Inseln. Erst nach einiger Zeit wird Carruthers darüber ins Bild gesetzt, worum es eigentlich geht: Davies befindet sich auf einer Spionagefahrt. Er hat seinen ahnungslosen, aber sprachkundigen Freund vor allem hergelockt, um einen ordentlich Deutsch sprechenden Dolmetscher zu haben.

Es kann nicht ausbleiben, daß die beiden Engländer, die zu unüblicher Jahreszeit vor der deutschen Küste herumsegeln, die Aufmerksamkeit der Gegenseite erregen. Verschiedene, auf freilich luxuriöseren Yachten plazierte Gestalten kreuzen zusehends häufiger ihren Weg: ein eigentlich ganz sympathischer deutscher Marineoffizier namens von Brüning, doch er ist eben der listige Gegner; ein mit ihm zusammenarbeitender Wasserbau-Ingenieur (»die Verkörperung der systematisierten Kraft, die dem Deutschen eigen ist« [9]), sowie, als schlimmste Figur, ein vor Jahren aus der Royal Navy in Unehren entlassener ehemaliger britischer Seeoffizier, der sich jetzt an die Deutschen verkauft hat. Dieser führt den deutschen Namen Dollmann, ist auch mit einer Deutschen verheiratet und hat, wie sich langsam herausschält, für die Kaiserliche Marine Pläne für eine Invasion Englands ausgearbeitet.

Auch Dollmann ist ein großer Segler vor dem Herrn, der die Nordsee, englische Küste inbegriffen, wie seine Westentasche kennt. Er hat die Spionageabsichten von Davies durchschaut und versucht, erfolglos natürlich, ihn inmitten von Regenböen und stürmischer Brandung in eine tückische Fahrrinne zu locken, wo er umkommen soll. Dollmann hat auch eine Tochter. Zwischen ihr und Carruthers entspinnt sich ein Liebesverhältnis. Zu guter Letzt, nachdem die beiden Engländer den Verräter enttarnt und seine finsteren Absichten entdeckt haben, richtet sich Dollmann selbst, indem er stumm über Bord geht und in den Untiefen versinkt.

Wie so oft noch in zahllosen späteren Thrillern lebt die Handlung vom gegenseitigen Ausspähen, von einer Abfolge von Gefahren, desgleichen von raschen Ortswechseln mit unerwartetem Auftauchen und Abtauchen sowie von einer sensationellen Entdeckung in der Endphase. Eigentlich hatten die beiden Spione auf der »Dulcibella« fast bis zum Schluß vermutet, die deutsche Seite sei damit beschäftigt, ingeniöse Verteidigungsmaßnahmen gegen eventuelle britische Angriffe vorzubereiten. Doch das genaue Gegenteil ist der Fall.

Glücklich nach London zurückgekehrt, berichten Davies und Carruthers der Admiralität, daß die Deutschen tatsächlich eine überraschende Invasion in England planen: Unter strenger Geheimhaltung laufen schon die Vorbereitungen zum Transport von Truppen und von leichten Geschützen. Eine geeignete Flotte mit geringem Tiefgang solle in sieben seichten Fahrrinnen an der ostfriesischen Küste heimlich zusammengezogen werden; von kräftigen Schleppern gezogen, im Schutz eines Kriegsschiffgeschwaders und nach einer Überfahrt von höchstens vierunddreißig Stunden könnte dann bei hoher Tide eine überraschende Landung in England erfolgen. Beruhigend fügte Childers allerdings in einer Nachschrift bei Drucklegung im März 1903 hinzu, inzwischen habe die britische Regierung verschiedene Maßnahmen ergriffen, um solchen Gefahren zu begegnen. Das Kabinett habe einen Nationalen Verteidigungsrat gebildet, die Einrichtung eines Nordseemarinestützpunktes am Forth sei beschlossen worden, eine Nordseeflotte sei geschaffen und die Planung einer Freiwilligenreserve zumindest im Gespräch. Das Buch endet mit der Frage: »Ist es nicht offenkundig, daß die Zeit gekommen ist, alle Engländer entweder für die See oder am Gewehr auszubilden?«[10]

Literarisch war der Thriller von Childers im damaligen England ein großer Erfolg. Sein Altersgenosse John Buchan beispielsweise, der seinerseits schon früh mit Abenteuerromanen brillierte und sich im Ersten Weltkrieg als König der Thriller-Schreiber etabliert hat, meinte bewundernd, das Buch sei die in jeder Hinsicht stärkste Abenteuergeschichte, die im letzten Vierteljahrhundert erschienen sei.[11] Diese hohe Einschätzung hat sich bis heute gehalten.

Aber war Childers wirklich der erste, der sich in dem Genre versucht hat? Keineswegs. Tatsächlich hatte er im Jahr 1903 auch gegen einen Konkurrenten anschreiben, der ihm knapp zuvorgekommen war. Childers hatte sein Buch 1901 begonnen. 1902 aber war aus der Feder eines gewissen A. C. Curtis unter dem Titel »A New Trafalgar«[12] ein ähnlich alarmistischer Roman erschienen, der einen sehr heimtückischen Angriff der deutschen Marine gegen England in Abwesenheit des Kanalgeschwaders thematisiert hatte.[13]

Die in England recht rührigen Forscher zur Geschichte des Spannungsromans erinnern indessen daran, daß auch dies nicht die erste Schwalbe war, die den Sommer machte. Bereits im Jahr 1871 hatte der Armee-Ingenieur George Chesney, der es später bis zum General brachte und dann Abgeordneter der Tories wurde, in einem unter Pseudonym erscheinenden Groschenroman »The Battle of Dorkley« eine preußische Invasion in England mit anschließender Besetzung Londons geschildert.[14] Das Buch ist unmittelbar nach dem Siegeszug der deutschen Armeen in Frankreich erschienen. Daß es unter diesen Umständen in England zum Bestseller wurde, kann nicht erstaunen.

Chesneys Buch war aber schon ziemlich vergessen, als 1894 »The Great War in England in 1897« des Journalisten William Le Queux herauskam, der von sich behauptete, früher selbst ein Spion für den British Secret Service gewesen zu sein.[15] Der Roman brachte die insularen Bedrohungsängste in der Epoche des damaligen Hochimperialismus zum Ausdruck. Noch war Deutschland nicht als das große Ungeheuer erspäht wie in späteren Thrillern von Le Queux. Vielmehr warnte er vor einer Invasion Englands durch eine Koalitionsflotte und eine Koalitionsarmee Frankreichs und Rußlands.

Dieser bereits als Thriller konstruierte Roman kann als eine Art Schleusenöffner für das neue Genre betrachtet werden. Von da an wurde der englische Zeitschriften- und Buchmarkt durch eine wahre Flut von Spionage-Thrillern und Invasionsromanen überschwemmt, nicht zuletzt aus der Feder von Le Queux selbst, einem der Ur-Väter des Polit-Thrillers. Die Titel seiner Bücher sprechen für sich: »The Man from Downing Street« (1904), »The Invasion of 1910« (1905), »The Czar's Spy« (1905), »The German Spy« (1907), »Spies of the Kaiser« (1909). Sie zeigen, wie sich die Aufmerksamkeit immer mehr auf Deutschland konzentrierte.

Zugleich bewiesen aber diese Thriller, wieviel schönes Geld sich mit dem Aufkitzeln von Ängsten verdienen läßt. Von »The Invasion of 1910« wurde über eine Millionen Exemplare verkauft – ein ganz bemerkenswerter Verkaufserfolg unter den seinerzeitigen Bedingungen. Angeblich soll das Buch in 27 Sprachen übersetzt worden sein[16]. Childers fußt somit auf einer längeren literarischen Tradition. Aber Le Queux, der seinerzeit viel erfolgreicher war, ist vergessen, während »Das Rätsel der Sandbank« dank seiner schriftstellerischen Qualität so frisch ist wie damals. Somit verdient es Childers, daß man eine Geschichte des Polit-Thrillers mit ihm einsetzen läßt.

Er ist aber auch deshalb erinnerungswürdig, weil sein Buch deutlicher als viele zeitgenössische Schmöker jenes Element des Polit-Thrillers erkennen läßt, das wir eingangs mit dem Stichwort *littérature engagée* erfaßt haben. Wie von Childers beabsichtigt, entfaltete dieses Buch zugleich politisch eine starke Wirkung. Es wurde zum Thema an den Dinner-Tafeln, maßgebliche Persönlichkeiten lasen es und sahen sich in schon vorhandenen Befürchtungen bestärkt. Vor dem Hintergrund der deutschen Flottenrüstung trug das Buch dazu bei, eine breitere Öffentlichkeit für – so nannte Childers das – »die brennende Deutschlandfrage«[17] zu sensibilisieren. Von allen Büchern des zeitgenössischen Alarmismus in der Epoche vor dem Ersten Weltkrieg war »Das Rätsel der Sandbank« wohl das wirkungsvollste.[18] Hat also ein patriotisch besorgter junger Thriller-Autor mit dazu beigetragen, den psychologischen Boden für wechselseitigen deutsch-englischen Argwohn zu bereiten? Der eine oder andere der späteren Gegner von Childers sah das so. Als dieser sich später kompromißlos und leidenschaftlich gegen den britisch-irischen Kompromiß im Londoner Vertrag von 1921 wandte, bekam er von seinem Intimfeind Arthur Griffith zu hören, er habe mit »The Riddle of the Sands« schon einmal einen Krieg verschuldet und wolle nun einen zweiten anzetteln.[19]

Doch so wie der bis heute berühmte Roman von Childers gattungsgeschichtlich durchaus nicht der erste gewesen ist, stand er mit der Warnung vor dem kaiserlichen Deutschland keinesfalls allein. Sein Buch war vielmehr Teil einer Wachsamkeits-Kampagne, die seit Frühjahr 1902 von Teilen der Beamten des Foreign Office, aus der Admiralty, von bestimmten Politikern der Tories und auch von der konservativen Presse ausging.[20] Damals – im Jahr 1902 – hat Rudyard Kipling in seinem antideutschen Gedicht »The Rowers« das Schlagwort »the shamless Hun«[21] geprägt, das ein gutes Jahrzehnt später von der britischen Kriegspropaganda zur Bezeichnung des deutschen Feindes verwandt wurde.

Neben der allgemeinen Nervosität in der hochimperialistischen Epoche war es vor allem der provozierende, rundum verhängnisvolle deutsche Schlachtflottenbau, der die englischen Besorgnisse auslöste. 1898 und 1900 hatten zwei Flottengesetze des Deutschen Reiches den Startschuß gegeben. Der »Tirpitz-Plan« des neuen Staatssekretärs im Reichsmarineamt sah vor, im Verlauf von zwei Jahrzehnten eine Kriegsflotte zu bauen, die England gewachsen wäre.[22]

Allerdings zeigte sich nur ein Teil der Politik, der Bürokratie und der Öffentlichkeit alarmiert. Es gab auch Persönlichkeiten und Gruppierungen, die nach wie vor in Rußland und in Frankreich die Hauptgegner sahen. Sie sahen sich aber zunehmendem Druck aus der Öffentlichkeit ausgesetzt, und einer, der hier entschieden mitmischte, war Erskine Childers, Clerk of the House of Commons. Auch deshalb verdient sein Roman, am Beginn einer zeitgeschichtlichen Studie zur Bedeutung des Polit-Thrillers zu figurieren. Der Polit-Thriller als Propaganda-Medium im Kampf um die außenpolitische Orientierung und als Aufruf zur Wachsamkeit vor feindlichen Anschlägen – diese Funktion läßt sich bei ihm bis ins Detail des Timing feststellen. Polit-Thriller bündeln vielfach Befürchtungen und politische Strategien, die sich in einem pluralistischen System in Ministerien und Kabinettsausschüssen, aber auch an den abendlichen *dinner tables* und in Zeitungsredaktionen herausbilden.

Childers, so schrieben wir, hat einen Thriller des brillant verpackten Alarmismus verfaßt. Das ist von Anfang an richtig verstanden worden. Spätere Thriller-Autoren werden es genauso halten, wobei die weltpolitischen Konstellationen ebenso wechseln wie die politischen Sympathien und Antipathien der Verfasser. In den frühen britischen Thrillern dominiert wie in der damaligen öffentlichen Meinung eine undiskutiert patriotische Grundstimmung. Doch das bleibt nicht auf Dauer so. Besonders in den Jahrzehnten des Kalten Krieges werden bedeutende Thriller-Autoren auftauchen, die den geostrategischen und verteidigungspolitischen Alarmismus verspotten, ihn als absurd charakterisieren und lächerlich machen. Viele Leser werden sich dann zwar weiter von patriotischen Thrillern unterhalten und in ihrer Auffassung bestärken lassen, viele andere aber von anti-patriotischen Spannungsromanen. Heute ist die politische Orientierung der Thriller-Autoren genauso buntscheckig wie die pluralistischen Gesellschaften, für die sie schreiben.

Childers war allerdings ganz und gar kein anti-deutscher Kriegstreiber. Er wußte durchaus, daß und warum sich bei machtpolitischen Auseinandersetzungen jede Seite im Recht fühlt. Eine ganze Reihe der Passagen in seinem Segel-Roman läßt dies erkennen. Bei einem der diesbezüglichen nächtlichen Gespräche in der stickigen Kabine der »Dulcibella« ließ er einen der beiden jungen englischen Thriller-Helden die deutschen Ausdehnungsgelüste und heimlichen Wühlereien wie folgt kommentieren: »Wir haben uns einen hübschen Teil der Welt angeeignet, und sie haben jedes Recht, eifersüchtig zu sein.«[23] In den Schilderungen der deutschen Gefahr und des in England schon damals recht kritisch bewerteten Wilhelm II. schwingt viel Hochachtung mit: »Mein Gott, wir brauchen einen Mann wie diesen Kaiser, der nicht« wie die zeitgenössischen britischen Staatsmänner, die nur aufwachen, wenn sie unsanft gestoßen werden, »darauf wartet, daß man ihn tritt, sondern der wie ein Pferd für sein Land arbeitet und vorausschaut«[24]. Als die »Dulcibella« durch den Kaiser-Wilhelm-Kanal segelt, wird diese »mächtige Wasserstraße« geradezu ehrfurchtsvoll beschrieben: »Breit und gerade, die Ufer massiv befestigt, nachts elektrisch beleuchtet und heller als manche Londoner Straße, von großen Kriegsschiffen und reichen Kaufleuten ebenso befahren wie von bescheidenen Küstenfahrzeugen, ist sie das Symbol der neuen und gewaltigen Kraft, die, kontrolliert vom Genie der Staatsmänner und Ingenieure, das Kaiserreich unwiderstehlich dem Ziel maritimer Größe entgegentrieb.«[25]

Dieses Land sei »in der vergangenen Generation« wunderbar aufgewacht, zeige großen patriotischen Eifer, eine überschäumende industrielle Tätigkeit, und es träume von einem Kolonialreich, »das seine Landmacht in Seemacht verwandeln würde«. Doch das aufstrebende Deutschland, »unbezwingbar auf der Grundlage reicher Bodenschätze«, durch »dunklen Trieb« seines Volkes und »vom Genie seiner Herrscherhäuser« vorangebracht, erscheint eben aufgrund seiner Leistungen als Gefahr: »unser großer Handelsrivale der Gegenwart und künftiger Rivale auf See; als zunehmend erstarkendes Land in Zukunft ein immer bedrohlicherer Faktor für das zarte Geflecht unseres Empire, das äußeren Erschütterungen gegenüber so empfindlich ist wie Spinnweben, strahlenförmig geht es von einer Insel aus, deren Handel ihr Leben ist und deren tägliches Brot von der Freiheit der Meere abhängt«[26].

Es gibt nur wenige zeitgenössische Formulierungen, in denen die britischen Befürchtungen vor Deutschland so kondensiert formuliert waren, zugleich aber auch so raffiniert verpackt. Childers trompetete das nicht heraus, ließ vielmehr die Helden seines Thrillers, die in einer recht kalten, unaufgeräumten, schlecht belüfteten kleinen Kabine sitzen, ihre Befürchtungen gesprächsweise und nachdenklich äußern. Dennoch war die politische Botschaft ganz klar: Dieses Deutschland ist nicht bloß eine potentielle Bedrohung, sondern die Deutschen selbst, personifiziert in den persönlich gar nicht unsympathischen deutschen Akteuren des Thrillers, sind letzten Endes doch ganz heimtückische, gewalttätige Leute, die mit großer Kälte langfristig planen und die unerwartet, doch auch tollkühn und schonungslos zuschlagen werden, wenn das Gleichgewicht der Kräfte es gebietet.[27]

Wir haben dieses mit leichter Hand verfaßte literarische Meisterwerk des jungen Childers als einen ersten modernen Spionage-Thriller bezeichnet. Die Eigenart des Genres zeigt sich hier schon in deutlichen Umrissen. Vom wohlbekannten, klassischen Abenteuerroman fließen verschiedenste Grundzüge ein. Der Held der Erzählung muß sich der Anschläge eines bösen, gefährlichen Gegenspielers erwehren, führt aber nach dem Bestehen mannigfacher Gefahren die Braut nach Hause. Man könnte auch von einer manichäischen Konstellation sprechen: Gut und Böse ringen miteinander, und das Gute triumphiert. Extremste Bedrohung, knappstes Entkommen und ein glückliches Happy End sind zumeist ineinander verwoben. Dazu kommt wie im klassischen Abenteuerromen – James Fenimore Cooper und Karl May lassen grüßen! – das Element ständigen Anschleichens und ständiger Verfolgungsjagden inmitten unbekannter, exotischer, unheimlicher Landschaften, Städte oder Schlösser, wo viele Gefahren lauern. Die Welt ist voll Überraschungen, und meistens sind es unangenehme.

Mit solchen und anderen Mustern der Abenteuergeschichte verbinden sich im modernen Spionageroman die Besonderheiten der aktuellen Zeitgeschichte. Die Spannungen, seit 1914 die Kriege und die gesellschaftlichen Erschütterungen, die vom Krieg ausgelöst werden, sind von nun an die Geschichtslandschaft, in welcher sich die Spionage- und Polit-Thriller abspielen. In Childers' »Rätsel der Sandbank« wird dies recht sinnfällig verdeutlicht. Vordergründig nur hat es den Anschein, als ob die kleine Yacht »Dulcibella« von den Winden und von den Gezeitenströmungen voranbewegt wird. Tatsächlich aber sind es die Ambitionen und die Sicherheitsbefürchtungen der großen Mächte, aus denen der Thriller seine eigentliche Dynamik bezieht.

Noch ist das in vielen späteren Thrillern so aufdringlich vorgeführte Innenleben der Spionageapparate mit ihren Intrigen, ideologischen Besessenheiten, Machtkämpfen, Lächerlichkeiten, Psychosen und Burn-out-Symptomen nicht zu erkennen. John Le Carré wird erst 1931 geboren. Doch die Apparate existieren bereits, wenngleich sie hier nur ferne im Hintergrund andeutungs-weise genannt werden. Zu guter Letzt ist völlig klar, daß der scheinbar so joviale Kapitän von Brüning auf seiner Yacht »Blitz« im Auftrag der Kaiserlichen Marine eine Invasion Englands vor-bereitet. Auch der anfänglich scheinbar so harmlose britische Spion Davies auf der »Dulcibella« muß schon recht frühzeitig an-deuten, daß er im Auftrag ferner britischer Autoritäten spioniert, und nach vollbrachter Erkundungsreise landen alle Informatio-nen auf den Schreibtischen von Whitehall.

Der Umstand, daß die jeweiligen Spione im Namen ihrer Staa-ten tätig werden, verschafft ihnen auch ihr gutes Gewissen. Nur der Verräter Dollmann, der sich vom eigenen Land abgewandt hat, ist eine gebrochene Existenz und muß deshalb sterben. Die Frage der Loyalität zum eigenen Land ist von Anfang an ein psy-chologisches und moralisches Zentralthema vieler Thriller dieses neuartigen Genres.

Man könnte hier die Erörterung des Thriller-Autors Erskine Childers abbrechen, denn er ist danach nie mehr zu diesem Gen-re zurückgekehrt. Aber man würde damit einen wichtigen Aspekt unberücksichtigt lassen, der ihn gleichfalls erinnerungswürdig macht. Dieser Autor hat eben nicht nur einen der ersten exem-plarischen Spionage-Thriller verfaßt. Auch sein Lebenslauf könn-te aus einem Polit-Thriller stammen und läßt viele Aspekte aufscheinen, die später von anderen zum Sujet entsprechender Spannungsgeschichten gemacht werden.

Childers, das war schon zu erwähnen, begeistert sich nämlich zusehends für die Ziele der irischen Freiheitsbewegung. Zuerst findet man ihn bei jenen Gruppen in der Liberalen Partei, die für Irland einen Dominion-Status anpeilen, vergleichbar demjeni-gen Kanadas.[28] 1911 publiziert er eine verfassungsgeschichtlich fundierte, wohlmeinende Studie des Titels »The Framework of Home Rule«[29]. Das positive Echo hält sich in Grenzen, doch seit-her wirkt er mit immer stärkerer Unbedingtheit für *the cause*, das Ziel der Unabhängigkeit der »grünen Insel«. Er schließt sich einer kleinen, ziemlich einflußlosen Gruppe aus der protestantischen Gentry Irlands an, die sich die Anliegen der irischen Autonomiebewegung zu eigen macht. Doch die Bemühungen um einen Parlamentssitz zwecks politischer Durchsetzung seiner Vorstellungen von *home rule* sind nicht von Erfolg gekrönt. Immer noch glaubt er an die Realisierbarkeit eines autonomen, ungeteilten Irland im Verband des britischen Empire. In protestantischer und katholischer Bigotterie sieht er damals und später nicht ganz zu Unrecht das Haupthindernis für eine Verständigungslösung.

Im Juli 1914 dann ein ganz abenteuerlicher Vorgang. Mit Entrüstung ist im Süden Irlands registriert worden, wie sich die protestantischen Ulster Volunteers mit stillschweigender Duldung englischer Behörden bewaffnen. Nun entschließt sich Childers, immer noch britischer Kronbeamter in sensibler Vertrauensposition, zusammen mit einigen Gleichgesinnten bei einem Hamburger Waffenhändler 900 alte Mauser-Karabiner sowie 29.000 Schuß Munition zu kaufen und diese auf seiner eigenen Yacht Asgard sowie einem weiteren Schiff nach Irland zu schmuggeln, um die Privatarmee der irischen Nationalisten gleichfalls mit Waffen auszurüsten.[30] Am 28. Juni 1914 ist der österreichische Erzherzog Franz Ferdinand in Sarajewo ermordet worden. Im europäischen Staatensystem ticken bereits die Zeitzünder. Doch man fürchtet damals die eigenen Sicherheitsdienste so wenig, daß sich die Bootsbesatzungen fröhlich photographieren lassen, als nach einem gewagten Segeltörn die Ladung am 12. Juli in Howth heimlich ausgeschifft wird. Beim Osteraufstand 1916 kommen diese Waffen dann in Dublin gegen die englischen Truppen zum Einsatz.

Von jetzt an gleicht Childers' Lebenslauf zunehmend dem späterer Polit-Thriller-Helden. Am letzten Wochenende vor Kriegsausbruch trifft man ihn in Dublin, wo er mit den Führern der Irish Volunteers in deren Hauptquartier tage- und nächtelang mit dem Ziel diskutiert, diese beim rasch herannahenden Krieg für den Kriegsdienst auf englischer Seite zu überreden. Zugleich ist die Admiralität mit dringenden Telegrammen nach ihm auf der Suche, um aus seiner Segelerfahrung für Offensivoperationen gegen die deutsche Nordseeküste Nutzen zu ziehen.

Offenbar ist er bereits damals eine gespaltene Persönlichkeit, die zwischen der Loyalität zu England und den politischen Sympathien für die Sache der irischen Nationalisten einen unsicheren Weg sucht. Auf allen Seiten werfen ihm manche bis zu seinem Ende vor, ein undurchsichtiges Doppelspiel zu betreiben. Margret Boveri wird an die vierzig Jahre später in ihrer Studie »Der Verrat im 20. Jahrhundert« (in der Childers übrigens nicht figuriert) die Psychologie einer solchen Persönlichkeit einleuchtend umschreiben: »Je differenzierter der Mensch, desto vielfältiger seine Bindungen, desto zahlreicher die Möglichkeiten, daß sie untereinander in Konflikt geraten ... Was heute neu und so verwirrend wirkt, ist, daß die Vielfalt der Bindungen nicht mehr in einem Koordinaten- und Wertsystem geordnet ist, daß der Kern gespalten ist – nicht nur in der Physik – und daß die Partikel undeterminiert umeinanderwirbeln.«[31]

Ganz als hätte er sich nicht eben in den Randzonen der Loyalität bewegt, findet Childers bei Kriegsausbruch wieder zum Patriotismus der Jahre 1902 und 1903 zurück, als er mit dem »Rätsel auf der Sandbank« seine Landsleute gegen die deutsche Gefahr in Stellung zu bringen suchte. Noch vor Kriegsbeginn verfaßt er ein Memorandum, in dem er detailliert für eine amphibische Operation gegen Borkum und Juist plädiert, um einen Brückenkopf für weitergehende Vorstöße ins Reichsgebiet zu schaffen. Das wäre gewissermaßen eine Umkehr des deutschen Invasionsplans, den er einstmals erfunden hatte. Aber diesem schönen und riskanten Plan widerfährt das übliche Schicksal: er versackt im schwerfälligen Militärapparat.

Childers mustert als Reserveoffizier bei der Royal Navy an, wo er vor allem in recht nachgeordneten Intelligence-Funktionen Verwendung findet. Jetzt schlägt ihn die völlig neue Waffengattung der Marinefliegerei in ihren Bann. Auf zahlreichen Feindflügen in den abenteuerlich klapprigen Maschinen jener Anfangsjahre des Luftkriegs beginnt er sich klare Vorstellungen von dem Kriegsbild der Zukunft zu machen. So schreibt er etwa nach einer erfolglosen Aktion gegen Helgoland am Weihnachtsmorgen 1914, als die Briten Propellermaschinen und Kriegsschiffe, die Deutschen gleichfalls Schiffe, in der Luft aber Zeppeline kombiniert zum Einsatz bringen, eine neue Ära der Kriegführung habe begonnen: »die erste reguläre Kampfhandlung zwischen Schiffen zur See und Luftschiffen. Wir haben das Glück, dieses bemerkenswerte Ereignis erlebt zu haben. Es vermittelt den Vorgeschmack einer völligen Revolutionierung der Kriegführung.«[32] Revolutioniert wird in diesen Jahren aber nicht nur die Kriegführung. Auch die Autoren des Spionage- und Polit-Thrillers, der gleich vorzustellende John Buchan zuvörderst, entdecken jetzt die dritte Dimension. Craig Thomas und Tom Clancy gegen Ende des 20. Jahrhunderts werden dann die letzten in einer langen Reihe von Vorläufern sein.

Von 1914 bis 1917 ist Childers nur ein kleines Rädchen in der Kriegsmaschinerie der Royal Navy, bald in der Nordsee, bald auf dem Balkan oder in Ägypten im Einsatz. Schließlich findet Premierminister Lloyd George, dieser intime Kenner der politischen Schlangengrube Irlands sei dafür zu schade. Man entsendet ihn nach Irland, wo er vor allem daran mitarbeiten soll, wenigstens die gemäßigteren irischen Nationalisten für eine Autonomielösung im Rahmen des Empire zu gewinnen. Von jetzt an beschäftigt ihn fast nur noch die Irlandfrage.

Bei Kriegsende trägt er die Uniform der neu gegründeten Royal Air Force, lehnt es aber dankend ab, deren Geschichte zu schreiben. Desillusioniert vermerkt er im Tagebuch: »Tag für Tag gewaltige Siegesfeiern seit dem 10. November – ein recht erbärmliches Treiben: Scharen von aufgeputzten Mädchen und junge Soldaten lärmen ziellos herum. Freudenfeuer auf dem Trafalgar Square. Keine Spur von nationaler Würde.«[33]

Tiefer und tiefer taucht er nun, zunehmend radikalisiert, aber immer noch voller Illusionen, zugleich aber bemerkenswert starrköpfig, in das wirre Drama von Rebellion, Repression, Propaganda und undurchsichtiger Diplomatie ein, welche die Irlandfrage der Jahre 1918 bis 1922 kennzeichnen. 1919 agitiert er am Rande der Pariser Friedenskonferenz für die irische Sache. Selbst irische Freiheitskämpfer, die ihm gegenüber Vorbehalte haben, räumen ein, er habe dort bei den französischen Journalisten wertvolle Überzeugungsarbeit geleistet, zum einen, weil er als Kriegsheld gilt, zum anderen aufgrund seiner Reputation als Schriftsteller.[34]

Auch in den USA wird er aktiv, und wie später so oft in den Unabhängigkeitskämpfen verbindet er vieles miteinander: Untergrunddiplomatie, Spionage, PR-Arbeit, Waffenkauf, Intelligence-Aufträge. In Irland selbst ist die übliche Arbeitsteilung zu beobachten: Politische Führer von Sinn Féin verhandeln mit der britischen Regierung, während die Untergrundarmee IRA die britische Armee und die Polizeistationen mit Terroranschlägen zu zermürben sucht. In diesem gnadenlosen Kampf ist Childers im Gefolge von Eamon de Valera ein Exponent des kompromißlosen Flügels[35]. Wenn spätere Thriller-Autoren wie Gerald Seymour[36], Eric Ambler, oder John Le Carré die heillosen Bürgerkriegslandschaften in Nordirland, auf dem Balkan oder in Tschetschenien und deren meist tragische Helden beschreiben, so hat Childers, einer der Erfinder des modernen Spionage-Thrillers, in seiner letzten Lebensphase dies alles sehr persönlich erlebt, ohne daß es ihm aber noch beschieden war, dies selbst literarisch zu gestalten.

Spätestens im Jahr 1921 hat er sich zwischen alle Stühle gesetzt. Durch offene Unterstützung Sinn Féins als Propaganda-Minister de Valeras ist er mit dem Londoner Establishment hoffnungslos zerfallen. Die Briten betrachteten ihn als Verräter. Winston Churchill schilt mit bekanntem Ungestüm seinen einstigen Parteifreund einen Renegaten, der von tödlichem, bösartigem Haß gegen sein Vaterland erfüllt sei – ein Vorwurf, der Childers so tief verwundete, daß er ihn noch im Abschiedsbrief an seine Frau in der Todeszelle mit den Worten zurückweist: »Ich sterbe in Liebe zu England und bete inbrünstig, daß es seine Irlandpolitik vollständig und definitiv ändert.«[37]

Umgekehrt mißtrauen auch manche auf irischer Seite diesem »verfluchten Engländer«, vor allem dann, als er sich halsstarrig und in falscher Einschätzung der Lage genauso wie der spätere Staatspräsident de Valera gegen den im Londoner Abkommen von 1921 erzielten Kompromiß wendet, der zur Gründung des Irischen Freistaates führte, allerdings vorläufig noch im Rahmen des Commonwealth und unter Abtrennung Nordirlands. Die *diehards* um de Valera geraten in der Provisorischen Regierung Irlands in die Minderheit, tauchen in den Untergrund ab, und die Freiheitsbewegung zerfleischt sich nun einige Zeit lang im Bürgerkrieg. Auf dem Weg zu de Valera, der ihn zum Sekretär seiner Untergrundregierung machen will, wird Childers verhaftet und ohne große Umstände unter dem Vorwand verbotenen Waffenbesitzes zum Tode verurteilt. Man hatte bei seiner Verhaftung eine automatische Pistole gefunden, die ihm ein anderer tragischer Held, der wenige Monate zuvor in einem Hinterhalt liquidierte Tom Collins, als Souvenir geschenkt hatte.

Childers stirbt einen tapferen Tod. Vor der Hinrichtung schreitet er die Reihen des Erschießungskommandos ab, drückte jedem der Soldaten die Hand und ruft ihnen zu: »Tretet doch ein oder zwei Schritte vor, ihr Burschen. So trefft ihr besser.«[38] Mit diesen Worten geht er in die Geschichte der irischen Nationalhelden ein. Sein Sohn wird vier Jahrzehnte danach Präsident des Freistaats. Und Erskine Childers ist, soweit ersichtlich, der erste und bisher einzige Thriller-Autor, der anders als jene Thriller-Helden, die üblicherweise immer wieder glücklich davonkommen, ein seinem Oeuvre gemäßes Ende gefunden hat.

Erster Weltkrieg und Zwischenkriegszeit
im Spiegel des Agenten-Schockers: **John Buchan**

John Buchan gehört derselben politischen Generation an wie Winston Churchill. Er wird 1875 geboren, ist somit ein Jahr jünger als dieser, der später des öfteren seinen Weg kreuzen wird. Das ist die Generation der Briten, denen das Empire die stolze Gewißheit vermittelt, dem größten Weltreich aller Zeiten anzugehören. Zugleich sind sie, oder zumindest die meisten unter ihnen, von der zivilisatorischen Mission der angelsächsischen Rasse überzeugt. In jungen Jahren erlebt so mancher dieser Generation das Empire als eine Art Abenteuerspielplatz. Während des Ersten Weltkriegs, im reifen Mannesalter, erfahren sie beglückt, wie das gesamte Empire von Kanada über Australien und Neuseeland bis Südafrika dem britischen Mutterland in der Stunde der Not beisteht. Zugleich aber verspürt diese politische Generation, daß ihr Weltreich allseits bedroht ist. Je älter ihre Angehörigen werden, um so mehr wächst die Sorge, ob die natürliche Ordnung der Dinge weiter Bestand haben wird, in der London die Metropole einer alles in allem noch beherrschbaren Welt ist.

Eric Ambler wird einem seiner frühen Thriller den Titel geben »Die Angst reist mit«.[1] »Die Angst reist mit« – das steht gewissermaßen als Motto, wenngleich häufig verdrängt, über dem Lebensweg dieser Generation, die in viktorianischem Sicherheitsgefühl aufgewachsen ist. Mit feinen Antennen ausgestattete Intellektuelle und Politiker beginnen schon in der Vorkriegszeit zu ahnen, daß der Boden unterminiert ist. Diese Generation, die noch im späten 19. Jahrhundert sozialisiert wurde, glaubt zwar an England, an das Empire und an die zivilisatorische Überlegenheit des eigenen *life style*, und sie versteht sich auch zu wehren. Jedoch besitzt sie nicht genügenden Weitblick, Großbritannien aus den Katastrophen zweier Weltkriege umsichtig herauszuhalten. Vielleicht wäre das auch unmöglich gewesen. Immerhin gibt diese Generation wenigstens nicht auf und versucht, mit allerdings häufig schwächlichen Methoden, dem Chaos zu wehren.

John Buchan, der am 12.Februar 1940, also kurz vor der Katastrophe von Dünkirchen und der Schlacht um England, als britischer Generalgouverneur von Kanada verstirbt und den heutige deutsche Thriller-Leser nur noch als Verfasser des Spionageromans »Die neununddreißig Stufen«[2] oder von »Grünmantel«[3] kennen, ist ein durchaus beachtlicher Repräsentant dieser Generation, mit der das britische Empire den Gipfel erreicht und dann abstürzt. In einer Vielzahl öffentlicher Ämter leistet dieser Tory seinen praktischen Beitrag dazu, die bereits in Erosion begriffene gesellschaftliche Ordnung zu stabilisieren. Zugleich aber verfügt er über den Spürsinn und das literarische Geschick, dem Zeitgeist in Thrillern Ausdruck zu geben.

Buchan nennt dieses neuartige Genre allerdings nicht »Thriller«, sondern »Schocker«. Diese sollen spannend unterhalten und dem Bestsellerautor viel Geld einbringen. Sie sind aber auch dazu bestimmt, die Ängste im damaligen Establishment zu artikulieren. Zudem haben sie im Ersten Weltkrieg noch eine weitere Aufgabe: Sie sind ganz unverhüllt Kriegs-Propaganda.

Wer John Buchan vorstellt, beginnt am besten mit einer auf den ersten Blick eher unwichtig erscheinenden Beobachtung. Buchan war ein begeisterter Sportsmann – Bergsteigen in seiner schottischen Heimat, in den Schweizer Alpen und in den Dolomiten, Exkursionen im Kanu, Fahrrad-Touren, Reiten, lange Gewaltmärsche. Zwar läßt ihn London nicht los, aber wie so viele Engländer bis zum heutigen Tag ist er ein Freund des Landlebens. Diese Liebhabereien finden auch in den Thrillern ihren Niederschlag. Häufig sind seine Helden in menschenleeren Landschaften auf der Flucht, in den Bergen Schottlands oder in den Alpen, sie ringen mit ihren Gegnern am Steilhang von Abgründen oder rennen im Hochmoor um ihr Leben. Und nach glücklich überstandenen Abenteuern kehren sie gerne in einen friedlichen Winkel der Cotswold Hills zurück.

John Buchan hat eine stupende Zahl von Büchern geschrieben. Doch er war kein Stubenhocker. Wer die Lebensläufe der Thriller-Autoren studiert, weiß ohnehin, daß diese eher zum abenteuerlichen Leben neigen. Wenn zeitweilige Seßhaftigkeit unvermeidlich ist, so muß sie wenigstens durch lange Fernreisen unterbrochen werden. Die erste Generation der Thriller-Autoren ist keine Ausnahme von dieser Regel. Wie kurz vor ihm Erskine Childers, verbringt auch Buchan prägende Jahre in Südafrika, allerdings nicht als Soldat, sondern nach Unterwerfung der Buren bei der Befriedung des Landes. Dabei arbeitet er im Stab des Hohen Kommissars Lord Milner. Man nennt die begabten jungen Administratoren, die dieser Exponent des zeitgenössischen britischen Imperialismus um sich versammelt hat, teils spöttisch, teils anerkennend »Milner's kindergarden«. Milner durchtränkt dieses Team mit der Ideologie des Empire[4], bringt ihm die hohe Kunst des Verwaltens bei und versteht es, seine Zöglinge im britischen Regierungsapparat zu plazieren. Während des Weltkriegs profitiert auch Buchan von seiner Patronage.

1939, wenige Monate vor seinem Tod – Buchan ist inzwischen Generalgouverneur der britischen Krone in Kanada – hält er Rückblick auf seine Empire-Begeisterung dieses letzten Jahrzehnts vor den großen Katastrophen. Sein Urteil über die Gegenwart ist illusionslos – »es ist eine häßliche und unerfreuliche Welt«, in der die Diktatoren von Großmächten alle Freiheiten zu zerstören drohen, auf denen die Zivilisation beruht.[5] Versunken ist die »unglaublich sichere und selbstzufriedene« Welt seiner Jugend. Damals, in Südafrika und bei der Rückkehr nach London, sei er geradezu »fanatisch« von der Idee des Empire überzeugt gewesen. Es war ein idealistischer Traum: »ich träumte von einer weltweiten Bruderschaft, beruhend auf den Gemeinsamkeiten von Rasse und Glauben, im Dienst des Friedens; Großbritannien würde den Rest der Menschheit mit den Schätzen seiner Kultur und Traditionen bereichern, und der Geist der Dominions würde wie ein kräftiger Wind die stickige Luft über dem alten Mutterland vertreiben«[6]. Das sei ein humanitärer und internationalistischer Glaube gewesen. Selbst die Politik gegenüber den Eingeborenen »unter unserer Herrschaft« war, so schreibt er, an ethischen Standards orientiert, ernsthaft und durchaus nicht ohne Würde. Einer seiner besten, bis heute neu aufgelegten Abenteuerromane, »Prester John«, spielt im südlichen Afrika. Zur Charakteristik der idealistischen Gesinnung seines Helden formuliert er in leichter Abwandlung des bekannten Slogans Rudyard Kiplings: »the white man's burden«[7].

Buchan glaubt damals wie auch später noch an die Möglichkeit, das über den Globus gelagerte Empire als Großraum zu gestalten, und wagt die Voraussage, eines Tages werde ein ständiges Kommen und Gehen zwischen der Gesellschaft des Mutterlandes und der Gesellschaft in den Kolonien erfolgen, »bis es genauso natürlich ist, wenn ein reicher Mann sein Landhaus oder seine Jagdhütte in den Selkirk-Bergen in Kanada, im ostafrikanischen Hochland oder in Schottland liegen hat«[8]. »Ein reicher Mann« – solche Formulierungen geben auch einen Hinweis auf die Klassenbasis derart imperialer Visionen. Buchan wird die Erinnerungen an Südafrika lebenslang periodisch beschwören. »Empire Writing« nennen das heute die Literaturhistoriker.[9]

Auch der Held der gleich zu erörternden Spionage-Thriller Buchans, die ihn berühmt und reich machen, Richard Hannay, ist ein in Südafrika aufgewachsener Minen-Ingenieur, der dort ein Vermögen erworben hat und nun nach England zurückkehrt, sich als Rentier in London allerdings schrecklich langweilt, bis gefährlichste Spionageabenteuer sein Verlangen nach einem spannenden Leben hinlänglich befriedigen.

Es wäre allerdings falsch, Buchan als Abenteurer zu porträtieren. Er kommt aus einem schottisch-presbyterianischen Pfarrhaus der freikirchlichen Richtung, führt selbst ein sehr ordentliches Leben, aber er hat doch persönlich des öfteren in die Welt der Geheimdienstaktivitäten hineingeschnuppert und kompensiert sein wohlgeordnetes Leben durch Erfindung von »Schockern«.

Karriere macht er, wie so viele Schotten vor ihm und nach ihm, in England. In Oxford studiert er mit Auszeichnung, wobei er aber Zeit genug findet, als Präsident der Oxford Union rhetorisch zu brillieren und noch vor dem zügigen Abschluß seiner Studien gut ein halbes Dutzend, wenngleich nicht allzu umfangreicher Bücher selbst zu schreiben oder herauszugeben. Dann wirft er sich auf die Juristerei, verdient gutes Geld als Wirtschaftsanwalt, geht dann ins Verlagswesen und schreibt gleichzeitig Buch um Buch – über Südafrika, aber auch historische Werke, nicht zu vergessen ein Fachbuch zum Problem der Besteuerung von im Ausland erworbenen Vermögen, und dann eben die Abenteuer-Romane. Als er 1907 Susan Grosvenor heiratet, ist er endgültig »angekommen« – lebendiges Beispiel für die Offenheit der damaligen britischen Oberschicht für begabte, strebsame junge Männer.

Somit kann es niemanden erstaunen, daß dieser subtile, phantasievolle, in allen Sätteln sichere Mann die spätviktorianische Wertetafel tief verinnerlicht hat: zäher Arbeitswille, der zum gesellschaftlichen und finanziellen Erfolg führt, jederzeit abrufbarer, ganz selbstverständlicher Patriotismus, Empire-Glaube, christliche Überzeugungen (Buchan ist zeitlebens ein frommer Mann), Weltoffenheit und natürliches Überlegenheitsgefühl gegenüber nicht-britischen Staaten und Völkern. Noel Annan, der gegen Ende des 20. Jahrhunderts einen recht selbstkritischen Rückblick auf die neueste britische Geistesgeschichte vorlegt, wird später John Buchan und dessen Romanhelden geradezu als Prototypen des viktorianischen Gentleman-Ideals charakterisieren[10].

In steter Abfolge bekleidet Buchan zwischen 1917 und 1940 eine lange Reihe öffentlicher Ämter. Premierminister Lloyd George ernennt ihn, wenngleich erst nach längerem Zögern, zum Direktor des Departments of Information, sprich: des Propagandaministeriums[11], 1923 ist er kurze Zeit als Deputy-Chairman der Nachrichtenagentur Reuters tätig, 1927 bis 1935 vertritt er die schottischen Universitäten als Abgeordneter in Westminster, und von 1935 bis 1940 ist er Generalgouverneur der Krone in Kanada. Seine Verdienste werden durch Ernennung zum Peer belohnt. Im Gedanken an das Jugend-Paradies im Tweed-Valley sowie den geliebten Landsitz in Oxfordshire darf er sich nun stolz First Baron Tweedsmuir of Elsfield nennen und wird zudem mit Ehrendoktorhüten von Oxford, Yale und von Harvard ausgezeichnet.

Er ist also durchaus eine Zelebrität der damaligen Jahrzehnte. Wer ihn wie Noel Annan als letztlich doch nicht arrivierten Politiker porträtiert, verkennt ihn. Buchan hat es nämlich zeitlebens trotz jahrzehntelang angeschlagener Gesundheit mit viel Selbstdisziplin und mit bemerkenswertem Erfolg verstanden, zwei an und für sich schwer vereinbare Neigungen miteinander zu verbinden – die Freude an rastloser Aktivität in öffentlichen Ämtern, zugleich aber das noch größere Vergnügen am Recherchieren und am Schreiben von Büchern, Spionage-Thriller mit inbegriffen.

Vor dem Hintergrund der sonstigen Aktivitäten ist seine literarische Produktivität stupend. Von seiner Studentenzeit im Oxforder Brasenose-College an bis zu seinem Tod im Jahr 1940 verfaßt er neben zahllosen anderen längeren oder kürzeren Publikationen nicht weniger als dreißig Romane: historische Romane im Stil von Walter Scott und Robert L. Stevenson, die er verehrt, ausgewachsene Biographien[12], Bücher zur Kriegsgeschichte des Ersten Weltkriegs, Abenteuerromane, Kriminalromane, bei denen es darum geht, Verbrecher in höchsten Kreisen aufzuspüren oder die bereits international vernetzte organisierte Kriminalität zu bekämpfen und zwischendrin immer wieder – unser Thema – jene Polit-Thriller, die in erster Linie seinen Ruhm begründen.

Bis weit in die zweite Hälfte des 20. Jahrhunderts hinein gibt es kaum einen Engländer der älteren Generation, doch auch den oder jenen Amerikaner, der in seiner Jugend nicht ein Buchan-Fan gewesen wäre.[13] Selbst Graham Greene, der bald recht bewußt die Helden seiner eigenen Spionageromane geradezu als Anti-Helden zu denen Buchans konzipiert, hat, etwas widerwillig, eingeräumt: »Einer der Helden meiner Jugend war John Buchan...«[14] Es wäre zwar übertrieben, Buchan als eine Art Karl May der britischen Oberschicht zu bezeichnen, doch er hat ein Genre mitbegründet und popularisiert, dem Zukunft beschieden ist. Von seinem bis heute erfolgreichsten Spionage-Roman »Die neununddreißig Stufen« wurden mehr als eine Million Exemplare verkauft, ein großer Erfolg für die damaligen Jahrzehnte. Das Buch hat auch in Amerika viele Leser gefunden, nachdem Hitchcock im Jahr 1935 diesen Thriller gekonnt, wenngleich sehr frei verfilmt hat.[15]

Bei Buchan ist nämlich auch erstmals die Regel zu studieren, daß der Welterfolg von Thrillern fast zwangsläufig die Verfilmung nach sich zieht oder daß Thriller überhaupt nur dank der Verfilmung zum Welterfolg werden. Der Spannungsroman setzt auf dieselben Effekte wie der Thriller-Film: ständiger Wechsel der Schauplätze und Perspektiven, *cliffhanger*-Szenen, übertrieben konstruierte, höchst unwahrscheinliche Gefahrensituationen mit Errettung in der allerletzten Sekunde, bislang nie dagewesene Technik-Effekte sowie der durchgehende Anspruch, das gefährliche Treiben verborgener Mächte ins helle Licht des Tages zu heben. Es erstaunt nicht, daß sich später die Autoren von Thrillern, beispielsweise Eric Ambler, Graham Greene, Ian Fleming oder Len Deighton, mit größerem oder geringerem Erfolg als Drehbuchautoren versucht haben.

Bei Buchan tritt ein weiteres Grundmuster des Polit-Thrillers hinzu. Einerseits sind diesem Roman vielfach Vorgänge der allerjüngsten Zeitgeschichte unterlegt, andererseits werden die Figuren seiner Thriller nach dem Vorbild von Freunden, Bekannten oder von Personen der Zeitgeschichte gestaltet – dies natürlich, wie in Schlüsselromanen üblich, physiognomisch, durch Namensgebung oder durch Kombination mehrerer Vorbilder in einer einzigen Figur verfremdet. So wollen die Interpreten in der Gestalt des hochgebildeten, in besten Kreisen verkehrenden Gentleman-Verbrechers Andrew Lumley im Thriller »The Power House«[16] Züge des Tory-Politikers A. J. Balfour entdeckt haben, eines Freundes von Buchan, der 1917 als Außenminister den Juden in der nachmals berühmten Balfour-Declaration ein »national home« in Palästina versprochen hatte.[17] Und in dem im Sommer 1933 erschienen Polit-Thriller »A Prince of the Captivity« hat Buchan von dem damals bereits gestürzten Reichskanzler Heinrich Brüning (unter dem Pseudonym Hermann Loeffler) ein sympathisches Porträt gezeichnet.[18]

Als die Epoche der Polit-Thriller von viktorianischer Gesinnung definitiv zu Ende war, hat sich für die Helden der Romane Buchans die spöttische Bezeichnung Clubland Heroes eingebürgert.[19] Doch ungeachtet mancher altmodischer Züge sind die besseren der Polit-Thriller Buchans immer noch eine vergnügliche Lektüre. Sie haben Patina angesetzt, doch das ist in der heutigen Flut flach konstruierter zeitgenössischer Thriller kein Nachteil.

Der zu Recht berühmteste dieser Romane, »Die neununddreißig Stufen«, ist zeitlich in den Monaten vor Kriegsbeginn angesiedelt. Es sind dies genau die Wochen, als Erskine Childers auf seiner Yacht voller Waffen und Munition für die irische Untergrund-Armee durch Nordsee und Irische See nach Irland segelt.

Buchan, der sich 1914 einer Bauchoperation unterziehen mußte, hat dieses Buch auf dem Krankenbett geschrieben und 1915 veröffentlicht. Sein aus Südafrika zurückgekehrter Romanheld Richard Hannay, der in London privatisiert und sich entsprechend langweilt, trifft dort zufällig – im Mai 1914 – mit einem Geheimagenten zusammen, der ihm mitteilt, daß seine Feinde hinter ihm her sind, um ihn, wenn er Pech hat, zu liquidieren. Dem erstaunten Hannay erzählt er eine »völlig verrückte Geschichte« von einem »großen, unterirdischen Unternehmen«, das dazu bestimmt ist, »Rußland und Deutschland zum Krieg gegeneinander aufzuhetzen«[20]. Die sehr gefährlichen Leute, die das steuern, kämen aus drei recht heterogenen Milieus.

Da seien zuerst »Anarchisten«, die bei einem Weltkrieg ihre Stunde gekommen sähen: »Alles wäre dann im Schmelztiegel, und sie würden eine neue Welt daraus erstehen sehen.«[21] Buchan, der mit den Strömungen der revolutionären Linken damals noch nicht so vertraut ist wie später, schreibt hier wie auch schon in einem früheren Roman von »Anarchisten«. Doch dem Kalkül hat damals vor allem Lenin Ausdruck gegeben, das Haupt der kleinen Sekte von Bolschewiki. Da Buchan seinen Roman 1914 verfaßt hat, drei Jahre vor der Oktoberrevolution, ist dies eine ganz gute Prognose.

Die zweite an der Verschwörung beteiligte Gruppe seien »die Kapitalisten«, im wesentlichen Finanzleute und Rüstungs-Industrielle, auch sie am Krieg interessiert. Sie würden »die Zechinen einstreichen«. »Das Kapital«, so liest man, »hat nämlich weder Gewissen noch Vaterland«. Schöner könnte das Eric Ambler später auch nicht schreiben.

Es gebe aber noch eine dritte Gruppe, die den Krieg wünschten: »der Jude«. Die Juden, so läßt Buchan diesen allwissenden Geheimagenten berichten, hassen in Erinnerung an die noch nicht weit zurückliegenden Pogrome »Rußland mehr als die Hölle«. Tatsächlich sei »der Jude« überall und ziehe insgeheim die Strippen, ganz besonders in Deutschland.

Man nehme nur »irgendeinen großen teutonischen Geschäftskonzern«. Der erste, mit dem man zu verhandeln habe, sei »ein Prinz von und zu irgendwas, ein eleganter junger Mann, der Eton- und Harrow-Englisch spricht«. Dieser habe nichts zu sagen. Schon etwas wichtiger sei der Mann auf der nächsten Hierarchieebene, üblicherweise ein Westfale »mit einem Pferdegebiß und fliehender Stirn und den Manieren eines Wildschweins«. Habe man aber etwas außerordentlich Interessantes anzubieten, so daß man mit dem eigentlichen Boß verhandeln müsse, »dann steht es zehn zu eins, daß Sie sich einem kleinen, blassen Juden im Rollstuhl gegenüber finden, der einen Blick hat wie eine Klapperschlange. Jawohl, er ist der Mann, der im Augenblick die Welt regiert, und er will sich am Zaren rächen, weil irgendwo in einem Nest an der Wolga seine Tante vergewaltigt und sein Vater ausgepeitscht worden ist.«[22]

Diese Feststellung bedarf keines langen Kommentars, doch bemerkenswert ist es schon, wie hier bei Buchan in den Anfängen des Ersten Weltkriegs ein latenter Antisemitismus mit anti-deutscher Pointe hochkommt. Das sind die Jahre, als Walter Rathenau im preußischen Kriegsministerium die Kriegsrohstoffabteilung aufbaut, als man in England sehr gut weiß, daß Albert Ballin, Eigentümer der mit englischen Schiffahrtslinien scharf konkurrierenden HAPAG, zum Kaiser enge Beziehungen unterhält und daß sich auch sonst überall hochpatriotische deutsche Juden für den Sieg des Kaiserreichs einsetzen.

Schließlich wird der Held der »Neununddreißig Stufen«, Richard Hannay, in das gefährlichste Geheimnis eingeweiht. Auf dem Balkan braue sich ein schlimmer Attentatsplan zusammen, in den England verwickelt werden solle. Nachträglich erfährt Hannay aus dem Notizbuch dieses Geheimagenten, daß Deutschland zunächst entschlossen sei, die Verwirrung auf dem Balkan zu vergrößern, indem es den großen Friedensstifter spiele, um dann urplötzlich über England herzufallen. Andeutungsweise ist in dem Notizbuch von einem deutschen Spionagering die Rede – »unsere Todfeinde«[23].

Tatsächlich wird der Geheimagent, wie befürchtet, ermordet. Jetzt muß sich Richard Hannay, den man als Mörder verdächtigt, auf eine abenteuerliche Flucht nach Schottland begeben. Schon hier nimmt Buchan viel von dem Typus des unversehens von geheimen Mächten gejagten unpolitischen Individuums vorweg, das später Eric Ambler mit Vorliebe zeichnet und das sich auch in den düsteren Polit-Thrillern Robert Ludlums stets in atemloser Flucht befindet. Richard Hannay ist ein Amateur, ein Mann, der Angst hat, der ohne sein Zutun in hochgefährliche und hochpolitische Verwicklungen hineingerät, der um sein Leben rennt, dem gleichzeitig Scotland Yard und eine erbarmungslose Geheimorganisation auf den Fersen sind und der wieder und wieder nur ganz knapp den Verfolgern entkommt. An der Jagd auf Hannay läßt Buchan auch schon ein damals noch nicht alltägliches Flugzeug teilnehmen, das später des öfteren zum Requisit in derartigen Thrillern gehören wird, nicht nur in den Agenten-Filmen Alfred Hitchcocks.

Die Geheimorganisation besteht natürlich aus gewieften deutschen Spionen. Ihr Anführer, ein »überlegener Geist«, wird von Hannay, der zu guter Letzt von seinen Abenteuern berichtet, so beschrieben, wie früher von christlichen Autoren der leibhaftige Gottseibeiuns porträtiert wurde: »Es war etwas Unheimliches und Teuflisches in diesen Augen, sie waren kalt, bösartig, unirdisch und ausgesprochen höllisch schlau. Sie faszinierten mich wie die kalten Augen einer Schlange ...«[24]

Einem besonders raffinierten Feind aus dieser Gruppe von Spionen, die sich mitten in England eingenistet hat, gelingt es sogar, unter hervorragender Verkleidung zu einer Unterredung in Whitehall Zugang zu finden, wo die Spitzen des britischen Verteidigungs-Establishments ihre Kriegspläne für den Fall eines Angriffs der Deutschen mit einem französischen Abgesandten koordinieren. Dank Hannays Entschlossenheit gelingt es schließlich, den Spionagering zu sprengen.

Buchan ist jedoch ein feiner Geist und guter Propagandist. Ähnlich wie mehr als zehn Jahre zuvor Erskine Childers in »Das Rätsel der Sandbank« vermeidet er es, die deutschen Feinde als reine Teufel zu charakterisieren. Sie sind zwar eminent gefährliche Todfeinde Englands, werden aber doch auch, so wird wenigstens angedeutet, von ideellen Motiven bewegt. Als der Chef des deutschen Spionagerings in seinem Landhaus hoch über den Klippen zu Bradgate, von wo aus 39 Stufen zur Nordsee hinunterführen, schließlich gestellt wird, läßt Buchan seinen Helden beobachten, der fanatische Gegner habe den Stolz eines Raubvogels: »Dieser Mann war mehr als ein Spion. Auf seine satanische Weise war er ein Patriot.«[25]

Unnötig zu erwähnen, daß der Plot dieses 1915 erscheinenden Thrillers auch die hysterische Spionagefurcht in den Anfängen des Weltkriegs artikuliert. So fügt er sich zugleich in jene Wachsamkeitskampagnen, die damals von den britischen Behörden auf den Weg gebracht werden. Die Zielsetzung ist somit recht durchsichtig. Dennoch hat Buchan damit in der angelsächsischen Welt ein Genre auf den Weg gebracht, das einschlägt. Es unterscheidet sich von den üblichen Romanen, in denen zuvor und danach zeitgenössische Vorgänge gestaltet werden, vor allem durch das Tempo der Handlung, durch die Dauer-Spannung von Flucht und Verfolgung, durch überraschende Wendungen, auch durch unglaubliche Zufälle und Kämpfe bis hin zum dramatischen Ende, bei dem die Feinde ertappt und vernichtet werden. Buchan vermeidet aber tunlichst das später so beliebte shoot out, von der Schilderung gräßlichen Abschlachtens in der Manier eines Robert Ludlum ganz zu schweigen. Ein John Buchan schreibt selbst im Ersten Weltkrieg, als Europa ein einziges Meer voller Blut und Gewalttaten ist, Gentlemen-Thriller.

Vergleichbare Stereotypen und alles in allem vergleichbare Abläufe weisen auch die beiden folgenden Agenten-Thriller Buchans auf, der schon erwähnte Roman »Grünmantel«, der 1916 erscheint, und »Mr. Standfast«[26], der 1919 herauskommt. Die Schauplätze erstrecken sich von England über die englische Front in Flandern, Paris, die neutrale Schweiz, das feindliche Deutschland bis weit in die Türkei. Aus dem privatisierenden Amateur Richard Hannay, der durch puren Zufall in eine große Spionagegeschichte geraten war, ist im Handumdrehen ein britischer Brigadegeneral geworden, der an der Spitze seiner Einheiten viele Proben todesmutiger Tapferkeit und von Führungskraft ablegt, dann aber regelmäßig von der Front abkommandiert und auf abenteuerliche Agentenreisen entsandt wird, sogar nach Deutschland.

In Berlin tritt er als anti-deutscher Bure auf, wobei die Hauptstadt des Kaiserreichs deprimierend wirkt. Sie vermittelt »den Eindruck häßlicher Sauberkeit und einer Art lustloser Tüchtigkeit«, doch »der ganze große Betrieb schien seelenlos zu sein und eher wie eine große Fabrik, nicht wie eine Stadt«[27]. Von Berlin aus geht es nach Bayern: tief verschneite, ärmliche Dörfer, unwirtliche Wälder entlang der Donau, ein in der Winternacht riesig aufragendes Schloß am Rand eines kleinen Kuhdorfs, das dem gräßlichen preußischen Oberst von Stumm gehört – in atmosphärischen Schilderungen von Städten und Landschaften liegt eine Stärke des Thriller-Autors John Buchan.

Auf seiner durch eine Abfolge lebensgefährlicher Abenteuer mit entsprechend unwahrscheinlichen Errettungen gekennzeichneten Spionagereise von Berlin nach Konstantinopel und Erzerum stellen sich Hannay unablässig deutsche Agenten in den Weg. Die deutsche Führung verfolgt den Geheimplan, durch das Erscheinen eines neuen Propheten im grünen Mantel die periodisch religiös aufgeregten Massen in den muslimischen Ländern gegen das Empire in Bewegung zu bringen, um damit den Krieg für Deutschland zu entscheiden. Eine sehr attraktive, in Konstantinopel gesellschaftlich hoch angesehene deutsche Aristokratin spielt den Part der feindlichen Heroine. Sie ist durch Stolz und Entschlossenheit gekennzeichnet, hat die Seele eines Eroberers, schlechthin »eine Übermensch-Frau«[28], zugleich freilich eine teuflische Hexe, die vor keinem Verbrechen zurückscheut.

Ein deutscher Geheimdienst-Oberst, der unablässig aufkreuzt, spielt demgegenüber den Part des häßlichen Deutschen. Er ist »so häßlich wie ein Nilpferd, aber tüchtig«[29], ein riesiger Kerl, »besessen von jenem verrückten Patriotismus, der schließlich zur Religion wird«[30], »ein Mann von beachtlichen Fähigkeiten, die ihm in der Steinzeit höchste Ehren eingetragen hätten«[31]. Die Ähnlichkeit dieser Romanfigur mit lebenden Personen, wie es oft im Abspann von Filmen heißt, ist wahrscheinlich nicht zufällig, sondern voll beabsichtigt. Ferdinand Carl von Stumm hatte seinerzeit am Balliol College, Oxford, studiert und avancierte 1918 in der Presseabteilung des Auswärtigen Amts, Berlin, zu einer Art Gegenspieler Buchans.[32]

Überhaupt läßt sich hier genau studieren, wie der seit 1915 mit verschiedensten Missionen an der Westfront in Frankreich und anderswo betraute Buchan Informationen über die seinerzeitigen deutschen Geheimdienstoperationen in der muslimischen Welt verarbeitet hat, in die Berlin damals viel Geld und tüchtige Agenten steckte. Kurz vor Kriegsausbruch schon hatte Kaiser

Wilhelm II. Weisung gegeben: »Unsere Konsuln in der Türkei und Indien, Agenten usw. müssen die ganze mohammedanische Welt gegen dieses verhaßte, verlogene, gewissenlose Krämervolk zum wilden Aufstand entflammen; denn wenn wir uns verbluten sollen, dann soll England wenigstens Indien verlieren.«[33] Auch der deutsche Generalstab und das Auswärtige Amt schwenkten auf diese Linie ein.

Was beabsichtigt war, ging aus der Überschrift eines gründlichen Memorandums hervor, das der im Auswärtigen Amt bereits legendäre, mit dem Orient bestens vertraute, reaktivierte Diplomat Baron Max von Oppenheim im Oktober 1914 vorlegte: »Denkschrift betreffend die Revolutionierung der islamischen Gebiete unserer Feinde«. Dort wurde konkretisiert, wie im einzelnen angesetzt werden sollte: Revolutionierung der damals schon vorhandenen politischen Unabhängigkeitsbewegung durch deutschen Agenten, Bestechung orientalischer Potentaten, militärisches Eingreifen zusammen mit der Türkei mit den Schwerpunkten Kaukasus und Suez-Kanal. Dabei spielte auch das Schüren eines Heiligen Kriegs – des Dschihad – gegen die Entente eine wichtige Rolle.

Vor diesem zeitgeschichtlichen Hintergrund finden sich die Analysen und Befürchtungen der britischen Abwehr in »Grünmantel« sehr realistisch geschildert. »Der ganze Osten«, so läßt Buchan Walter Bullivant, einen leitenden Geheimdienstbeamten im Foreign Office sagen, »wartet auf eine Offenbarung. Die ist ihm verheißen worden... Die Deutschen wissen davon, und das ist der Trumpf, mit dem sie die Welt überraschen werden.«[34] Die Überraschung soll der Prophet »Grünmantel« sein.

Kein Wunder, daß Buchan es sich nicht nehmen läßt, in seinem Polit-Thriller auch Kaiser Wilhelm II. persönlich auftreten zu lassen. Bei seiner Reise durch Deutschland wird Richard Hannay auf dem Bahnsteig eines unwirtlichen Bahnhofs irgendwo in Mitteldeutschland sogar dem deutschen Monarchen vorgestellt. Ähnlich wie vor ihm schon Erskine Childers zeichnet auch Buchan kein völlig negatives Porträt dieses Haßobjekts britischer

Kriegspropaganda, der »kleiner als der Durchschnitt und ganz in einen dicken Mantel mit Pelzkragen verpackt« neben ein paar hochgewachsenen Offizieren steht. Der Lack ist ab: graues Gesicht, grau wie Papier unter dem silbernen Helm mit einem Adler darauf, nüchterne, ruhelose Augen blicken aus tiefen Falten heraus. Kraftlosen Schrittes einhergehend, gleicht der Kaiser einem Schlafwandler: »Hier war jemand, der die Hölle losgelassen hatte, und nun hatte er die Furien der Hölle auf den Fersen ...« Verworren beteuert er seine guten Absichten: »Ich wollte den Krieg nicht ... Er wurde mir aufgezwungen ... Ich habe mich so sehr bemüht, den Frieden zu wahren ... Das Blut der Millionen, daran sind die Engländer und die Russen schuld. Vor allem aber die Engländer. Gott wird es ihnen heimzahlen.«

Nachdem Buchan so die Slogans deutscher Kriegspropaganda Wilhelm II. selbst in den Mund gelegt hat, läßt er aber seinen Helden Richard Hannay nachdenklich bemerken: »hier war ein Mensch, der ... die Fähigkeit hatte, mit anderen Menschen zu empfinden.« Aber eben darin bestand die Ironie seiner Situation. Er zahlte im Krieg den Preis für die Geistesgaben, die ihm im Frieden Erfolg gebracht hatten: »Er hatte Phantasie und sehr empfindliche Nerven, und die Phantasie war in Weißglut, und die Nerven zitterten. Nicht um die Welt hätte ich an seiner Stelle sein mögen ...«[35]

Das Cliché der deutschen Feinde wird also sorgfältig gemalt, in Grautönen, aber mit starken Beimischungen schwärzester Farbe: »Größenwahn« zeichne sie aus, »Egozentrik« und neurotischer Irrsinn. Sie wollen eine Welt regieren, »die nur noch ein Leichnam ist«[36]. Auch bei solchen Feststellungen meint der heutige Leser eine gewisse Hellsicht Buchans zu verspüren. Was im Ersten Weltkrieg überzogene Kriegspropaganda ist, wird im Zweiten Realität.

Dabei benennt er auch die eigentliche Schwäche der Deutschen, um deren rätselhaftes Naturell sich die Gesamtheit dieser frühen Spionage-Thriller recht eigentlich dreht: Sie haben kein Sensorium für andere Völker und verstehen von Psychologie am allerwenigsten von allen Kreaturen, die Gott erschaffen hat. Allein die in den Wirtschaftsunternehmen insgeheim maßgeblichen deutschen Juden hätten die Fähigkeit, aus sich herauszugehen.[37] »Harte Schale«, ansonsten aber großer Unverstand ...

»Grünmantel« erscheint 1916, als überhaupt noch nicht absehbar ist, wer letzten Endes im Krieg triumphieren wird. »Mr. Standfast«, allem Anschein nach geschrieben im Sommer 1918 unter dem Eindruck der großen, schließlich gescheiterten deutschen Frühjahrsoffensiven, erscheint 1919, als bereits alles entschieden ist. Wiederum geht es darum, einen äußerst gefährlichen deutschen Agentenring unschädlich zu machen, dem es beinahe gelingt, den Krieg für Deutschland zu entscheiden. Das gegenseitige Sich-Aufspüren, Beschleichen und Unschädlich-Machen spielt sich auf unterschiedlichsten Schauplätzen in Europa ab: in Schottland und in London, in der Schweiz, in Paris und auf den Schlachtfeldern in Nordfrankreich.

Am Propaganda-Cliché vom deutschen Gegner ändert sich hier nichts. Buchan ist inzwischen einer der höchstrangigen Propaganda-Chefs in Großbritannien, und auch dieser Thriller ist dazu bestimmt, den Durchhaltewillen im eigenen Land zu stärken. Mr. Standfast ist ein besonders frommer Spannungsroman. Es gibt im 20. Jahrhundert keinen anderen Thriller, in dem die innere Einheit christlicher Religiosität mit unbeugsamem Patriotismus so stark orchestriert wird wie hier. Doch das ist nicht unser Thema. Daneben werden zwei neue zeitgeschichtliche Themen ins Blickfeld gerückt, die in angelsächsischen Thrillern bis zum Ende des Kalten Krieges immer wieder auftauchen: die Kampfgemeinschaft der freien Demokratien des Westens und die Gefahr des Pazifismus, der von den Gegnern der Demokratie geschürt wird.

Buchan läßt hier eine Art transnationales Team von Thriller-Helden in Aktion treten. Es soll die Kampfgemeinschaft des Empire vor Augen führen, verstärkt durch die Vereinigten Staaten. Nicht zufällig kommt der Held Richard Hannay aus Südafrika. Sein bester Freund, der dann im Luftkampf sein Leben für England läßt, ist sogar ein waschechter Bure. Daneben soll der Amerikaner Blenkiron die transatlantische Einheit der angelsächsischen Zivilisation darstellen. Er ist Geschäftsmann, ein großer und kühler Organisator, der sich England schon vor Kriegseintritt der USA zur Verfügung gestellt hat. Ihr aller Chef ist der Brite Sir Walter Bullivant, gescheit, sympathisch, humorvoll, stets hervorragend informiert und jederzeit rücksichtslos entschlossen, der Direktor des britischen Geheimdienstes. Auch die französischen Alliierten, die dem eingefleischten Tory John Buchan eher etwas fremd sind, läßt er in diesem letzten Kriegsroman in hellem und warmem Licht erstrahlen.

Interessanter ist aber ein zweiter Aspekt. Zusehends richtet sich die in diesem Thriller verpackte Propaganda gegen die damalige britische Friedensbewegung. Bereits in »Die neununddreißig Stufen« hatte Buchan mit raschen Strichen das Bild eines geistig minderbemittelten Landjunkers aus der Liberalen Partei gezeichnet, der noch wenige Wochen vor Kriegsausbruch gesprächsweise behauptete, die »Deutsche Gefahr« sei lediglich eine Erfindung der Tories, die bloß die Armen betrügen und die große Sozialreform aufhalten wollten.[38] Noch viel kritischer werden jetzt, im vierten Kriegsjahr, die Pazifisten im Bürgertum und beim Kleinadel karikiert: bestenfalls »ehrenhafte Idioten«, Schafe und Gänse, vielleicht aber auch Schlimmeres, nämlich insgeheim von den Deutschen manipulierte Engländer.

Im Jahr 1918, nach der Oktober-Revolution in Rußland, droht an der Heimatfront aber noch eine weitere Gefahr. In den Ballungszentren der Industriearbeiterschaft treten marxistische Agitatoren auf, die durchaus Gehör finden. Sir Bullivant entsendet deshalb den Brigadegeneral Richard Hannay, als linker Sympathisant verkleidet, zu den Werften der Clydeside. Dabei zeigt sich, daß alte Gewerkschafter vom alten Schrot und Korn ungeachtet ihrer Gegnerschaft zu den Unternehmern nach wie vor unbeirrbar patriotische Leute sind. Verräterisch sind nur die linksradikalen, pazifistischen Intellektuellen. Wie nicht anders zu erwarten, gelingt Hannay der Nachweis, daß sie von schlau vorgehenden deutschen Agenten gekauft sind und gesteuert werden.

Ein Problem sind auch die Kriegsdienstverweigerer aus Gewissensgründen. Von ihnen sucht der subtile Buchan ein eher positives Bild zu entwerfen, indem er das Schicksal eines solchen jungen Mannes schildert, der nur zu unbewaffnetem Dienst an der Front bereit ist, dort aber bei Bergung der Verwundeten bis zu seinem Heldentod Wunder an Tapferkeit verrichtet. Das ist, so die als schönes Rührstück dargebotene Lehre, ein zum Patriotismus bekehrter idealistischer Pazifist.

Handelt es sich also bei diesen vielgerühmten Thrillern, die ein literarisches Genre begründen, in erster Linie um gut verpackte Propagandalektüre? Das läßt sich nicht bestreiten. Schließlich ist der Autor seit 1917 nicht zufällig Chef der Propagandaaktivitäten der britischen Regierung, dabei dem Premierminister Lloyd George direkt verantwortlich.[39] Schon Buchans Publizistik vor dem Krieg, erst recht aber die der Kriegszeit ist geradezu idealtypische Empire-Propaganda.[40]

Aber Buchan ist eben viel mehr als ein bloßer Propagandist, der seine jeweiligen Zielgruppen scharf ins Auge gefaßt hat. Diese Thriller wären nicht von vielen Lesern verschlungen worden und lebendig geblieben, hätte Buchan nicht über bemerkenswerte handwerkliche Fähigkeiten verfügt. Hervorragend wird immer die Atmosphäre gestaltet, und zwar nicht nur das romantische schottische Hochland. Buchans Schilderung der Trostlosigkeit einsamer, ungeheizter Bahnhöfe, heruntergekommener Hafenanlagen oder des Kaschemmenmilieus in Istanbul sind genauso eindringlich wie später die des dafür zu Recht vielgerühmten Eric Ambler. Neben Childers und dem, wie gesagt, längst verstaubten William Le Queux, sowie seinem großen Vorbild, dem gleichfalls vergessenen Bestsellerautor E. Phillips Oppenheim[41] (er nannte ihn ironisch-anerkennend »den größten jüdischen Schriftsteller seit Jesaiah«) hat jedenfalls John Buchan den maßgeblichen Beitrag zur Erfindung des modernen Spionage-Thrillers geleistet. Thematisch siedelte er dieses neue Genre in den Konfrontationen des Weltkriegs an, wobei der Ausgang der dramatischen Handlung jeweils über Sieg oder Niederlage Englands in dem gewaltigen Ringen entscheidet. Die großen Helden und die ebenso großen Schurken drehen an den Rädern der Weltgeschichte.

Im übrigen aber betrachtet er den Ersten Weltkrieg als Zivilisationskatastrophe von säkularem Ausmaß. Rückblickend bezeichnet er diesen Krieg als »größten Zusammenbruch der Ordnung seit dem Zusammenbruch der Pax Romana«[42]. Er sieht wenig Grund zum Optimismus. Jahrzehnte des Leidens und der Verarmung würden folgen. Die Sicherheit Englands sei ein für alle Mal vorbei, auch die innere Sicherheit. Es erstaunt nicht, daß der vom Krieg traumatisierte Buchan in den späten dreißiger Jahren im Lager der »Appeaser« zu finden ist und Großbritannien wenigstens diesmal aus einem neuen Krieg heraushalten möchte. Er ist nicht feige, aber traurig und illusionslos.[43]

»Eine häßliche und unerfreuliche Welt, wenngleich nicht ganz ohne Hoffnung«[44] – diese Stimmung liegt auch über seinen späteren Spannungsromanen. Denn von jetzt an, nachdem er sich in die Ruhe seines gleich nach dem Krieg erworbenen Landsitzes in Oxfordshire zurückgezogen hat, produziert Buchan geradezu eine Flut solcher Bücher. Sie zeigen, daß er nicht bloß den Spionage-Thriller fest etabliert hat.

Bei Kriegsende hatte sich John Buchan, physisch und psychisch total erschöpft, ins Privatleben zurückgezogen, ein Landhaus nicht weit von Oxford gekauft und sich vorwiegend der Schriftstellerei gewidmet – Kriegsgeschichte des Ersten Weltkrieges, aber immer wieder auch Spannungsromane. Denn er gilt nun als ein Großmeister dieses Genres.

Der Thriller-Autor John Buchan findet sich jedoch in ähnlicher Verlegenheit wie John Le Carré, Tom Clancy und andere Größen des heutigen Spionage-Thrillers nach dem siegreichen Ende des Kalten Krieges. Neue Gefahren und neue Schurken großen Kalibers sind zu entdecken. Und was findet er? Dieselben Themen, von denen sich siebzig Jahre später, während der neunziger Jahre des 20. Jahrhundert nach dem Ende des Kalten Krieges zahlreiche

Thriller-Autoren ernähren – die Gefährdung durch schwerreiche Individuen, die insgeheim ihre Imperien des Verbrechens aufzubauen suchen, die weltweit verzweigte organisierte Kriminalität und korrupte, größenwahnsinnige, von Expansionsgelüsten getriebene Diktatoren kleinerer Mächte, von denen die internationale Stabilität bedroht wird. Der Begriff »Dritte Welt« ist damals noch nicht erfunden, doch die Sache selbst existiert bereits – in Lateinamerika, wo der Guerrillakrieg schon damals beheimatet war, doch ebenso in Osteuropa. Die »Dritte Welt« jener Jahre ist aber vor allem der Balkan. Die ungefestigten Staaten der entsprechenden Länder erhalten schön klingende Phantasienamen – Oliva oder Evallonia.

Es lohnt nicht, auf die Handlungen dieser Schocker einzugehen[45], in denen Buchan in der Zwischenkriegszeit sein Helden-Team kühner Agenten für Ordnung sorgen, bedrohte Monarchen vor der Absetzung bewahren, wohlhabende Geschäftsleute schützen und anämische Heroinen retten läßt. Die Feinde des Friedens sind jeweils radikale Republikaner, nationalistische Jugendbünde und/oder international operierende Konzerne, die hinter Bodenschätzen her sind.

Interessanter als die meist verworrenen und heute völlig abwegigen Handlungen sind gelegentliche zeitkritische Überlegungen, die Buchan seinen Helden in den Mund legt. Am frischesten wirkt der Kriminal-Schocker »Die drei Geiseln«[46]. Er hat ein Thema, das seit dem Umbruch der neunziger Jahre auch in Europa wieder zusehends aktuell wird: die Entführung von Kindern, um ein phantastisches Lösegeld zu erpressen. Sie werden natürlich gerettet, doch es lohnt sich vor allem deshalb in dem Roman zu blättern, weil Buchan dort eine Geheimdienstgröße die Ängste aussprechen läßt, die im konservativen Establishment in den ersten Nachkriegsjahren grassieren.

Ein großer Teil der Welt sei verrückt geworden, beginnt dieser seine Lagebeurteilung. Alles, was früher heilig war, habe heute an Geltung verloren. Die Menschen seien zu sehr an Tod und Leiden gewöhnt. Daher würden sich auch dem Verbrecher weit größere Möglichkeiten eröffnen. Vor dem Krieg sei der moralisch Unzurechnungsfähige mehr oder weniger ein Sportler gewesen, jetzt aber sei er ein schreckliches Allgemeinprodukt, das »bataillonsweise« gedeihe: »Grausam, humorlos, hart, ohne jeden Sinn für Proportionen, aber voll perverser Poesie und berauscht von der eigenen Beredsamkeit – ein scheußliches, unbezähmbares Geschlecht sei gezeugt worden. Man finde es bei den jungen bolschewistischen Juden, unter den feurigen Zuläufern der wilderen kommunistischen Sekten und auffallend häufig unter den übellaunigen, mordlustigen jungen Schlaksen in Irland«[47]. Denkbar klar formuliert wird auch die politische Botschaft: »Wir, die wir die Zivilisation zusammenflicken wollen, müssen dafür sorgen, daß sie aus der Welt geschafft werden«.

Besonders übel sieht es im Licht dieser Thriller Anfang der dreißiger Jahre in Deutschland aus. Der schon erwähnte Polit-Thriller »The Prince of the Captivity« ist einer der eigenartigsten Spannungsromane, die Buchan geschrieben hat, und zugleich einer seiner letzten. Der Held dieses Thrillers ist wiederum ein tugendhafter, sprachenkundiger, auch aufopfernder Geheimagent. Die ziemlich verworrene Handlung hat aber interessante Akteure: einen britischen Premierminister, der in manchem die Züge Baldwins trägt (den Buchan gut kennt und der zu seinen Förderern gehört), ein weiteres Kabinettsmitglied, dessen Vorbild Churchill sein könnte (der allerdings seit 1929 nicht mehr dem Kabinett angehört) – und den deutschen Reichskanzler der Krisenjahre 1930 bis 1932, Heinrich Brüning. Der Polit-Thriller, so zeigt sich hier, dreht sich nun um die aktuellste große Politik in den allerhöchsten Kreisen.

Buchan zeigt sich sichtlich bemüht, für Brüning Verständnis zu wecken. Er sei »äußerst ehrenhaft und tapfer«. Sicher, auch Hermann Loeffler (so das durchsichtige Pseudonym des Reichskanzlers), sei ein seinem Land gegenüber loyaler »Commonsense-Nationalist« mit einem erstklassigen Ruf aus der Kriegszeit, wo er sich vier Jahre lang in einem westfälischen Regiment ausgezeichnet habe. Zugleich aber wird er als »Weltbürger« geschildert, der sich klar darüber ist, daß die Interessen Deutschlands und der Welt untrennbar miteinander verbunden sind. Was bei ihm angeblich Vertrauen weckt, sind sein »altmodisches Gesicht« und seine guten Manieren. Sein Englisch sei nicht besonders gut. Britischerseits hält man ihn auch nicht für besonders schlau, schätzt aber seinen gesunden Menschenverstand. Im Deutschland von heute sei er die stärkste Kraft für den Frieden, bereit dazu, beim Aufbau einer neuen Welt zu helfen. Rathenau, so erfährt der Leser, habe ihn zwar gefördert und ins Bankgeschäft gebracht. Doch er sei kein Jude, auch kein Sozialist, sondern ein vernünftiger Deutscher aus der Mittelschicht.

Diese anständige, sparsame und fleißige Mittelschicht aber, das Beste in Deutschland, müsse er nun opfern, um den Staatsbankrott abzuwenden. Verschiedentlich bringt deshalb der britische Geheimagent den deutschen Kanzler mit britischen Kabinettsministern zusammen, wo der Reichskanzler seinen Gesprächspartnern gegenüber betont, er brauche »ein Licht am Horizont«, damit seine innenpolitischen Gegner nicht triumphieren. In dem wohl in den Jahren 1931 und 1932 verfaßten Thriller, der im Juli 1933 erscheint, läßt Buchan Brüning den britischen Gästen die Lage mit folgenden Worten beschreiben: »Deutschland muß sein eigenes Haus unverzüglich in Ordnung bringen, denn Verzug führt zur Katastrophe. Dasselbe gilt für Großbritannien. Ihr seid immer noch der Dreh- und Angelpunkt der Welt, wenn ihr fallt, ist alles verloren...« Von Amerika sei vorerst wenig zu erwarten. Es werde seinen eigenen Weg gehen und auf niemanden hören, »bis es durch harte Erfahrung lernt, wie irrsinnig das ist«. Alles hänge, so analysiert Buchan die Lage, von den Entscheidungen der Hochfinanz ab, doch dort herrsche keine große Weitsicht.

Es fällt auf, daß von Hitlers Nationalsozialisten in diesem wohlinformierten Polit-Thriller keine Rede ist. Statt dessen wird die innerste Führungsgruppe des »Stahlhelm« (im Roman: die »Eiserne Hand«) als die größte Gefahr geschildert. Ihr Ziel sei die Restauration, sie seien glühende deutsche Nationalisten, sie setzten auf eiserne Disziplin und seien entschlossen, die teuflischsten Mittel zum Einsatz zu bringen. Dann gebe es noch die Kommunisten. Auch von ihnen drohe Gefahr, aber weniger als von der »Eisernen Hand«. Sie seien nämlich einfallslos, mit monotoner Vorliebe für grobes Vorgehen, doch selbstverständlich zu jeder Mordtat bereit.[48]

Der Polit-Thriller, der einen Zeitraum vom Beginn des Ersten Weltkriegs bis ins Jahr 1932 hinein abdeckt und auf vielen Schauplätzen spielt, auch in Deutschland, endet tragisch. Der Geheimagent verhindert Mordanschläge von links und von rechts, scheitert aber schließlich bei dem Versuch, einen sehr potenten Millionär zur Unterstützung des inzwischen gestürzten Reichskanzlers zu veranlassen und wird schließlich selbst ermordet. Der Schlußsatz könnte von einem Autor des *roman noir* formuliert sein: »There only remained the trivial business of dying.«

Erwähnenswert ist der bis heute wenig beachtete, nie ins Deutsche übersetzte Thriller aus zwei Gründen. Er läßt erkennen, wie positiv, wenngleich nicht ohne Vorbehalt, gut informierte Beobachter im britischen Establishment damals den glücklosen Reichskanzler Brüning bewertet haben. Die politische Pointe ist evident. Buchan wirbt bei seinen Lesern um Verständnis für die kritische Lage in Deutschland, ganz besonders für Brüning. In der Entwicklungsgeschichte des Thrillers ist mit diesem Roman endgültig der Schritt vom Agenten-Thriller zu einer Form des Polit-Thrillers getan, in dem die obersten politischen Amtsträger nur unwesentlich verfremdet als Akteure auftreten. Was erst Mitte des Jahrhunderts zur Regel wird – die Ansiedlung der Handlung auf der Ebene amerikanischer und französischer Präsidenten oder im Politbüro – ist hier voll ausgebildet. Wie auch später ist das zwar mit der Agentenhandlung verbunden. Doch der Thriller bezieht hier seine Dramatik aus den Vorgängen in den höchsten Etagen und auch aus der Frage nach den tieferen Beweggründen der politischen Krise.

Von 1935 an lassen die Aufgaben als Generalgouverneur in Kanada Buchan nur noch wenig Zeit zum Schreiben. Die alten Titel verkaufen sich zwar nach wie vor gut, aber ihm ist klar, daß seine Zeit vorbei ist. Ihm bleibt natürlich das Schicksal nicht erspart, von den Jüngeren, die diesen Bestsellerautor erst als Meister des Genres bewundert[49], schließlich aber verachtet haben, als Relikt einer vergangenen Zeit beiseite geschoben zu werden. Einer von diesen war Graham Greene. Als Greene um 1923 und 1924, knapp zwanzig Jahre alt, am Balliol College, Oxford, seine Studien aufnimmt, ist Buchan so berühmt wie heute John Le Carré oder Tom Clancy. So lädt er zusammen mit einigen Freunden Buchan zu einem Essen ein, bei dem jedes der servierten Gerichte den Namen einer Figur aus dessen Romanen erhält.[50] Rückblickend meinte er aber zu dessen seinerzeitigen Erfolgsbüchern, diese hätten ihm nicht mehr dasselbe Vergnügen bereitet wie bei der ersten Lektüre in den Jugendjahren: »Nicht nur Dialog und Situationen wirkten veraltet: das moralische Klima war nicht mehr das meiner Jugend. Der Patriotismus hatte selbst für einen Schuljungen bei Passchendaele seine Zugkraft verloren; wenn man Empire dachte, fielen einem Beaverbrooks Mannen ein, und während der Depressionsjahre an die höheren Ziele der City of London oder der britischen Verfassung zu glauben, fiel einem schwer ... Das war nicht mehr die Welt John Buchans.«[51]

Eric Ambler sah das ähnlich: »Seine Spionage-Helden waren zumeist Männer der Jagd- und Angelsport betreibenden Gesellschaftsschicht, die ihre Arbeit mit einer feierlich-ernsten, mannhaften Arglosigkeit anfaßten, welche in regelrechte Stupidität absinken konnte.«[52] Anders als bei Buchan, der noch aus der heilen »Welt von gestern« stammte, kämpfen die Thriller-Helden Greenes oder Amblers nicht mehr für England oder die Zivilisation. Ein kreatürlicher Überlebensinstinkt treibt sie dazu, wenigstens die eigene Haut zu retten, um irgendwie oder irgendwo Ruhe zu finden. Buchan hatte noch gehofft, wenigstens die schlimmsten Anführer der neuen Barbaren hinter Zuchthausmauern unschädlich zu machen oder in tiefen Abgründen entsorgen zu können. Die Scherben der Zivilisation, so glaubt die Generation junger, cooler Thriller-Schreiber der dreißiger Jahre, lassen sich aber nicht mehr zusammenflicken. Das Empire, an das dessen nostalgischer Lobredner Buchan bis zum Ende seiner Tage geglaubt hat, ist in ihren Augen eine Welt der Ausbeutung und der Lüge. Die Zuchthausmauern, die Agentenhatz oder der Sturz über die Klippen drohen nicht den neuen Barbaren, sondern umgekehrt, den Menschen, die sich nicht unterwerfen wollen.

Auch diese Thriller der neuen Generation sind auf ihre Weise politisch, hochpolitisch sogar. Aber die Botschaft ist völlig konträr zu derjenigen, die Buchan in seinen Thrillern transportiert hatte. Man könnte sie so formulieren: Die ganze Menschheit befindet sich auf dem Weg in die Hölle, genauer gesagt, sie ist schon in der Hölle gelandet, und die Teufel residieren auf den höchsten politischen Etagen.

Von Mitte der dreißiger bis Mitte der siebziger Jahre: **Eric Ambler**s Anti-Helden in den Terrorwelten des 20. Jahrhunderts

»Hunderte und Tausende müssen es gewesen sein, die zum Fluß flohen, um den Flammen zu entgehen, und dann ertranken... Ich traf viele, wie viele weiß ich nicht, die von den Hüften aufwärts verbrannt waren. Die Haut hatte sich abgeschält, ihr Fleisch war naß und schwammig... Und – sie hatten keine Gesichter! Ihre Augen, Nasen und Münder waren weggebrannt, und die Ohren schienen förmlich abgeschmolzen zu sein. Kaum konnte ich die Vorderseiten vom Rücken unterscheiden.«[1]

So wirkte sich nach dem Bericht eines Überlebenden die Explosion der 3,5 Tonnen schweren Atombombe aus, die am 6. August 1945 von der auf den Namen »Enola Gay« getauften B-29 über Hiroshima abgeworfen wurde. Die Zahl der Opfer dieses Massenmordes wird sich nie genau ermitteln lassen. Waren es 70 000 oder 100 000 Japaner, die sofort getötet wurden? Hat Richard Rhodes mit seiner Feststellung recht, daß sich die Zahl der gleich bei dem Angriff und an den Folgen Verstorbenen fünf Jahre danach auf rund 200 000 Menschen belief?[2] Dazu nochmals an die 140 000 in Nagasaki?

So ist die Menschheit damals ins Atomzeitalter eingetreten, das sie nie mehr verlassen wird, auch wenn sich nach dem Ende des Kalten Krieges die Massenpsychosen vorerst beruhigt haben. Doch das Höllentor ist seither geöffnet.

Natürlich kann niemanden verwundern, daß sich manche der großen und viele der weniger großen Thriller-Autoren in der Epoche des Kalten Krieges von den Schrecken des Atomzeitalters nähren. Nichts ist so fesselnd wie ein Spannungsroman, in dem der Held mit knappster Not hochgestellte Polit-Schurken oder andere Verbrecher nur im allerletzten Moment an der Auslösung der globalen Apokalypse zu hindern vermag. Wären die Spionage- und die Polit-Thriller nicht schon längst erfunden gewesen, so hätten spätestens die Schrecken des Atomzeitalters das Genre ins Leben gerufen.

Der erste Thriller-Schreiber aber, der dieses ungeheure Thema aufgriff, war Eric Ambler. Heute ist es weitgehend unumstritten, daß er der eigentliche Klassiker des Thriller-Genres ist. Man mag lange darüber streiten, ob seine Spannungsromane als Agenten-Thriller, als Spionageromane, als moderne Abenteuerromane oder als Polit-Thriller zu klassifizieren sind[3]. Wir selbst sind der Meinung, daß der politische Gehalt seiner Romane es gebietet, ihn auch als eine der Größen des Polit-Thrillers zu verstehen. Unbestreitbar ist aber, daß der Jung-Autor Eric Ambler die Nase hatte, bereits in seinem ersten Buch das große weltgeschichtliche Thema der Atombombe zu behandeln – neun Jahre, bevor sie fertiggestellt wurde und alsbald zum Einsatz gelangte. Es erstaunt, daß er später nicht mehr auf die Bombe zurückgekommen ist. Andere Thriller-Themen haben ihn mehr fasziniert: Europas »wilder Westen«, der Balkan, und später die zumeist unerfreulichen Dritte-Welt-Regime des post-kolonialen Zeitalters, aber ebenso die Psychologie des Terroristen und die Angst des Durchschnittsmenschen, der unversehens zum Ziel der Spionage-, Polizei- und Terrorapparate wird. Nicht zuletzt hat er in den Schurkereien global operierender Waffenkonzerne immer wieder ein dankbares Thema gesehen.

Amblers Thriller handeln von Anti-Helden, von Staatsterrorismus, von zynischer Hoffnungslosigkeit, von zynischer Geldgier und von zynischer Machtpolitik. Bezeichnungen wie »nachheroisches Zeitalter« und *post-histoire* sind erst Ende des 20. Jahrhunderts in Umlauf gekommen, passen aber auf diesen Autor, dessen Œuvre bis in die Zwischenkriegszeit zurückreicht. »Schmutzige Geschichte«[4] lautet der vieldeutige deutschsprachige Titel eines der zahlreichen Romane Amblers. Das könnte über dem Gesamtwerk stehen. Seine Figuren weisen eine post-heroische Mentalität auf, und der Geschichtsprozeß, wie er ihn sieht, ist schmutzig, und zwar auf allen Ebenen und zu allen Zeiten – diese illusionslose Sicht bestimmt das Gesamtwerk.

Nur in den frühen Thrillern Amblers finden sich auch noch idealistische Hoffnungen. Es sind dies seine Romane aus den Jahren 1936 bis 1940, von denen viele Ambler-Fans meinen, daß das seine besten sind. Dieser Idealismus ist allerdings etwas kindlich. Ambler durchlebt damals seine linksradikale Phase und glaubt allen Ernstes, Misere und Korruption des kapitalistischen Zeitalters könnten durch sozialistische Revolutionen überwunden werden. In verschiedenen Thrillern aus dieser Periode spielen weise, weitblickende, dynamische und völlig unkorrupte Kommunisten eine positive Rolle. Sie erklären dem zumeist naiven Helden, was hinter den Kulissen gespielt wird, und ihr hartes Zugreifen bringt des öfteren Rettung aus größten Gefahren. Erst der Hitler-Stalin-Pakt und die Etablierung kommunistischer Regime in Osteuropa öffnet Ambler, der alles andere als ein Dummkopf ist, die Augen.

Der Atombomben-Roman fällt noch in die naiv-idealistische Phase. Genauer gesagt: er ist das erste Buch Amblers, das einen Verleger findet. Der Londoner Verlag Hodder & Stoughton zahlt dem damals völlig unbekannten 27jährigen Verfasser 30 Pfund Vorschuß und riskiert nicht mehr als eine Auflage von 1000 Exemplaren. Diese Vorsicht erweist sich als berechtigt, denn der Thriller mit dem rätselhaften Titel »Der dunkle Grenzbezirk«[5] findet kaum Interesse. Erst als Ambler im Jahr 1939 mit dem Thriller »Die Maske des Dimitrios« beiderseits des Atlantik der literarische Durchbruch gelingt und als während des Krieges vier seiner Thriller verfilmt werden, findet auch sein Erstling wieder Interesse.

Das Buch erscheint 1936 – in jenem Jahr also, das im Rückblick als Wasserscheide erscheint. Einerseits strebt die britische Appeasement-Politik ihrem Höhepunkt zu, und die Berliner Olympiade wirkt nochmals als geglückte Camouflage. Andererseits aber signalisieren die Rheinlandbesetzung und der Beginn des Spanischen Bürgerkriegs, daß Europa jetzt in eine nur noch kurze Vorkriegszeit eingetreten ist. Doch in der Öffentlichkeit des Westens wollen nur wenige so recht daran glauben, daß ein zweiter Weltkrieg bevorsteht, gefolgt vom Atomzeitalter.

Ambler läßt diesen Thriller, der sich um die furchtbare Gefahr der Atombombe dreht, nicht etwa auf der Ebene der Großmächte spielen, sondern in dem balkanischen Phantasiestaat Ixanien. Dessen Hauptstadt Zovgorod ist landschaftlich schön gelegen und weist aus wechselvoller, zweitausendjähriger Geschichte einige Bauwerke von eigenem Reiz auf. Über dem Land aber liegt der Gestank der Abwässer, und die zumeist noch bäuerlichen, vormodernen Massen sind von dumpfem Haß gegen den provozierenden Reichtum einiger weniger Großgrundbesitzer und Kapitalisten erfüllt.

In Ixanien hat sich nun, so erfährt man, etwas Sensationelles ergeben. Das zurückgebliebene Land hat ein Genie hervorgebracht, einen Physiker namens Kassen. Dieser hatte sich lange Jahre im westlichen Ausland aufgehalten, doch trotz seiner Genialität wurde er weder an der Universität Bonn noch in Chicago auf einen Lehrstuhl berufen. Voller Ressentiment ist er in sein schäbiges Heimatland zurückgekehrt, und hier ist ihm die Entwicklung einer Atombombe geglückt. Er stellt diese Waffe der faschistoiden Machtclique zur Verfügung, die Ixanien mit den Mitteln eines Polizeistaates unterjocht. So erhält dieser »drittrangige Staat« durch eine Laune des Schicksals »absolute Macht«, denn natürlich plant die ausbeuterische Oligarchie durch militärische Expansionspolitik von den inneren Schwierigkeiten abzulenken.[6]

Die Zivilisation ist in Gefahr, und deshalb läßt sich ein besorgter britischer Professor namens Henry Barstow bewegen, die gefährliche Reise nach Zovgorod zu unternehmen, um die Erfindung Kassens irgendwie zu zerstören und zugleich das Produktionsgeheimnis der Bombe ein für allemal zu vernichten. Da sich aber hochgelehrte Physik-Professoren kaum fürs Metier von Geheimagenten eignen, verwandelt Ambler den Professor mit Hilfe von einigem Hokuspokus (Barstow wird für eine Reihe von

Wochen sein Gedächtnis verlieren) in den kühlen Supermann Conway Carruthers, der in Zovgorod kräftig aufräumt.

Als sich Ambler viel später selbstironisch zu seinem Thriller-Erstling äußert, deutet er an, daß er sich an der Lektüre des Zürcher Psychologen C. G. Jung den Magen verdorben und ein Spielchen à la gespaltene Persönlichkeit betrieben habe.[7] Der Geheimagent Carruthers sei vor allem als Parodie auf »die Thriller der Nachkriegsära«[8] mit ihren unglaubwürdigen Helden zu verstehen gewesen. Höflicherweise nennt Ambler in diesem Zusammenhang nicht John Buchan. Der Name Carruthers zeigt, daß er wohl auch an den gleichnamigen, segeltüchtigen Spion in Erskine Childers Thriller »Das Rätsel der Sandbank« gedacht hat.

Es lohnt nicht, auf die Parallelhandlungen dieses darstellerisch ziemlich mißglückten Buches einzugehen. Einige Hauptthemen der späteren einschlägigen Schriftstellerei Amblers sind schon hier mit verwoben: die bedenkenlose Aktivität eines weltweit tätigen Waffenkonzerns, dessen Agent gleichfalls hinter den Konstruktionsplänen der Atombombe her ist, die Klassengegensätze auf dem Balkan und die bereits in jenen Jahren vorhandene Hoffnung, durch die Berichterstattung liberaler, demokratischer Journalisten radikale Sozialrevolutionen international zu legitimieren.

Von Interesse ist in erster Linie das Atombombenthema. Wie und durch wen ist Ambler auf diese Problematik verfallen? Wie wir wissen, war unter den paar Dutzend Physikern die damals zählten, das Ob, Wie und Wann einer Kernspaltung durchaus unklar, von den technischen Aspekten einer Atombombenproduktion ganz zu schweigen. Ernest Rutherford hatte beispielsweise in einem Überblick zum Forschungsstand, über den die Londoner Times am 12. September 1933 berichtete, auf die großen technischen Schwierigkeiten bei der Energiegewinnung durch Teilchenbeschleunigung hingewiesen und die Erwartungen einer baldigen industriellen Nutzung als Hirngespinst bezeichnet.[9] Soll man es also Ambler unbesehen glauben, wenn er vierzig Jahre später beim selbstkritischen Rückblick auf seinen ersten Thriller feststellte, er habe »die früheren Arbeiten von Rutherford, Cockcroft und Chadwick gelesen und einige von den Implikationen verstanden«[10]?

Ambler, Sohn eines offenbar sehr unterhaltsamen, von ihm auch verehrten Elternpaars von Varieté-Schauspielern, der seinerseits von Anfang an Freude und Talent am Theaterwesen und später am Film bekundete, hatte sich in jungen Jahren in der Tat einigermaßen intensiv mit Physik, Chemie und Elektrotechnik befaßt, auch wenn er die Ausbildung am Northampton Polytechnic College und eine anschließende Lehre als Elektroingenieur abbrach, um sich der leichten Muße zuzuwenden. Einige einschlägige Kenntnisse waren also vorhanden. Daß er es aber für möglich hielt, ein einzelnes Genie könne sowohl den theoretischen Durchbruch als auch die Produktion der Bombe in einem einsam gelegenen Hochfrequenzlabor bewerkstelligen, macht doch auch die Grenzen seiner entsprechenden Kenntnisse deutlich. Allein die Herstellung der ersten amerikanischen Atombomben hat die damals ziemlich astronomische Summe von zwei Milliarden Dollar gekostet und bedurfte gewaltiger Anlagen. Die Gasdiffusionsanlage in Oak Ridge, Tennessee, war über 800 Meter lang und beinhaltete eine umbaute Fläche von 17 Hektar[11].

In Wirklichkeit war aber Ambler gar nicht der erste Roman-Autor, der sich mit dem Thema Atombombe befaßte. Schon im Jahr 1914, wenige Monate vor dem Ausbruch des Ersten Weltkriegs, hatte H. G. Wells einen Zukunftsroman, betitelt »The World Set Free«[12], veröffentlicht. Die dramatischen Vorgänge des Krieges hatten dieses Buch versacken lassen. Der Physiker Leo Szilard, der eine wichtige Rolle im Zusammenhang mit dem berühmten Brief Einsteins an Roosevelt im Spätsommer 1939 und beim amerikanischen Atombombenprojekt spielte, hat später berichtet, er sei in den Jahren 1932 und 1933 auf dieses längst vergessene Buch aufmerksam gemacht worden, das unter anderem durch eine Besprechung der ebenso spekulativen wie einfallsreichen Zukunftsprojektion von H. G. Wells, die 1933 unter dem

Titel »The Shape of Things to Come«[13] in der Times vom 1. September 1933 erschienen ist.

Auffällig ist, daß Amblers Einschätzung der Gefährlichkeit der Kernwaffen bemerkenswerte Parallelen zu derjenigen von Wells aufweist. H. G. Wells, der bekanntlich schon früh in engem Gedankenaustausch mit Naturwissenschaftlern und Ingenieuren stand, hat in diesem Roman die Ambivalenz der Kernenergie herausgearbeitet: In einem Zukunftskrieg im Jahr 1956, der von England und Frankreich mit Amerika im Hintergrund gegen Deutschland und Österreich geführt wird, werden die größeren Städte der Erde durch Atombomben vernichtet. Erst nach dieser Katastrophe finden sich erleuchtete Führer, welche die friedliche Nutzung des Atoms durchsetzen, dadurch die nun mit grenzenloser Energie ausgestattete Menschheit von Elend und Krieg befreien und diese auf eine höhere Stufe der Evolution führen.

Der Physiker Szilard hat im Rückblick bekundet, wie nachhaltig ihn damals die Vision von H. G. Wells zum konkreten Studium der Nuklearfragen angeregt habe.[14] Gilt das auch für die Leseratte Ambler, der damals nach eigenem Bekunden alles verschlang, was in seine Interessenkreise fiel? Jedenfalls läßt er den tief besorgten Professor Barstow die folgenden Überlegungen anstellen: »In einer anderen, besseren Weltordnung hätte diese Erfindung einem guten Zweck dienen können, nämlich der Energieversorgung. So aber, wie die Dinge jetzt lagen, hatte das von der Pest der Vaterländerei befallene Genie Kassens eine Höllenmaschine erfunden ... Die Wissenschaft hatte den Menschen unversehens überlistet. Jetzt war es zu spät, um von einer neuen Weltordnung zu reden. Die Vernichtung stand unmittelbar bevor.«[15]

Die Atombombe – »eine Höllenmaschine«. Tatsache ist jedenfalls, daß Ambler früh ein Gespür dafür besaß, was sich zusammenbraute. Mit der ihm eigenen Mischung von Selbstgefälligkeit und Selbstironie hat er beim Rückblick geschrieben, vielleicht sei er sogar das erste Mitglied der »Ban-the-bomb-Bewegung« gewesen.[16]

Der Erfinder der Atombombe wird somit als politisch verirrtes Genie im Dienst polit-krimineller Machthaber eines ärmlichen Balkan-Landes geschildert, eines Dritte-Welt-Landes, würden wir heute sagen. Und der linksradikale Idealist Eric Ambler hält es damals auch noch für möglich, den bereits entfesselten Dämon wieder in die Flasche zurückzuzwingen. Wie gesagt: literarisch ist »Der dunkle Grenzbezirk« ziemlich verunglückt. Doch es gibt nicht viele Thriller-Autoren, die mit ihrem Erstling einen erschrockenen Blick in die unbekannten Terrorlandschaften einer nahen Zukunft getan haben.

An Amblers Talent ist von Anfang an nicht zu zweifeln, ebensowenig aber daran, daß er ein unruhiger Typ ist. Seine Eltern sind begeisterte Varieté-Komödianten. Auch er ist ein geborenes Bühnentalent. Dank Begabung für die Naturwissenschaften wäre ihm zwar eine Laufbahn als Physiker, Chemiker oder Ingenieur offengestanden. Aber er bricht Studium und Lehre ab, um ein Jahr lang in den Varietés Englands zu tingeln, Songs zu texten und sich an leichtgeschürzten Theaterstücken zu versuchen. Die rund zwei Dutzend Thriller, mit denen er sich später seine weltweite Fan-Gemeinde erschreibt, sind auch vor allem deshalb so vergnüglich zu lesen, weil eigentlich jeder einzelne die Choreographie einer Komödie aufweist.

Ambler ist jedoch auch Realist. Nach einem Jahr Vaudeville entschließt er sich, in die damals ganz neuartige Werbebranche zu gehen. Hier hat der muntere junge Mann ebenso Erfolg wie bei den hübschen jungen Damen, die ihn umschwärmen. Im Alter von 27 Jahren ist er schon Direktor einer gutgehenden Londoner Werbefirma. Doch dann reizt ihn das Thriller-Schreiben. Wer erstmals ein selbstverfaßtes, verlagsfrisches Buch in der Hand gehalten hat, ist so gut wie verloren. Das Verlangen, ein zweites, ein drittes, ein viertes und noch weitere mehr zu schreiben, wird unwiderstehlich. Genauso ergeht es Eric Ambler. Als Hodder & Stoughton unter dem berühmten John Attenborough und sogar der New Yorker Verlag Alfred A. Knopf Interesse zeigen, riskiert er es, künftig allein von der Schriftstellerei zu leben.

Mit scharfem Blick erkennt er, daß es sich in Frankreich viel billiger und vergnüglicher leben läßt als in London. So verbringt er das Jahr 1938 in Paris, wo im September 1938 in den Parks schon Luftschutzgräben ausgehoben werden. Dort ist man allen Ernstes besorgt, die damals wie später überschätzte deutsche Luftwaffe könnte bei dem immer unausweichlicher drohenden Krieg die ganze Stadt in Schutt und Asche legen.

London, wo Ambler seit 1936 seine ersten, atmosphärisch dichten Thriller publiziert, ist in jenen Jahren vor dem Zweiten Weltkrieg genauso swinging wie erneut in den sechziger Jahren. Hier tummelt sich eine Schar junger Schriftsteller, die gegen alles sind – gegen das selbstzufriedene und zugleich ängstliche englische Establishment, gegen das die Völker in Übersee unterdrückende Empire, gegen die Kapitalisten, gegen die Armee, gegen alle Waffenproduzenten, gegen das, was sie als heuchlerische Sexualmoral begreifen, aber auch gegen die überkommenen literarischen Formen. Die Beschwörung der noch nicht weit zurückliegenden Schützengraben-Höllen des Weltkriegs, welche die Jung-Schriftsteller der dreißiger Jahre allerdings gar nicht selbst erlebt haben, legitimiert ihren Pazifismus, und die immer noch anhaltenden Nöte der Großen Weltwirtschaftskrise legitimieren ihren Antikapitalismus. Da die Sowjetunion ein sehr fernes Land ist, scheint auch ein utopischer Kommunismus erlaubt. In Stalin wollen manche von ihnen einen rauhbeinig-aufrichtigen kommunistischen Idealisten erkennen; seine Agenten und Kommissare flößen ihnen keinen Schrecken ein, sondern gelten als Verkörperungen des »neuen Menschen«[17].

Das ist die Generation der Graham Greene, George Orwell, W. H. Auden, Stephen Spender, J. B. Priestley, Angus Wilson, Christopher Isherwood, Kingsley Martin und ein paar Dutzend anderer Schriftsteller, von denen die Erstgenannten nach 1945 Weltruhm erringen. Sie sind damals alle mehr oder weniger linksradikal, flirten mit marxistischen Ideen oder verfallen ihnen zeitweilig völlig, und manche von ihnen prophezeien in schrillen Romanen eine weitere Apokalypse, die irgendwann um das Jahr

1940 über Europa hereinbrechen werde – womit sie nicht ganz falsch liegen.

Viele linksradikale Schriftsteller der dreißiger Jahre stammen aus gutbürgerlichen oder großbürgerlichen Familien und haben in Oxbridge studiert. Sie genießen es, daß man sie als schwarze Schafe betrachtet, verstehen es aber gleichzeitig bestens, ihre Familien-, Schul- und Universitäts-Verbindungen zu nutzen. Gleich den Intellektuellen der vorhergehenden Generationen sind auch sie Theater- und Buchautoren, desgleichen findet man sie im Verlagswesen und bei der Presse. Die Geschicktesten unter ihnen entdecken aber auch rasch, wie gut es sich bei den damals neuen Medien verdienen läßt. So schreiben sie Drehbücher, suchen die Film-Mogule für die Verfilmung ihrer eigenen Romane zu interessieren und verlegen sich aufs Verfassen von Hörspielen für die BBC.

Zwar verachten sie einen konservativen Autor wie John Buchan von Herzen, ganz zu schweigen von H. C. McNeile, genannt »Sapper«, der patriotische Thriller primitivster Machart verfaßt.[18] Doch sie erkennen, daß auch der Spionage-Thriller zu den neuen Medien gehört, mit denen sich, so man Glück hat, viel Geld verdienen läßt, vor allem dann, wenn das Buch gleichzeitig verfilmt wird. Und natürlich sind sie entschlossen, die auf Spannungsromane begierigen Thriller-Süchtigen nicht mit patriotisch-konservativem, sondern mit subversivem und anti-patriotischem Lesefutter zu bedienen.

In diesem zoologischen Garten der Londoner Intelligenzija, wo es von Füchsen, Pfauen, Schakalen und gefräßigen Löwen wimmelt, finden sich auch ein paar junge Talente ein, die nicht aus der Oberschicht stammen, die auch nicht an Prestige-Universitäten studiert haben, sondern die aus kleinbürgerlichen Familien kommen, wenn nicht gar aus dem Arbeiterstand. Einer von diesen ist Eric Ambler. Daß auch er sich in dem Ideenklima der dreißiger Jahre linksradikale Überzeugungen aneignet, versteht sich fast von selbst. Vor allem haßt und verachtet auch er das Establishment. Die konservative Ideologie Buchans und das Personal, das dessen Thriller bevölkert, können ihn nur erheitern. Dessen durchweg in feinen Clubs verkehrende Helden, so findet er, sind von einer mit Stupidität gemischten Selbstlosigkeit, die nicht von dieser Welt ist, zugleich aber Tausendsassas, die mit allem und jedem fertig werden. Auch sind die Schurken Buchans keine gefühllosen Killer; so kommen sie Ambler wie aufgeblasene Gummi-Puppen vor.[19]

Kein Wunder, daß deshalb vorwiegend einfache Leute die Menagerie seiner Thriller bevölkern: Handelsvertreter, Staatenlose und Exilanten, Ingenieure, Glücksritter jeder Sorte, abgebrannte Journalisten und flippige Damen. Seine Helden reden wie normale Engländer, sie haben Angst und sind in Geldnöten, wie fast jedermann, und sie durchschauen lange Zeit nicht, was eigentlich gespielt wird. Wie das bei Ambler selbst der Fall ist, sind auch ihnen schwerreiche Kapitalisten und Manager großer Wirtschaftsunternehmen verdächtig. Doch sie sind zumeist viel zu praktisch, auch zu zynisch, um sich doktrinäre Weltanschauungen anzueignen oder gar einer kommunistischen Parteilinie zu folgen.

Ambler hat auch ganz und gar nicht den Ehrgeiz, große oder experimentelle Literatur zu produzieren. Er will zwar die Welt realistisch beschreiben, wie sie nun einmal ist, er möchte spannend unterhalten und durch gute Unterhaltung wohlhabend werden. Eine im Buchgeschäft kundige Freundin hat ihm ganz zu Beginn seiner schriftstellerischen Karriere einen guten Rat gegeben: »Vermeide es, wirklich gute Schriftsteller zu lesen, wenn du selbst guten Schund schreiben willst. Das führt nur zu Depressionen.«[20] Daran hält er sich. Und der gute Schund wird ihn nach einiger Zeit zum Millionär machen.

Zugleich aber gelingen ihm in der kurzen Zeitspanne zwischen 1936 und 1940 einige Thriller, die im Unterschied zu den Romanen der meisten jungen Größen der dreißiger Jahre (Graham Greene ist eine Ausnahme) bis heute frisch geblieben sind und nach wie vor Leser finden. Wer etwas historische Phantasie hat und sich in die beklommene Stimmung jener Vorkriegsjahre versetzen möchte, als Hitler, Mussolini und Stalin schon mitten auf der Bühne agieren, wird bei Ambler fündig.

Man könnte ihn als den Kafka des Thrillers bezeichnen. Sein großes Thema dieser ersten Schaffensphase ist die Preisgegebenheit des einzelnen in einer undurchschaubaren Welt von Geheimdiensten, Polizeiapparaten und weltumspannenden Konzernen, welche die Strippen ziehen. Alle seine Helden sind, wie gesagt, Anti-Helden – einfache Engländer, die zuerst gar nicht glauben wollen, daß brutale Killer hinter ihnen her sind, Anti-Helden, die Angst haben und die davonzulaufen versuchen, bis sie letzten Endes der Zorn packt, wobei sie dann doch schneller und brutaler sind als die heimtückischen Gegner.

Wer zu historischen Analogien neigt, mag feststellen, daß das die Reaktion der britischen Öffentlichkeit gegenüber den Diktatoren vorwegnimmt. Diese reagiert mehrheitlich auf Hitler und Mussolini erst ungläubig. Die Appeasement-Politik kann als Versuch gewertet werden, vor der bedrohlichen Realität davonzulaufen, bis kein Ausweg mehr bleibt, und dann bringt der Zorn von 1940, verkörpert in Winston Churchill, die Rettung.

Lauter Anti-Helden jedenfalls. Deren erster in dem Thriller »Ungewöhnliche Gefahr«[21] ist ein englischer Journalist namens Kenton, ein »gemäßigt Radikaler«[22] wie Ambler selbst, der an einer der beiden Berufskrankheiten des Journalismus leidet – nicht an Leberschrumpfung, wohl aber an chronischer Geldverlegenheit.[23] Er kommt eben – man schreibt wohl das Jahr 1936 – von einem jener Nürnberger Parteitage, wo sich das internationale Pressekorps versammelt, um von den Nazi-Größen die Brosamen einiger Nachrichten zu ergattern. Statt dessen hat Kenton sein ganzes Geld beim Pokern verloren und reist jetzt nach Wien, um einen Bekannten anzupumpen. Durch Zufall trifft er im Zug einen angeblich jüdischen Flüchtling, der ihn bittet, für die damals beträchtliche Summe von 300 Mark einen Umschlag mit Wertpapieren über die Grenze zu schmuggeln. Doch dieser weinerliche Herr Sachs ist gar kein echter Flüchtling, anstelle von Wertpapieren stecken in dem Kuvert sowjetische Aufmarschpläne gegen das rumänische Bessarabien. Der abgebrannte Journalist wird nun unfreiwillig zum Kurier mit Spionagematerial, der von den Geheimdiensten verschiedener Länder sowie der österreichischen Polizei gejagt wird und dem schrecklichen Ende in einem böhmischen Vulkanisierofen nur mit knapper Not entkommt.

Würde ein heutiger Autor einen solchen Thriller schreiben, dann wäre er nicht so politisch unkorrekt, die NS-Aufmärsche in Nürnberg fast völlig auszublenden, den sprachkundigen, zynischen, keinem Politiker glaubenden britischen Journalisten als unheroischen Poker-Spieler zu persiflieren und seinen schäbigen Reisegefährten, der ihn listig hereinlegt, als verfolgten deutschen Juden zu karikieren. Eben die völlige Abwesenheit politischer Korrektheit verleiht aber diesem Thriller mit stark komödiantischer Grundierung seine Authentizität.

Ähnlich verhält es sich mit Nicholas Marlow in »Anlaß zur Unruhe«[24], auch er ein Engländer. Er verliert seine Stelle als Prokurist, ist überglücklich, daß ihn eine britische Firma, die Werkzeugmaschinen zur Herstellung modernster Geschütze produziert, wieder einstellt und dann – wir befinden uns jetzt im Jahr 1937 – als Vertreter in das faschistische Italien entsendet. Dort erfährt er, daß sein Vorgänger ermordet wurde, und gerät binnen kürzester Zeit in einen Dschungel, wo der deutsche Geheimdienst, die faschistische Polizei und ein sowjetischer Agent rohe Gewalt einsetzen, um an die Pläne heranzukommen, während die Waffenproduzenten in der englischen Heimat ihre Tantiemen einstreichen. Der Untergrundkrieg der Geheimdienste um fortgeschrittene Waffen ist aber nur Teil eines größeren Spiels, in dem es – kurz vor dem Anschluß Österreichs – um die Frage geht, ob die Achse zwischen Deutschland und Italien wegen der österreichischen Frage zerbrechen wird.[25] Denn Mussolini fühlt sich einerseits zum nationalsozialistischen Deutschland hingezogen, fürchtet aber andererseits um seine Kriegsbeute Südtirol und möchte deshalb Österreich als Pufferstaat am Leben erhalten.

Als der Held dieses Thrillers mit viel Glück schließlich wohlbehalten nach England zurückkehrt, bekommt er von seinem Arbeitgeber zu hören, »daß eigentlich nie wahrer Anlaß zur Unruhe bestand«[26]. Das ist genau die Stimmung, in der die regierenden Kreise in London noch im Jahr 1937 die Appeasement-Politik rechtfertigen. Doch Marlow hat einen Blick in den Dschungel der internationalen Politik getan und weiß es besser.

Auch Ambler selbst glaubt es damals schon besser zu wissen. In den frühen dreißiger Jahren hatte er nämlich eine Urlaubsreise in das damals noch ziemlich unbekannte, recht primitive, doch erfreulich billige Positano unternommen (»es gab offene Abwassergräben, die überwunden werden mußten, und frühmorgens auch Fäkalienhaufen«[27]). Während eines kurzen Aufenthalts in Rom hatte er, um die Zeit totzuschlagen, eine vielpropagierte Ausstellung besucht, die irgendwo hinter dem Vittorio-Emanuele-Monument untergebracht war. Als er mit seinen englischen Reisegefährten vor einem kitschigen Schrein zur Erinnerung an die gefallenen Helden und Märtyrer der Faschisten durch unehrerbietiges Schwatzen auffällt, macht einer der mit Karabinern bewaffneten Schwarzhemden der Ehrenwache eine drohende Bewegung. Ambler erinnerte sich noch beim Rückblick vierzig Jahre später an »die Furcht, die mich plötzlich vor der Uniform durchzuckt hatte«, eine Furcht, die sich urplötzlich in Zorn verwandelte, den er allerdings klugerweise unterdrückte.[28] Der Reiz dieser frühen Thriller Amblers beruht auf der gekonnten Montage derartiger Erinnerungsfetzen von urplötzlichen Gefahrenmomenten und psychologischen Reaktionsweisen.

Dieselbe Konstellation gestaltet Ambler in dem Thriller mit dem bezeichnenden Titel »Die Angst reist mit«[29]. Er verfaßt ihn nach Kriegsbeginn, doch noch während der Drôle de guerre und bevor er eingezogen wird, woraufhin er für ein gutes Jahrzehnt keinen Thriller mehr schreibt. Diesmal ist es ein englischer Ingenieur, auch er eine völlig apolitische Figur, der voller Entsetzen erkennt, daß ein Geheimdienst hinter ihm her ist, der ihn umbringen möchte. Der Grund dafür ist ebenso banal wie einleuchtend. Seine Firma, wiederum ein britischer Waffenhersteller, hat ihn im Winter 1939/40 in die neutrale Türkei entsandt, um die Neubestückung türkischer Kriegsschiffe mit modernen Kanonen und Torpedorohren möglichst rasch durchzuziehen. Unpolitisch, wie Ingenieure häufig zu sein pflegen, reist dieser Experte für Schiffsgeschütze nach Istanbul und fällt aus allen Wolken, als ihn deutsche Agenten ermorden wollen, weil sie die Fertigstellung dieser Umrüstungsmaßnahme verhindern möchten.

Die Rückreise auf dem schmierigen italienischen Dampfer »Sestri Levante« auf dem winterlich unwirtlichen Mittelmeer ist ein einziger Albtraum. Die wenigen Passagiere aus verschiedenen kriegführenden oder noch neutralen Ländern belauern einander. Ein anfangs seriös wirkender, betagter deutscher Archäologe entpuppt sich als erbarmungsloser Chef einer Killerbande, und als es dem Bedrohten im letzten Augenblick doch noch gelingt, in einer Aufwallung blinden Zorns seine Mörder auszuschalten, hat er für den Rest seines Lebens gelernt, »daß Zivilisation nur ein Wort war, und daß man immer noch im Dschungel lebt«[30].

Der spätere Filmtitel Wolfgangs Staudtes »Die Mörder sind unter uns« könnte auch das Motto eines weiteren Thrillers Amblers abgeben, der 1938 erscheint. Die deutsche Ausgabe führt den Titel »Die Stunde des Spions«[31]. Das Buch ist der heiterste Thriller, den Ambler je verfaßte, und dies vielleicht deshalb, weil hier eigene Erinnerungen an ein gemütliches kleines Hotel an der französischen Riviera eingeflossen sind, das Ambler damals entdeckt hat. Die Gemütlichkeit sommerlicher Augustwochen ist natürlich trügerisch. Man befindet sich in der Vorkriegszeit, und was als Idylle begann, endet wie so viele Thriller Amblers in Schießereien und wilden Verfolgungsjagden.

Anti-Held dieses Thrillers ist ein sympathischer, junger, leider derzeit staatenloser ungarischer Sprachlehrer namens Vadassy. Er möchte hier ungestört Urlaub machen, doch nach einem Ausflug nach Toulon greift die Sûreté zu, denn auf dem Film mit raffiniert belichteten Eidechsen-Aufnahmen, die er zum Entwickeln gegeben hat, waren in der Tat auch geheime Geschützbunker der Festungsanlagen des Kriegshafens Toulon abgelichtet.

Die Hilflosigkeit und die Psychologie eines Staatenlosen, der von unsympathischen Polizisten erst beschuldigt, dann zur Suche nach dem eigentlichen Spion gezwungen wird, sind hier ebenso schön eingefangen wie das gespannte Klima der Vorkriegszeit.

Wie in einer Komödie sind im »Hôtel de la Réserve« in dem Ort St. Gatien (Phantasiename für das Dorf Agay unweit Sanary sur Mer[32]) Angehörige jener Völker einlogiert, die sich bald nur noch über Kimme und Korn zu Gesicht bekommen werden. Es sind ein paar Franzosen, von denen einer zusammen mit seiner Freundin schließlich als Spion enttarnt wird (doch er ist gar kein waschechter Franzose, sondern bloß Halbfranzose, Sohn einer Italienerin), zwei schrullige Engländer, zwei eigenartige Schweizer Gäste, die sich als deutsche Emigranten herausstellen, und ein naives amerikanisches Pärchen, das alles unter Schweizer Geschäftsführung. Als die Polizei Vadassy schließlich springen läßt, empfindet dieser gleichzeitig Erleichterung und Angst: »Erleichterung darüber, daß es doch nur ein Alptraum gewesen sei, und Angst, daß es vielleicht doch Wirklichkeit sei und das Erwachen der Traum«[33].

Süßigkeit des Friedens, mit dem es sichtlich zu Ende geht, und »die Fäulnis Europas«, die man schon deutlich riecht[34], sind hier mit leichter Hand zusammengemischt. Zumeist gibt sich Ambler, dieser Porträtist der Vorkriegszeit kurz vor der Katastrophe, viel ernster. So schreibt er »von diesem Narrenhaus, das sich Europa nennt«[35], und in anderem Zusammenhang läßt er eine seiner Thriller-Figuren sagen: »In einer sterbenden Zivilisation hat nicht der beste Diagnostiker politisches Prestige, sondern der taktvollste Arzt. Es ist der Orden, den die Unwissenheit der Mittelmäßigkeit verleiht.«[36]

Wenn Ambler seine Gestalten häufig feststellen läßt, Europa sei am Ende, so ist das freilich alles andere als originell. Die kritischen, zumeist linksradikalen jungen englischen Autoren Mitte der dreißiger Jahre – Graham Greene, Stephen Spender, George Orwell – schwelgen allesamt geradezu in Untergangsphantasien. Bei Orwell etwa ist zu lesen: »Unsere Zivilisation liegt im Sterben. Sie muß sterben. Aber sie wird nicht im Bett sterben. Schon sind die Bomber unterwegs. Hochziehen – Schtt – krach! Im Donner hochexplosiver Sprengstoffe explodiert die ganze westliche Welt.«[37]

Damals und später ist Ambler von der Inkompetenz und Korruptheit der meisten Politiker überzeugt, auch derjenigen in den westlichen Demokratien. Allerdings ist er viel zu nüchtern und zu skeptisch, primitive kommunistische Klassenkampfideen zu übernehmen. Doch die Kapitalisten haßt er, vor allem die Waffenfabrikanten. Kaum einer seiner Thriller, in denen nicht entsprechende Schurken im Nadelstreifenanzug auftreten.

Auch dies ist ein Reflex auf den Zeitgeist. Bekanntlich sind die angelsächsischen Demokratien ausgerechnet Mitte der dreißiger Jahre, als die Sicherheitslage aufgrund der Wiederaufrüstung Deutschlands und des Imperialismus Italiens umkippte, von einer Enthüllungswelle überflutet worden. Im amerikanischen Senat suchte das Nye-Komitee den Nachweis zu führen, daß die Interessen der Banken und der Rüstungsindustrie beim amerikanischen Kriegseintritt 1917 von erheblichem Gewicht waren (was nicht allzu schwer fiel).[38] In England spielte die Royal Commission on Armaments bei der Diskreditierung von Rüstungsfirmen wie Vickers Armstrong oder des notorischen Waffenhändlers Basil Zaharoff eine ähnliche Rolle. Je deutlicher allerdings die von der deutschen Rüstung ausgehende Gefahr wurde, um so vorsichtiger mußten sich die Gegner der Rüstungskonzerne äußern. Nun wurde in erster Linie der Waffenexport an potentielle Kriegsgegner kritisiert, und genau auf dieser Linie lag auch Ambler in seinen Thrillern.

Mit seiner Kritik am Waffenhandel verbindet sich die Idealisierung kommunistischer Agenten. In zweien seiner Thriller ist der kraftvolle, kein Blatt vor den Mund nehmende, notfalls hart zuschlagende sowjetische Agent Zaleshoff die eigentliche Lichtgestalt. Er hat die Funktion, die politisch naiven Anti-Helden aufzuklären und gleichzeitig zu schützen. Entweder läßt ihn Ambler zynisch gewürzte politische Predigten halten, die sich genauso ungewollt komisch lesen wie die politischen Predigten, die Helen MacInnes dreißig oder vierzig Jahre später ihren CIA-Agenten in den Mund legt.[39] Oder die inzwischen hinlänglich aufgeklärten, ursprünglich unpolitischen Anti-Helden führen selbst innere Monologe im Zaleshoff-Stil.

Das liest sich dann wie folgt: »Die Außenminister der Großstaaten folgten zwar den offiziellen Richtlinien ihrer Regierungen, gemacht wurde die Politik aber von den Männern des Big Business, also von Bankiers und ihren Trabanten, von Waffenfabrikanten, Ölgesellschaften und Großindustriellen. Big Business schuf und schürte Krisen, wie es ihm gerade paßte.«[40] Big Business sei zwar nicht der einzige Spieler auf der Weltbühne, aber der Spieler, »der die Spielregeln machte«. So erkläre sich »die unverständliche Farce, die man Weltpolitik nennt«.

Durchweg wird von Ambler in diesen Kapitalismus-kritischen Thrillern eine direkte Linie von den Direktionsetagen zu jenen politischen Agenten oder Killern gezogen, die die Drecksarbeit erledigen – Bestechung, Provokation von Zwischenfällen, Ausstreuen von Gerüchten, Manipulation der öffentlichen Meinung durch Skandale, vielleicht gar eine Mordaffäre.[41] Manche Kapitalisten seien gutherzige Leute mit schlechtem Gewissen, andere perfekte Heuchler, die kalten Herzens Kriege anzetteln und Revolutionen durchführen lassen.

Doch sind die Kommunisten besser? Ambler ist nicht ganz naiv. Auch der Komintern-Agent Zaleshoff wird von ihm als ein Typ mit Killer-Qualitäten geschildert. Doch 1937 und 1938 scheint es Ambler geboten, mit der Sowjetunion zusammenzugehen, um Hitler und Mussolini in Schach zu halten. »Wir Menschen guten Willens müssen zusammenstehen«, läßt er den amerikanischen Kommunisten Zaleshoff zu dem Engländer Marlow sagen.[42] So sympathisiert er mit der Volksfront in Frankreich und hofft bis zuletzt, die Sowjetunion werde sich an die Seite Frankreichs und Englands stellen. Es hat den Anschein, als habe erst der Hitler-Stalin-Pakt vom August 1939 auch Ambler die Augen geöffnet: »Plötzlich war Licht auf der Bühne, und man sah, wie der Held mit dem Schurken ins Bett stieg.«[43]

Den Kriegsausbruch selbst erlebt Ambler in Paris. Die erste Woche im September 1939, als Frankreich und England Deutschland den Krieg erklären, ist für ihn freilich noch aus einem anderen Grund denkwürdig: die Daily Mail hat seinen Thriller »Die Maske des Dimitrios« zum Buch des Monats gewählt.[44] Anders als Amblers bisherige Romane hat dieser Thriller keinen Anti-Helden. Der in Smyrna geborene Grieche Dimitrios, um den sich alles dreht, ist weder ein Held noch ein Anti-Held, sondern ein Killer. Angeblich wurde er als Leiche aus dem Bosporus gezogen, und ein britischer Autor erfolgreicher Kriminalromane (im Beruf eigentlich Dozent für Nationalökonomie an einer kleinen englischen Universität) verfolgt die Blutspur dieses Gangsters, dem man auch ein politisches Attentat in Bulgarien anlastet, von Smyrna über Athen, Sofia und Genf bis Paris. Immer deutlicher wird, daß Dimitrios noch lebt und immer neue Schurkereien in großem Stil betreibt. Bestellte Morde, Prostitution, Drogenhandel – es gibt kein schmutziges Metier, in dem er nicht tätig ist. Der Clou dieses Thrillers besteht darin, daß Dimitrios, der während der ganzen Erzählung unsichtbar war, wobei seine Untaten nur aus Polizeiakten und aus Berichten Dritter rekonstruierbar sind, erst ganz zum Schluß in eigener Person auftaucht, natürlich mit einem Revolver bewaffnet. Beim *shoot out* in einem Pariser Hotel findet er ein grausiges, häßliches Ende.

Hat sich Ambler hier dem unpolitischen Kriminalroman zugewandt? Keineswegs. Vielmehr sind hier zwei Themen verwoben, die ihn schon früh beschäftigen und auch später immer wieder: einerseits die Verbindung zwischen Großkapitalisten und Verbrechern, andererseits der teils politische, teils rein kriminelle Terrorismus, dessen Brutstätte der Balkan ist.

Dieser Thriller ist zwar ganz Handlung und hervorragend komponiert, doch auch hier gibt Ambler seiner Neigung zu gelegentlichen politischen Predigten nach. Dimitrios, so lesen wir, ist sozialer Abschaum, geldgierig, brutal, ein Raubtier, für den allein das Gesetz des Dschungels gilt. Als er ganz zum Schluß aus den Kulissen hervortritt, ist sein Gesicht »ausdruckslos und gefühllos, wie das einer Eidechse«, und seine häßliche Stimme klingt tödlich »wie das Rasseln einer Klapperschlange«[45]. Doch er verkörpert einen Typ, der überall verfügbar ist, »weil sein Herr, das Großkapital, ihn braucht«[46].

Dimitrios verkörpert zugleich den Typ des balkanischen Terroristen. Seine kriminelle Karriere ist unauflöslich mit dem ethnischen Terrorismus verbunden. Sie beginnt 1922 im türkischen Smyrna, wo sich Griechen und Türken wahren Orgien an Bestialität hingeben. Erst ermordet eine geschlagene griechische Soldateska alle Türken, deren sie bei ihrer Flucht habhaft werden kann. Die türkische Soldateska ihrerseits nimmt gräßliche Rache, als sie Smyrna erobert und somit Gelegenheit erhält, Armenier und Griechen in ihren Wohnvierteln systematisch abzuschlachten. Über 120 000 Menschen sollen dabei ihr Leben verloren haben. Der Grieche Dimitrios aber nutzt die Tage des Genozids, um einen reichen Juden zu berauben und viehisch zu ermorden. Anschließend macht er sich davon und begibt sich auf die Schreckensreise.

Zwei Jahre lang mischt er bei Verschwörungen mit, wie sie für die Balkanregion kennzeichnend sind. In Bulgarien, das damals eine politische Schlangengrube ist, läßt er sich von terroristischen Geheimorganisationen anheuern. Sogar in ein Mordkomplott gegen General Mustafa Kemal, den man später mit dem Ehrennamen Ata Türk auszeichnen wird, ist er verwickelt. Amblers Botschaft: Politik, Interessen des internationalen Kapitals, Terrorismus und pure Kriminalität fließen in der Türkei und in den Ländern des Balkan ineinander. Dimitrios ist mehr als ein bloßer Gangster. Er ist die Ausgeburt dieser Terrorwelten.

Woher rührt die Faszination durch den Balkan, die schon aus Amblers Erstling ersichtlich ist? Während er Italien, Frankreich und Deutschland aus eigener Anschauung kennt, hat er vor dem Zweiten Weltkrieg noch nie seinen Fuß in ein Land dieser Region gesetzt. Doch Europas »wilder Osten« wird von den Schriftstellern periodisch wiederentdeckt. 1932 hatte Graham Greene mit dem »Stamboul Train« seinen literarischen Durchbruch geschafft (die amerikanische Ausgabe des Buches erhielt den heute gängigen Titel »Orient Expreß«[47]). Die Gefilde südöstlich von Wien erscheinen den Reisenden als Region militärischer Willkür und politischer Instabilität mit wohlfeilen Todesurteilen und lebensgefährlichen Schießereien.

Ambler ist es später genierlich gewesen, daß er den Balkan und die Türkei verschiedentlich zum Schauplatz seiner Thriller machte, ohne die Länder zu kennen. Als er fast ein halbes Jahrhundert danach ein paar Lebenserinnerungen zu Papier bringt, weist er darauf hin, er habe sich wenigstens Mühe gegeben, im Türkenviertel von Nizza entsprechende Studien zu betreiben.[48] In Wirklichkeit versteht er es, mit viel Einfallsreichtum literarische Clichés lebendig auszugestalten und mit Phantasiefiguren zu bevölkern. Der Balkan ist und bleibt für ihn eine Chiffre für die chaotische Welt fern von den westlichen Metropolen, deren Herren aber ihr Bestes tun, das balkanische Chaos noch zu verschlimmern.

Als 1940 auch das westliche Europa ins Chaos eintaucht, ist der erst 31 Jahre alte Ambler bereits ein gemachter Mann. Die Verleger reißen sich um ihn. Während der Drôle de guerre hat er es sogar geschafft, in Begleitung seiner amerikanischen Frau, die er in Paris kennengelernt hat, New York zu besuchen und wertvolle Kontakte anzuknüpfen. Das zahlt sich rasch aus. Nicht weniger als vier seiner Thriller werden zwischen 1942 und 1946 in Hollywood verfilmt. Auch hier zeigt sich, daß der Bucherfolg eines Thrillers die Verfilmung nach sich zieht und umgekehrt.

Im Sommer 1940 wird er eingezogen und erlebt, daß die Welt auch beim Militär genauso absurd ist, wie er sie bisher in einem halben Dutzend Thrillern dargestellt hat. Doch immerhin schafft er es, ausgerechnet in der Kriegszeit an seiner Karriere weiterzubauen. Allerdings ist niemand im Geheimdienst an diesem Autor von Spionageromanen interessiert. Man muß wohl wie John Buchan oder Graham Greene die richtigen Schulen oder Universitäten besucht haben, um sich dafür zu eignen.

Statt dessen landet er auf Umwegen bei einer Abteilung der Army, die mit der Herstellung und dem Vertrieb von Lehrfilmen betraut ist. Hier trifft er die richtigen Leute: die Regisseure Carol Reed und John Huston, David Niven, Humphrey Bogart und den jungen Peter Ustinov. Bei Kriegsende leitet er im Rang eines Oberstleutnants die Abteilung für Ausbildungs- und Informationsfilme. Kein Wunder, daß er sich danach erst einmal aufs Schreiben von Drehbüchern verlegt und im Imperium von Arthur Rank Filme herstellt. Von 1958 bis 1968 lebt er in Hollywood. Man schätzt ihn überall als einen der führenden Drehbuchschreiber. Daneben produziert er Fernsehserien.

Doch Anfang der fünfziger Jahre beginnt auch seine zweite Phase als Thriller-Autor. Jahrzehntelang gilt er nun als Nummer eins des Genres, kassiert für jedes Buch fürstliche Vorschüsse, die Verfilmung von »Topkapi«[49] mit Peter Ustinov, Melina Mercouri und Maximilian Schell ist ein Kino-Hit, er erhält dreimal den Golden Dagger Award und wird aufs Postament des Klassikers erhoben.

Viele Thriller-Autoren jener Jahrzehnte sind heute, da unzeitgemäß, fast oder ganz vergessen. Amblers Thriller hingegen sind bemerkenswert aktuell geblieben. Offensichtlich hatte er ein Gespür für kommende Dinge. Die meisten seiner Spannungsromane haben nämlich die unterschiedlichen Varianten des zeitgenössischen Terrors zum Thema. In seinem letzten Thriller findet sich – im Jahr 1982 – die Feststellung, »daß in den kommenden fünfzig Jahren das letzte Jahrhundert noch einmal – nur zehntausendmal schlimmer – ablaufen wird«[50]. Die neue Welle der Terroristen werde »mit Sicherheit Kernwaffen einsetzen«. Wie so oft legt Ambler das einer zwielichtigen Figur in den Mund. Im Verlauf der Geschichte wird deutlich, daß einer dieser gemeingefährlichen Psychopathen, ein Emir aus der Golf-Region, nicht in erster Linie an Massenmord durch Kernwaffen denkt, sondern durch Einsatz von Nervengas, dessen Wirksamkeit er an Menschen ausprobieren möchte.[51]

Doch zunächst kehrt Ambler literarisch auf den Balkan zurück, auf das geradezu klassische Experimentierfeld des psychopathischen Terrorismus. Das erste Buch dieser zweiten Phase ist »Der

Fall Deltschew«[52]. Einstige Freunde und Bewunderer des jungen Ambler, die sich im linksradikalen Milieu immer noch wohlfühlen, registrieren jetzt mit Mißfallen, daß nun auch er ins Lager der Antikommunisten übergegangen ist. Zeitgeschichtliche Vorbilder dieses Thrillers sind eine Reihe von Schauprozessen, die seit dem berüchtigten Prozeß gegen den bulgarischen Bauernführer Nicola Petkow im Jahr 1947 im Ostblock stattfinden. In der Tat sind die Kommunisten seit dem Hitler-Stalin-Pakt von 1939 für Ambler erledigt, und so betrachtet er auch die Volksdemokratien als »tyrannische Regime«[53].

Doch das bedeutet nicht, daß er sich deshalb im Zustand ideologischer Naivität zur freien Welt bekennt. Die lastende Atmosphäre eines kommunistischen Polizeistaats und die Niederträchtigkeiten des Schauprozesses werden zwar deutlich geschildert. Doch der Thriller enthält zugleich Passagen, in denen der American Way of Life als Illusion eines politisch verblendeten Narren verspottet wird[54], der sich während des Krieges beim Zusammensein mit amerikanischen Soldaten ein Traumbild von Amerika gemacht hat, aber nicht einmal die Einwanderungserlaubnis dorthin erhält. Immerhin: das östliche Mittelmeer, so schildert er, ist nunmehr eine Region, von der aus amerikanische und britische Einflüsse über Griechenland und die Türkei auf die Balkan-Halbinsel ausstrahlen.

Ambler bedient sich des Kunstgriffs, einen britischen Journalisten als Berichterstatter zu dem Prozeß reisen zu lassen. Dieser beginnt in der Lebensgeschichte Deltschews, seiner Familie, seiner Gegner und all jener undurchsichtigen Gestalten zu graben, die ihn angeblich betreuen, tatsächlich aber überwachen und bedrohen. Schon nach wenigen Tagen erkennt er, was gespielt wird. Keine Seite ist im Recht, überall Verschwörungen, gebrochene Lebensläufe, mord- und verratbereite Politiker, Fehleinschätzungen, Terrorismus und Gemeinheiten. Der Balkan bleibt der Balkan, wie er ihn schon in den Thrillern der dreißiger Jahre beschrieben hat. Die kommunistischen Diktaturen sind nur ein weiteres Kapitel der unheilbaren Geschichte dieser Region.

1953 erscheint »Schirmers Erbschaft«[55] – Amblers bestes Buch
dieser neuen Phase, zugleich das einzige, in dem er auf den Zweiten Weltkrieg und die frühe Nachkriegszeit zurückblickt. Die
Perspektive ist amerikanisch – im westlichen Europa und auch in
Griechenland hat das amerikanische Jahrhundert begonnen. Ein
junger Anwalt »aus einer Delaware-Familie, die aussah, als käme
sie geradewegs aus einem Prospekt für ein Luxusauto«[56], erhält
von seiner Anwalts-Sozietät den Auftrag, in den Westzonen
Deutschlands nach dem gesetzlichen Erben des beträchtlichen
Vermögens einer seit Generationen in den USA lebenden und
hier zu Wohlstand gekommenen deutschbürtigen Familie zu
suchen.

Die Suche führt über Paris und Deutschland nach Griechenland, wo eben der blutige Bürgerkrieg der konservativen Regierung gegen die kommunistische ELAS mit Unterstützung der
USA und Großbritanniens niedergeschlagen wurde – »45 000 getötet, einschließlich 3500 Zivilisten, ermordet von den Rebellen ...
700 000 Menschen im Gebiet der Aufständischen von Haus und
Hof vertrieben ... 7000 Dörfer geplündert«[57]. Auch Griechenland
ist eben Teil des Balkans, und die Geheimdienstoffiziere der siegreichen Regierung, wird angedeutet, sind nicht viel besser. Aus
den restlichen Kämpfern der ELAS sind Räuberbanden geworden, man muß schließlich leben, und einer ihrer Anführer ist der
gesuchte Schirmer.

Als deutscher Soldat geriet er nach einem Partisanenüberfall
beim Rückzug verwundet in Gefangenschaft kommunistischer
Partisanen, wurde erst Ausbilder (er hat sein Soldatenhandwerk
bei den Fallschirmjägern gelernt), schließlich Anführer einer
ELAS-Brigade. Wie sein von einer britischen Kommando-Einheit
hierhin verschlagener Adjutant lernt er rasch, das Kauderwelsch
kommunistischer Ideologie zu plappern. Doch die beiden sind
Soldaten und keine ideologisierten Mörder, auch wenn sie in
einer Gegend im mazedonischen Teil Griechenlands operieren,
wo seit 1903 die IMRO tätig ist, »die schrecklichste geheime Ter-
roristenvereinigung«, die der Balkan oder ganz Europa je gekannt

hatte – Sabotage, Hinterhalt, Entführung, Einschüchterung, bewaffneter Raub und Mord bilden einen Teil des »Kulturerbes« dieser wilden Berglandschaft.[58] Realistischerweise entschließt sich der sympathisch gezeichnete Schirmer, die amerikanische Erbschaft auszuschlagen. Er hat aber dank der von dem Anwalt mitgebrachten Papiere zu seinen Wurzeln gefunden. Denn sein Urahn, das ist die Pointe der Geschichte, war einstmals wie er ein tapferer Soldat: »ein nüchterner junger Mann, der den Tatsachen ins Auge sah und sich nichts vormachte«[59]. Im Jahr 1807, nach der blutigen Winterschlacht von Preußisch-Eylau zwischen Preußen, Russen und Franzosen, war er verwundet desertiert und hatte unter anderem Namen (daher die komplizierte Suche) ein neues Leben aufgebaut.

So birgt dieser Thriller aus dem Jahr 1953 verschiedene Botschaften: Der Balkan bleibt der Balkan. Die Metzeleien des Krieges sind gräßlich, welche Seite man auch immer ins Auge faßt. Ideologischer Fanatismus und ethnischer Haß sind in erster Linie für Dummköpfe attraktiv, aber auch für Killer, die sich »mit schöner Unparteilichkeit«[60] an die Faschisten oder die Kommunisten verkaufen, desgleichen für Politiker und Waffenhändler, die mit allen ihre Geschäfte machen. Auffällig ist in dieser relativ frühen Phase der Nachkriegszeit die positive Darstellung eines deutschen Soldaten. Ambler hat vor Monte Cassino erlebt, wie »ein paar Deutsche ein ganzes Armeekorps aufgehalten haben«[61]. Doch 1953 ist auch das Jahr, in dem die USA kampferprobte deutsche Truppen rasch wieder aufstellen möchten, um diese in dem drohenden dritten Weltkrieg auf ihrer Seite zu haben.

Genauso auffällig ist auch das insgesamt positive Amerika-Bild. Zwei Jahre später wird Graham Greene einen naiven Amerikaner porträtieren, der eben aufgrund seiner enthusiastischen Rechtschaffenheit eine Plage ist. »Der stille Amerikaner«[62], der sich in fremden Kulturen herumtreibt, ist im Grunde der häßliche Amerikaner. Ganz anders Ambler. Er hat keine Vorbehalte gegen die amerikanische Lebensweise. Man wird zwar später bei ihm da und dort zynische Porträts von CIA-Agenten finden, aber der junge Amerikaner, den er in »Schirmers Erbschaft« porträtiert, ist nicht mehr naiv (er hat während des Krieges als Bomberpilot Europa vorwiegend von oben erlebt), er ist aber unideologisch, er ist fair, er ist mutig, er läßt sich nichts vormachen, und er ist auf das mit so problematischem Kulturerbe ausgestattete Europa neugierig.

Von nun an läßt Ambler seine Thriller vorzugsweise in fernen Regionen spielen – in Indonesien, in Somalia und in zentralafrikanischen Staaten, deren Namen keiner nennt, auch im Libanon, in Syrien, in Palästina oder in einer gleichfalls namenlosen mittelamerikanischen Republik, die vom Kaffee lebt. Gelegentlich kehren seine Helden und Gangster auch nach Griechenland oder in die Türkei zurück, wo Ambler die Gaunergeschichte »Topkapi« spielen läßt. Das Buch erscheint 1962, der gleichnamige Film mit Melina Mercouri, Peter Ustinov und Maximilian Schell kommt 1964 in die Filmtheater und wird einer der großen Kino-Hits Mitte der sechziger Jahre.

In Amblers Dritte-Welt-Thrillern werden die Länder des westlichen Europa und die USA nicht ganz ausgespart, doch sie treten zumeist nur als Hauptquartier von Geheimdiensten und globalen Konzernen ins Bild oder als Ruheraum für Schurken, die sich an den Rohstoffen in Übersee bereichert haben. Das Bild, das sich in Übersee zeigt, ist gewissermaßen ein globalisierter Balkan – Länder, von ethnischem Haß zerfleischt, von schurkischen Söldnern, Glücksrittern und einheimischen Banditen bevölkert, von den Geheimdiensten der Weltmächte oder der einstigen Kolonialmächte ausgespäht sowie durch weltweit operierende Konzerne und externe Mächte ausgebeutet.

Aus heutiger Sicht sind diese Thriller zumeist politisch inkorrekt. Ambler schildert die Welt nicht sentimental, sondern so, wie sie ist. »Besuch bei Nacht«[63] (der Originaltitel »Belagerungszustand« trifft die Sache besser) beleuchtet ein paar Putsch-Tage in einem kleinen Land auf dem später indonesischen Sunda-Archipel, das bankrott ist, wo alle Regierungsgeschäfte »in einer tödlichen Atmosphäre von Schuld, Habsucht und gegenseitiger

Verdächtigung« geführt werden[64] und wo die einheimischen Beamten, »auch wenn sie flott und adrett aussehen und reihenweise bunte Kugelschreiber in ihren Hemdtaschen blitzen, nur sehr nebelhafte Vorstellungen von ihren Aufgaben haben«[65]. Die Offiziere sind größtenteils Gangster. Ein seit Jahren im Untergrund kämpfender aufständischer General ist ein tapferer, aber schlichter Troupier, des Durchblicks ermangelnd, zugleich ein frommer Muslim, der alle Rechtgläubigen dazu aufruft, den Ungläubigen in der Hauptstadt den Heiligen Krieg zu erklären[66]. Selbstverständlich ist auch diese eher reine Seele von brutalen Figuren, von Schwätzern und von Verrätern umgeben.

Der unpolitische Held des Thrillers ist ein Ingenieur, der an einem Entwicklungsprojekt arbeitet. Doch der Dammbau kommt nicht recht voran, viele Mittel versickern. Er muß mit ansehen, wie die wenigen holländischen Pflanzer, die noch geblieben sind und von Landwirtschaft etwas verstehen, infam enteignet werden, einer wird sogar bei Nacht durch korrupte Armeeoffiziere ermordet. Ambler versteht es auch hier zu differenzieren. Nicht jeder Offizier ist brutal oder korrupt, und vielleicht, so streut er da oder dort ein, ist ein allmählicher Wandel zum Besseren möglich – sofern sich Amerikaner und Engländer nicht einmischen[67]. Jedenfalls ist der Held des Polit-Thrillers froh, dieses Land so rasch wie möglich hinter sich zu lassen.

Genauso negativ stellt sich die post-koloniale Welt in Afrika dar, in der sich Arthur Simpson, der schon aus »Topkapi« bekannte Anti-Held, herumtreibt. Was sich dort zeigt, ist eine einzige »Schmutzige Geschichte«. Sie beginnt in Athen und führt über das lausige Dschibuti bis irgendwohin in eine der Republiken Zentralafrikas. Wir treffen auf weiße Söldnerbanden an der Spitze einer schwarzafrikanischen Soldateska, rohstoffgierige internationale Konzerne, die Staatsstreiche inszenieren, einheimische Potentaten, die sich von ihnen fröhlich benutzen lassen, und Kampfhandlungen von absurder Lächerlichkeit. Auch hier: kaputte Gesellschaften, chronische Armut, üble Gefängnisse, in denen gefoltert wird, Plünderung und Gewalttaten.

Politisch inkorrekt ist auch das Bild, das Ambler vom Nahost-Konflikt zeichnet. Während die westeuropäische Linke bereits ihr Herz für die Sache der Palästinenser entdeckt hat, erscheint 1972 sein Thriller »Der Levantiner«[68] – auch dies ein Polit-Thriller, in dem die politische Wirklichkeit einer ganzen Region zeitkritisch beleuchtet wird. Hier ist der negative Held ein reicher syrischer Kaufmann, dessen Betriebe die hohen Funktionäre des bürokratisch-sozialistischen Baath-Regimes in Syrien Zug um Zug ausplündern. Zugleich erpreßt ihn der selbsternannte Führer einer palästinensischen Splittergruppe namens Salah Ghaled – auch er ein machtgieriger, psychisch gestörter Polit-Gangster, der einen Massenmord in Tel Aviv plant, um sich dadurch an die Spitze der revolutionären Bewegungen im östlichen Mittelmeer zu bomben. Doch der negative Held dieses Thrillers ist ein mit allen Wassern gewaschener Levantiner, der dem lebensgefährlichen Machtspiel des Nahen Ostens gewachsen ist, Ghaled zur Strecke bringt und sich nach Zypern absetzt, dabei allerdings einen Teil seines Vermögens verliert.

Was Ambler von den sogenannten Freiheitsbewegungen der Palästinenser hält, formuliert er hier im Klartext: »Ich kann nichts Geniales darin sehen, eine Bombe in einem Koffer oder in einer Flugreisetasche zu verstecken. Es ist keine Kunst, Zivilisten, die sich nicht wehren können, zu töten oder zu verstümmeln. Alles, was man außer Sprengstoff dazu benötigt, ist ein Hang zum Größenwahn, genährt von der fixen Idee, Terrorkampagnen könnten den Weg zu immerwährender Menschheitsbeglückung freimachen.«[69] In dieser Weltgegend, so suggeriert er, gibt es nur zwei relativ stabile Ordnungsmächte, beide allerdings wenig human: die kemalistische Türkei und Israel. Wenn aber eine Hoffnung auf Verhinderung der allerschlimmsten Terroranschläge besteht, so dank der Geheimdienstoffiziere und der überall präsenten Geheimagenten dieser beiden Staaten. Freilich sind das durchweg unangenehme Typen, vor allem die türkischen Offiziere.

Immer wieder, seitdem er die Türkei im Winter 1939/40 geschildert hat, versteht Ambler die Geheimdienstoffiziere der Türkei mit knappen, unvergeßlichen Schnappschüssen zu erfassen. Diese harten türkischen Staatsdiener sind durchweg Kettenraucher. Sie pflegen ihre Verhöre gern während der Nachtstunden in kahlen, kalten Büros zu führen, wo es stark nach abgestandenem Zigarettenrauch riecht[70]. Man ist froh, wenn man sie wieder los ist. Zynisch, unsentimental, hartnäckig und unermüdlich sind sie ausgekochte Profis, die fast alles wissen und in deren Dossiers jeder Terrorist verzeichnet ist. Wenn Amblers Thriller überhaupt eine Lehre enthalten, so die, daß Groß- und Kleinkriminelle, vor allem politische Gewalttäter, gut daran tun, um die Türkei einen großen Bogen zu machen.

Und wie steht es um Europa? Findet sich wenigstens noch hier eine Insel der Seligen inmitten der Terrorwelten? Nach den Hollywood-Jahren hat Ambler in der Schweiz, in Clarens, seinen Wohnsitz genommen. Am Genfersee und an der Riviera fühlt er sich am wohlsten. Und wenn er einen Thriller mit rundum gutem Ausgang schreibt, so verlegt er ihn am liebsten auf diese Schauplätze.

Aber das Chaos des 20. Jahrhunderts hat auch diese zivilisiertesten Regionen des alten Europa infiltriert. Es bezeugt Amblers sicheres Gespür für die Aktualität, aber auch für kommende Dinge, daß er 1964 mit leichter Hand einen komödiantischen Thriller über die Hinterlassenschaft eines ehemaligen Geheimdienstchefs des Irak komponiert hat. Dieser üble Bursche kurdischer Herkunft (Kurden haben die Gewohnheit, »alles, was sich bewegt, sofort abzuknallen«[71]) hatte in der Schweiz Asyl erhalten, mit dem üblichen Vorbehalt, sich jeder politischen Aktivität zu enthalten.[72] Natürlich tut er genau das Gegenteil, wird ermordet, und ein hartnäckiger Journalist, der nachgräbt und gleichfalls an Leib und Leben bedroht wird, inszeniert nun zusammen mit der ehemaligen Geliebten dieses Verschwörers eine Art Auktion von dessen geheimen Aufzeichnungen. Mit viel Chuzpe und Glück übersteht er alle Anschläge, die ihn in der Schweiz und an der Riviera bedrohen, und macht sich schließlich mit dem Auktionsgewinn aus dem Staube.

Vergleicht man diesen Thriller mit den antikapitalistischen Romanen Amblers aus den frühen dreißiger Jahren, so sind die Kontinuitäten gar nicht zu übersehen. Immer noch findet ein skrupelloses Zusammenspiel mächtiger Ölgesellschaften mit korrupten und ebenso skrupellosen Machthabern statt, diesmal sitzen sie in der Golf-Region. Verschwörungen, Entführungen und politische Morde sind weiterhin an der Tagesordnung. Allerdings haben sich die Bestechungssummen um ein Vielfaches erhöht, desgleichen die Preise für anständiges Essen und Trinken in Fünf-Sterne-Hotels. Die Medien, die von allen Seiten ins Spiel gebracht werden, verfügen inzwischen über Berge von Informationen. Der Luftverkehr und die modernen Kommunikationsmittel rücken die europäischen Metropolen und die Krisengebiete eng aneinander. Moralisch betrachtet, ist es jedoch im wesentlichen dieselbe Welt wie in der Zwischenkriegszeit, nur ist sie inzwischen globalisiert. Und der längst zum zynischen Konservativen gewordene Ambler hat alle linksradikalen Illusionen verloren.

Er hat aber auch seine Zweifel an der moralischen Intaktheit der westlichen Verteidigungsorganisation. In dem Thriller »Das Intercom-Komplott«[73] karikiert er zwei Geheimdienstchefs kleinerer westeuropäischer Staaten. Beide kommen sie aus dem Widerstand gegen die deutsche Besatzung. Sie haben sich in NATO-Gremien kennengelernt und Gefallen aneinander gefunden. Und beide bemühen sich nun, ihre nicht allzu üppigen Pensionen aufzubessern, indem sie den Verkauf von Geheimnissen annoncieren, die eigentlich nur Spielmaterial sind, aber den KGB, die CIA, das Bundesamt für Verfassungsschutz und die Schweizer Polizei zu hektischer Betriebsamkeit veranlassen. Die Operation gelingt. Tote oder Gefährdungen des Westens sind nicht zu beklagen. Aber mehr als ein Hauch von Korruption zeigt sich auch hier. Eine Gaunerkomödie in einem Seitentrakt der gewaltigen transatlantischen Organisation – das ist Amblers einziger Beitrag zum Ost-West-Konflikt, der seine Konkurrenten beim Thriller-Schreiben damals unablässig beschäftigt.

Während sich die Thriller-Autoren der fünfziger und der frühen sechziger Jahre von der Spionage des Kalten Krieges ernähren, hat Ambler somit früher und konsequenter als andere die post-kolonialen Regime und Gesellschaften entdeckt. Die Schauplätze seiner Romane liegen fast allesamt in der Dritten Welt. Pointiert formuliert: zusammen mit Graham Greene ist er der Erfinder des Dritte-Welt-Thrillers. Und da der Ost-West-Konflikt, das große Thema der zweiten Jahrhunderthälfte, inzwischen Geschichte geworden ist, während die Verwicklungen mit jenen Regionen, die man früher die Dritte Welt nannte, aktueller denn je sind, liest man diese Thriller, als seien sie für heute und morgen geschrieben. Sie sind grotesk, häufig auch makaber und unterhalten bestens. Man fliegt beim Lesen hierhin und dorthin und weiß schon im vorweg, daß die Korruption der Mächtigen überall triumphiert, von gelegentlichen Schießereien unterbrochen. Aber es lohnt nicht, die Plots gründlicher zu analysieren. Dies vor allem deshalb, weil die schlau konzipierten, doch letztlich absurden Schurkereien, terroristischen Anschläge, Verschwörungen und Gegenverschwörungen kein geschichtlich ins Gewicht fallendes Resultat haben.

In den frühen Thrillern Amblers ging es immerhin noch direkt oder indirekt um den weltgeschichtlichen Konflikt der europäischen Großmächte. Damals hatte er auch noch Hoffnung, wenngleich irregeleitete. Doch seine Romane seit den fünfziger Jahren gehören der *post-histoire* an. Viel Lärm um nichts. So pflegen die kompliziert konstruierten, aber von historischer Substanz entleerten Spionage- und Polit-Thriller häufig im Privatissimum eines schönen Dinners auszulaufen. Alles endet in der Banalität, wie sein zweitletzter Roman aus dem Jahr 1977 mit dem faden Titel »Bitte keine Rosen mehr«: »Ich dachte an gutes Essen, kühle Tage und anständigen Wein.«[74]

Amblers Anti-Helden kommen zwar immer davon, aber die Terrorwelten bleiben.

Linker Großschriftsteller, Thrillerschreiber und IM im Geheimdienst Ihrer Majestät: **Graham Greene**

Spionage ist nicht nur das zweitälteste Gewerbe. Sie zählt auch zu den Aktivitäten, die ein gründliches Training, technische Kompetenz, jahrelanges Erfahrungswissen, kurz: Professionalität voraussetzen. Müssen wir also von einem guten Thrillerschreiber nicht verlangen, daß er mit diesem zwar fragwürdigen, aber zugleich unverzichtbaren Zweig menschlicher Tätigkeit aus eigener Erfahrung bestens vertraut ist? Authentizität erscheint vor allem deshalb so wichtig, weil die Geheimdienstarbeit auf allen ihren Ebenen aus gutem Grund das Licht der Öffentlichkeit scheut. Informationen darüber, wie ein Schulkollegium, ein Anwaltsbüro, eine Zeitungsredaktion oder ein Nachtklub arbeiten, sind unschwer zu erlangen. Für den SIS, die CIA oder den KGB ist das schwieriger.

Kein Wunder, daß vergleichsweise viele Verfasser von Geheimdienst-Thrillern irgendwann im Verlauf ihres Lebens die entsprechenden Apparate von innen studiert haben. Dabei fällt allerdings auf, daß sie zumeist in mehr oder weniger leitender Funktion ihre Erfahrungen sammelten. Wie erwähnt, ist John Buchan während des Ersten Weltkriegs zeitweilig im britischen Informationsministerium für die Intelligence zuständig gewesen. Ian Fleming war von 1939 bis 1945 die rechte Hand des Konteradmirals John H. Godfrey, der die Spionage und die Spionageabwehr der Royal Navy leitete. Desgleichen war John Le Carré während seines Wehrdienstes in Wien und dann erneut als Diplomat in Deutschland direkt mit Spionage und Spionageabwehr befaßt. Andere Beispiele ließen sich unschwer anführen.

Viel seltener ist es aber, daß Geheimdienst-Thriller von Agenten verfaßt werden, die kürzer oder länger im operativen Einsatz waren. Die Gründe dafür sind evident. Den Agenten ist die Schmutzarbeit zugewiesen. Selbst wenn sie von »nassen Jobs« verschont werden, sind Verräterei, Lüge und Täuschung ihr täglich Brot. Im Regelfall spricht niemand gern davon, was er selbst bei operativen Einsätzen getrieben hat. Unschönes wäre da wohl zu vermelden, würde der Betreffende wahrheitsgemäß berichten. Selbst wenn einer nur als inoffizieller Mitarbeiter eines Geheimdiensts über vertrauliche Unterredungen mit Kollegen oder gar Freunden an die Zentrale präzise Berichte erstattet hat und dafür honoriert wurde, mag er das nicht an die große Glocke hängen. Zudem sorgen recht strenge Strafbedingungen auch nach dem vorzeitigen Ausscheiden oder nach der Pensionierung für Stillschweigen. Schließlich könnten noch aktive Agenten gefährdet werden. Wie strikt besonders der britische MI6 bis heute gegen Geheimnisverrat vorgeht, ist wohlbekannt.

Nicht zuletzt deshalb ist Graham Greene in unserem Zusammenhang ein besonders interessanter Fall. Wie jeder seiner Leser weiß, ist die Schattenwelt von Agenten oder von Terroristen stets ein bevorzugtes Sujet seiner Thriller gewesen. Daß er aber lebenslang selbst spioniert hat, und dies vielfach recht unfein, konnte zu Greenes Lebzeiten bloß vermutet werden. Im Jahr 1992 indessen ließ der damalige Premierminister John Major mit zuvor unvorstellbarer Freizügigkeit zahlreiche bislang streng vertrauliche amtliche Dokumente freigeben.[1] Jetzt erhielten Personen, die über Greene arbeiteten, erstmals Gelegenheit, wenigstens Auszüge aus dem Dossier »Graham Greene« zu studieren.[2] Seither steht fest, daß Greene zeitlebens, erst als dilettantischer Autodidakt, seit dem Zweiten Weltkriegs bis in die frühen achtziger Jahre aber professionell Geheimdienstaufträge ausgeführt hat. In den Jahren 1941 bis 1944 gehörte er als offizieller Mitarbeiter dem Secret Intelligence Service (SIS) an und war danach jahrzehntelang in einer Funktion tätig, für die sich in Deutschland seit der Wende der Begriff des Informellen Mitarbeiters (IM) eingebürgert hat.

Vor diesem Hintergrund erst wird vieles von dem voll verständlich, was er in seinen Thrillern gestaltet hat. Allerdings gerät dadurch die ideologische Orientierung des stets für linke Ideen eintretenden Graham Greene in ein seltsames Zwielicht. Man stelle sich vor, irgendwann würde bekannt, daß beispielsweise Heinrich Böll oder Günter Grass dem Bundesnachrichtendienst jahrzehntelang über vertrauliche Gespräche mit Ausländern berichtet oder Agenten rekrutiert hätten und als Kontaktleute zu Auslandsagenten tätig gewesen wären – das alles, wohlgemerkt, gegen eine recht anständige Honorierung aus dem Spesenkonto des Geheimdienstes!

Von Jugend an fand sich Graham Greene in einer Familie von Spionen. Sein Onkel, Sir William Graham Greene, dessen Namen er trug, spielte eine maßgebliche Rolle an der Spitze des Marinegeheimdienstes. Graham Greenes ältester Bruder Herbert war ein Doppelagent. Im Verlauf der dreißiger Jahre spionierte er für Japan, doch dies mit Wissen britischer und amerikanischer Instanzen. Graham Greenes jüngere Schwester Elisabeth arbeitete seit 1938 beim SIS und war an seiner Rekrutierung maßgeblich beteiligt. Auch ihr Mann gehörte »der Firma« an. Graham Greenes Bruder Hugh, 1934 bis 1939 als Korrespondent für den Daily Herald in Berlin tätig und ein ausgesprochener Gegner des Hitler-Regimes, hat mit an Gewißheit grenzender Wahrscheinlichkeit damals ebenfalls die beliebte Nebenbeschäftigung seiner Familie betrieben. Die beiden haben übrigens 1957 eine amüsante Anthologie veröffentlicht; Titel: »The Spy's Bedside Book«[3].

Leider fehlte es in der Familie Greene auch nicht an schwarzen Schafen. Graham Greenes Cousin Ben Greene, ein Quäker, war ein politisches Chamäleon. Seine Sympathien galten anfangs der Labour Party, doch in der Vorkriegszeit war er zeitweilig ein Sympathisant der Nationalsozialisten. 1939 veröffentlichte er ein kompromittierendes Buch »The Truth about the War«[4] und wurde nach Kriegsausbruch sieben Monate lang in Untersuchungshaft gesteckt, aber dann rehabilitiert. Graham Greene, in dessen Romanen fast kein einziger Familienangehöriger unkarikiert davonkommt (das hat er mit Thomas Mann gemeinsam), hat Ben Greenes Freundeskreis dümmlicher, von deutschen Agenten durchsetzter Pazifisten im Jahr 1943 in dem Thriller »Zentrum des Schreckens«[5] verewigt. Etwas im Zwielicht stand auch seine Cousine Barbara, mit der zusammen er 1935 eine abenteuerliche Reise in die Steppen und Urwälder Liberias unternommen hat. Sie war die Tochter einer deutschen Mutter, begab sich kurz vor Ausbruch des Zweiten Weltkriegs nach Deutschland und heiratete dort den Grafen Rudolf von Strachwitz. Dieser war zwar später an der Verschwörung des 20. Juli beteiligt, doch im Krieg sind solche Familienverbindungen erst einmal verdächtig.

Daß man gelegentlich oder auch lebenslang für England spioniert, war einstmals für Familien der englischen Oberschicht nicht ganz ungewöhnlich. Bemerkenswert im Fall des Familienclans Graham Greenes ist aber das Vorhandensein von Doppelagenten. Er selbst war gleichfalls von entsprechenden Neigungen nicht frei, und der Typ des Doppelagenten bevölkert auch seine Thriller.

Was bisher über Graham Greenes eigene Spionage-Aktivitäten bekannt geworden ist, läßt ein ganzes Bündel von Motiven erkennen. Spionage wurde damals nicht nur von den Greenes als eine Art Familien-Sport betrachtet. Auch in Oxford, wo Greene am Balliol College studierte und einen zweitklassigen Abschluß machte, hatte das Metier Tradition. Die Studenten wußten, daß dieser oder jener Don mit dem Geheimdienst Ihrer Majestät in Verbindung stand und sich ein Vergnügen daraus machte, geeigneten Nachwuchs zu rekrutieren.

Agententätigkeit entsprach offenbar auch den inneren Neigungen Graham Greenes. Er hat »ein verqueres, gequältes Naturell«, notierte Noel Coward gelegentlich[6], der ihn gut kannte, und was er über eines der Bücher Greenes vermerkte, gilt für deren Autor generell: »sex, Catholicism, sadism and back to sex«[7]. Fast dreißig Jahre zuvor hatte die eben erwähnte Cousine Barbara, mit der zusammen Greene, von 25 schwarzen Trägern begleitet, in den Tropenhöllen Liberias umhergeirrt war, in ihrem Tagebuch ein ähnliches Bild ihres damaligen Reisebegleiters gezeichnet: ein unsentimentaler Mann von scharfem, klarem, grausamem Verstand und ein ganz ungerührter Beobachter der psychologischen Reaktionen aller derer, mit denen er zusammen ist[8]. Ein solcher Typ eignet sich zum Agenten. Greene ist aber zugleich ein Schriftsteller in der Nachfolge Joseph Conrads. Jeder Spionage-Thriller wird ihm unter der Hand zum Psycho-Thriller. Nicht die Spionageapparate oder deren politische Ziele interessieren, sondern die Psyche des Agenten, aber noch mehr die des Verräters und des Doppelagenten.

Ein weiteres Motiv ist ganz irdisch. Graham Greene spioniert zeitweilig, um sein Einkommen aufzubessern. Das gilt für die jungen Jahre, in denen er knapp dran ist, aber ebenso für die Jahrzehnte seit Ende der vierziger Jahre, als dem weltberühmten Autor von allen Seiten Buch-, Drehbuch- und Filmhonorare zufließen. Was er im einzelnen einnahm, ist unbekannt. Es gibt Grund zur Annahme, daß in den ersten beiden Nachkriegsjahrzehnten das Spesenkonto des SIS wenigstens teilweise für die damals noch recht teuren Flugreisen in alle Kontinente und für wochenlange Aufenthalte in Fünf-Sterne-Hotels aufkam. Gelegentlich soll er gesagt haben, »die Firma« sei »das beste Reisebüro der Welt«[9]. Wenn der Betreffende kooperationsbereit ist und ein scharfer Beobachter, beides traf offenbar auf Graham Greene zu, dann ist ein weltberühmter Autor von notorisch linker Reputation der ideale Spion, ganz besonders im Ostblock und in der Dritten Welt.

Wer sich näher mit diesem in jeder Hinsicht zwielichtigen Leben beschäftigt, entdeckt noch ein weiteres Motiv. Bekanntlich hat Graham Greene ein exzessives Liebesleben geführt. Während der nie aufgelösten Ehe mit Vivienne Greene unterhielt er gleichzeitig oder zeitversetzt weitere Intimbeziehungen von längerer oder kürzerer Dauer mit unterschiedlichsten Damen, dazu kamen Hunderte von Bordellbesuchen in aller Herren Länder. Auch in dieser Hinsicht gaben lange, häufig mit Agentenaufträgen verbundene Weltreisen einen guten Vorwand her, sich den unvermeidlichen Spannungen von Dreiecksverhältnissen und noch komplizierterer Verwicklungen zu entziehen. Wenigstens den engsten seiner Gefährtinnen, etwa Catherine Walston, war die häufige Nebentätigkeit als Spion kein völliges Geheimnis.

Natürlich war die eigene Agententätigkeit auch unauflöslich mit seiner Schriftstellerei verbunden. Neben dem Kriminalroman und dem Liebesroman erfreute sich der Spionageroman im England der Zwischenkriegszeit großer Beliebtheit. Kein Wunder, daß Graham Greene, solange er noch in echten Geldnöten steckt, immer wieder einmal Thriller wie »Jagd im Nebel« oder »Zentrum des Schreckens« verfaßt, in denen Spione, Geheimagenten oder Terroristen agieren. Da er den Ehrgeiz hat, als ernsthafter Autor zu gelten, bezeichnet er solche Thriller beschönigend als *entertainments*. Die Helden dieser Spannungsromane sind meist gebrochene Existenzen, bisweilen auch Doppelagenten.

Dem Genre des Spionagethrillers bleibt er auch später treu, als er mit seinen um religiöse Themen, Ehebruch, Mord und psychische Obsessionen kreisenden Romanen zu Weltruhm gelangt. Und je regelmäßiger er in den Jahrzehnten nach dem Zweiten Weltkrieg insgeheim für den SIS tätig ist, um so weniger kann er der Versuchung widerstehen, seine Auftraggeber und guten Bekannten von der »Firma« gelegentlich mit Geheimdienstsatiren zu ärgern. In diesem Geist schreibt er die Thriller »Der stille Amerikaner«[10], »Unser Mann in Havanna«[11] und schließlich »Der menschliche Faktor«[12].

Den Initiationsriten ins Spionagegewerbe unterzieht sich Graham Greene als Undergraduate am Balliol College zu Oxford. Dabei lassen sich bereits einige Grundmuster erkennen, die dann bis zum Lebensende den Spion Graham Greene, aber ebenso den Thriller-Autor und Publizisten kennzeichnen: zwielichtige Loyalität, tendenzielles Doppelagententum, individualistische Frechheit und ein Anflug von Absurdität. Sein erster einschlägiger Auftrag wird nämlich nicht etwa vom britischen Geheimdienst initiiert, finanziert und durch Empfehlungsschreiben vorbereitet, sondern von der Deutschen Botschaft in London. Auf deren Veranlassung unternimmt Graham Greene im Frühjahr 1924 zusammen mit seinem damaligen Busenfreund Claude Cockburn eine

Rundreise über Köln, Essen, Bonn nach Mainz und Trier. Was Greene dafür liefert ist ein pro-deutscher Artikel im *Oxford Chronicle*[13].

Im Rückblick erscheint alles ziemlich absurd. Die Ruhrkrise des Jahres 1923 ist zwar schon Vergangenheit, auch die von Frankreich in der Pfalz unterstützte Separatistenbewegung ist bereits zusammengebrochen. Was hätten diese unerfahrenen, Deutsch nur radebrechenden Studenten Neues zu berichten gehabt? Wahrscheinlich handelte es sich also deutscherseits um einen Versuch langfristig angelegter Agentenrekrutierung. Wieweit auch britische Geheimdienstinstanzen von der Sache wußten, ist unklar. Die aufgedrehten, bombastischen Briefe, mit denen er von seiner Reise ins Rheinland nach Hause berichtet, geben Grund zur Vermutung, daß Greenes diesbezügliche Aktivität eine Art postpubertäres Indianerspielen darstellt.

Vielleicht muß man auch sein kurzfristiges Gastspiel bei der Kommunistischen Partei in Oxford unter dieser Rubrik subsumieren. Im Januar 1925 erhält er einen Mitgliedsausweis, den er bis in sein Alter aufbewahrt und gelegentlich grinsend herumzeigt. Doch er zahlt nur einen Monat lang seinen Mitgliedsbeitrag. Tatsächlich aber geht der Wunsch in Erfüllung, zu einem Besuch der Genossen in Paris entsandt zu werden. Vielleicht hat der damals nicht eben mit Reichtümern ausgestattete Student gehofft, so auf Kosten Dritter sogar nach Moskau reisen zu können.

Gewiß, bereits damals und später verkehrt Graham Greene gern mit linksradikalen Freunden, ist für linke Ideen unterschiedlichster Art ansprechbar und vertritt diese auch immer wieder, sei es in Zeitungsartikeln und Interviews, sei es, indem er die Gestalten seiner Thriller zum Sprachrohr macht. Aber die strenge Parteidisziplin und die intellektuelle Festgezogenheit der Kommunisten ist nicht seine Sache, weder damals noch später.

In den dreißiger Jahren unternimmt er, soweit derzeit bekannt ist, eine Reise nach Estland mit vermutlich geheimdienstlichem Hintergrund. Von echt professioneller Spionagetätigkeit kann aber in diesem Zeitraum wohl noch nicht die Rede sein. Einer seiner Biographen nennt ihn mit Blick auf diese Phase ganz zu Recht einen »Autodidakten der Spionage«[14].

Daß dieser bewegliche Geist anfangs auch ein Fan von John Buchan ist, den die Oxforder Studenten als Großmeister des Agenten-Thrillers betrachten, wurde schon erwähnt. Doch rasch wendet Greene sich ab. Buchan ist ein ähnlich viktorianischer Typ wie sein gestrenger Vater, der Headmaster von Berkhamsted. Doch die Zeiten des viktorianischen England, so glaubt er und schreibt dies auch bald, sind vorbei. Seine Thrillerhelden sind anti-patriotisch, anti-heroisch, anti-kapitalistisch, anti-establishment und Verächter des Empire. Es sind Kommunisten, Ehebrecher, Lesben und Nymphomaninnen, Killer, Terroristen, zwielichtige Doppelagenten, Landesverräter oder bestenfalls Alltagsmenschen. Sie sind weder innerlich ausgeglichen noch optimistisch, leiden vielmehr an Psychosen, sind freudlos, ungläubig trotz Glaubenssehnsucht, mörderisch, trist, unbehaust, stets von Ängsten gejagt, vielfach haßerfüllt, illoyal, schamlos oder sadistisch. Und sie bewegen sich nicht mehr in hinreißend schönen, frischen Landschaften oder in gepflegten Landsitzen und Stadtvillen, sondern in tristen Vorstädten, schäbigen Mietshäusern, langweiligen Büros, auf Rummelplätzen, in bombardierten Städten oder im Dreck, im schwülen Klima und in den Mordhöllen der Dritten Welt. Ganz besonders haben es ihm die einsamen Revolutionäre angetan, die gegen die Absurdität der Verhältnisse aufbegehren, ohne diese aber ändern zu können, und an ihnen zerbrechen.

So ist beispielsweise der eigentliche Held des Thrillers »Orient Expreß«[15] ein kommunistischer Revolutionär, der allerdings zu einer Revolution im damaligen Belgrad zu spät kommt. Er wird als sympathischer, idealistischer, zugleich aber völlig ineffizienter Intellektueller geschildert, der im tiefsten Innern die Verurteilung durch ein Standgericht reaktionärer serbischer Offiziere und seine Ermordung geradezu herbeisehnt. Ähnlich die Helden in »Jagd im Nebel«. Greene hat diesen sehr dichten, literarisch gekonnten Thriller 1938 unter Einsatz von Benzedrin in sechs Wochen heruntergeschrieben.

Das Strickmuster und die Typen haben viel Ähnlichkeit mit den zur gleichen Zeit erscheinenden Thrillern Eric Amblers. Hoffnungslosigkeit und Zwielicht dieses letzten Jahrs vor dem Krieg sind hier packend gestaltet. Den zeitgeschichtlichen Hintergrund bildete der Spanische Bürgerkrieg. Er wird als solcher zwar nicht detailliert behandelt. Doch die beiden Geheimagenten, die im nur noch scheinbar friedlichen England jener Monate gegeneinander arbeiten, sind offenkundig Emissäre, einerseits der republikanischen Regierung, in der damals schon die Kommunisten dominieren, andererseits aus dem Lager Francos. Englische Bergwerks-Magnaten sollen veranlaßt werden, unter Bruch der Neutralität dringend benötigte Kohle an die Bürgerkriegsparteien zu liefern.

Interessant ist eigentlich nur die Figur des kommunistischen Agenten. Von Herkunft her ist er ein Bildungsbürger (Dozent für mittelalterliches Französisch), der in die Gefängnisse und Schlächtereien des Bürgerkriegs hineingeriet – ein Kommunist, so ist zu erraten, der schließlich von drei Seiten gejagt wird: von einem hochmütig-aristokratischen Agenten der spanischen Konservativen, dessen exzellente Umgangsformen ein kaltes Herz und mörderische Entschlossenheit tarnen, von den eigenen kommunistischen Auftraggebern, die ihren Beauftragten mißtrauisch überwachen lassen, und von der gleichfalls recht grob zulangenden englischen Polizei.

Die kommunistische Überzeugung dieses Agenten steht auf wackligen ideologischen Füßen. Im Grunde ist er ein ungläubiger Nihilist. Er ist bei den Linken eher aus Zufall gelandet, denn man hat seine geliebte Frau – ganz aus Versehen – im Gefängnis liquidiert. Zugleich sympathisiert er in einer Art geschichtsphilosophischer Sentimentalität mit den unterdrückten und ärmlichen Massen der Unterschichten, »die seit Jahrhunderten im Schatten stehen«[16]. Wohl oder übel muß er somit auch deren Führer akzeptieren, »selbst wenn die Richtung ganz verkehrt ist«[17]. Zum

Schluß scheitern beide Agenten. Doch der als sympathisch unge-schickter Mitvierziger dargestellte Kommunist bürgerlicher Pro-venienz hat Glück in der Liebe. Eine mit der eigenen Klasse zer-fallene, vom Vaterhaß getriebene, unerzogene, schwerreiche Göre mit Herz (sie stammt großmütterlicherseits aus einer proletari-schen Familie) rettet ihn im letzten Moment und folgt diesem gebrochenen Mann, der ihr Vater sein könnte, auf einem schmut-zigen schwarzen Küstenfahrzeug unter niederländischer Flagge ins Ungewisse, wahrscheinlich in den Tod.

Der Leser Graham Greenes findet schon in diesen und ande-ren Thrillern aus der Zwischenkriegszeit viele Ingredienzien der späteren Spionageromane: Psychodramen seelisch verkorkster Spione, religiöses Gewölle, freudlosen Sex, überzogene Ironie, Ablehnung der Kapitalisten jedweder sozialen Herkunft und viel Knallerei aus großkalibrigen Revolvern. In verschiedenen dieser Romane, am stärksten in dem Spannungsroman »Jagd im Ne-bel«, der 1939 erscheint, blendet Greene zudem ziemlich üble Karikaturen wohlhabender, aber zugleich unseriöser und schmie-riger jüdischer Geschäftsleute ein. Erst nach dem Krieg hat er die Romane aus dieser Phase unter der Hand von dem befremd-lichen antisemitischen Beiwerk gesäubert.

Doch im Zweiten Weltkrieg kommt Ernsthaftigkeit in Greenes Disposition zur Spionage. Von 1941 bis 1944 wird er vom Aus-landsgeheimdienst MI6, häufig auch SIS genannt, rekrutiert, aus-gebildet und zum Einsatz gebracht. Das ist nichts Schlimmes, es sei denn, man betrachtet es als ehrenrührig, wenn sich ein gesun-der Mann weit weg von der Front stationieren läßt (im Fall Gra-ham Greenes in Freetown im westafrikanischen Sierra Leone), während viele Gleichaltrige als Soldaten kämpfen und sterben. Doch nicht nur in der britischen Oberschicht gibt es in beiden Kriegen eine hinlänglich große Zahl von Männern im besten Al-ter, die sich dank guter Verbindungen Posten zu verschaffen ver-stehen, welche dem Überleben dienlich sind.

Im Fall Graham Greenes ist es seine beim SIS tätige Schwester, die ihn für die Geheimdiensttätigkeit vorschlägt. Da er bereits in der Vorkriegszeit einmal in Liberia gereist war, also über Landeskenntnis verfügt und offenbar eine tiefe Zuneigung zu Afrika gefaßt hat, macht die Entsendung dorthin durchaus Sinn. Jedenfalls erfährt Greene in dieser Zeit eine Grundausbildung als Geheimagent. Er wird im Chiffrieren und Dechiffrieren gedrillt, lernt es, über alle wichtigeren Unterredungen genau zu berichten, und entwickelt die ganz und gar natürliche, besserwisserische Aversion des im Feld tätigen Agenten gegen allen Unfug und bürokratischen Leerlauf in der Zentrale. Die Geheimdienstsatire »Unser Mann in Havanna« erscheint zwar erst viel später, erwächst aber aus solchen Erfahrungen.

Die rund einundeinhalb Jahre, die Greene ziemlich müßig in der dreckigen Hafenstadt Freetown oder bei Reisen ins Hinterland verbringt, lassen ihm hinlänglich viel Zeit, den schon erwähnten Thriller »Zentrum des Schreckens« zu schreiben. Darin verarbeitet er Beobachtungen, die er 1940/41 während der Monate des »Blitz« auf London gemacht hat. Wie in den meisten Büchern Greenes sind die atmosphärischen Schilderungen stark, der Plot ziemlich skurril, die Handlungsführung zähflüssig und die Personen größtenteils unglaubwürdig. Das Ganze ist, wie sich das für die Kriegszeit gehört, als Spionage-Thriller komponiert, zeigt aber nur, wie fremd dieses Gewerbe Graham Greene, immerhin schon ein ausgebildeter Agent von MI6, damals noch vorkommt.

Als John Buchan seinerzeit in der für die Entente kritischsten Phase des Ersten Weltkriegs die Wühlereien deutscher Agenten unter den Arbeitern der britischen Werftindustrie schilderte, hatte das noch eine gewisse innere Plausibilität. Genauso plausibel wäre es gewesen, in den Jahren 1940 und 1941 die Untergrundarbeit deutscher Einflußagenten im Milieu der Appeaser bei der englischen Hocharistokratie oder im rechtsextremen Milieu der Partei Oswald Mosleys zum Thema eines Thrillers zu machen. Doch Greenes Roman spielt in der Welt ziemlich schäbiger, politisch einflußloser, undynamischer Engländer.

Er schildert mehr oder weniger pazifistisch orientierte Frauen und Männer eines Wohltätigkeitsvereins, die in ihren altmodisch eingerichteten, gemäß den Luftschutzvorschriften verdunkelten Vorstadtwohnungen zu defätistischem Gelaber zusammenkommen, wobei sie von deutschen Agenten manipuliert werden. Einer von diesen weiß beispielsweise seinen Gesprächspartnern, die, während draußen die Bomben pfeifen, bei Tee und Kuchen zusammensitzen, die welterschütternde Neuigkeit zu erzählen, »daß Polen einer der korruptesten Staaten Europas war«[18], daß der Krieg eine Dummheit sei und daß Intellektuelle »nicht durch Konventionen, patriotische Gefühle, Sentimentalitäten« gebunden seien.[19] Derart verführerischem Gesülze aus der feindlichen Propagandaküche bereitet dann allerdings eine deutsche Bombe rasch ein gräßliches Ende.

Der verquollene Psycho-Thriller mag allenfalls als Beitrag zur Hebung des britischen Widerstandswillens hingehen. Jedoch porträtiert Greene dort zugleich einen der englischen Abwehrbeamten, die den Sympathisanten-Ring der Deutschen observieren und schließlich hochgehen lassen, als üblen, sadistischen Typ. In seinem Œuvre ist das nicht neu. Zeitlebens läßt er eine ausgeprägte Abneigung gegen die britische Polizei erkennen. Doch wenn ein Angehöriger von MI6 mitten im Krieg einen Thriller veröffentlicht, in dem die Sicherheitsbeamten der Polizei verunglimpft werden, ist das zwar ein Beispiel unkonventionell-liberaler Gesinnung in einer Gesellschaft, die sich verzweifelt ihrer Haut zu wehren hat, wirft aber zugleich einiges Licht auf den Autor. Greene soll damals zwar in den Reihen von SIS das Vaterland verteidigen, läßt aber erkennen, daß es in England nicht eben allzuviel gibt, was der Verteidigung wert wäre. Literaturwissenschaftler haben schon manches in dieses Buch aus der Kriegszeit hineingelesen. Ein handfester Spionageroman ist es nicht. Greene selbst urteilt später aus dem Abstand von fast vier Jahrzehnten: »Heute wünschte ich, ich hätte das Spionageelement etwas weniger phantastisch behandelt...«[20]

Im März 1943 wird Graham Greene in die Londoner Zentrale des SIS zurückgerufen und in die Section V versetzt, die Abteilung für Spionageabwehr. Er ist zuständig für Portugal, eines der damals wichtigsten neutralen Länder, wo es von deutschen, italienischen, amerikanischen und britischen Agenten nur so wimmelt. Leiter der für die iberische Halbinsel tätigen Referate (und danach der 1944 zur Gegenspionage gegen die Sowjetunion gebildeten Section IX) ist der berühmt-berüchtigte Verräter Kim Philby, der 1951 enttarnt wird, doch mangels Beweisen nach Beirut ausreisen darf und sich 1963 in die Sowjetunion absetzt.

Mit Philby und Greene treffen zwei Persönlichkeiten zusammen, die aus der öffentlichen Diskussion über das Thema Spionage bis in unsere Tage nicht wegzudenken sind: Philby, der zusammen mit seinen gleichfalls zentral plazierten Spionage-Kumpanen Guy Burgess, Donald Maclean und Anthony Blunt den größten Skandal in der Geschichte des britischen Geheimdienstes verursachen wird, und Graham Greene, der sich in der Folge führend an der »Heiligsprechung Philbys als Heldenspion[21] beteiligt.

An Philby scheiden sich die Geister auch der Thriller-Schreiber bis heute. Die einen sehen in ihm einen genialen, letztlich idealistisch motivierten, psychisch immens belasteten, zumindest Verständnis verdienenden Doppelagenten, die anderen den Landesverräter, der während des Zweiten Weltkriegs und in den Anfängen des Kalten Krieges sensibelste britische und amerikanische Staatsgeheimnisse an die Sowjetunion übermittelt und außerdem zahlreiche eigene Agenten den feindlichen Geheimdiensten kaltblütig ans Messer geliefert hat. Kein einzelner Vorgang in der mehr als vierzigjährigen Geschichte des Kalten Krieges hat das Selbstbewußtsein des britischen Establishments so stark erschüttert wie der Verrat dieser Gruppe, die während des Studiums in Cambridge rekrutiert wurde. Bei keinem Vorgang hat sich der britische Geheimdienst so schrecklich blamiert.

»Die Wirklichkeit ist nicht nur viel phantastischer, als wir denken, sie ist auch viel phantastischer, als wir sie uns vorstellen können«, hat der langjährige Präsident des Bundesnachrichtendienstes, Gerhard Wessel, diese Vorgänge kommentiert, die sich von der Anwerbung Philbys im Jahr 1933 bis zum Jahr 1979 hingezogen haben, als schließlich die Premierministerin Margaret Thatcher im Unterhaus etwas verklausuliert einräumen mußte, daß sogar der renommierte Kunsthistoriker Sir Anthony Blunt, Kustos der Gemäldesammlung Ihrer Majestät, einer der vier Top-Spione aus Cambridge war[22] – der fünfte blieb ungenannt, da er inzwischen vom britischen Sicherheitsdienst umgedreht worden war.

Im Sommer 1944 scheidet Graham Greene aus den Diensten des SIS aus. Über die Gründe dafür wird bis heute gerätselt.[23] Nachdem der Verräter Kim Philby 1963 definitiv aufgeflogen ist, könnte man vermuten, der zweifellos sehr scharfsinnige, alles andere als naive Greene habe damals schon »intuitiv« gespürt, daß Philby ein Doppelagent[24] war. Hätte er das gewußt, so antwortete er einmal vieldeutig auf eine bohrende Frage, würde er seinen Freund nicht sofort angezeigt haben, sondern erst nach 24 Stunden, um ihm Gelegenheit zur Flucht zu geben. Aber dafür, daß er sich damals in Vorahnung kommender Dinge stillschweigend von Philby entfernt hat, gibt es keine belastbaren Hinweise. Viel wahrscheinlicher ist, daß Greene im Sommer 1944 angesichts des bald zu erwartenden Kriegsendes rechtzeitig wieder ins angestammte literarischen Metier und ins Filmgeschäft zurückkehren wollte.

Nunmehr erst beginnt der eigentlich fragwürdige Teil der Verbindung des Thriller-Autors Graham Greene mit der Welt der Spionage. Greene wird zum Inoffiziellen Mitarbeiter des britischen Geheimdienstes. Einer von denen, über die damals viel läuft, ist der seit den dreißiger Jahren in England legendäre Film-Mogul Alexander Korda, ein sozialer Aufsteiger, der sich mit Hilfe seines Geldes viele in der englischen Oberschicht verpflichtet hat und nur allzu gerne bereit ist, dem SIS die Firmen seines Konzerns zur Tarnung von Geheimdienstaktivitäten zur Verfügung zu stellen.[25] In den ersten Nachkriegsjahren ist es nämlich nicht einfach, Devisengenehmigungen für unauffällige Auslandsreisen, aber auch Einreisevisen in die Länder Mitteleuropas zu erhalten.

Greene selbst ist mit seinen Thrillern bereits gut im Filmgeschäft und zudem ein angesehener Drehbuchautor. Allein zwischen 1941 und 1948 werden sieben seiner Bücher verfilmt. Auch er gehört zu jenen Roman- und Thriller-Autoren, die nicht zuletzt durch das Medium des Films weltweite Bekanntheit erlangen. Im Jahr 1948, als ihn das Drehbuch für den Film »Der dritte Mann« beschäftigt, das er danach zu einem Roman umarbeitet[26], gibt das einen guten Vorwand für längere Aufenthalte in dem damals recht trostlosen Wien ab. Die Stadt gilt damals schon als Drehscheibe für Spionageaktivitäten in den mitteleuropäischen Raum und zum Balkan hin.

Kurz vor der kommunistischen Machtergreifung in der Tschechoslowakei im Februar 1948 macht Greene, allem Anschein nach mit Geheimdienstaufträgen, einen längeren Abstecher nach Prag.[27] 1952 findet man ihn auf der Jacht Alexander Kordas, der vor der Küste Jugoslawiens kreuzt und dabei auf Bitten des SIS mit Teleobjektiven geheimdienstlich verwertbare Aufnahmen machen läßt. Nach dem Abfall Titos von Moskau liegt die Adria damals im Zentrum der internationalen Spannungen. Jugoslawien scheint im Begriff, ins westliche Lager überzuschwenken. Ein Jahr zuvor ist in Albanien ein heimlicher Landungsversuch antikommunistischer Kommandos völlig gescheitert – verraten, wie man später erfährt, von Kim Philby.

Dutzende anderer Reisen schließen sich an. Jetzt gilt der Linkskatholik Greene, der sich auf die Sünde so gut versteht, als Befürworter des Dialogs über den Eisernen Vorhang hinweg. So spioniert er im Auftrag des SIS in Polen die linkskatholische Organisation PAX aus, die ihrerseits, wie man im Westen weiß, von den östlichen Geheimdiensten zur Friedenspropaganda im katholischen Milieu des Westens instrumentalisiert wird.

1951 reist Greene erstmals nach Malaya, wo die Briten mit Erfolg damit befaßt sind, eine kommunistische Aufstandsbewegung niederzuwerfen. Zufällig ist dort sein Bruder Hugh, ein Rundfunkjournalist, der später den Posten des Generaldirektors der BBC erreicht, für die Propaganda zuständig. Graham Greene, damals bei Life unter Vertrag , schreibt jetzt einen Propaganda-traktat »Malaya, the Forgotten War«[28], wo er die Leiden der tüchtigen englischen Pflanzer mit den Brutalitäten der Terroristen konfrontiert. Natürlich weiß er so gut wie jedermann, daß Henry Luce, der Herr von Life und Time, die westliche Öffentlichkeit zum antikommunistischen Engagement in Asien aufruft. Immerhin befindet man sich damals in einer der kritischsten Phasen des Korea-Krieges. Ist jetzt auch der bislang für marxistische Anliegen durchaus aufgeschlossene Zyniker Graham Greene zum Antikommunisten und zum Apologeten der britischen Kolonialherrschaft geworden? Schreibt er nur seinem Bruder zu Gefallen? Oder will er sich vor allem ein gutes Entrée im benachbarten Indochina verschaffen, wo Frankreich mit aller Energie einen Kolonialkrieg gegen die kommunistischen Aufständischen Ho Chi-minhs führt?

Von Malaya aus reist Greene erstmals nach Indochina. Dort hält er sich monatelang auf, kommt immer wieder zurück und liegt seit 1952 nach dem Zeugnis seiner Publizistik nunmehr auf deutlich anti-kolonialistischem Kurs. Zugleich allerdings arbeitet er weiter für den SIS. Er verfaßt Berichte für die SIS-Repräsentanten vor Ort und für die Londoner Zentrale, trifft sich mit Spionen, ist bei der Geldübergabe tätig und rekrutiert neue Informanten. Das Ansehen als nobelpreisverdächtiger Schriftsteller von ausgeprägt sozialkritischer Orientierung, zunehmende Kritik an der westlichen Dritte-Welt-Politik, ein bald nicht mehr zu bremsender Antiamerikanismus und die Tätigkeit für angesehene Presseorgane bilden eine hervorragende Tarnung.

Obschon Greene bei genauem Zusehen seit langem eher ein katholischer Häretiker ist als ein auch nur halbwegs getreuer Sohn seiner Kirche, hängt er gerade in den fünfziger Jahren die Fahne des spirituell besonders tiefschürfenden Katholiken heraus. Die weitverbreitete Meinung, daß er viel mehr sei als bloß ein Thriller- und Drehbuchautor, nämlich ein Schriftsteller, der zu den tiefsten metaphysischen Fragen Wichtiges zu sagen hat, hilft somit gleichfalls bei der Tarnung und öffnet den Zu-

gang zu hochgestellten Geistlichen und gut informierten Ordens-
angehörigen, deren Meinungen auch den SIS interessieren. Die
französische Sûreté ist allerdings von Anfang an davon überzeugt,
daß Greene ein britischer Agent ist. Doch was sollen die französischen Behörden tun? England ist schließlich ein guter Verbündeter, und man läßt einen Autor von Weltruf besser unge-
schoren.

Aus den Beobachtungen, die Greene vor Ort in Hanoi macht,
erwächst »Der stille Amerikaner«. Der Roman erscheint 1955, also
ein Jahr, nachdem das französische Kolonialreich in Indochina
zusammengebrochen ist. Im Süden des geteilten Landes spielt
nunmehr Amerika die erste Geige. Nicht nur im Schriftsteller-
leben Graham Greenes markiert dieses Buch einen Einschnitt.
Auch in der Geschichte des Polit-Thrillers ist dies ein Roman, der
Epoche macht. Es ist der erste moderne Dritte-Welt-Thriller von
Rang, desgleichen der erste Thriller, in dem ein in allen seinen
häßlichen Erscheinungsformen geschilderter Kolonialkrieg the-
matisiert wird. Greene erschließt damit dem Polit-Thriller neue
Schreckensregionen. Genau besehen ist das natürlich nur eine
Wiederentdeckung altbekannter Schauplätze des Abenteuer- und
Spionageromans. Jeder englische Autor ist schließlich mit den
Agentenromanen Rudyard Kiplings groß geworden, in denen in
Indien und in Afghanistan the great game gespielt wurde. Auf
seine Weise hatte auch Somerset Maugham früher gelegentlich
das Thema Spionage in Übersee abgehandelt.

Indem Greene seine große Lesergemeinde jetzt in die Thriller-
welten Indochinas führt, greift er erneut das folkloristische Thema auf, wie West und Ost in Asien zusammenstoßen, ohne einander recht zu verstehen. Stets war er ein Meister darin, mit wenigen
Sätzen und Bildern eine mit Unheil aufgeladene Atmosphäre
zu schildern – »Greeneland« nannten das die Rezensenten. Diese
Meisterschaft hat hier ihren Höhepunkt erreicht. Die kulturelle
Fremdheit Asiens wird ebenso für den Thriller wiederentdeckt
wie die Unübersichtlichkeit der dortigen Gesellschaften, und die
Botschaft ist deutlich: Wer diese Länder nach westlichen Leitbil-

dern organisieren, unterwerfen oder gar demokratisieren möchte, der ruiniert sie, ist aber zugleich selbst verloren.

Von genuiner Sympathie für den Freiheitswillen der Kämpfer gegen den Kolonialismus ist allerdings in diesem Thriller über den Indochinakrieg ebensowenig zu verspüren wie in Greenes Äußerungen zu den Aufstandsbewegungen in Malaya oder in Kenia, wo er sich in diesen Jahren gleichfalls längere Zeit aufhält. Die Einheimischen interessieren ihn in erster Linie als Mätressen oder Prostituierte, die fremde Kultur nicht zuletzt deshalb, weil dort das Opiumrauchen akzeptiert ist. Greenes eigentliches Thema ist aber der aussichtslose Krieg und die Infamie des amerikanischen Imperialismus. Das Buch ist nicht nur der erste moderne Dritte-Welt-Thriller, sondern zugleich der erste prononciert antiamerikanische Thriller.

Wie so viele nach ihm legt er natürlich Wert darauf, nicht des undifferenzierten Anti-Amerikanismus beschuldigt zu werden und hebt hervor, seine Kritik gelte nur der amerikanischen Außenpolitik.[29] Tatsächlich mag er die Amerikaner überhaupt nicht. »Groß, dick, laut, kindisch und mittleren Alters, stets mit faulen Witzen über die Franzosen zur Hand, die letzten Endes diesen Krieg ausfochten«, so charakterisiert er die amerikanischen Korrespondenten im Hotel Continental zu Saigon. Es gibt vor John Le Carré aber keinen anderen Briten, der so vitriolisch gegen den American way of life anschreibt wie Graham Greene.

Eigentlich wäre zu erwarten gewesen, daß er den in Indochina zu studierenden Zusammenbruch europäischer Kolonialherrschaft aufgegriffen und dabei alle diesbezüglichen Grausamkeiten und Mißgriffe der moribunden französischen Herrschaft grell beleuchtet hätte. Doch die Bösewichte sind nicht die repressiv vorgehenden französischen Kolonialoffiziere und deren einheimische Handlanger, schon gar nicht die als Patrioten gezeichneten Vietcong, die Saigon mit Sprengstoffanschlägen gegen die Zivilbevölkerung terrorisieren. Der negative Held, einerseits naiv, andererseits aber gleichfalls ein gefährlicher Unruhestifter, ist »der stille Amerikaner« namens Pyle.

Er ist ein junger Mann, dem man auf dem Campus von Harvard den Kopf mit den abstrakten Ideen von Demokratie und von der Vorbildlichkeit Amerikas vollgestopft hat. Wie romantisch er ist, zeigt schon seine Bereitschaft, die vietnamesische Mätresse zu heiraten, die er seinem Freund ausspannt. Dennoch ist dieser demokratische Romantiker zugleich ein Geheimagent. Einerseits von luftigen Idealen bewegt, andererseits aber brutal und ohne allzu viele Skrupel, jagt er einem Traumbild nach. Er möchte im post-kolonialen Zeitalter eine Gesellschaft aufbauen, die den Idealen Amerikas entspricht. Doch versteht er weder die verworrene Parteienlandschaft in Indochina noch dessen fremdartige Kulturen oder die Gesetze dieses schmutzigen Krieges, und so richtet er nur Unheil an. »Der dritte Weg« eines Vietnam, das weder eine französische Kolonie noch eine kommunistische Diktatur ist, vielmehr eine Demokratie nach amerikanischem Modell und im Bündnis mit den USA, erweist sich als blutige Verrücktheit, der er letzten Endes selbst zum Opfer fällt.

In dem Freund und Rivalen des »stillen Amerikaners« porträtiert Graham Greene sich selbst: ein zynischer englischer Journalist, der aus dem Leben an Lustgewinn herausholt, was irgendwie drin ist, der an nichts glaubt, aber genau weiß, was gespielt wird, und die Lage richtig, nämlich als ausweglos, einschätzt. »Der stille Amerikaner« ist ein mörderischer Idiot, der ausgebrannte Engländer ein zynischer Weiser. Als sich Amerika zehn Jahre später tatsächlich naßforsch und voll Vertrauen auf die eigene Macht sowie die eigenen Ideale in das Abenteuer des Vietnamkriegs stürzt und dabei kläglich scheitert, halten viele Graham Greene für einen Propheten.

Mit diesem öffentlich stark diskutierten Thriller profiliert er sich jedenfalls als bissiger politischer Autor. Kenner seiner Bücher waren sich über seine ideologischen Präferenzen zwar immer im klaren, doch über die Jahre hinweg galt er vor allem als katholischer Schriftsteller und hatte allzu offene Parteinahme umsichtig vermieden. Von nun an genießt er es von Herzen, als anti-amerikanischer Kritiker zu gelten. Das verschafft ihm 1955 ein Interview mit Ho Chi-minh, der jetzt in Hanoi residiert[30] und von dem er ein durchweg sympathisches Bild zeichnet.

In den heterogenen Lagern der Linken steht er jetzt als bekennender Linksintellektueller in hohem Ansehen. Mehrfach erhält er Einladungen in den sowjetischen Ostblock, aber auch nach Rot-China. Öffentlich plädiert er nun, auch in Interviews und Zeitungsartikeln, für Verständnis für kommunistische Aufstandsbewegungen und Regime, dies stets verbunden mit Kritik an den USA. Doch die Pointe besteht darin, daß Greene über die meisten Unterredungen, die er dabei führt, und über entsprechende Beobachtungen dem SIS berichtet. Ist er damals eine Art Doppelagent, der zwei Herren gleichzeitig gefällig ist – dem SIS als Informeller Mitarbeiter und den Ostblock-Propagandisten mit öffentlichen Verlautbarungen, Spionage-Thriller mit inbegriffen?

Jedenfalls versteht er es, seine Tätigkeit für den SIS zeitlebens unter der Decke zu halten. Daß der *fellow traveller* Graham Greene jahrzehntelang sehr verschwiegen im Dienst des britischen Geheimdienstes stand, wird erst nach seinem Tod im Jahr 1991 bekannt. Doch nun interessiert das nur noch wenige. Seine öffentliche Wirkung hat schon stark nachgelassen, und auch der Kalte Krieg ist zu Ende. In den fünfziger und den sechziger Jahren aber wird jede Äußerung dieses weltberühmten Autors noch genau registriert. Er fühlt sich jetzt so unangreifbar, daß er es sich leisten kann, 1958 mit »Unser Mann in Havanna« eine Geheimdienstsatire zu publizieren, in der er MI6 zum öffentlichen Gespött macht.

Sie handelt von dem britischen Agent Wormold im Havanna des Diktators Batista, der von den USA gestützt und von England mit modernen Waffen beliefert wird. Wormold besitzt zwar nur einen mickrigen Staubsaugerladen, versteht es aber, seinen Auftraggebern im fernen London vorzuspiegeln, er habe ein leistungsfähiges Spionagenetz aufgebaut. Dort sind MI6-Experten dumm genug, die Zeichnungen von Staubsaugerteilen, die er übermittelt, als Beweis für die Existenz geheimnisvoller Militäranlagen hoch in den Bergen Kubas zu bewerten. Als alles auffliegt, erhält

Wormold für seine Verdienste sogar noch einen Orden, um die Blamage zu kaschieren. Allerdings hat dieser schräge Vogel, als aus dem einträglichen Spaß mehr und mehr Ernst wurde, selbst einen Mord begangen. Ohne das Knallen von Revolvern würde in Graham Greenes Thrillern etwas fehlen, und die begeisterten Kritiker dürfen herausarbeiten, daß die Geschichte als Farce beginnt, dann aber blutig weitergeht, um schließlich im Hauptquartier des britischen Geheimdienstes wieder als Farce zu enden.

Hat sich Graham Greene auch in bezug auf Kuba, wo bald nach Erscheinen seines Thrillers eine Sturmzone des Ost-West-Konflikts aufzieht, als weit vorausschauender Beobachter erwiesen? In dem Buch selbst weiß er mit dem Pseudo-Agenten Wormold als Sprachrohr nur Spöttisches zu vermelden. Der Kalte Krieg sei durchaus mit der Konkurrenz zweier Händler zu vergleichen: »Ohne den Ehrgeiz von ein paar Männern in beiden Firmen gäbe es keine Konkurrenz und keinen Krieg; nur ein paar Männer diktieren den Wettbewerb, erfinden Bedürfnisse und hetzen...«[31] Die mögliche Errichtung sowjetischer Basen auf Kuba wird im vorweg schon entschuldigt: »Wenn ein Land so umzingelt ist wie Rußland, versucht es, von innen ein Loch zu graben.«[32]

Graham Greene hat die Geheimdienst-Satire zwar nicht erfunden, doch in der Epoche des Kalten Krieges ist es ein neuartiger Vorgang, daß ein westlicher Geheimdienst zum Gegenstand einer so unbarmherzigen Thriller-Satire gemacht wird. Auch in dieser Hinsicht spielt Graham Greene die Rolle eines Schleusenöffners. Als Vorlage dient ihm übrigens eine wahre Geschichte. Als er 1943 und 1944 beim SIS unter Kim Philby in das Spionagetreiben auf der iberischen Halbinsel Einblick nahm, hatte er von einem spanischen Hochstapler mit dem Code-Namen »Garbo« gehört, der 1941 den Deutschen angeboten hatte, ein Spionagenetz in England aufzubauen. Von Lissabon aus sandte dieser dann, ausgerüstet mit einer Karte von Großbritannien, einem Guide Bleu und militärischer Fachliteratur, professionell hervorragende Berichte nach Berlin. Später wurde er dann unter Beteiligung Graham Greenes von London aus eingesetzt, verfügte angeblich über

27 Agenten und lieferte bis in die Tage der Invasion gut gemachte Desinformation.[33]

Aus Sicht der ehemaligen Kollegen und der Führungsoffiziere beim SIS war »Unser Mann in Havanna« wenig erfreulich. Das seit der Flucht von Burgess und Maclean in die Sowjetunion im Jahr 1951 ohnehin geringe öffentliche Ansehen der »Firma« wurde durch die Satire nicht eben gemehrt. Wenigstens die Insider fanden es befremdlich, daß Greene den derzeitigen britischen Geheimdienst für genauso tölpelhaft hielt wie seinerzeit die deutsche Abwehr, die »Garbo« seine erlogenen Berichte abgenommen und gut honoriert hatte. Es bezeugt aber die beiderseitige Unvoreingenommenheit, daß die Zusammenarbeit nicht abriß. Als Greene 1959 auf Kuba, wo inzwischen Fidel Castro regierte und wo der Film zum Buch gedreht wurde, erneut auftauchte und auch von Castro empfangen wurde, landete sein Bericht wie gewohnt auf den Schreibtischen des SIS.[34] In den Augen der britischen Öffentlichkeit war der Spion Graham Greene aber jetzt endgültig als souveräner Kritiker der Spionage-Apparate etabliert. Dieser Eindruck verstärkte sich noch, als Kim Philby 1963 endgültig als Verräter enttarnt wurde und sich aus Beirut nach Moskau absetzte.

Greene und Philby waren befreundet. Kein Wunder, daß er sich nun auf dessen Seite schlägt. 1968 veröffentlicht Philby in Moskau seine Memoiren, betitelt »My Silent War«. Graham Greene hat im Jahr zuvor mit ihm eine Korrespondenz begonnen (auch dies möglicherweise mit Wissen des SIS) und steuert nun dieser Selbstrechtfertigung des Landesverräters ein Vorwort bei, in dem er herausarbeitet, Philby habe »einer Sache« gedient und nicht sich selbst.[35] Er vergleicht dabei Philby mit den englischen Katholiken in den Tagen der Großen Armada, die für den Sieg Philipps II. arbeiteten. Sie hätten sich um der Zukunft willen durch die langen, üblen Jahre der Inquisition genausowenig davon abhalten lassen wie sich Philby durch die Grausamkeiten Stalins nicht von seinem Glauben abbringen ließ.

1969 versucht Greene, dies noch eingehender zu begründen.

Die FVS-Stiftung in Hamburg hat ihm den Shakespeare-Preis verliehen. Nun hält er im Audimax der Universität einen Vortrag. Zwei Jahre zuvor haben dort aufmüpfige Studenten eine Rektoratsübergabe mit dem Transparent lächerlich gemacht: »Unter den Talaren Muff von 1000 Jahren«. Greene gibt seiner Preisansprache den Titel: »The virtue of disloyalty«. Hier kritisiert er Shakespeare als angepaßten Lobredner der Obrigkeit und rühmt in diesem Zusammenhang den deutschen Theologen Bonhoeffer, der sein Leben hingegeben habe, getreu der Maxime, daß Schriftsteller die Pflicht haben, die Arbeit der jeweiligen Machthaber zu erschweren. Da Greene in diesen Jahren nachweislich zu den Kritikern der Verfolgung der sowjetischen Dissidenten Andrei Sinjawski und Yulij Daniel gehört, verbindet er das mit einer Eloge auf die Kämpfer gegen die sowjetische Regierung. Man kann ihm also durchaus keine Einseitigkeit vorwerfen.

Seiner Meinung nach ist alle Staatsmacht vom Übel. Diese halte es generell für nützlich, die Brunnen der öffentlichen Meinung zu vergiften. Es lasse sich leichter regieren, wenn das Volk den Galiläer, Papisten, Faschisten oder Kommunisten niederschreit. Der Schriftsteller, so pointiert er diese Position, müsse in einer protestantischen Gesellschaft ein Katholik und in einer katholischen Gesellschaft ein Protestant sein.[36]

Mit dieser Position solidarisiert er sich auch mit der damals leidenschaftlich antiautoritären Studentenbewegung. Zugleich ist das so etwas wie sein letztes Wort zum Thema Loyalität. Wenn alle Staatsgewalt im Grunde schlecht ist und Widerstand verdient, muß man, so verkündet er in dieser Stunde, den Spion, der sein Vaterland verrät, eher loben. Am lobenswertesten aber ist der Doppelagent, weil er unterschiedslos alle verrät.

Ein wesentliches Motiv dieser anarchistischen Zuspitzung seiner immer wachen Skepsis gegenüber staatlichen Autoritäten ist wohl auch ein persönliches Mißgeschick, das ihm damals schwer zu schaffen macht.[37] Immer bestrebt, seine Steuerlast irgendwie zu mindern, hat er sich seit 1960 mit einem Anlagebetrüger namens Thomas Roe tief eingelassen, der seinen Wohnsitz in der

Schweiz hat und auch Künstler wie Charlie Chaplin oder Noel Coward zu seinen Kunden zählt. Bei staatsanwaltschaftlichen Ermittlungen kommt heraus, daß Roe mit der Mafia in Verbindung steht. Von welchem Zeitpunkt an Greene davon wußte und wieweit er selbst in schweren Steuerbetrug verwickelt war, ist ungeklärt. Er verliert viel Geld und muß riesige Nachzahlungen, vielleicht auch Steuerstrafen befürchten, wenn er in England bleibt.

Zur gleichen Zeit – im Jahr 1965 – erfährt er, man sei jetzt in Moskau, aber auch bei der CIA, wahrscheinlich darüber informiert, daß er jahrzehntelang als britischer Spion tätig war. Seine vorherige Nützlichkeit für MI6 ist damit zu Ende. Doch immer noch gilt Graham Greene damals als der renommierteste englische Schriftsteller. So hat letztlich niemand gesteigertes Interesse daran, den Skandal mit allen seinen Verzweigungen in die Welt der Geheimdienste an die Öffentlichkeit zu bringen. Greene und die Finanzbehörde einigen sich auf eine Regelung, deren Details bis heute nicht bekannt sind. Doch ein Teil davon besteht darin, daß Greene spätestens um Mitternacht des 31. Dezember 1965 England zu verlassen hat.

So verbringt er das letzte Vierteljahrhundert seines Lebens als eine Art Steuer-Exilant an der Riviera, gelegentlich in Paris und häufig in Lateinamerika, wo er die Sandinisten in Schutz nimmt und sich mit dem mafiosen Diktator und Drogenbaron Noriega in Panama kompromittiert, der später von Washington gestürzt und in ein amerikanischen Zuchthaus gesteckt wird. In die Jahrzehnte des Exils fallen nicht nur die überzogenen Stellungnahmen zum Fall Philby, sondern auch einige der besonders törichten seiner Interviews. Jetzt zögert er nicht, 1967 in einem offenen Brief an die Times zu schreiben: »Wenn ich wählen müßte, in der Sowjetunion oder in den USA zu leben, würde ich genauso sicher die Sowjetunion wählen, wie ich das Leben in Kuba dem in südamerikanischen Republiken vorziehen würde, die, wie Bolivien, durch ihren nördlichen Nachbarn dominiert sind, oder das Leben in Nord-Vietnam dem in Südvietnam.«[38] Fern von London und nur mit wenigen unkritischen Getreuen in engem Kontakt, gerät er mehr und mehr von der Rolle.

Das Thema Doppelagent läßt Greene auch jetzt nicht ruhen. 1978 erscheint »Der menschliche Faktor«. In den USA wird dieser Spionagethriller ein Riesenerfolg. Längst sind dort viele Thriller-Leser an jede Form von Zwielichtigkeit der westlichen Agenten gewöhnt. Verrat ist nicht mehr tabuisiert. Auch daß der tragische Held dieser Geschichte ein alternder englischer Agent ist, der aus Ekel über die Apartheid den Sowjets Material über Südafrika hat zukommen lassen, entspricht der damals in Amerika weitverbreiteten Ablehnung des burischen Rassismus. Greene greift auch hier wieder auf eigene Erfahrungen aus der Kriegszeit zurück. Große Teile spielen im Zentrum Londons, wo der SIS seinerzeit Büros unterhielt, und der desillusionierte Held flieht schließlich nach Moskau, ohne allerdings an den Marxismus zu glauben. Während Greene in »Unser Mann in Havanna« seine alte »Firma« nur lächerlich gemacht hatte, hängt er ihr jetzt einen unfeinen Verdacht an. Als einer der Chefs des SIS in dem Thriller befürchten muß, daß der Geheimnisverrat an den Tag kommt, wird der verdächtige Beamte kurzerhand vergiftet – doch, wie so oft, hat man zu allem hin auch noch den Falschen erwischt.

Ganz abgebrochen sind die Brücken zum SIS aber doch wieder nicht. 1979 erhält Graham Greene in Oxford einen Ehrendoktor. Sein ehemaliger Führungsoffizier, Sir Maurice Oldfield, inzwischen zum Chef von MI6 avanciert, läßt es sich nicht nehmen, der Zeremonie beizuwohnen. Als die beiden zusammentreffen, umarmen sie sich. Alistair Horne, der die Szene beobachtet hat, spricht Oldfield darauf an und bekommt zu hören: »Hat keinen Sinn, wenn man ewig grollt.«[39]

Selbst Greenes von vielen für skandalös erachtete Parteinahme für den Verräter Philby hat eine verborgene geheimdienstliche Komponente. Schon bevor die Geheimdienstaktivitäten Greenes im einzelnen bekannt wurden, war von gut informierten Sachkennern die Vermutung geäußert worden, der SIS habe auch später versucht, über Greene mit Philby in Moskau wieder in Kontakt zu kommen. In London wußte man, daß sich dieser dort todunglücklich fühlte.[40] Offen zugeben wollte Philby das freilich nicht. In dem Dankesbrief für die Übersendung des Thrillers »The Human Factor« an ihn nach Moskau meinte er, Greene habe das Schicksal, das einen übergetretenen Spion in Rußland erwarte, allzu trostlos dargestellt.[41]

In der Tat treten die beiden alten Spione seit 1979 in einen intensiveren brieflichen Austausch miteinander, von dem Greene dem SIS Mitteilung macht. Dabei spielt besonders die sowjetische Invasion in Afghanistan eine Rolle, von deren Klugheit Philby nicht überzeugt ist. Wäre es denkbar, so fragte man nun beim SIS in London, daß der KGB Philby – und damit auch Greene – benützt, um den Briten Signale zu übermitteln? Oder ist das nur eines der altbekannten Täuschungsmanöver?[42] Bei Gelegenheit des letzten Besuchs in Moskau im Jahr 1987 hält Greene vor einem Kulturkongreß unter dem Präsidium Gorbatschows eine Ansprache. Er ist inzwischen zu einem leidenschaftlichen Vorkämpfer kommunistischer Bewegungen in der Dritten Welt geworden, insbesondere der Sandinisten in Nicaragua, in denen er eine geglückte Verbindung marxistischer Überzeugungen mit der linkskatholischen »Theologie der Befreiung« erkennen will. »Heute gibt es keine Schranke mehr zwischen römischen Katholiken und dem Kommunismus«, ruft er in Gegenwart Gorbatschows aus.[43] Daß der Kommunismus bereits aus dem letzten Loch pfeift, sieht auch er nicht.

Öffentlich bleibt Greene bis zum Lebensende im Jahr 1991 ein bekennender Linkskatholik und *fellow traveller,* nicht-öffentlich ist er ein Engländer, der seine linken Überzeugungen durch jahrzehntelange, handfeste Spionage für den SIS kompromittierte und selbst in den achtziger Jahren noch über seinen inzwischen pensionierten Agentenführer zum SIS einen Draht hat.

Sicherlich war er nie ein Spion, der um Kopf und Kragen hätte fürchten müssen, wäre der ganze Umfang seiner Spionagetätigkeit zu seinen Lebzeiten unwiderleglich bekannt geworden. Schließlich hat er sich nichts zuschulden kommen lassen, vielmehr nur für das eigene Land spioniert. Seine Reputation als ein Repräsentant der linken Intelligenz in Europa hätte sich aber von einer solchen Enttarnung wohl kaum mehr erholt. Man hält keinen Schriftsteller in hohem Ansehen, der erwiesenermaßen über vertrauliche Gespräche dem Geheimdienst berichtet, während er gleichzeitig nichts unversucht läßt, diese Schlapphüte zum öffentlichen Gespött zu machen. Zwar wußte jeder seiner Leser, daß Graham Greene mit Verrätern sympathisierte und daß ihn die Doppelagenten faszinierten. Doch es ist eines, solche Typen und Konstellationen voller Empathie darzustellen, ein anderes, selber konsequent zu spionieren, sich dafür auch honorieren zu lassen und zugleich den Anschein zu erwecken, als verachte man alle Geheimdienste.

Wie jeder Spion, der im Zwielicht operiert, hat auch Greene wohl in ständiger Sorge gelebt, sein Doppelleben könnte ans Licht kommen. Je entschiedener er sich politisch profilierte und je höher man ihn auf die linken Altäre hob, um so größer wurde naturgemäß die Furcht vor der Enttarnung. Daß er sein Geheimnis ständig andeutete, die öffentliche Enttarnung aber bis zum Ende seines Lebens zu vermeiden wußte, beweist seine hervorragende Intelligenz. Er war nicht nur der literarisch bedeutendste aller Autoren von Spionagethrillern, sondern, soweit sich heute erkennen läßt, in dieser eigenartigen Bruderschaft auch der raffinierteste Spion.

Merkwürdig in seinem Fall ist zudem, daß dieser zynische Geist länger als viele andere, die als Linksradikale begonnen hatten, zeitlebens vom Kommunismus fasziniert war und 1991 genau in dem Moment verstarb, als das säkulare Experiment Sowjetunion scheiterte. Gewisse Vorahnungen hatte er schon lange. 1939 ließ er den kommunistischen Helden in »Jagd im Nebel«, dem er den anonymisierenden Namen »D.« gab, kurz und knapp feststellen: »Man wählt ein für allemal seine Seite – natürlich kann es auch die verkehrte sein. Das vermag nur die Geschichte zu entscheiden.«[44]

Greene selbst war viel zu schlau und viel zu eigenwillig, sich im Zeitalter der Ideologien je ganz für die eine oder die andere Seite zu entscheiden. Auch sein Vaterland hat er nicht geliebt, genausowenig wie seinen Vater. Er optierte allein für Graham Greene – also für das literarische Werk, einige sehr gute und einige schwache Thriller mit inbegriffen, dazu für seine zahllosen privaten Höllen, depressive Religiosität, Fernreisen in exotische Länder, Opium, viel haßerfüllte üble Nachrede, viel Sex und eine bemerkenswerte Menge von Spionage gleichfalls mit inbegriffen.

Die Queen des antitotalitären Thrillers
vom Zweiten Weltkrieg bis in die achtziger Jahre:
Helen MacInnes

»Aus Neigung und Erziehung war ich seit jeher eine ›echte blaue‹ Konservative. Egal, wie viele linkslastige Bücher ich las oder linke Kommentare ich hörte: Nie befiel mich ein Zweifel«, schreibt Margaret Thatcher[1] in ihren Erinnerungen. Das Bekenntnis könnte ebensogut von Helen MacInnes stammen, die in den fünfziger, sechziger und siebziger Jahren Bestseller um Bestseller produzierte und damals als »Queen« des Spionagethrillers gegolten hat.

Wie die 18 Jahre jüngere Margaret Thatcher ist auch sie im Zweiten Weltkrieg gegen das totalitäre Deutschland politisch wach geworden. Ihren ersten Spionage-Roman verfaßte sie, als über fast allen Ländern des kontinentalen Europa die Hakenkreuzfahne flatterte und Großbritannien ganz allein stand. Es waren Durchhalte-Thriller, die zugleich dazu bestimmt waren, auf die Öffentlichkeit der USA Eindruck zu machen. So gesehen, war sie eine direkte Nachfahrin John Buchans. Doch genauso wie Margaret Thatcher und ihrer beider Held Winston Churchill gelangte sie bei Kriegsende zur Auffassung, daß Nazismus und Kommunismus wesensverwandt sind. Hatte sie zuvor anti-nazistische Thriller verfaßt, so schrieb sie nun bis zu ihrem Tod im Jahr 1985 anti-kommunistische Thriller. So konsequent wie diese kämpferische Dame hat sonst niemand die Idee der freien Welt im Polit-Thriller verherrlicht.

Noch aus einem anderen Grund verdient sie einige Beachtung. Bekanntlich ist der Spionage-Roman eine Männer-Domäne, und dies aus evidenten Gründen. Nicht nur bei Ian Fleming, der stark musterbildend gewirkt hat, ist Superman ein Super-Macho. In dieser Männerwelt der Thriller-Schreiber war Helen MacInnes bisher die einzige Dame, die es Jahrzehnte hindurch immer wieder an die Spitze der entsprechenden Bestseller-Listen geschafft hat: allein in den USA 23 Millionen verkaufte Exemplare, Übersetzungen in über 20 Sprachen.[2]

Auch ihre Heroinen sind durchweg Damen: sprachenkundig, stets bestens angezogen, elegant, empfindsam, groben Sex im Stil von James Bond verabscheuend, doch durchaus entschlossen, geschickt und unbeugsam patriotisch. Kein Wunder, daß auch die Gewalttaten, an denen es nicht mangelt, ohne grelle Brutalo-Effekte beschrieben werden. Die bunte Abfolge der aus weiblicher Sicht geschilderten Attentate, Jagden, manchmal auch Folterszenen erinnert an die Filme der vierziger und der fünfziger Jahre: nur keine grausigen Bilder! Das Grauen wird psychologisch verinnerlicht, aber noch nicht naturalistisch illuminiert.

Im übrigen schreibt Helen MacInnes ganz in der konservativen Tradition, die sich auf John Buchan zurückführen läßt. Mit diesem hat sie nicht nur die Neigung gemeinsam, die Feinde Englands, welche zugleich Feinde der Zivilisation sind-, in Schwarz-Weiß-Manier zu porträtieren. Auch sie ist schottischer Herkunft, puritanisches Wertesystem mit inbegriffen.

Die Sozialisierung der 1907 geborenen Helen MacInnes fällt allerdings nicht in die spätviktorianische Epoche, sondern in die Zwischenkriegszeit. Sie studiert in Glasgow und am University College London, wo sie eine breite kulturwissenschaftliche Bildung erwirbt – Literatur, Sprachen, Musik, Kunstgeschichte. Sie arbeitet dann längere Zeit in verschiedenen Jobs, vor allem als Archivarin. Auch ihr Mann ist Geisteswissenschaftler, der seit 1937 an der Columbia University in New York lehrt, und seither lebt das Ehepaar an der amerikanischen Ostküste. Als in Europa der Zweite Weltkrieg ausbricht, deutet nichts im bisherigen Lebenslauf dieser Frau auf ihre künftige Karriere als Doyenne des Spionage-Thrillers hin. Doch dann wird ihr Mann Gilbert Highet eingezogen und landet wie so viele Akademiker jener Generation bei der Intelligence. Er ist es, der sie jetzt mit der Welt der Agenten bekannt macht.

Ihr erster Agenten-Thriller des Titels »Above Suspicion«[3] kam 1941 heraus, eine deutsche Übersetzung ist damals naturgemäß nicht erschienen. Sie eröffnete damit die lange Reihe der Polit-Thriller, die den Zweiten Weltkrieg und die Schreckenswelt des Dritten Reiches zum Gegenstand haben. Eigenartigerweise waren während der Kriegszeit und in der Nachkriegsepoche zeitgeschichtlich aktuelle Thriller noch nicht so zahlreich wie seit den sechziger Jahren. Lange Zeit dominierten die Agentenfilme des Genres »Casablanca«. Je weiter aber der Zweite Weltkrieg entfernt liegt, um so intensiver wird er auch im Polit-Thriller beschworen, und zwar nicht nur von jenen Autoren, die sich heute jenseits der Siebzig befinden und Freude daran haben, die Emotionen ihrer jungen Jahre zur Sprache zu bringen, so wie man einen Uralt-Spielfilm wieder und wieder abspult.

Die Handlung dieses ersten Menus aus der Thriller-Küche von Helen MacInnes ist relativ schlicht und die Verarbeitung autobiographischer Erfahrungen unverkennbar. Die Schauplätze des Thriller-Erstlings liegen in den Dolomiten und den Tiroler Alpen, wo das sportliche Ehepaar Highet-MacInnes in den dreißiger Jahren herumgeklettert ist.

Ein junges, von Spionage ganz unbelecktes, auch ganz unpolitisches Ehepaar aus Oxford reist kurz vor Kriegsausbruch in das bereits dem Deutschen Reich angegliederte Tirol. Nachdem sie zuvor vom englischen Geheimdienst kontaktiert wurden, sollen die beiden dort Kontakt mit der österreichischen Untergrundbewegung aufnehmen, insbesondere mit einem englischen Spion. Aus patriotischen Motiven entsprechen sie dieser Bitte, woraus sich die unterschiedlichsten Verwicklungen ergeben.

Damit hat die Autorin bereits die Erfolgsmasche auch ihrer künftigen Nachkriegs-Thriller entdeckt. Sympathische Amateure, Engländer oder Amerikaner, wollen auf dem alten Kontinent Urlaub machen, wobei sie von pflichtgetreuen Profis der britischen Intelligence, der CIA oder des Deuxième Bureau für Spionage im Dienste der guten Sache rekrutiert werden. Dabei erkennen sie, was in Europa tatsächlich gespielt wird, auch was für die

Freiheit im eigenen Land auf dem Spiel steht. Die Feinde der Freiheit, so kann man künftig von Helen MacInnes erfahren, operieren stets mit zynischer Brutalität, wobei die Helden, wie das Genre das will, stets nur um Haaresbreite entkommen, im ersten Roman nur nach halsbrecherischer Klettertour durch die Dolomiten, während die Verfolger zu guter Letzt eliminiert werden.

Schon dieser erste Thriller transportiert nicht nur die Botschaft, daß die Bösen wirklich ganz böse sind und die Zivilisation des alten Europa bedrohen. Er macht – Erscheinungsjahr 1942 – zugleich Hoffnung: Unter der Decke von Terror und Gewalt finden sich zahllose einfache Leute und nicht wenige Widerstandskämpfer, die anständig geblieben sind und hoffen lassen. Das gleichzeitig in den USA und in England veröffentlichte Buch ist also genauso wie die einstigen Spionageromane John Buchans ein Propaganda-Thriller. Er trifft die Stimmung jener kritischen Jahre und wird von Metro-Goldwyn-Meyer 1943 verfilmt, mit Joan Crawford in der Hauptrolle.

Dasselbe Thema liegt dem zweiten Agenten-Thriller zugrunde[4]. Er spielt im Sommer 1940. Jetzt ist auch Frankreich von Deutschland okkupiert. England steht ganz allein. Ein britischer Agent springt über der Bretagne ab, um dort die Rolle eines bretonischen Nationalisten zu spielen, mit dem er physische Ähnlichkeit hat. So könnte er die Stimmung im Land und die militärischen Vorhaben der Deutschen erkunden. Das führt zu den charakteristischen Aktionen und Gegenaktionen, Verrätereien und Schießereien, zum Auftreten einer für die Deutschen spionierenden femme fatale und zur Liebesgeschichte mit einer patriotischen jungen Bretonin. Zu den Schauplätzen der Handlung gehört auch der ehrwürdige Mont Saint Michel – Symbol des alten Europa der christlichen Kultur, der Menschenwürde und der Freiheit. Dem Leser in den USA und im belagerten England wird wiederum die frohe Kunde vermittelt: Selbst wenn das nazistische Deutschland vorerst noch obsiegt, so warten auf dem Kontinent doch Millionen von Menschen darauf, ihre Ketten abzuwerfen. Auch dieser Roman wird 1943 verfilmt, und Helen MacInnes ist von jetzt an Bestseller-Autorin. Bis zum Kriegsende schreibt sie noch zwei weitere Resistance-Thriller. Unnötig zu bemerken, daß sich das Bild der Deutschen von Buch zu Buch düsterer einfärbt.

In den ersten Nachkriegsjahren versucht es die Autorin mit anderen Themen. Doch 1950 kehrt sie mit »Neither Five nor Three«[5] endgültig zu den Agenten-Thrillern mit politischer Pointe zurück. Wie die zeitgenössische Politik in England und in den USA hat auch sie die Wendung gegen die Sowjetunion vollzogen, und dies schon sehr früh. Ihre Entrüstung resultiert allem Anschein nach aus der Beobachtung, daß die freiheitsliebenden Menschen östlich des Eisernen Vorhangs einer zweiten totalitären Tyrannei zum Opfer gefallen sind. Sie beobachtet aber zugleich, daß ein Teil der linksliberalen oder sozialistischen Intelligenz in den USA nicht erkennen will, wo der neue Feind steht und wie er arbeitet.

Konnte man ihre Bücher aus der Kriegszeit als Durchhalte-Thriller und als Resistance-Thriller bezeichnen, so schreibt sie von nun an Wachsamkeits-Thriller. In diesem und in späteren Büchern geht es nur sekundär um Militärspionage. Ihre Aufmerksamkeit gilt in erster Linie der ideologischen Infiltration kommunistischer Einfluß-Agenten bei der Presse, in Regierungsapparaten oder im Schulwesen. Damals, 1950 und später, ist in der amerikanischen Öffentlichkeit eine schrille Auseinandersetzung im Gange. Es sind die Jahre, als der Fall des hohen Regierungsbeamten Alger Hiss, der höchstwahrscheinlich für die Sowjetunion als Einflußagent tätig war, die Atom-Spionage des Ehepaars Rosenberg und weitere Fälle für heftigste Erregung sorgen. Der größte Teil der Linksliberalen, die zuvor zum Kreuzzug gegen das totalitäre Deutschland aufgerufen haben, findet sich jetzt – und dies wiederum, weil die Freiheit auf dem Spiel steht – im anti-kommunistischen Lager. Doch eine Minderheit der Liberalen, von Mitgliedern oder Sympathisanten der amerikanischen Kommunisten ganz zu schweigen, sieht das anders. Hier begreift man den Antikommunismus nur als Wiederkehr eines konservativen red scare, der unmittelbar nach dem Ersten Weltkrieg als

Reaktion auf die weltrevolutionären Aktivitäten der Agenten Lenins und Trotzkis die Öffentlichkeit der USA schon einmal aufgewühlt hatte.

Auch die Zunft der Thriller-Schreiber ergreift Partei. Da ist beispielsweise Dashiell Hammett, eingeschriebenes Mitglied der amerikanischen kommunistischen Partei. Seit Jahrzehnten schreibt er Kriminal-Thriller, die gleichzeitig brillant, realistisch, von schwarzer Hoffnungslosigkeit gekennzeichnet und ganz evident linksradikal sind. Er wird 1949 Vorsitzender der Conference for Civil and Human Rights, in der die Antikommunisten nicht zu Unrecht eine kommunistische Front-Organisation sehen. 1951 muß er wegen *contempt of court* für ein paar Monate ins Gefängnis, man bezeichnet ihn als »einen der roten Vordenker« in den USA, und seine Bücher werden aus den Amerika-Häusern weltweit entfernt, bis der republikanische Präsident Eisenhower, anscheinend selbst ein Hammett-Fan, sie wieder einstellen läßt.[6]

Doch auch der weltberühmte Raymond Chandler, Erfinder des hartgesottenen, zynischen Privatdetektivs Philip Marlowe, als Drehbuchschreiber eine der markantesten Gestalten des im Umkreis von Hollywood ansässigen *radical chic* der dreißiger und der vierziger Jahre, findet sich in diesem Lager.[7] Auf der Gegenseite stehen jetzt Ex-Kommunisten wie Arthur Koestler, den Helen MacInnes bewundert, oder James Burnham, doch auch einstige Radikale wie Upton Sinclair und sogar zeitweilig Eric Ambler. Dieser rechnet, so war schon zu erwähnen, 1951 in dem Polit-Thriller »Der Fall Deltschew«[8] mit dem Kommunismus ab, nachdem er sich zuvor fast ausschließlich mit den Schurkereien von Rüstungskonzernen, raffgierigen internationalen Konzernen, faschistischer oder deutscher Agenten und autoritärer Diktatoren befaßt hatte, bei zugleich sehr mildem Blick auf die Aktivität überzeugter Kommunisten.

In diesem frühen Ost-West-Konflikt der amerikanischen und britischen Intellektuellen[9] schlägt sich also Helen MacInnes völlig kompromißlos auf die Seite der Antikommunisten. In den langen Jahrzehnten des Kalten Krieges, von 1950 bis zu ihrem

Tod im Jahr 1985, kennt sie nur ein großes politisches Thema: die Gefährdung der freien Welt durch die Desinformation östlicher Einflußagenten. Von eiskalten sowjetischen Apparatschiks gesteuert, suchen diese, so die Botschaft, auf unterschiedlichste Weise den Westen zu schwächen – durch Befürwortung von Neutralismus, durch Diskreditierung von FBI und CIA, durch Säen von Zwietracht innerhalb der NATO, durch Schüren von Anti-Amerikanismus und durch entsprechende Friedenskampagnen. Kein Thriller-Autor hat so nachdrücklich wie sie die Propaganda-Dimension des Kalten Krieges beleuchtet.

Freilich würde sie mit ihren politischen Warnungen kein Massenpublikum erreicht haben, hätte sie nicht auf ihre Weise das Handwerk des Thriller-Schreibers beherrscht. Kritiker warfen ihr zwar nicht völlig zu Unrecht vor, sie verbinde Überkompliziertheit der Plots und Subplots mit Eindimensionalität der Charakterdarstellung[10]. Doch möglicherweise ist ein Hauptgrund ihres Massenerfolgs darin zu sehen, daß sie den Agenten-Thriller zugleich als Tourismus-Thriller zu gestalten verstand. Es gibt kaum einen Ort auf den Programmen amerikanischer Reiseveranstalter von den fünfziger bis zu den achtziger Jahren, an dem sie nicht ihre Romane spielen ließ – in Taormina und Delphi[11], Paris und Venedig[12], Salzburg[13] und Wien[14], in Malaga[15] und, nicht zu vergessen, in Washington[16] und New York[17].

Während die Verfasser von Abenteuerromanen ihre Handlungen häufig in exotischen Regionen ansiedeln, die kaum einer kennt, geht sie genau umgekehrt vor. Jedermann, sofern er nur touristisch kundig ist, wird mit dem Lokalkolorit gründlich vertraut sein, somit die Straßen, Plätze, Landmarken, Cafés, Bars oder Flughäfen wiedererkennen, wo die Handlung spielt, und dies auch mit angenehmen Erinnerungen verknüpfen. Der kompositorische Kunstgriff des Thrillers à la Helen MacInnes besteht nun darin, den Leser mittels langsam in Gang kommender Handlung entdecken zu lassen, daß die heile Urlaubswelt von finsteren Mächten überwacht oder unterwühlt ist und unversehens von politisch motivierten Gewalttaten erschüttert wird.

Zu diesen schönen Orten reisen also die schon genannten Romanhelden: Amerikaner und Briten, die auf dem alten Kontinent einige Wochen zur Recherche eingeplant haben oder einfach kultivierte Entspannung erwarten. Sie verkörpern gewissermaßen den angelsächsischen Normalbürger, der es nicht für denkbar hält, daß die heile Welt systematisch unterwandert und bedroht ist. Zum Glück treten aber meist schon früh die Engelscharen der CIA, des britischen SIS, der französischen Sûreté und prowestlicher griechischer, italienischer oder österreichischer Geheimdienste auf. Sie haben zwar die problematische Neigung, gerade die naiven, wenngleich durchaus lebenstüchtigen Heldinnen und Helden, die gerade Urlaub machen, als Köder zur Enttarnung der kommunistischen Gegner zu benutzen, doch gelingt es ihnen wieder und wieder, diese inzwischen politisch gereiften Personen sicher zum Happy End zu führen. Manche finden sich sogar aus freien Stükken bereit, künftig selbst für die westlichen Dienste zu arbeiten.

Die totalitäre Propaganda, so zeigen diese Polit-Thriller, lasse durchweg dieselben Muster erkennen: eine vergleichsweise kleine, aber fanatisierte Minderheit – die Nationalsozialisten oder die Kommunisten – verfolgt mit zäher Entschlossenheit ihre polit-kriminellen Ziele, versteht sich aber zugleich bestens darauf, die westliche Öffentlichkeit durch Propaganda zu lähmen und zu verwirren, sei das durch Verstärkung defätistischer Stimmung in Frankreich und England in den Jahren vor dem Zweiten Weltkrieg, sei das durch Agitation für Entspannung und für »fairen Dialog« im Ost-West-Verhältnis während der Jahrzehnte des Kalten Krieges. Bei idealistischen, schlichten Gemütern im linksliberalen Spektrum, die eine bessere, freie und gewaltlose Welt erträumen, findet diese Propaganda willigen Glauben, aber vielfach auch bei der großen Masse normaler, ängstlicher und verführbarer Menschen. Die Schlußfolgerung für Helen MacInnes: Anti-totalitäre Aufklärung ist dringend geboten – Aufklärung durch den Agenten-Thriller.

Die politische Aufklärung hat ihrer Meinung nach in erster Linie durch den Gang der Handlung zu erfolgen. Schließlich ist eine handwerklich kundige Thriller-Autorin keine platte Propagandistin. Doch da und dort blendet sie Dialoge ein, in denen der Mechanismus des Ganzen erklärt wird – dies die eine wohlbekannte Technik von Thriller-Autoren, die eine politische Botschaft vermitteln möchten. Das große Vorbild dafür war Eric Ambler in seiner stark linksradikalen Phase vor dem Zweiten Weltkrieg. Er hatte dann und wann, der Leser unseres Buches weiß das bereits[18], einen weisen Kommunisten auftreten lassen, um die verwirrten Helden über die Schlechtigkeit der internationalen Konzerne, den Mafia-Charakter des Faschismus sowie die schmutzigen Spielregeln internationaler Politik aufzuklären.

Statt eines weisen Kommunisten läßt die Antikommunistin Helen MacInnes gerne einen weisen CIA-Beamten, der den Durchblick hat, die großen Zusammenhänge erklären, welche leider auch »Anlaß zur Unruhe« abgeben. Ganz offenbar vertrauen Thriller-Autoren gegensätzlichster politischer Orientierung nie voll darauf, daß die Leser allein aus dem Gang der Handlung die richtigen politischen Lehren empfangen. Gelegentliche Polit-Predigten scheinen unverzichtbar.

Für Helen MacInnes bildet der Kalte Krieg in dem Vierteljahrhundert von 1950 bis zu ihrem Tod im Jahr 1985 eine Fortsetzung des Zweiten Weltkriegs mit einem neuen Feind, ansonsten aber mit demselben Personal und denselben Mitteln. Wer ihre zwar nicht ganz erstklassigen, aber symptomatischen Thriller liest, wird von dem typisch deutschen Irrtum geheilt, das Jahr 1945 sei weltweit die große Zäsur gewesen. Die Geheimdienstakteure, die in Österreich, Frankreich, Italien oder Griechenland an dem Gewebe von Spionage, Subversion und Gegenspionage weben, kommen fast allesamt aus dem Agentenmilieu der Vorkriegszeit und des Zweiten Weltkriegs. Damals waren sie junge Männer im Alter von 25 oder 30 Jahren. Jetzt sind sie alterfahrene Profis um die 45 oder 50. Entsprechend schonungslos geht es weiterhin zu.

Kontinuität herrscht auch in bezug auf die Deutschen. Als sich MacInnes auf dem Höhepunkt ihres Bestseller-Ruhms findet und auch in der Bundesrepublik Deutschland Hunderttausende von Lesern besitzt, ist die Bonner Republik bereits Mitglied der NATO. Die politische Klasse, die Offiziere, auch die Geheimdienste und breite Wählermehrheiten haben sich dafür entschieden, der freien Welt anzugehören. Bezeichnenderweise aber läßt Helen MacInnes ihre Thriller nicht in der Bundesrepublik Deutschland spielen, obschon doch zumindest das geteilte, mit Spionen vollgestopfte Berlin, wie Len Deighton, Leon Uris oder John Le Carré beweisen, fruchtbarster Thriller-Boden ist.

Allem Anschein nach steht aber diese Schottin, die ein gutes Gedächtnis hat, den neuen westdeutschen Verbündeten im Kalten Krieg ähnlich mißtrauisch, ähnlich mißgestimmt und allenfalls ambivalent gegenüber wie die »Eiserne Lady« Margaret Thatcher, mit der sie ideologisch so vieles gemeinsam hatte. Auch sie war im »Geist von 1940« zur Thriller-Autorin geworden und wollte das nicht vergessen.

Wenn von dem neuen Deutschland die Rede ist, bleibt die jüngste Vergangenheit lebendig. So beginnt etwa der Thriller »Das Spiegelbild«[19] mit dem Mord an einem jüdischen Professor, der, aus Deutschland emigriert, erstmals wieder zurückkehrte, um im Auschwitz-Prozeß 1962 auszusagen. Der Befehl zum Mord stammt von einem sowjetischen Agenten deutscher Herkunft, der ein unschönes Vorleben hat: Ausbildung zum Agenten in Moskau, von wo er nach Deutschland entsandt wird, um bei der SS Karriere zu machen. Obgleich immer noch in den Diensten des KGB, hat er als SS-Offizier abscheuliche Kriegsverbrechen begangen und operiert nunmehr unter russischem Namen im Westen. Helen MacInnes versäumt nicht, die Parallele zu Richard Sorge zu erwähnen: »ein heimlicher Kommunist, der sich offen der Nazi-Partei anschloß«[20], und sie läßt diese Betrachtung mit den Worten enden: »Ja, das durfte man nicht vergessen.«

Auch in diesem Punkt artikuliert sie verschwiegene Abneigungen und Erinnerungen, die sich in den angelsächsischen Ländern viel länger hielten, als der Bundesrepublik lieb war.

Andere Thriller-Schreiber, etwa Colin Forbes, waren weniger besorgt oder nachtragend. Für ihn sind, wie noch zu zeigen sein wird[21], während der siebziger Jahre die Kanzler der Bundesrepublik zuverlässiger als französische Staatspräsidenten, und der Chef des Bundeskriminalamts gehört ganz selbstverständlich zu den Mitgliedern des westlichen Clubs höchster Geheimdienstbeamter, auf die hundertprozentig Verlaß ist. Der Vergleich von Helen MacInnes und Colin Forbes macht deutlich, daß nicht einmal die hartgesottenen Antikommunisten unter den westlichen Thriller-Autoren während des Kalten Krieges in der Einschätzung der Deutschen übereinstimmen. Die Thriller sind auch in diesem Punkt nur Spiegelbilder unterschiedlicher Tiefenströmungen in der öffentlichen Meinung.

Bei Helen MacInnes steigen jedenfalls immer wieder finstere Gestalten aus dem Zweiten Weltkrieg in die nur scheinbar sichere Welt der sechziger und der siebziger Jahre empor. Da sind kommunistische Kämpfer aus dem Untergrund der französischen Résistance, die sich, manche unter falschem Namen, in Schlüsselpositionen der Administration, der Presse und des Kulturlebens eingenistet haben und treu für Moskau arbeiten. Oder Helen MacInnes läßt griechische Killer auftreten, die einstmals in den Reihen der kommunistischen ELAS tätig waren, desgleichen Alt-Nazis, die über kompromittierenden Dokumenten wachen, welche 1945 in einem kalten, unheimlichen Alpensee im Salzkammergut versenkt wurden.[22] Diese Mörder, erfährt der Leser, sind immer noch unter uns – mit dem Messer, mit Kalaschnikows, mit Sprengstoff, mit Zyanid-gefüllten Füllfederhaltern, vor allem aber mit der Absicht, raffiniert eingefädelte Desinformationskampagnen auszulösen.

Während die Agenten-Thriller dieser Autorin in der Kriegzeit noch von der Hoffnung getragen waren, nach der Niederwerfung Deutschlands werde eine Welt der Zivilisiertheit und der Demokratie heraufziehen, sind die des Kalten Krieges stark defensiv komponiert und eher von Skepsis durchtränkt. Wenn die Demokratien überhaupt überleben, wäre das schon so etwas wie der Sieg. Doch die Untergrundapparate der Sowjetunion sind »eine immerwährende Bedrohung«[23].

Im Jahr 1984, kurz vor ihrem Tod, erscheint der letzte Thriller der damals 78 Jahre alten Dame, betitelt »Ride a Pale Horse«[24]. 1984, das ist auch die letzte, sehr kritische Phase des Kalten Krieges. Eben ist die große Propagandaoffensive des Ostblocks gegen die Stationierung der westlichen Mittelstreckenwaffen herangerauscht und gescheitert. Grund genug also, eine Friedens- und Desinformationskampagne des Ostblocks nochmals aufzugreifen. Die Stimmung der Autorin ist nicht triumphalistisch. Daß John Le Carré[25] oder Ted Allbeury das Treiben von Maulwürfen bei MI6 oder bei der CIA darstellen, ist inzwischen jedem Thriller-Leser seit Jahrzehnten geläufig. Doch wenn nun selbst Helen MacInnes dies in ihre Handlung einbaut, ist das ein bedenkliches Zeichen. Jahrzehntelang hatte sie bisher wider alle Wahrscheinlichkeit und im Widerspruch zu vielen anderen ihrer Zunft stets den Glauben an die westlichen Geheimdienste zu bestärken gesucht. Nun sieht auch sie bei der CIA »rote Maulwürfe« an der Arbeit. Skeptisch läßt sie den Helden des Thrillers feststellen, heute müsse man nicht einmal mehr den Sieg einer Seite abwarten, bis die Sieger auch die Geschichte schreiben. Jetzt seien die künftigen Sieger schon vorher in der Lage, die Gehirne zu vernebeln, die Emotionen zu manipulieren und eine dumme Welt zum Narren zu halten. Mit den Siegern meint sie nicht die Länder des Westens, ist aber weiterhin nicht bereit, die Propagandaschlacht an der Thriller-Front verloren zu geben. Gorbatschow und der Kollaps des *evil empire* wären auch für sie die große Überraschung gewesen.

Der Snob als Superagent: James Bond und sein Erfinder **Ian Fleming**

Wie der von Ian Fleming erfundene Superagent James Bond in kürzester Zeit zur Kultfigur wird, ist der erstaunlichste Vorgang in der Geschichte des Agenten-Thrillers, wenn nicht gar der Unterhaltungsliteratur des 20. Jahrhunderts überhaupt. Spannungsromane leben ebenso wie deren Autoren und die entsprechenden Hollywood-Verfilmungen vom Massenerfolg. Betrachtet man allein die Wirkungsgeschichte dieses relativ neuartigen Genres der Unterhaltungsliteratur, so kann man die Karriere des Agententhrillers in zwei große Epochen einteilen: in die Epoche vor James Bond und die Zeit danach.

Seitdem der Welterfolg von James Bond Anfang der sechziger Jahre alle Vergleichsmaßstäbe gesprengt hat, werden Agententhriller, bald auch Polit-Thriller, an den Bahnhofskiosken oder auf den Flughäfen in ähnlichen Mengen angeboten wie zuvor nur Kriminalromane, Abenteuerbücher und Liebesgeschichten. Marktführer ist lange Zeit Ian Fleming. In den Jahrzehnten, da die James-Bond-Thriller liefen, fanden sich unter den 18 Taschenbüchern, die in England in mehr als einer Million Exemplaren verkauft wurden, allein 10 Titel von Fleming.[1] Doch Dutzende anderer Thriller-Autoren mit Hunderten von Romanen profitierten gleichzeitig von dem Boom.

Literarisch gesehen, gehören die James-Bond-Thriller nicht zur Spitzenklasse. Als sie seit 1953 in jährlicher Folge erschienen, war zwar ein breitgefächertes Lob-Kartell der Freunde Ian Flemings erfolgreich bemüht, die Bücher hochzuschreiben. »Ein John Buchan mit Überschallgeschwindigkeit«, war im Observer[2] über Flemings Erstling »Casino Royale« zu lesen. Auf englische Leser mußte das wirken, als hätte ein Rezensent hierzulande in der *Zeit* den bislang unbekannten Verfasser mit dem Orden »der Karl May des Jet-Zeitalters« ausgezeichnet.

Wenn die kritischen Damen und Herren der damaligen Londoner Society an der *dinner table* unter sich waren oder verschwiegene Tagebuch-Einträge tätigten, fiel das Urteil nicht immer so uneingeschränkt positiv aus. Noel Coward, damals ein beliebter Verfasser witziger Gesellschaftskomödien, Nachbar Flemings auf Jamaica und eng mit ihm befreundet, vermerkte nach der Lektüre von »Diamonds Are Forever«[3] lakonisch: »vergnügliche Lektüre für Schuljungen«[4]. Immerhin hatte er ein Jahr zuvor nach dem Lesen der Druckfahnen von »Moonraker«[5] gemeint: »sehr aufregend«, »ausgezeichnete Beobachtungsgabe«, »er hat ein Talent für lebhafte Schilderungen«, allerdings einschränkend hinzugefügt, »zwar wie gewohnt viel zu weit an den Haaren herbeigezogen, aber immerhin nicht ganz so sehr wie in den letzten beiden seiner Bücher«[6]. Viele andere urteilten und urteilen noch viel gestrenger. Nur ein historischer Zufall, so umschreibt einer von diesen späteren Kritikern den Sachverhalt, habe aus dem konfusen Thriller-Helden James Bond, geschaffen von einem drittklassigen Schundliteraten, so etwas wie eine Gestalt der Öffentlichkeit gemacht.[7]

Fleming ein drittklassiger Schundliterat – das ist ganz sicher überzogen. Er war ein Augenmensch mit photographischem Gedächtnis für die Stimmung von Landschaften oder von Städten, auch für die unterschiedlichsten Typen. In einem guten Gedächtnis speicherte er auch zahllose groteske Begebenheiten, wie sie im Geheimdienstmetier nun einmal vorkommen. Fleming ist stark, wo er sich erinnert.

Ebenso zutreffend ist es allerdings auch, daß Fleming die meisten seiner Thriller nachlässig konstruiert hat. Es sind die Einzelszenen, die wirken. Auf die Komposition kunstvoller Handlungen hat er nie viel Mühe verwendet. Manchmal gewinnt man den Eindruck, er habe, ohne auch nur einmal zu pausieren, die erste Fassung eines Film-Drehbuchs veröffentlicht mit nur einem Minimum kritischer Korrekturen. Gelegentlich hat er das selber zugegeben, so in einem Brief aus dem Jahr 1956, wo er über »Moonraker« entschuldigend schrieb: »Ursprünglich hatte ich dieses Buch als Film konzipiert, und der Grund, weshalb es so peinlich in zwei Teile auseinanderfällt, ist einfach der, daß ich den ersten Teil des Buchs mehr oder weniger auf meine Film-Idee aufpfropfen mußte, damit es die nötige Länge hatte.«[8] Zudem sind seine Romane und Kurzgeschichten von recht unterschiedlicher Qualität. Neben Gelungenem steht tatsächlich viel Flachware. Dennoch ist es eine Tatsache, daß Flemings Geheimdienst-Thriller stärker in die Breite gewirkt haben als alle früheren oder späteren Produkte dieses Genres. Noch heute denkt jedermann, wenn von Thriller-Helden die Rede ist, zuerst an James Bond mit der Nummer 007, welcher von der Regierung Ihrer Majestät die Lizenz zum Töten erhalten hat und ausgiebig davon Gebrauch macht.

Zu dem ganz ungewöhnlichen Erfolg Flemings hat, wie immer, wenn einer Aufmerksamkeit findet, vieles beigetragen. Zweierlei aber ist ganz evident. Seit Erfindung der Gestalt des Sherlock Holmes durch Arthur Conan Doyle weiß man, daß die Verfasser von Kriminalromanen und Thrillern häufig nur dann große, weltweite und dauerhafte Bestseller-Triumphe erzielen, wenn es ihnen gelingt, einen unverwechselbaren Serien-Helden zu schaffen. Hercule Poirot und Miss Marple von Agatha Christie, Lord Peter von Dorothy Sayers, Philipp Marlowe von Raymond Chandler, Richard Hannay von John Buchan und neuerdings Jack Ryan von Tom Clancy – dieses Erfolgsrezept wirkt, wenn nicht immer, so doch häufig.

Auch Ian Fleming hatte dies begriffen. Alle, die sich mit ihm und mit seiner Thriller-Produktion befaßten, haben wieder und wieder unterstrichen, daß er auf den tadellos aussehenden, sportlichen, kühlen, trinkfreudigen, allzeit zur Liebe bereiten und bei dem allem stillvollen Superman James Bond die Gesamtheit seines eigenen Lebensstils projiziert hat, Sadismus, Obsessionen und Ängste mit inbegriffen. Diese Thriller-Figur, so könnte man meinen, hat sich gewissermaßen vom Fleisch und Blut ihres

Schöpfers genährt. 1953, im Alter von 45 Jahren, also relativ spät für einen Schriftsteller, veröffentlicht Fleming den ersten der James-Bond-Thriller. Elf Jahre später verstirbt er – völlig ausgeschrieben, aber auch ein körperliches Wrack, dies allerdings weniger vom Schreiben als aufgrund der Dreiheit von Alkohol, verbunden mit gutem Essen, von Kettenrauchen und von sexuellem Hochleistungssport. Doch die Romanfigur James Bond hatte inzwischen ihr filmisches Eigenleben entwickelt. Schon zu Lebzeiten Flemings war James Bond in der Kollektivphantasie der Zeitgenossen unverwechselbar präsent, so daß er gewissermaßen zu einer Person der Zeitgeschichte wurde.

Dazu hat ein zweiter Faktor in starkem Maß beigetragen: die Verfilmung. Zuerst in den Kinos und dann durch periodische Wiederaufführung im Fernsehen haben die James-Bond-Filme mit Sean Connery, Ursula Andress, Roger Moore, Gert Fröbe, Curd Jürgens, Jill St. John und vielen anderen Hollywood-Zelebritäten Millionen von Zuschauern aus aufeinanderfolgenden Generationen – mit Ringelnatz zu sprechen – »in die Augen gezwickt und ins Gedächtnis gebissen«[9]. 1977, bereits 13 Jahre nach Flemings Tod, war der Boom der James-Bond-Filme immer noch ungebrochen. Damals schätzte man bei United Artists, daß schon eine Milliarde Menschen einen James-Bond-Film gesehen hatten – also etwa jeder dritte Erdenbewohner.[10] Dabei ist das schwer Vorstellbare gelungen: die von Fleming ohnehin schon grotesk übersteigerten Geheimdienst-Abenteuer James Bonds sind in den Kino-Versionen nochmals grotesk übersteigert worden.

Nachdem sich »Dr. No«[11] mit Sean Connery und Ursula Andress als ein großer Erfolg erwiesen hatte, stellten die Hollywood-Mogule Harry Saltzman und »Cubby« Broccoli für die Verfilmung praktisch unbegrenzte Dollar-Budgets zur Verfügung. Der für das Design verantwortliche, geniale Ken Adams durfte jene gigantischen Raketenbasen, Raumschiffe, Aquarien und U-Boot-Hallen, desgleichen raffinierte Marterkammern, Rennwagen, Unterwassergeräte und Fluggeräte entwickeln, die damals als Non-plus-ultra futuristischer Film-Technik galten. Daß sich die Drehbücher, wie allgemein üblich, dabei meist mehr oder weniger weit vom Original entfernten, versteht sich von selbst. Von der ersten Welle der James-Bond-Filme abgesehen, sind die entsprechenden gigantischen Versuchsgelände, die Flugzeuge und Rennmaschinen, die luxuriösen Kommandozentralen der Gangster von Weltformat und die überdrehten Verfolgungsjagden bereits im Stil einer späteren Epoche inszeniert.

Die Wirkung dieser Filme war allerdings zweischneidig. Sie haben ihren Helden, somit auch den Autor, bis heute einigermaßen lebendig erhalten. Doch der ursprüngliche atmosphärische Reiz der Thriller Ian Flemings besteht gerade darin, daß er mit scharfer Beobachtungsgabe, dies verbunden mit blühender und vielfach grausamer Phantasie, das unverwechselbare Zeitklima der fünfziger Jahre erfaßt hat, wobei sich das vielfach mit Erinnerungen an die Kriegszeit mischte. Das ist durch den Klamauk und die technische Überfrachtung der Kino-Fassungen ebenso überdeckt worden wie die politische Botschaft, die Ian Fleming über das Medium seiner Spannungsromane weltweit transportiert hat. Tatsächlich sind Flemings Agenten-Thriller in starkem Maß charakteristisch für die frühen Phasen des Kalten Krieges. Zugleich rufen sie auch eine Welt in Erinnerung, die längst so vergangen ist wie die luxuriösen, aus heutiger Sicht mit Nostalgie befrachteten, für Geheimdienstler aber tödlich gefährlichen dampfgetriebenen Züge, die Europa oder Nordamerika durchquerten oder die Luxushotels, Gourmet-Restaurants und Spielcasinos in der Normandie, an der Riviera oder in der Schweiz und die Unterwasserparadiese der Karibik, wo sich nur die Reichen vergnügten.

Wer heute, ein halbes Jahrhundert später, nochmals in den vergilbten James Bond-Thrillern schmökert, entdeckt plötzlich mit einem gewissen Erstaunen den Reiseschriftsteller Ian Fleming. Da ist beispielsweise The Silver Phantom von New York nach St. Petersburg über Washington, Jacksonville und Tampa, eine Art amerikanischer Orientexpreß. Die lange Fahrt des Zuges, bei der es vor Spannung knistert, beginnt auf der New Yorker Pennsylvania Station, Bahnsteig 14 (»vierhundert Meter silberne Wagen im Dunst des Untergrundbahnhofs«[12]), verläuft durch »die verwilderten und unfruchtbaren Ebenen und Sümpfe zwischen New York und Trenton«[13] über Washington, mit langem Aufenthalt des Zuges, »bei dem Bond durch seine Träume die Warnglokken der rangierenden Lokomotiven sowie die leise Stimme des Ansagers aus dem Lautsprecher hörte«[14], nach Virginia (»hier war die Luft bereits milder und duftete nach Frühling«), dann durch »die leeren Ebenen« zwischen Columbia und Savannah zum heruntergekommenen St. Petersburg (»die Stadt ist nichts anderes als ein riesiger Friedhof«[15]). Schließlich braust der Zug plötzlich »unmittelbar am Golf von Mexiko entlang durch Mangrovensümpfe und Palmenhaine, an endlosen Reihen von Motels und Campingplätzen vorbei, und Bond witterte den Duft des anderen Florida – des Florida der Reklame, des Landes der ›Miss Orangenblüte‹«[16].

Im Thriller ist diese Reise natürlich nur die Folie für eine Liebesromanze mit einer zwielichtigen schwarzen Heroine, die die tödliche Magie des Voodoo-Kults im Blut hat. Gewalt baut sich auf, die Spannung knistert, und man ahnt: James Bond fährt – beinahe – ins Verderben. Tatsächlich aber ist die atmosphärische Schilderung, intensiviert durch die Thriller-Spannung, das literarisch Bleibende. Ähnlich packend werden andere Regionen, Metropolen oder Stadtviertel in Erinnerung gerufen, etwa Harlem (»die Hauptstadt der Negerwelt«[17]), während der fünfziger Jahre bereits ein recht gefährliches Pflaster, aber noch nicht in den Drogensumpf mit Armut und Gewaltkriminalität umgekippt wie zehn Jahre später, oder Istanbul, Moskau, London, auch das Paris der frühen sechziger Jahre, die Boulevards bereits »verschlungen von dem brausenden Strom schwarzen Metalls, gegen den sich keines der schönen Gebäude, keiner der weiten, baumbestandenen Boulevards zu behaupten vermochte«[18]. Wie hat sich doch, so registriert Fleming, Paris seit 1945 zum Schlimmeren verändert: »Das Herz war fort, verpfändet an die Touristen, verpfändet an die Russen, die Rumänen, die Bulgaren, verpfändet an den Abschaum der Welt, der nach und nach von dieser Welt

Besitz ergriffen hat. Und natürlich verpfändet an die Deutschen…« Eine Passage wie diese verdeutlicht Flemings resignierte Auffassung, daß es seit den Kriegsjahren mit Europa eigentlich nur abwärts geht. Sie illustriert zugleich auch die Xenophobie dieses sehr insularen Briten, der in erster Linie ein Snob von hohen Graden gewesen ist.

Wer die Thriller Flemings angemessen würdigen möchte, muß deshalb auch das Milieu ins Auge fassen, in dem er sich bewegte. Es ist dies die Gesellschaft wohlhabender, genußfreudiger, bestens versorgter und durchweg snobistischer Engländer der beiden Nachkriegsjahrzehnte. Diese nur noch scheinbar sichere Gesellschaft ist aber, das macht Fleming deutlich, in allen ihren Bereichen von Gewalttat, Verbrechern und Geheimagenten bedroht. Die Landschaften, die Städte, die Hotels, Züge, Autos und Flugzeuge, sie sind vielfach luxuriös und sehr angenehm, doch überall lauert der Schrecken. Eine zumeist giftige, von tödlichen Kaltblütlern bevölkerte, grausige Fauna und die nicht weniger bedrohliche Umwelt voller menschlicher Raubtiere bilden nicht bloß den Hintergrund, sondern sie sind ein Hauptthema seiner Geschichten.

Bonds Thrillerwelt weist alle Merkmale von Träumen oder von Märchen auf. Die Geschichten beginnen zumeist mit angenehmen Stimmungen oder Situationen, mit sentimentaler oder grober Erotik und durchweg mit stilvollem Daseinsgenuß – das alles kippt aber bald urplötzlich um. Es folgen Hetzjagden, sadistische Folter, Klaustrophobien, Explosionen, Schwinden des Bewußtseins und Versinken in den Tiefen des Todes, aus denen der Held jedoch im letzten Moment wieder ins Leben auftaucht. In seinen besseren Thrillern bietet Fleming also doch mehr als bloß das übliche Spannungsfutter von Spionage- und Geheimdienstabenteuern. Er gibt einem spezifischen Zeitgefühl Ausdruck, porträtiert aber zugleich bestimmte Milieus, die er genau kennt und interessant findet.

Er selbst ist ein typisches Produkt der britischen Oberschicht, kommt aus einem guten Stall, kennt die richtigen Leute und ist ein Mann von großem Charme, doch auch von jenem Durchsetzungsvermögen, das zumeist mit einem hypertrophierten Ego verbunden ist – und er ist ein Geheimdienstprofi, den jeder respektiert. Als Artefakt des Lebensstils und der politischen Mentalitäten einer herrschenden Klasse, die in den sechziger Jahren zusehends randständiger wird, ist Ian Fleming genauso interessant wie sein Thriller-Held James Bond.[19]

Bekanntlich sind es oft nicht die tadellosen Abkömmlinge der britischen Oberschicht, die im Gedächtnis bleiben, sondern die schwarzen Schafe. Daß diese nicht selten aus temperamentsmäßig unharmonischen Ehen hervorgehen, dafür ist auch Ian Fleming ein sprechendes Beispiel. Sein Vater, Valentine Fleming, stammt aus einer hochachtbaren schottischen Unternehmerfamilie, die es, wie so viele tüchtige Schotten, in London zu einem sehr anständigen Wohlstand gebracht hat. Dieser stolze Sproß der damals millionenschweren Bankiersfamilie verkörpert die viktorianischen Werte: Selbstdisziplin, Verläßlichkeit, vernünftige Wachsamkeit bei der Mehrung eines schönen Vermögens, Freude am Landleben und Patriotismus. Als Tory-Abgeordneter für den Wahlkreis Henley in Oxfordshire gehört er dem Unterhaus an, meldet sich 1914 freiwillig und stirbt 1917 den Heldentod als Major bei den Oxfordshire Hussars. Posthum wird ihm das Viktoriakreuz verliehen, und sein guter Freund Winston Churchill schreibt für ihn einen bewegenden Nachruf. Die Freunde und Biographen Ian Flemings haben nie daran gezweifelt, daß dieser zeitlebens die patriotische Wertetafel seines Vaters auf seine Art verinnerlicht hat. General William J. Donovan, der legendäre Direktor des Office of Strategic Services (OSS), bekommt im Zweiten Weltkrieg von Ian Fleming zu hören, England sei kein Land, sondern eine Religion. In bezug auf England sei jeder Brite ein Jesuit, der davon überzeugt sei, daß der Zweck die Mittel heiligt.[20]

Aber der Erfinder von James Bond schlägt genauso seiner Mutter nach. Sie ist eine schöne, resolute, raffgierige, auch verschwenderische und – wie sich nach dem Tod ihres Mannes zeigt – sexuell freizügige Dame. Ihre Amouren werden selbst im damals schon recht toleranten Milieu der englischen Oberschicht als doch etwas allzu skandalös angesehen. Offenbar schlägt Ian Fleming ihr nach, auch wenn er zeitlebens den gefallenen Vater bewundert. Psychologisch hat er es auch deshalb nicht leicht, weil seine Brüder gleichfalls eher dem Vater gleichen und im gut bürgerlichen Leben Erfolg haben. Der brillanteste von allen ist Peter Fleming, Ians älterer Bruder. Er gewinnt in Eton alle Preise, macht sich in der Zwischenkriegszeit auf, um die letzten noch unerforschten Weltwinkel zu entdecken, gilt damals als begabter Schriftsteller mit besten Fleet-Street-Verbindungen, treibt dann im Zweiten Weltkrieg bei der Intelligence allerhand Unkonventionelles, findet aber schließlich doch das Leben eines Country-Squires am reizvollsten und wird als High Sheriff von Oxfordshire in seinen Kreisen gleichfalls als Zierde des Establishment angesehen. Ian Fleming liebt und bewundert ihn zeitlebens, muß sich aber zugleich, wenn auch ohne Ressentiments, damit abfinden, daß ihn der ältere Bruder lange Zeit in den Schatten stellt.

Ian Fleming ist der Zweitgeborne. Auch er muß nach Eton, hält sich dort allerdings nur fünf Jahre. Er brilliert zwar als großer Sportler, schneidet ansonsten aber nur mäßig ab und muß schließlich von der Schule genommen werden, weil er sich ungehörigerweise – man schreibt das Jahr 1926 – ein Auto hält und, wie das damals heißt, eine »Mätresse«. Flemings Mutter, die während seiner ganzen Lebenszeit und zum zunehmenden Verdruß ihrer Kinder das sehr beträchtliche Familienvermögen uneingeschränkt verwaltet, steckt ihn ins Royal Military College nach Sandhurst, wo sich schon der junge Churchill aufgehalten hatte. Er soll ein Kriegsheld werden wie sein vielbewunderter Vater. Aber dort erwischt man ihn, wie er nachts auf dem Rückweg vom Besuch bei einer jungen Dame über die Kasernenhofmauer klettert. Die schwere Disziplinarstrafe überzeugt ihn davon, daß die Army nicht das Richtige für ihn ist.

Ein Jahr lang hält er sich dann auf dem Tennerhof in Kitzbühel auf, wo ein fortschrittliches englisches Ehepaar Großes dabei leistet, mißratene Sprößlinge aus der britischen Oberschicht nach den Erkenntnissen der Tiefenpsychologie Alfred Adlers emotional zu stabilisieren. Hier entwickelt Fleming seine Leidenschaft fürs Bergsteigen und Skifahren in den Österreichischen und Schweizer Alpen, die später in den James-Bond-Thrillern ihren Niederschlag findet. Da er damals gleichzeitig zu verschiedenen Österreicherinnen intime Beziehungen unterhält, hat das zur Folge, daß er auch aus diesem Bildungs-Etablissement fast wieder hinausgeworfen wird. Doch alles in allem behält er den Tennerhof in bester Erinnerung und studiert alsdann in München und Genf etwas herum, um seine Sprachkenntnisse zu perfektionieren.

Im Jahr 1933 reist er für einige Wochen nach Moskau, um für die Agentur Reuters über einen Prozeß gegen Ingenieure der Firma Metropolitan-Vickers zu berichten. Entsprechende Beobachtungen finden später in dem James-Bond-Thriller »From Russia with Love«[21] ihren Niederschlag. Danach ist der junge Mann ein paar Jahre lang in der Londoner City als Börsenmakler tätig. »The world's worst stokebroker«, überschreibt später sein Biograph diese nicht besonders erfolgreiche Lebensphase. Im Frühjahr 1939, kurz vor Kriegsbeginn also, wird übrigens Fleming nochmals in Begleitung einer Handelsdelegation nach Moskau entsandt. Das sind die Monate vor dem überraschenden Hitler-Stalin-Pakt, als sich England lässig und unentschieden um ein Bündnis mit Stalin bemüht. Dem Foreign Office gegenüber vermerkt Fleming in seinem ursprünglich für die Times verfaßten Bericht: »Rußland würde ein tückischer Alliierter sein« und nicht zögern, »uns den Dolch in den Rücken zu bohren, sobald ihm das paßt«[22]. Dieser zweite Besuch in Moskau hat Fleming in seinem Widerwillen gegen die Bolschewisten bestärkt, gibt ihm aber zugleich Gelegenheit, eine junge Schöne aus Odessa ins Bett zu bekommen.

Kaum ist er von Moskau zurück, da wird dieser etwas wild ins Kraut geschossene Sproß aus der respektablen Fleming-Familie gebeten, seine vielseitigen Talente der Naval Intelligence zur Verfügung zu stellen. Stilvoll, wie es sich gehört, findet das entscheidende Interview bei einem Essen im »Carlton Grill« statt, empfohlen hat ihn der Gouverneur der Bank of England. Von nun an ist er während sechs langer Kriegsjahre im Rang eines Commander als persönlicher Assistent von Konter-Admiral Sir John Godfrey, Direktor der Naval Intelligence, aktiv – als Verbindungsoffizier zu anderen Diensten, auch zu denen der USA, bei der Analyse der Massen von Informationen, die täglich anfallen, und bei der Planung von Geheimdienstoperationen.

Flemings spätere Thriller basieren somit auf seiner Erfahrung als kompetenter Stabsoffizier im Vorzimmer des Chefs der Navy Intelligence. Die abenteuerlichen Geschichten, die Typen der eigenen und der gegnerischen Dienste, die Tricks und die Schurkereien – sie sind von ihm größtenteils im Zweiten Weltkrieg beobachtet worden. Wer damals mit ihm zu tun hatte, bezeugt, daß Fleming ein knallharter, in zahllose Operationen verwickelter Geheimdienst-Profi war – ein kaltschnäuziger Hundesohn, der sich selbst mit großem Vergnügen verschiedensten harten Ausbildungskursen unterzieht, aber auch keinen Moment zögert, die eigenen Agenten in riskanteste Operationen zu entsenden. Gerne erzählt er, er habe bei Gründung des amerikanischen OSS, Vorläufer der CIA unter Bill Donovan, mit einem kundigen Memorandum Pate gestanden.

Die Kenntnisse des Spionage- und Abwehr-Geschäfts, die er auf höchster Ebene der Geheimdienst-Hierarchie erworben hat, unterscheiden seine entsprechenden Thriller grundsätzlich von denen eines Eric Ambler, der in diesen Jahren bei der Armee Filme dreht, aber auch von denen des frommen John Buchan, der während des Ersten Weltkrieges doch viel stärker auf dem Feld der Propaganda tätig war und nicht bei den wesensmäßig komplizierten und schmutzigen Geheimdienst-Aktionen.

Zweifellos ist Fleming ein damals stark belastbarer, auch tapferer Mann. Zu seinem Kummer kennt er aber so viele Geheimnisse, daß niemand es wagen kann, ihn selbst auf Kommandounternehmungen zu schicken. Er läßt töten. Wenn er ein paar Jahre später die Gestalt des James Bond erfindet, der eben kein Geheimdienst-Manager ist, wie er selbst es war, sondern ein auf sich selbst gestellter Geheimagent mit der Lizenz zum Töten, so mögen dem auch kompensatorische Motive zugrunde liegen. Jedenfalls weiß er später, wovon er schreibt. Und da auch alle, die seine Thriller zu rezensieren, zu vertreiben oder zu verfilmen haben, dies gleichfalls wissen, verleiht das den Büchern Authentizität und sichert ihren Erfolg. In diesen Kriegsjahren, die allem Anschein nach seine glücklichsten sind, erweitert er das Netzwerk seiner Verbindungen, auch in die USA und nach Kanada.

Als der Krieg zu Ende ist, fällt es ihm nicht schwer, eine interessante Position im Pressewesen zu erhalten. Er arbeitet jetzt für den Zeitungskonzern Lord James Kemsleys, dem auch die Sunday Times gehört, schreibt dort Kolumnen und dient mancher Zelebrität oder solchen, die es werden möchten, als Türöffner zu der publizistischen Plattform des Blattes. Die Nachkriegsjahre sind für die wohlgeborenen und richtig plazierten Angehörigen der britischen Oberschicht nicht mit Schrecken verbunden. Genauso wie schon einmal nach dem Ende des Ersten Weltkriegs sind sie auch diesmal bemüht, möglichst bruchlos wieder an den Lebensstil der Vorkriegszeit anzuknüpfen.

Als der kritische Historiker A. J. P. Taylor in der »Oxford History of England« die Periode 1914 bis 1945 darzustellen hat, wird er sie mit den Worten ausklingen lassen: »Die imperiale Größe war im Gehen, der Wohlfahrtsstaat im Kommen.«[23] Doch letzterer läßt noch auf sich warten. Millionen bescheiden versorgter heimgekehrter Soldaten sind in schäbigen Mietshäusern oder Baracken untergebracht. Mächtige Gewerkschaften und Labour-Aktivisten arbeiten zwar bereits am »neuen Jerusalem« des sozialistischen Großbritannien. Die damalige Gesellschaft ist vielerorts ein Heer von Kumpels, Stahlarbeitern, Fabrikarbeiterinnen, Ladenmädchen, Büroangestellten und kleinbürgerlichen Familien, die es allesamt schwer haben. Immerhin, es sind tapfere, hoffnungsvolle, halb-kollektivistische Jahre, auf deren Aufbruchstimmung später viele Anhänger Labours nostalgisch zurückblicken.[24]

Daneben existiert aber noch das England Ian Flemings, das es sich wieder gut gehen läßt. In seinen Kreisen pflegt man wie früher stilvolle Hobbies, diniert stilvoll, bricht stilvoll die Ehe, macht stilvoll Urlaub wie früher und betrachtet London nach wie vor als das Zentrum der Welt, auch wenn die leider noch wohlhabenderen und militärisch etwas potenteren Cousins jenseits des Atlantik glauben, das amerikanische Jahrhundert sei angebrochen.

Flemings Hobby ist das Sammeln seltener Erstausgaben. Stolz zeigt er seinen Gästen die Doktorarbeit von Madame Curie aus dem Jahr 1903 oder Sigmund Freuds »Traumdeutung«, Erscheinungsjahr 1900.[25] Daneben sammelt er hübsche Frauen. 1951 gelingt es ihm sogar, seinem schwerreichen Freund Lord Rothermere, dem Eigentümer der Daily Mail[26], dessen Frau Ann abzujagen. Sie ist eine der berühmtesten Gesellschaftsdamen im damaligen England, und Fleming unterhält mit ihr seit der Vorkriegszeit eine intime Beziehung. Die Heirat hält ihn allerdings nicht davon ab, sein exzessives Liebesleben auch mit anderen Gespielinnen weiterzuführen, und Ann Fleming unterhält ihrerseits eine langjährige Affäre mit dem Labour-Führer Hugh Gaitskell.[27] Die Eheleute sind notorisch zerstritten, ohne aber voneinander lassen zu wollen. Doch noch sichtbarer als früher hat sich Ian Fleming nun als langsam ergrauender Gesellschaftslöwe im Zentrum eines vielleicht etwas halbseidenen, aber immerhin stilbildenden Milieus etabliert.

Zu seinem Renommé trägt auch sein Landhaus »Goldeneye« an der malerischen St. Margaret's Bay auf Jamaica bei. Wenn in England die häßliche Jahreszeit herrscht, fliegt er dorthin, und seitdem er mit dem Schreiben begonnen hat, verfaßt er dort Jahr für Jahr einen Thriller. Das schöne Grundstück hat er gegen Kriegsende für ein Butterbrot erstanden. Wer bei ihm zu Gast ist, weiß allerdings genau, daß in den Bädern nur kaltes Wasser läuft. Statt einer feinen Küche wird nur problematisches jamaikanisches Essen serviert, und gelegentlich muß man in dem Haus auf die Rattenjagd gehen. Die einsame Villa ermangelt auch eines Telefons.

Doch die Flemings verstehen es hervorragend, ihren Freunden dieses ferne Refugium als traumhaften Landsitz zu rühmen. So entschließt sich auch der im Herbst 1956, während des Suez-Debakels, schwer erkrankte Premierminister Eden, dort Erholung zu suchen. Lady Eden ist nämlich eine Freundin von Ann Fleming und die Patentante des Fleming-Sohns Caspar.[28] Nun wird Flemings Besitz für einige Wochen weltberühmt, und da er in diesen Jahren zäh darum kämpft, mit seinen Thrillern an die Spitze der britischen und amerikanischen Bestseller-Listen zu gelangen, ist ihm das durchaus dienlich. Eden allerdings hat später an diesen Erholungsaufenthalt fern von England nicht die allerbesten Erinnerungen. Denn während seiner Abwesenheit werden in London die Dolche geschliffen, und kurz nach der Rückkehr wird er von der eigenen Partei – in besten Formen, wie sich das damals noch gehört– zum Rücktritt gezwungen.

Einer der Haupt-Streitpunkte zwischen dem Ehepaar Fleming sind übrigens die jährlichen Aufenthalte in »Goldeneye«. Ian Fleming liebt das Haus, eben weil es relativ einsam ist, so daß er dort neben dem Tauchen und den unvermeidlichen Seitensprüngen die rechte Muße zum Schreiben seiner Thriller findet. Ann Fleming aber haßt diese Jamaica- Aufenthalte mehr und mehr, ihr einziges ernsthaftes Vergnügen dort ist das Malen.

Es sind also die damaligen Ferienorte von streßgeplagten oder bloß müßiggängerischen Damen und Herren aus der Oberschicht Großbritanniens, die das folkloristische Flair der Geheimdienst-Thriller Ian Flemings abgeben. Man mag es als symptomatisch betrachten, daß Flemings erster und wohl auch bester Thriller »Casino Royale«[29] aus dem Jahr 1953, in dem Bond den schurkischen kommunistischen Agenten Le Chiffre beim Baccara ruiniert, einen 1950 frisch renovierten, mondänen französischen Badeort am Pas de Calais zum Schauplatz hat. Der Held James Bond fährt immer noch sein Vorkriegsauto – einen in den Kriegsjahren aufgebockten Viereinhalb-Liter-Bentley mit Kompressor, Baujahr 1933. Doch jetzt sind seit zwei Jahren endlich wieder die Tories unter Winston Churchill an der Macht, die asketischen Jahre unter Labour haben ihr Ende gefunden, und es gibt wieder einige Devisen zum Reisen. Auch in England beginnt nun der globale Boom der fünfziger Jahre Wirkung zu zeigen. 1959 schließlich gewinnt Premierminister Macmillan die Unterhauswahlen mit dem Slogan: »You never had it so good!«, und seit den frühen sechziger Jahren ist swinging London für die Hedonisten in ganz Europa ein Geheimtip.

Warum ist es geboten, in einiger Ausführlichkeit diesen lebensgeschichtlichen Hintergrund der James-Bond-Thriller Ian Flemings in Erinnerung zu rufen? Der Grund dafür ist evident: Ian Fleming hat hier sein eigenes Leben und den Zeitgeist des Milieus gestaltet, in dem er sich bewegt und das auf ihn, je nachdem, lebenssteigernd oder deprimierend wirkt. Seine Phantasie versetzt ihn bald zurück in die Kriegszeit, bald beschwört er das mit Ängsten vermischte Lebensgefühl im Jahrzehnt des Imperial Sunset, das kurz nach dem Tod Ian Flemings und mit dem Sturz der Konservativen im Jahr 1965 in eine Phase raschen Niedergangs und heftigen Klassenkampfs übergeht. Aus dem Rückblick von heute sind diese Thriller deshalb interessant, weil sie die Atmosphäre dieser Epoche genauer wiedergeben als manche der literarisch anspruchsvolleren zeitgenössischen Romane.

In dieser Gesellschaft lebt auch ein noch ganz naiv artikuliertes Überlegenheitsgefühl allen gegenüber, die nicht der angelsächsischen Rasse angehören. Flemings Rassismus wird nur noch von seinem hinlänglich bekannten Machismus übertroffen und wäre heute ein Grund, die James-Bond-Romane als jugendgefährdendes Schrifttum zu indizieren. Dieser Rassismus ist nur ganz oberflächlich und eher zynisch getarnt: »Die Negerrassen fangen jetzt erst an, Genies alles Art hervorzubringen – Wissenschaftler, Ärzte und Schriftsteller. Deshalb wurde es auch Zeit, daß ein großer Verbrecher aus ihren Reihen auftauchte.«[30] Mit diesen Worten wird in dem in den USA spielenden Thriller der furchtbare Mr. Big eingeführt – »wahrscheinlich der mächtigste Verbrecher unter den Negern, den die Welt kennt«. In der Handlung treten aber überhaupt keine positiven schwarzen Genies auf, sondern nur Genies des Verbrechens und übelste Unterwelt-Typen: sadistische Killer sowie ekelerregende Voodoo-Priester und deren intellektuell minderbemittelte Anhänger. Wie zumeist in Flemings Thrillerwelten findet sich nur eine einzige weibliche Ausnahme, deren Funktion darin besteht, James Bond als Gespielin zu dienen und ihn im jeweils letzten Moment von schlimmsten Todesarten zu erretten.

So werden die nicht-angelsächsischen Rassen der Reihe nach durchdekliniert. Selbstverständlich begegnet auch das schon aus älteren englischen und amerikanischen Kriminalromanen durchaus vertraute Cliché der zur Schwerkriminalität besonders begabten chinesischen oder japanischen Einwanderer. Der ebenso teuflisch kluge wie sadistische Dr. No ist die Verkörperung entsprechender Xenophobie. Er strebt nach Weltherrschaft und trägt kein Bedenken, sich die Regierungen der westlichen Welt durch einen (natürlich von Bond im letzten Moment verhinderten) atomaren Massenmord zu unterwerfen. Goldfingers bärenstarke und tödliche Leibwächter sind Koreaner.

Da Großbritannien in den fünfziger Jahren andere Feinde hat, ist bei Fleming von den häßlichen Deutschen kaum die Rede. Aber auch ihnen gilt die verächtliche Abneigung Flemings, genauso wie den Iren. Der bärenstarke und gräßliche Donovan Grant, Chef-Killer der sowjetischen Geheimorganisation SMERSH, der am Töten psychopathisches Vergnügen empfindet und dem James Bond nur mit knapper Not entrinnt, ist die Frucht einer viertelstündigen Zufallskopulation hinter einem Zirkuszelt in Belfast zwischen einer irischen Schlampe und einem deutschen Gewichtheber.[31]

Es wäre ein Wunder, wenn Flemings arrogante Verächtlichkeit gegenüber Ausländern nicht auch einen Touch von Antisemitismus aufweisen würde. Der üble Gangster Auric Goldfinger, der in der Kino-Fassung mit Gert Fröbe wie ein deutschbürtiger Amerikaner wirkt, ist bei Fleming ein aus Estland nach England geflohener und hier naturalisierter Jude, der erst mit kleinen, dann mit großen Gaunereien zu einem schwerreichen Mann geworden ist.[32] Daß auch den Russen Flemings herzhafte Abneigung gilt, kann nicht erstaunen. Allein die schöne Tatiana Romanowa, eine SMERSH-Agentin mit Herz, ist wiederum die Ausnahme.

Nur die Amerikaner, Kanadier mit inbegriffen, sind von Flemings Xenophobie ausgenommen. Während des Krieges hat er mit manchem von ihnen Freundschaft geschlossen. Wer damals als Engländer auf dem amerikanischen Thriller- und Kino-Markt reüssieren will, tut ohnehin gut daran, seinem Antiamerikanismus Zügel anzulegen. Jedenfalls werden die CIA- und FBI-Beamten durchweg als Leute geschildert, auf die in kritischer Lage Verlaß ist, obschon sich selbstverständlich die Engländer als schlauer und erfahrener erweisen als die transatlantischen Vettern. Keine Rede bei Fleming auch davon, daß Amerika die Führungsmacht ist und Großbritannien nur mehr der Junior-Partner. Die Arroganz des todgeweihten Empire findet in James Bond ihre letztmalige virtuelle Inkarnation.

Doch in den beiden Nachkriegsjahrzehnten, da der britischen Führungsschicht ihr Überseeimperium unter den Händen zerrinnt, ist das kommunistische Rußland der Hauptfeind. Dementsprechend werden nun in angelsächsischen Thrillern die nach der Weltmacht greifenden häßlichen und arroganten Deutschen durch verschlagene, erbarmungslos brutale und gleichfalls nach Weltherrschaft strebende sowjetische Apparatschiks ersetzt.

Ian Fleming ist einer der ersten, die in den USA und in England diese neuen Thrillerwelten gestalten. James Bond tritt 1953 im feinen, zugleich aber anrüchigen »Casino Royale« gewissermaßen auf die Bühne der Weltgeschichte und stößt hier alsbald mit den übelsten Kommunisten zusammen. Flemings Widerwille gegen die Sowjetunion und deren Hilfsvölker ist bemerkenswert unideologisch. Von Freiheit oder Demokratie ist bei ihm nicht die Rede. Wer eine Figur wie James Bond erfindet, der die Lizenz 007 zum Töten hat und davon mit sadistischem Vergnügen Gebrauch macht, hält nicht viel von Menschenrechten oder von Demokratie, und vom Rechtsstaat schon gar nichts.

Woraus speist sich der Antikommunismus Flemings? Seine Einstellung zur Welt und zu den meisten Mitmenschen ist zwar durchaus von zynischer Arroganz gekennzeichnet, auch sein Patriotismus wird entsprechend eisgekühlt serviert, ist aber nichtsdestoweniger eine treibende Kraft. Der Umstand, daß die Sowjets die gefährlichsten Feinde Englands sind, genügt schon, ihre obersten Apparatschiks als teuflische Gangster zu porträtieren und deren Agenten als Abschaum. Bei Fleming sind aber auch persönliche Eindrücke mit im Spiel. Wie schon erwähnt, hatte ihn die Nachrichtenagentur Reuters, bei der er damals arbeitete, im Jahr 1933 nach Moskau entsandt, um über einen Spionageprozeß gegen sechs Ingenieure der Rüstungsfirma Metropolitan Vickers zu berichten. Dort kann er einige Wochen lang den geifernden Generalstaatsanwalt Wyschinskij und dessen Helfershelfer in voller Aktion erleben, desgleichen die eingeschüchterten Zeugen und Angeklagten. Solche Erlebnisse vergißt man nicht.

1957 erscheint einer der erfolgreichsten Kalter-Krieg-Thriller: Flemings »Liebesgrüße aus Moskau«. Das Buch gefällt auch dem anfänglich recht falkenhaften John F. Kennedy so gut, daß er es, als er bereits im Weißen Haus installiert und in heftigster Auseinandersetzung mit Chruschtschow begriffen ist, im März 1961 Life gegenüber als eines seiner zehn Lieblingsbücher bezeichnete – neben Stendhals »Le Rouge et le Noir«, Churchills Marlborough-Biographie und John Buchans »Montrose«.[33] Eine bessere Werbung kann man sich kaum vorstellen.

Fleming selbst hat das Buch Anfang 1956 fertiggestellt. Es erscheint 1957, ein paar Wochen nach der Niederwerfung des ungarischen Aufstands durch sowjetische Panzerdivisionen und nach der demütigenden Drohung Chruschtschows, London müsse mit einem Atomwaffenangriff rechnen, wenn die Suez-Intervention nicht sofort eingestellt werde. Aus englischer Sicht besteht Mitte der fünfziger Jahre keinerlei Grund, die sowjetische Gefahr zu verniedlichen.

So porträtiert Fleming eine ganze Abfolge übelster Moskauer Apparatschiks und Agenten, an ihrer Spitze General I.A. Serow, Held der Sowjetunion, von 1954 bis 1958 Chef des KGB. Serow hatte 1956 auch eine Schlüsselrolle bei der Niederschlagung des Aufstands in Ungarn gespielt. Dieser Geheimdienstchef, so wird hier daran erinnert, sei direkt für die Massenexekutionen der dreißiger Jahre verantwortlich gewesen, denen eine Million Menschen zum Opfer fiel, und habe die meisten der großen Moskauer Schauprozesse inszeniert. Auf dem Kerbholz habe er auch den Völkermord im Kaukasus im Februar 1944 und die Deportationen im Baltikum. Serow, so läßt Fleming seine Leser wissen, habe auch das Kidnapping deutscher Atomforscher und anderer Wissenschaftler veranlaßt, was nach dem Krieg zu dem großen technischen Sprung vorwärts führte.[34]

Ähnlich finstere Gestalten sind auch die Leiter der nachgeordneten Dienste, die Fleming im großen, häßlichen Hauptquartier des KGB an der Sretenka Ulitsa Nr. 13 zusammentreten läßt – Vorbild zahlloser Sitzungen im Kreml, die von späteren Thriller-Autoren geschildert werden. Fleming legt Wert darauf, diese hohen Geheimdienstbeamten wie die Häuptlinge einer Gangsterbande zu porträtieren. Die effizienteste dieser Organisationen ist nach seiner Auffassung SMERSH (»Tod den Spionen«). Der Name ist authentisch. SMERSH war als Spionageabwehrabteilung des Volkskommissariats für Verteidigung im April 1943 gegründet worden, also mitten im Kriege.[35] Heute, so erfährt der Leser, arbeiten 40 000 Männer und Frauen in dieser »offiziellen Mörderorganisation der Sowjetregierung«[36].

Noch abstoßender als die allerobersten Ränge von SMERSH werden die operativen Kader gezeichnet: die unappetitliche, bisexuelle Geheimdienstobristin Rosa Klebb, der es beinahe gelingt, James Bond umzubringen, der genauso gräßliche Chef-Exekutor Donovan Grant oder Mr. Big, Leiter des Netzes von SMERSH in den Vereinigten Staaten (»hart, brutal, eine furchterregende und todbringende Waffe«[37]). Mr. Big ist der große Boß der Unterwelt in Harlem, den die abergläubischen Schwarzen vor allem deshalb fürchten, weil sie ihn für Zombie, den wiederbelebten Leichnam des teuflischen Fürsten Sahedi, halten.[38] Die politische Botschaft dieses Kalter-Krieg-Thrillers ist nicht zu überhören: Der KGB und dessen politische Auftraggeber im Politbüro sind ein einziges großes Gangstersyndikat.

Zeitgeschichtlich interessant ist auch, was Fleming den KGB-Größen so alles in den Mund legt. Die »weiche« sowjetische Entspannungspolitik, die 1955, im Vorfeld der Niederschrift dieses Buches, weltweite Hoffnungen hervorrief, wird von ihnen als Täuschungsmanöver zur Verwirrung der westlichen Regierungen bezeichnet: »es gibt keine Front irgendwo in der Welt, auf der wir nicht ruhig voranrücken«[39]. Genannt werden die Revolution in Marokko, die Waffenlieferungen an Ägypten, die Wiederaufnahme freundschaftlicher Beziehungen zu Jugoslawien, die Wirren auf Zypern, die Unruhen in der Türkei, die Streiks in England und die politischen Erfolge in Frankreich. Genauso stellt sich die besorgniserregende Weltlage aus Sicht des politischen Establishments Londons im Jahr 1956 dar.

Besonders hübsch sind die Beobachtungen zu den westlichen Geheimdiensten, die Fleming die sowjetischen Gegenspieler machen läßt. Italien, so meinen die KGB-Größen verächtlich, kann man vergessen. Die französischen Apparate sind mit Ausnahme des Deuxième Bureau schon weitgehend unterwandert. Amerika hat zwar die größten, reichsten und technisch führenden Spionageorganisationen, läßt sich aber zu leicht übers Ohr hauen und gibt viele Millionen Dollar für nichts und wieder nichts aus. Richtig gut sind nur die Engländer, insbesondere der Secret Service. Die Agenten werden zwar mies bezahlt, sind aber dennoch mit Hingabe bei der Arbeit. Warum nur spielen sie das Spiel so gut? Ist es das Netzwerk der Public Schools und der Universitäten? Ist es die Freude der Engländer am Abenteuer? Die Hauptstärke der britischen Abwehrapparate, so urteilen die Moskauer Gegenspieler, ist sicher ihr altüberkommener Mythos – Sherlock Holmes, Scotland Yard und der Secret Service.[40] Dies alles liest sich so schön, als hätte der legendäre M an der Spitze von MI6 den Thriller in Auftrag gegeben.

In diesem 1956 abgeschlossenen Roman geht Fleming auch auf die kurz zuvor aufgekochte Spionageaffäre um die kommunistischen Spione Donald Maclean und Guy Burgess ein. Er läßt seinen Helden James Bond – erfolglos – dafür plädieren, unzuverlässige Intellektuelle mit Intellektuellen zu bekämpfen. Pensionierte Obristen aus der Indien-Armee seien wohl kaum in der Lage, die Gedankengänge eines Burgess oder eines Maclean zu begreifen. Im übrigen aber solle man abwarten, bis die Überläufer in Moskau aus lauter Einsamkeit wieder aus ihren Löchern herauskriechen. Dann könnten frühere Freunde des Secret Service Kontakt aufnehmen[41].

Charakteristisch für Fleming ist, daß er die innere Gebrochenheit dieser »intellektuellen Spione« des Atomzeitalters zwar begreift, ohne daraus aber ein großes Psychodrama zu machen. Aus seiner Sicht ist alles in erster Linie ein operatives Problem. So überlegt er nur kalt, wie man die Überläufer bei den neuen Dienstherren diskreditieren oder zur Doppelspionage veranlassen könnte. Die berüchtigten Doppelspione werden bald auch in den Kalter-Krieg-Thrillern von Len Deighton oder von John Le Carré eine wichtige Rolle spielen. Doch anders als deren Geheimdienst-Figuren zeigt sich Ian Flemings James Bond noch nicht von des Gedankens Blässe angekränkelt.

Natürlich will Fleming in erster Linie mit möglichst grellen Effekten unterhalten. Wer seine Romane nur als derbes Thriller-Garn begreift in der Nachfolge des seinerzeit in England vielgelesenen »Sapper«[42] oder anderer Autoren von längst vergilbten Agentenromanen, versteht sie nicht ganz falsch. Auch deren Helden waren chauvinistische Engländer nach Art des kämpferischen John Bull, durchaus nicht intellektuell verfeinert. Ohne viel Geschwafel vertritt auch Fleming brutal artikulierte Vorstellungen, die er über das Medium des Thrillers massenwirksam verbreitet. In dieser Hinsicht ist er ein Kalter Krieger ohne Wenn und Aber.

Das wird aber rasch vergessen. Der Grund dafür sind in erster Linie die James-Bond-Filme. Die erste Welle dieser Filme, in denen Sean Connery als Agent 007 agiert, halten sich noch einigermaßen an die Originale und zeigen James Bond im Kampf gegen die Agenten und Agentinnen von SMERSH. Doch die späteren, technisch spektakulären Kino-Hits, die nach Flemings frühem Tod dessen Thriller-Helden weiterleben lassen, werden nun als ganz unpolitisches Spektakel inszeniert, was sie bei Ian Fleming gerade nicht gewesen sind.

Zwar wollte auch er in erster Linie gut unterhalten und mit den Abenteuern seines Supermanns viel Geld verdienen – Jugendlektüre für Erwachsene, die in einem versteckten Winkel ihrer Psyche die Phantasiehelden ihrer Pubertätszeit weiterleben lassen und ihnen bei der nächtlichen Schmökerlektüre oder am Badestrand vergnügt wiederbegegnen. Dennoch waren das keine ganz unpolitischen Geschichten. Doch anders als ein paar Jahrzehnte vor ihm John Buchan, anders auch als die gleichzeitig mit ihm an die Spitze der Bestsellerlisten kletternde, immer etwas geschwätzige Helen MacInnes hatte es Fleming verstanden, die politischen Elemente seiner Thriller gut in Zynismen verpackt und gleichsam nur beiläufig unter die Leser zu streuen.

Es sind also vor allem die Kino-Filme, von denen die bei Fleming durchaus nicht abwesende politische Substanz bald ausgewaschen wird, nachdem aus James Bond die Kult-Figur eines vergnüglichen Brutalo-Zeitgefühls geworden ist. Daneben ist es die hedonistische Botschaft, die weltweit ankommt. Sie wird zuerst von Millionen englischer Leser im swinging London der sechziger Jahre, alsbald auch auf dem Kontinent und in den Vereinigten Staaten begeistert aufgenommen.

In den fünfziger und verstärkt in den frühen sechziger Jahren ist eine Epoche erregender Veränderungen angebrochen, dies nicht nur in England. Die Überwindung der Nachkriegs-Misere führt damals im westlichen Europa erst zur Wohlstandsgesellschaft, dann zur Überflußgesellschaft, und diese besitzt bald überall ihre Oasen: feine Hotels in der Karibik mit weißen Yachten, mit Wasserski und mit Tiefseetauchsport, rasante Skipisten und luxuriöses Après-Ski-Treiben in der Schweiz oder in Österreich, Leistungssport, gutes Essen und Trinken, die Möglichkeiten zur sexuellen Libertinage mit inbegriffen. Wie immer sind es zuerst die sehr wohlhabenden Schichten, die sich daran erfreuen. Doch der galoppierende Wohlstand, die damit Hand in Hand gehende Ausweitung des Flugverkehrs und der verbesserte Hotelkomfort ermöglichen es bald auch den mittleren Schichten, wenigstens an 14 Urlaubstagen so zu leben – oder doch fast so zu leben –, wie einstmals die Oberschicht. James Bond aber wird nun bei Millionen von Kino-Besuchern ein großer Erfolg, weil er einen Lebensstil idealisiert, dem sie offen oder insgeheim nacheifern. Der ursprünglich ur-britische, snobistische, fremdenfeindliche, imperialistische Brutalo-Agent James Bond ist nun die Verkörperung des neuen hedonistischen Lebensstils, der sich zusehends ausbreitet.

Auch bei Fleming selbst verschieben sich die Akzente. Zwar bildet die Mord-Organisation SMERSH durchgehend eines der Zentralthemen seiner Romane. Daneben aber stehen die gewissermaßen klassischen Figuren von Bösewichten, die nach Weltherrschaft streben oder die wenigstens Groß-Kriminelle sind. Dr. No sucht die Regierungen der Großmächte mit Atomraketen-Terror zu erpressen. Goldfinger hat unter Verstoß gegen britische Gesetze eine Technik zum Einschmelzen von Bruchgold oder einzelner Goldstücke entwickelt, die ihn zu dem an Gold reichsten Mann auf den britischen Inseln macht. Dabei braucht doch das von Währungskrisen und hohem Zinssatz gebeutelte England dieses Gold eher heute als morgen.[43]

Auch der große, besonders widerlich gezeichnete Schurke Blomfield droht in England unermeßlichen Schaden anzurichten. Wahrscheinlich in sowjetischem Auftrag plant er, durch Einschleußung tödlicher Bakterien – Erreger von Geflügelpest, Schweinepest, Maul- und Klauenseuche – die britische Landwirtschaft zu ruinieren und damit auch die englische Währung.[44]

Auch von Anschlägen mit Milzbrand-Erregern ist schon die Rede.[45] »Die biologische Kriegführung ist keineswegs ad acta gelegt«, läßt Fleming einen Experten ausführen: »So wären wir theoretisch ein ideales Ziel für einen solchen Angriff, dem man nur durch Abschlachten des gesamten Geflügel- und Viehbestandes und durch Verbrennen der Ernten begegnen kann. Binnen wenigen Monaten wären wir ruiniert und müßten buchstäblich um Brot betteln.«[46] Das alles liest sich heute noch aktueller als vor rund vierzig Jahren. Fleming steht bereits in der Tür zu den Schrecken des 21. Jahrhunderts.

Es sind gerade die in der Thrillerwelt altvertrauten Figuren der großen, die Menschheit mit Verderben bedrohenden Verbrecher, die aus Fleming sehr viel mehr machen als nur den Autor von Kalter-Krieg-Thrillern. Die Verfilmungen verstärken das noch, verwandeln allerdings auch die Menschheitsverbrecher in eher spaßig wirkende Figuren nach dem altbekannten Vorbild des Kasperletheaters oder der seinerzeit neuartigen Bösewichte in comic-strip-Serien.

So überlebt James Bond die heiße Phase des Kalten Krieges, die anschließenden Entspannungsphasen und das Ende des Kalten Krieges, weil er ganz ausgesprochen unpolitisch erscheint. Jetzt ist er das hervorragend fabrizierte Produkt einer entpolitisierenden Filmindustrie, die auf die Spaßgesellschaft der sechziger, der siebziger und der achtziger Jahre zielt und bei dieser Erfolg hat. Der Superagent tritt, wenigstens in der Phantasie der Zuschauer, »eine Art Weltherrschaft« an[47], während die von Fleming mit erhitzter Phantasie erdachten hochkriminellen Übermenschen das Opfer ihrer explodierenden oder zum Absturz gelangenden technischen Vernichtungswaffen werden. Der Kalte Krieger Ian Fleming aber gerät genauso rasch in Vergessenheit wie das britische Empire und dessen letzter snobistischer Held, James Bond, mit seiner von der Regierung Ihrer Majestät unter der Nummer 007 erteilten Lizenz zum Töten.

Lauter ausgebrannte Fälle:
die Agentenwelt des **John Le Carré**

Während der fünfziger Jahre des 20. Jahrhunderts war das Genre des Agenten- und Polit-Thrillers nur von vergleichsweise wenigen Autoren gepflegt worden. Das entsprach den Erwartungen der Leser. Wer an Spannungslektüre interessiert war, griff am liebsten zu Kriminalromanen. Anfang der sechziger Jahre änderte sich das. Jetzt beflügelte vor allem der große Erfolg Ian Flemings mit den James-Bond-Romanen die Autoren, die Verleger und die Filmproduzenten. Offenbar fand ein breites Publikum sein Vergnügen an zeitgeschichtlich gepfefferter Spannungsliteratur und entsprechenden Filmen, die im Milieu der Geheimdienste und ihrer hochgestellten Auftraggeber spielten.

Eine wahre Flut von Thrillern überschwemmt nun den Markt. Die Agenten- und Polit-Thriller kreisen jetzt vorwiegend um die großen Themen des Kalten Krieges: der Krieg im Dunkel, den die Geheimdienstapparate gegeneinander führen; die Krisen, die den Dritten Weltkrieg auslösen könnten (Berlin-Krise[1], Kuba-Krise); die Spannungen im westlichen Lager zwischen den USA und dem Frankreich de Gaulles[2]; der Nahostkonflikt und der Kalte Krieg in der Dritten Welt[3]; der Rüstungswettlauf mit Raketen, Atom-U-Booten und Kernwaffen. Ein Hauptthema sind von nun an auch die Machtkämpfe im Moskauer Politbüro oder in Washington, aus denen ein Atomkrieg resultieren könnte, der die Menschheit auslöscht. Daß aus dem traditionellen Agenten-Thriller zunehmend der Polit-Thriller auf höchster Ebene wird, liegt somit in der Natur der Sache.

Ein besonders beliebter Schauplatz der Kalter-Krieg-Thriller in den sechziger Jahren ist das geteilte Deutschland. Die Lage hier ist explosiv, zwielichtig, ja unheimlich und erlaubt zudem jede

Art von Rückblenden auf die Jahre des Dritten Reiches. Unter den Thriller-Autoren findet sich auch eine ganze Reihe jüngerer Schriftsteller mit profunden Deutschlandkenntnissen – John Le Carré (*1931), Len Deighton (*1929) oder Frederick Forsyth (*1938). Der talentierteste und am stärksten wahrgenommene dieser jungen Garde englischer Thriller-Autoren, die Deutschland als Thriller-Land entdecken, ist David John Moore Cornwell. 1961 veröffentlicht er seinen diesbezüglichen Erstling »Schatten von gestern«[4]. Da er damals noch als britischer Diplomat tätig ist, scheint die Wahl eines Pseudonyms geboten, und so kennt man ihn künftig nur unter dem Namen John Le Carré. Er hat herausgefunden, daß die zwielichtigen Verhältnisse im geteilten Deutschland, vor allem in dem von Spionen wimmelnden Berlin, für die Autoren von Geheimdienst-Thrillern wahre Goldminen sind. Auch in der Bundesrepublik stößt das auf Interesse, wie die Übersetzungen und die zeitweilig hohen Verkaufszahlen bekunden. John Le Carré wird so in den sechziger Jahren zu einer Art deutschem Volksschriftsteller.

Zweifellos könnte John Le Carré mit einem der frühen Romantitel Graham Greenes auch von sich schreiben: »England made me«[5]. Er bleibt zeitlebens auf England fixiert, und seine Thriller sind Kabinettstücke zur Krise des britischen Selbstbewußtseins, hervorgerufen durch den Verlust des Empire und den ökonomischen Abstieg. »Die englische Krankheit« in der Ausdrucksform des Thrillers – diese Kurzformel erfaßt zwar nicht die Gesamtheit seines Œuvres, aber doch zentrale Aspekte. Mit genausoviel Berechtigung aber könnte er feststellen: »Germany made me ...«, und dies nicht nur deshalb, weil er seinen Welterfolg mit deutschen Themen erringt. Was er im Jahr 1979 über seinen Thriller-Helden Smiley schreibt, trifft zumindest in den fünfziger und den sechziger Jahren in gewisser Hinsicht auch auf ihn zu: »Deutschland war seine zweite Natur, ja seine zweite Seele. In seiner Jugend war die deutsche Literatur seine Leidenschaft und sein Studienfach gewesen. Er konnte die deutsche Sprache anlegen wie eine Uniform und sich kühn darin bewegen ...«[6] David Cornwell hat auch die zeitgenössischen Deutschen gründlich studiert, wenngleich durchweg skeptisch. Er schildert in Ost und West ein Volk, das sich gleichsam im Wartesaal der Geschichte befindet, trotz des wirtschaftlichen Erfolgs im Westen weiterhin von den Dämonen der Vergangenheit gejagt und unsicher, wo es hingeht. Manchmal wird die innere Befindlichkeit einer Gesellschaft von außen her schärfer erfaßt als von den Schriftstellern des eigenen Landes.

Ähnlich wie Eric Ambler, den er als eines seiner Vorbilder verehrt, ist er kein Absolvent von Eton oder Harrow. Zwar wird er zeitweilig, obwohl selbst kein Etonian, in Eton unterrichten. Doch sein familiärer Hintergrund ist problematisch und beschäftigt ihn offenkundig das ganze Leben hindurch. Ein zeitweilig recht wohlhabender, hochstaplerischer Vater, der aber das Familienvermögen nicht zusammenzuhalten versteht, dominiert seine Jugend. Die Mutter ist davongelaufen. Natürliche Daseinssicherheit kann unter solchen Bedingungen nicht entstehen. Das später so deutlich gebrochene Verhältnis zum britischen Establishment ist möglicherweise ein Reflex dieser Ausgangssituation, mit der er auch später nie ganz zurechtkommt. Man trifft es relativ selten, daß ein weltberühmter Thriller-Autor zwischendurch wieder und wieder ein Buch schreibt, in dem er im Trauma seines Verhältnisses zum eigenen Vater so selbstquälerisch herumwühlt, wie dies beispielsweise in dem Roman »Ein blendender Spion«[7] und selbst noch in »Single & Single«[8] zu beobachten ist.

Im Alter von 16 Jahren verläßt der begabte, empfindsame junge Mann die Schule. Er ist froh, daß er jetzt, man schreibt das Jahr 1947, also unmittelbar nach dem Krieg, zu Verwandten in die Schweiz geschickt wird, damals das wohlhabendste, selbstsicherste und selbstgefälligste Land Europas. Dort lernt er Deutsch. 1949 wird er zur Army eingezogen. Man schickt ihn nach Österreich in das ziemlich kaputte Wien, wo sich die Besatzungsverwaltung breitmacht. Die Stadt, damals nur noch eine schäbige Metropole im schäbigen Nachkriegseuropa, ist gerade eben durch Carol Reeds Film »Der Dritte Mann« nach dem Drehbuch Graham Greenes, mit Orson Welles und Alida Valli in den Hauptrollen und mit der sentimentalen Zithermusik Alexander Kordas als Ohrwurm, ins cineastische Bewußtsein Europas gehoben worden.

Der Kalte Krieg hat damals auch die österreichischen Besatzungszonen voll erfaßt. Alle belauern einander. Immer wieder werden Personen in die russische Zone verschleppt. Der junge David Cornwell erlebt schon hier alle üblen Praktiken von Spionage und Spionageabwehr aus erster Hand. Dank seiner vorzüglichen Deutschkenntnisse ist er für das Intelligence Corps bestens geeignet. Es sind also nicht erst die späteren Erfahrungen bei der Bonner Botschaft, die ihm einige Grundbedingungen der Nachkriegszeit in Mitteleuropa vor Augen führen. Die Überreste des zerschmetterten Großdeutschen Reiches erinnern damals und auch später noch an ein nach langer Belagerung erobertes, teilweise zerstörtes riesiges kafkaeskes Schloß: überall Falltüren, verlassene oder wieder neu in Betrieb genommene Folterkammern, unendliche Zimmerfluchten und Korridore, in denen sich die Sieger, die überlebende Bürokratie, aber auch geschickt verkleidete Überlebende der einst hier residierenden Räuberbanden eingenistet haben und einander belauern. Später stellt er beim Rückblick auf seine Wiener Zeit fest, so wie man manchmal das richtige Buch zur rechten Zeit liest, habe er die richtigen Dinge zur rechten Zeit gesehen.[9]

Die Sowjets, vor kurzem noch Verbündete, sind jetzt Todfeinde. Piloten der Royal Air Force, die vor kurzem noch die Reichshauptstadt in die Steinzeit zurückbombten, berichten nun voller Stolz, wie sie im Blockadewinter die Berliner im Westen der Stadt mit der Luftbrücke vor dem Kommunismus gerettet haben. Wie man eigentlich mit den Deutschen und den Österreichern dran ist, läßt sich nicht genau erkennen. So sie zur politischen Zusammenarbeit mit den westlichen Stellen oder gar zur Spionage bereit sind, läßt man auf sich beruhen, was sie im Dritten Reich so alles getrieben haben. Sind sie Kommunisten, dann stehen sie jetzt auf der Gegenseite, es sei denn, es gelingt, sie durch Erpressung oder Versprechungen zu eigenen Agenten zu machen.

Offensichtlich aber sitzen auch illoyale Geheimdienstfunktionäre in den eigenen Apparaten. Alle Gemeinheiten des Spionagebetriebs sind hier zu studieren, wo jeder im operativen Einsatz häufig Täter und Opfer zugleich ist. Daß bei diesem Krieg im Schatten niemand so recht disponiert ist, auf individuelle Menschenwürde und Menschenrechte zu achten, läßt sich wieder und wieder beobachten.

Diesem Praktikum in Spionage und der Vergangenheitsbewältigung in Mitteleuropa folgt ein Studium der deutschen und der französischen Literatur am Lincoln College in Oxford. Dort macht Cornwell seinen Abschluß, heiratet die Tochter eines Feldmarschalls der Royal Air Force (die Ehe wird Ende der sechziger Jahre scheitern, rasch gefolgt von einer neuen Ehe) und sieht sich nach Tätigkeiten um, die ihm gemäß sind. Zwei Jahre lang lehrt er als Tutor in Eton Deutsch sowie Französisch und registriert mit scharfer Beobachtungsgabe gar vieles – Anschauungsmaterial für eine Menge bissiger Szenen aus dem englischen Internatsleben in den späteren Romanen. Zeitweilig versucht sich der vielseitige junge Mann auch als Buchillustrator, um schließlich, auch dank seiner Sprachbegabung, beim Foreign Office zu landen. 1961 arbeitet er als Zweiter Sekretär an der britischen Botschaft in Bonn. Die deutschen und britischen Leser seines 1968 erscheinenden Thrillers »Eine kleine Stadt in Deutschland«[10] können vermuten, daß er in diesem von vielfältigen Typen bevölkerten Biotop wohl nicht seine glücklichsten Jahre verlebt hat.

Rundum wohl fühlt er sich aber als Vizekonsul in Hamburg. »Hamburg knisterte vor Energie und sprühte vor Meerluft«, läßt er eine seiner Gestalten Anfang der neunziger Jahre rückblickend sich erinnern.[11] Das klingt wie Thomas Manns Eloge auf die bayerische Hauptstadt: »München leuchtete.« Spöttische Médisance darf allerdings nicht fehlen. Hamburg, so weiß er zu vermelden, war auch »die deutsche Hauptstadt der Hurerei und der Presse«, außerdem für die Schlapphüte im Dienst Ihrer Majestät mit Blick auf die Ostsee-Region ein Spionagezentrum. In Erinnerung an Schleswig-Holstein geraten die Figuren John Le Carrés gleichfalls ins Schwärmen: »Bis zum heutigen Tag verkaufe ich meine Seele für einen Krug Lübecker Bier, einen Bismarckhering und ein Glas Schnaps nach einem Marsch über die Deiche.«

David Cornwell führt damals in mancherlei Hinsicht ein Doppelleben. Offiziell ist er mit ehrsamen diplomatischen Aufgaben betraut. Tatsächlich übt er aber zugleich wie schon in Wien das zweitälteste Gewerbe der Welt aus. Doch er ist jetzt nicht nur Diplomat und Geheimdienst-Profi, sondern zugleich bereits ein Schriftsteller. 1961, er ist erst 30 Jahre alt, verfaßt er, wie eingangs erwähnt, unter dem Pseudonym, hinter dem sein bürgerlicher Name rasch verschwindet, seinen ersten Thriller »Schatten von gestern«. Dieser enthält bereits alle Ingredienzien der Spionage-Romane *vintage* John Le Carré.

Das Buch verkauft sich zwar gut, ist aber noch kein Renner. Zwei Jahre später schon bringt ihm »Der Spion, der aus der Kälte kam«[12] Weltruhm ein. Der Thriller ist hervorragend komponiert. John Le Carré, wie nun auch wir ihn künftig nennen werden, versteht es, den Spannungsbogen vom ersten bis zum letzten Kapitel aufzubauen. Der Leser verspürt auch, daß der Verfasser das Geheimdienst-Metier von innen her kennt, aber genausogut mit dem damaligen Deutschland vertraut ist. Die Atmosphäre der schäbigen Büros oder der trostlosen Städte, Dörfer und Landschaften in der norddeutschen Tiefebene und die Tristesse der diese Trostlosigkeit noch multiplizierenden Ostzonen-Republik sind quälend wirklichkeitsnah beschrieben. Die mit bösem Blick erfaßten und gestochen scharf karikierten Typen der Direktoren, der Vorturner, der Stallknechte und der unglücklich abstürzenden Artisten des britischen Geheimdienst-Zirkus sind gleichfalls so lebensecht wie nur denkbar.

Echt sind auch die Darstellungen der ethnischen Milieus, denn es gibt damals nur zwei Völker, die dieser Autor genauestens kennt und denen er mit sichtlichem Widerwillen verbunden ist: die Engländer und die Deutschen. Es ist eine zwielichtige, ganz unfrohe Welt, die er so schildert, eine Welt voller Gefahr, aber ohne Moral und ohne jede Hoffnung. Die Geheimdienstprofis haben für alle Ideologien, einschließlich derer des Westens, nur zynische Verachtung übrig. Sie wollen überleben und, wenn möglich, Karriere machen. Diejenigen, die einstmals an politische Utopien oder an die Gerechtigkeit der Demokratie glaubten, sind gleichfalls desillusioniert. Für die Helden der Story geht alles schief. Sie kommen ums Leben. Nur die Akteure an den Spitzen der Geheimdienstapparate retten ihr Fell und erreichen ihre schmutzigen Ziele.

Der Welterfolg ist also verdient. Er stellt sich aber auch deshalb ein, weil der Thriller voll im Trend liegt. Seit die Verrätergruppe von Cambridge aufgeflogen ist, hält man in England in puncto Geheimdienste alles für möglich. Die idealistischen Sentiments eines Erskine Childers oder John Buchan sind bereits eine Ewigkeit lang passé. James Bond ist zwar ein zeitgenössischer Kino-Hit, doch alle Kenner wissen, daß sich in den Thrillern Ian Flemings nur ein machistischer Märchen-Held austobt, bereits meilenweit entfernt von der Realität heutiger Geheimdienstapparate. Eric Ambler, aber auch Graham Greene mit ihren Thrillern voller bigotter, krimineller oder skurriler Figuren und trübseliger Anti-Helden haben in der Literatur-Szene schon die entsprechende Stimmung vorbereitet.

Kein Wunder, daß die Star-Autoren der linken Literaturszene im damaligen England hellauf begeistert sind. Auf dem Schutzumschlag der Erstauflage preist J. B. Priestley das Buch mit folgenden Worten an: »Superbly constructed, with an atmosphere of chilly hell«[13]. Graham Greene schreibt eine enthusiastische Rezension: »die beste Spionagegeschichte, die ich je gelesen habe«[14]. Daß dieser Roman auch in der Bundesrepublik Deutschland gut einschlägt, versteht sich von selbst.

Jetzt, da John Le Carré ein gemachter Mann ist, gibt er 1964 die Tätigkeit für das Foreign Office auf und schreibt Buch auf Buch dort, wo er sich wohlfühlt – erst auf Kreta, dann in Wien. Schließlich nimmt er seinen dauerhaften Wohnsitz hoch überm Meer in Cornwall. Während der ganzen sechziger Jahre bleibt aber Deutschland der Schauplatz seiner Thriller. Danach wird das Land für ihn zusehend uninteressant. In einem seiner letzten Bücher, in dem der Held das grüne Milieu im ostwestfälischen Bielefeld aufsucht, findet sich die skeptische Frage: »Wie lange dauert es noch, bis euer Deutschland nur ein langweiliges Land von vielen in Europa ist?«[15]

Ob das für Bielefeld nicht schon immer galt, sei dahingestellt. In den sechziger Jahren jedenfalls beobachtet John le Carré Deutschland und die Deutschen in einer Stimmung der Ambivalenz. Die Bonner Republik besteht zwar schon ein gutes Dutzend von Jahren. Doch demographisch ist das nationalsozialistische Deutschland noch ganz und gar nicht Vergangenheit. Diejenigen, die im Krieg 25 oder 30 Jahre alt waren, stehen jetzt im besten Mannesalter. Wer ihre Dossiers kennt, dem kommen Fragen auf Fragen. Sind sie bloß Opportunisten (der Vogel Wendehals wird erst 1990 entdeckt, die Spezies ist aber schon älter), sind sie zur Demokratie bekehrte Irrläufer, sind sie verkappte Nazis oder einfach nur gebrochene Existenzen ohne inneren Kompaß – wer weiß das?

Die Frage hatte Le Carré von seinem ersten Roman an beschäftigt. Seine Antwort schon damals: Traue keinem Deutschen! Tatsächlich, so arbeitete er dort heraus, ist nicht einmal deutschen Juden zu trauen, die jahrelang in den Konzentrationslagern des Dritten Reiches gequält wurden. Eine von diesen ist die auf den ersten Blick Mitleid erweckende Gestalt der Elsa Fennan in »Schatten von gestern«, jetzt Frau eines hohen Beamten im Foreign Office. Dieser wird nach seinem verdächtigen Tod aufgrund deutlicher Indizien des Landesverrats an den DDR-Geheimdienst beschuldigt. Tatsächlich aber war seine Frau die Verräterin an ihrer Wahlheimat England. Sie hat es irgendwie verstanden, ihren Mann zur Preisgabe von Dokumenten und zum Stillschweigen zu nötigen.

Ihr Motiv dabei war, so scheint es, nur teilweise ideologisch. Sie mißtraut vor allem den Deutschen in der inzwischen aufgeblühten Bundesrepublik. Bei einem Aufenthalt in der Schweiz hat sie Mitte der fünfziger Jahre einen ostdeutschen Kommunisten getroffen. Gespräche mit diesem und eigene Beobachtungen haben sie davon überzeugt, »daß das neue Deutschland nach dem Muster des alten aufgebaut wurde«[16]. »Der protzige Stolz« kehrt zurück, so glaubt sie zu sehen, und »der Wiederaufstieg Deutschlands zu einer führenden westlichen Macht« bahnt sich augenfällig an.

Auf seine Weise ist auch der hohe ostdeutsche Stasi-Funktionär Dieter Mundt, um den sich die komplizierte Geheimdienstoperation in »Der Spion, der aus der Kälte kam« dreht, ein ähnlich fragwürdiger Deutscher. Im Zweiten Weltkrieg war er einer der wichtigsten Informanten im seinerzeitigen deutschen Spionagenetz von MI6 – ein gläubiger Kommunist, »unerbittlich und zielbewußt, satanisch in den Mitteln, düster und schnell wie die Götter des Nordens...«[17]. Er ist ein Utopist, schlau, stark, im innersten Kern ein romantischer Träumer, der nur in absoluten Begriffen denkt, ein Mann ohne Maß, ohne Geduld und ohne Kompromißbereitschaft. Als das DDR-Regime aufgebaut wird (»verkommene kleine Staatshälfte«[18]) erhält er eine Spitzenposition im dortigen Geheimdienst und ist jetzt in Umkehrung der Konstellation während der Kriegszeit einer der gefährlichen Feinde Englands, nach wie vor energisch, völlig brutal und ein kalter Spieler mit dem Leben seiner Agenten.

Die Pointe des Thrillers besteht aber darin, daß dieser östliche Geheimdienstchef bei einer gescheiterten Operation von den Briten umgedreht wurde. Leamas, der illusionslose Held des Thrillers, und seine Geliebte, eine naive britische Kommunistin, werden von MI6 und von der Stasi-Größe Mundt in eine Operation gelockt, bei der sie umkommen müssen, um die Haut des Doppelagenten Mundt zu retten. Auch Mundt, der das schon damals verrottete System der DDR repräsentiert und für den großen Bruder »Kupplerdienste verrichtet«[19], ist also einer jener Deutschen, vor denen sich England hüten muß.

Doch den Deutschen im Westen ist genausowenig zu trauen. Dies ist das Thema des Thrillers, den sein Verfasser in Bonn ansiedelt. Das Buch erscheint 1968. In der Bundesrepublik werden damals manche von der Sorge umgetrieben, daß das Land einmal mehr in eine Krise schlittern könnte: linksradikale, anti-westliche Studentenbewegung, Aufstieg der NPD, ein Bundeskabinett mit Vergangenheit, das in allen Farben schillert – der Bundeskanzler einstmals ein Funktionär im Propagandaapparat des Auswärtigen Amts unter Ribbentrop, Herbert Wehner ehemaliges Polit-Büromitglied der KPD, Franz Josef Strauß, der Deutschland als Verteidigungsminister atomar bewaffnen wollte, Willy Brandt, der ein Emigrant war, inzwischen aber die SPD nach rechts dirigiert hat.

Erst recht bedenklich erscheint die Entwicklung aus britischer Sicht. Der Titel »Eine kleine Stadt in Deutschland« suggeriert zwar eine rheinische Idylle. Doch John Le Carré möchte genau das Gegenteil zeigen. Bonn ist »ein nebliger, beschissener Ort«[20], von Verkehrslärm erfüllt, selbst im Wonnemonat Mai wochenlang von kaltem Nebel bedeckt, periodisch von Demonstrationszügen heimgesucht und durch Polizeihundertschaften nur mühsam zu sichern.

Daß die Bundeshauptstadt als ein lausiges, unwirtliches Städtchen karikiert wird, läßt nicht nur Rückschlüsse auf die Einstellung des Verfassers zu seinem einstigen Arbeitsplatz zu. Die meteorologischen Gegebenheiten, so suggeriert der Thriller, versinnbildlichen zugleich die politische Lage – die Bonner Demokratie im Nebel. Bonn die irreale Hauptstadt eines immer noch von irrealen Träumen bewegten Landes, in dem man nicht mehr davon sprechen möchte, woher man kommt, in dem auch viele nicht wissen, wohin politisch die Reise geht. Vorherrschend ist eine Grundstimmung der permanenten Malaise, bei der Existenzangst, Großmachtträume und Ressentiments dicht unter der Decke liegen. Wie schon die Weimarer Republik ist auch die Bonner Republik eine Demokratie »mit schrecklich wenig Demokraten«[21], wo die Parteien in ständiger Furcht leben, es könnten wieder populistische Demagogen mit politischem Sex-Appeal auftreten. So gelangt ein recht kindischer und unernster Betrieb zur Aufführung: »Papier, Papierdemokratie, Papierpolitiker,

Papieradler, Papiersoldaten, Papierabgeordnete, Puppenstuben-demokratie«[22]. Jeder starke Wind kann das hinwegblasen.

Tatsächlich ist die deutsche Wirklichkeit des Jahres 1968 bei Le Carré alles andere als harmlos. Das jüngst vergangene Deutschland meldet sich in Gestalt des populistischen Demagogen Karfeld zurück. Er ist ein renommierter Unternehmer, großes Organisationstalent, große Klappe und seit kurzem Führer einer Massenbewegung, der einen prononciert nationalen, scharf antibritischen und latent rußlandfreundlichen Kurs steuert: »seine kurzfristigen Sympathien gelten Paris, die langfristigen Moskau«[23]. Der bürgerlich wohlanständig auftretende Karfeld ist ein Mann mit übler Vergangenheit. Trotz gegenteiliger Behauptungen hat er sich während des Krieges vor der Front zu drücken verstanden und statt dessen eine Fabrik geleitet, in der insgeheim verbrecherische Menschenversuche über die Wirkung von Giftgasen auf den menschlichen Organismus durchgeführt wurden. Während der Besatzungsjahre waren ihm die englischen Ermittler zwar auf der Spur, doch alle Dokumente, die ihn belasten könnten, sind jetzt tief im Archiv der britischen Botschaft begraben.

Der Held der Geschichte, Leo Harting, ein deutscher Botschaftsangestellter, versucht nun auf eigene Faust, die Vergangenheit auszugraben, um Karfeld politisch unmöglich zu machen. John Le Carré porträtiert in ihm den anständigen Deutschen. Harting hat die frohe Botschaft von der westlichen Demokratie geglaubt und ist nach 1945 in britische Dienste getreten, ohne allerdings in den höheren Rängen der Botschaft gesellschaftlich akzeptiert zu werden. Nun muß er erkennen, daß er zwischen Baum und Borke sitzt. Alle sind hinter ihm her: die Staatsschutzabteilung des Bundesinnenministeriums, das sich schon mit dem Populisten Karfeld zu arrangieren beginnt, die Briten, die Harting erst für einen Verräter halten und auf alle Fälle entschlossen sind, die trübe Wahrheit unter den Teppich zu kehren, sowie die Helfershelfer Karfelds. Harting dreht schließlich durch. Voller Verzweiflung unternimmt er auf Karfeld bei dessen »Marsch auf Bonn« ein Revolverattentat und stirbt dabei unter den Kugeln der deutschen Polizei, die ihm mit Wissen der Briten aufgelauert hat.

Als Hauptmotiv des kläglichen Opportunismus der englischen Botschaft wird der Wunsch herausgearbeitet, um jeden Preis die Unterstützung der wirtschaftlich mächtigen Bundesrepublik für den Beitritt zur EWG zu erhalten. Das alles spielt sich, so arbeitet Le Carré pointiert heraus, ausgerechnet zu Füßen des Petersbergs ab, wo 1938 der britische Premierminister Neville Chamberlain abstieg. Damals wurden die wahren Verbündeten Englands, die Tschechen, den übermächtigen Deutschen zum Fraß vorgeworfen. Jetzt opfert die britische Botschaft einen der Ihren, der an die Werte Englands geglaubt hatte.

Die britischen Diplomaten finden für ihre machtpolitisch kalte Preisgabe des deutschen Idealisten eine plausible Begründung: Dieser habe gegen »das Gesetz der Mäßigung« verstoßen, »dem sich eine steuerlose Gesellschaft unterwerfen muß«[24]. Gläubiger Idealismus ist in ihren Augen Anarchie und romantische Phrasendrescherei. Der maßgebende Mann auf britischer Seite bringt die Verhaltensmaximen der Realpolitik knapp auf den Punkt: »Ich habe mein halbes Leben damit zugebracht, zu lernen, nichts zu sehen, und das andere halbe damit, zu lernen, nichts zu fühlen.«[25]

Die ungeteilte Sympathie John Le Carrés gehört, das wird in diesen frühen Thrillern schon deutlich, den kompromißlosen Idealisten. Sein Verstand läßt ihn allerdings erkennen, daß »das Gesetz der Mäßigung« gleichfalls seine Berechtigung hat. Bereits im ersten Buch findet sich dieser innere Zwiespalt bei der Schilderung des Zusammenstoßes zwischen dem Geheimdienstler Smiley und seinem ostdeutschen Gegenspieler dialektisch herausgearbeitet. Dieser arrivierte Kommunist und Stasi-Agent, »der schnell Urteilende, der Absolute, hatte gekämpft, um eine neue Welt zu bauen«. Dagegen Smiley: »der gründlich Überlegende, der Bewahrer, hatte gekämpft, um ihn daran zu hindern«. »Ach Gott«, läßt Le Carré seinen Helden Smiley seufzen, »wer war nun ehrenhafter ...?«[26] Tatsächlich ist der Thriller-Autor John Le Carré selbst durch unauflösliche Ambivalenz gekennzeichnet, und dies nicht nur im Verhältnis zu Deutschland. Diese Ambivalenz wird sich durch das gesamte spätere Œuvre wie ein roter Faden hindurchziehen.

Aus dem Rückblick ist leicht zu erkennen, daß das Mißtrauen gegen die damalige Bonner Demokratie überzogen war. Heute liest man diesen Thriller als Dokument eines überängstlichen Linksliberalismus. Aber schon diese in Deutschland spielenden Romane sind genauso wie die spätere Smiley-Trilogie ein trübseliges Dokument der englischen Malaise. In dem eben skizzierten Bonner Spionagethriller kontrastiert nämlich der Wiederaufstieg des westlichen Deutschland auf peinliche Weise mit dem machtpolitischen Abstieg Großbritanniens, worüber in der Botschaft viel Geflenne herrscht. Aus dem einstmals militärisch, wirtschaftlich, aber auch moralisch strahlenden Empire ist, wie das später ein Mitstreiter in »Smiley's Zirkus« formuliert, eine materialistische, »verhausschweinte« Gesellschaft geworden.[27]

John Le Carré ist auch einer der vergleichsweise seltenen Thriller-Autoren, dem es gelingt, bereits auf der ersten Seite seines ersten Buches einen unverwechselbaren Helden einzuführen, der geradezu wie ein Anti-James-Bond gestaltet ist: George Smiley, ein scharfsinniger, zäher, wegen der Untreue seiner Ehefrau Lady Ann chronisch unglücklicher Geheimdienstprofi mit »fettem, bebrilltem Gesicht, das sich in energische Falten legte, wenn er aufmerksam die weniger bekannten deutschen Poeten las und dabei seine plumpen, feuchten Hände in den herunterbaumelnden Ärmeln zu Fäusten ballte«[28]. Smiley wird an der Hand Le Carrés durch die langen Jahrzehnte des Kalten Krieges geführt, steigt in der Geheimdienst-Hierarchie immer weiter empor und wird schließlich zum Chef von MI6 avancieren, dessen Verratsfälle leider ebenso legendär sind wie der schon etwas weiter zurückliegende Kriegsruhm.

In den Smiley-Romanen der siebziger und der achtziger Jahre wird das Thema des Machtverlusts und der moralischen Schäbigkeit des zeitgenössischen England weiter durchdekliniert. Die Dramen spielen sich jetzt vorwiegend in den Londoner Geheim-

dienstzentralen und in den Vororten ab, wo die hohen und mittleren Beamten ihre zumeist trübseligen Abende und Wochenenden verbringen. Gewiß, sie sind allesamt in die zahllosen Operationen des Kalten Krieges verwoben. Doch die Sowjetunion als
Gegner bleibt bemerkenswert blaß und sehr weit entfernt. Die
von ihr ausgehenden Gefährdungen werden weiterhin relativiert:
realpolitisch und moralisch. Der Leser gewinnt den Eindruck, als
beschäftigten sich die Männer und Frauen im »Zirkus« viel mehr
mit ihren eigenen Traumatisierungen, sexuellen Lüsten, Karriere-
Intrigen, persönlichen Rachefeldzügen und mit dem Kleinkrieg
gegen die Cousins jenseits des Atlantik als mit geostrategischen
Herausforderungen und dem großen ideologischen Konflikt.

John Le Carré porträtiert hier eine ganze Abfolge mehr oder
weniger stark angeknackster Geheimdienstprofis. In manchmal
ermüdender Abfolge von wortreichen Dialogen und komplizierten Komplotten wird dieselbe Feststellung wieder und wieder
abgehandelt, daß Spionage, desgleichen die Spionageabwehr, in
Ost und West ziemlich unterschiedslos eine dreckige Sache ist.
»Glaubst du denn, daß Spione Priester, Heilige und Märtyrer
sind?« hatte Cornwell bereits den tragischen Spion, der aus der
Kälte kam, fragen und feststellen lassen: »Sie sind eine schmutzige Bande von Hohlköpfen und Verrätern. Ja, auch von Schwulen,
Sadisten und Trinkern. Von Leuten, die Räuber und Gendarm
spielen, um ihrem Leben etwas Reiz zu geben. Glaubst du, sie sitzen wie Mönche in London und wägen Recht und Unrecht ab?«[29]

Das gilt selbst für George Smiley, der sich, so die Fama bei John
Le Carré, schon vor dem Zweiten Weltkrieg vom Secret Intelligence Service anwerben ließ – damals, in jenen uralten Zeiten,
noch aus patriotischen Motiven. Doch diese sind längst verflo-
gen. Auch Smiley funktioniert jetzt nur noch, sei es aufgrund
angeborener, unverwüstlicher Vitalität, sei es aufgrund von Kameraderie mit den Leuten seines »Zirkus«, sei es auch, weil er
persönliche Rache nehmen möchte. Jedenfalls hat er viel zu viel
erlebt, um noch an England oder an die moralische Überlegenheit des Westens zu glauben.

In dem zeitgeschichtlich besonders reizvollen Rückblick auf die Geheimdienstgeschichte im Kalten Krieg, verfaßt im annus mirabilis 1990, findet sich auch die Charakteristik einer jüngeren Generation von Geheimdienstprofis, die sich in den Frühphasen des Kalten Krieges bis weit in die Sechziger hinein an die Arbeit machten. »Aus allen Winkeln des Globus«, so läßt der Autor einen der Mitstreiter George Smileys sich erinnern, »starrten uns Stagnation und Feindseligkeit an. Überall drohte die Rote Gefahr…«[30] Pulverfässer und von den Kommunisten entzündete Lunten, wohin man auch immer den Blick wandte: im geteilten Deutschland, im Nahen Osten, in den ruhelosen Gesellschaften des dekolonisierten Afrika und in Südostasien! Doch immerhin: »als künftige heimliche Helden hatten wir… alles, was wir brauchten: eine gerechte Sache, einen bösen Feind, einen nachsichtigen Verbündeten…« Außerdem konnte sich der Secret Service noch in seinem Kriegsruhm sonnen. Und es sei außer Frage gestanden, daß der Weltkommunismus »eine noch finsterere Bedrohung sei als der Hunne«. Aufgabe des Geheimdienstes sei es daher gewesen, England und eine ganze Zivilisation vor dem Kommunismus zu schützen.

Vor diesem Hintergrund entfaltet John Le Carré in diesem mit Spott und Selbstkritik versetzten Rückblick erneut eines seiner großen Themen: die Geschichte der Desillusionierung einer ganzen Generation. Viele von ihnen haben als hochgemute Kämpfer für das unaufhaltsam schrumpfende Empire begonnen, und sie nehmen zu allermeist ein unerfreuliches Ende: ausgebrannt, trunksüchtig, von zynischen Politikern beiseite geschoben, mit zerbrochenen Ehen. Wenn sie Glück haben, genießen sie als skeptische Pensionäre einen schalen Ruhestand. Die Unglücklichsten enden als Verräter. Und sie alle leiden daran, von den hochmütigen, groben, nicht allzu schlauen, aber eben leider übermächtigen Vettern in Washington und in den weltweit verstreuten Residenturen der CIA nur noch wie Knechte behandelt zu werden. Auch an die überlegene Moralität der westlichen Welt kann niemand von ihnen mehr so richtig glauben. Man ist aufgebrochen, »die Flut des Bösen einzudämmen«, muß sich aber wenigstens in den dunklen Stunden fragen, ob man nicht eher dazu beigetragen hat, diese Flut des Bösen zu vergrößern.[31]

Moralisch, so ist bei John Le Carré offen oder doch zwischen den Zeilen zu lesen, ist zwischen den Unternehmungen der britischen Geheimdienste und denen des Ostblocks kein großer Unterschied zu erkennen. Beiderseits heiligen die Ziele das Mittel, und häufig liegen den schmutzigen Mitteln sogar schmutzige Motive zugrunde. Ein Satz, den Cornwell einem Stasi-Funktionär bei der Auseinandersetzung mit einem britischen Agenten in den Mund legt, bringt den Sachverhalt auf den Punkt: »Zwischen uns ist keinerlei Unterschied – das ist der eigentliche Witz!«[32]

Sogar die Kommunisten, die seinerzeit in Cambridge rekrutiert wurden, haben ihren Glauben verloren. Die anfängliche Gläubigkeit, so sie denn überhaupt Realität war, ist längst dahin. Antriebskräfte sind vorwiegend das antiamerikanische Ressentiment, der Selbsthaß und die professionelle Equilibristik von Doppelagenten, die mit dem Dauerstreß ihrer zerrissenen Existenz fertig zu werden suchen. In bezug auf den Kriminalroman hat sich seit langem der Begriff des *roman noir* eingebürgert. Le Carré ist eine Art Großmeister des schwarzen Spionage-Thrillers. Einer der schwärzesten seiner negativen Helden ist der Verräter Bill Haydon. Er wird als Chef der Operationsabteilung des »Zirkus«, also von MI6, porträtiert und trägt die Züge des legendären Verräters Kim Philby.

Smiley, so will es sein Erfinder, gelingt es zu guter Letzt, Bill Haydon, mit dem er lange Jahre befreundet war, als Verräter zu überführen. Dazu wird er aber nicht bloß von seinen professionellen Instinkten getrieben. Haydon war nämlich zeitweilig auch der Geliebte von Smileys Frau, der strahlenden, doch leider nymphomanen Lady Ann. Aufschlußreich ist aber die Begründung, mit der Haydon seinen Landesverrat bemäntelt oder tatsächlich erklärt – wer weiß das so genau? Maßgeblich sei nicht der Glaube an den Kommunismus gewesen. Veranlaßt habe ihn vielmehr der Ekel am Machtverfall Englands, der zugleich moralische

Dekadenz ist, überhaupt der Ekel an der Habgier und dem Materialismus des Westens und der Haß auf das imperialistische Amerika. Falls einer der beiden Monolithen, die USA oder die Sowjetunion, die Schlacht gewinnen sollten, »würde ihm der Osten als Sieger lieber sein«[33].

Damit übernimmt Le Carré eine gängige Deutung. Periodisch haben sich in England viele bemüht, die Beweggründe von Philbys Verrat zu ergründen, ganz besonders im Jahr 1968 im Zusammenhang mit einer Aufsatz-Serie der Sunday Times und beim Erscheinen der Memoiren von Kim Philby.[34] Daß sein Verrat symptomatisch gewesen sei für die Ausgelaugtheit der englischen Oberschicht nach zwei Weltkriegen, wurde häufig hervorgehoben. Dieselben Beobachter verwiesen in diesem Zusammenhang auch gern auf das Trauma des Übergangs der Weltmacht an die Vereinigten Staaten.[35]

Le Carré variiert das Thema vom Verdampfen ideologischer und nationaler Motive in den großen Geheimdienstapparaten wieder und wieder. Ost und West werden sich, so seine Botschaft, auch deshalb immer ähnlicher, weil auf seiten der östlichen Geheimdienste vergleichbar korrumpierende Bedingungen im Gange sind wie im Westen. Selbst Karla, der schlaue und unerbittliche Gegenspieler in der Spitze des KGB, endet schließlich als Verräter. Dabei ist es ausgerechnet die private Moralität, nämlich die Liebe des Vaters zu seinem Kind, die ihm zum Verhängnis wird. Von einer Geliebten, deren antisowjetische Einstellung amtsbekannt war, hatte er eine seelisch verwirrte Tochter. Unter dem Vorwand, sie sei eine Geheimagentin, hat er ihre Ausreise in die Schweiz und die Aufnahme in eine von Nonnen geleitete Spezialklinik bewerkstelligt. Um das zu verdecken, läßt er mehrere Morde begehen.[36] So macht er sich erpreßbar und wird von den Briten zum Übertritt gezwungen. Er war zuvor schon eine gebrochene Existenz und ist jetzt ein gebrochener alter Mann.

In den achtziger Jahren läßt Le Carré zeitweilig den Sonderfall England auf sich beruhen und begibt sich in den Mittelmeerraum. Gleich anderen Thriller-Autoren vor ihm entdeckt er jetzt die vergiftete, unlösbare Problematik des Konflikts zwischen Israelis und Palästinensern. Auch hier bürstet er gegen den Strich. Moralisch verwerflich, so arbeitet er in dem Thriller »Die Libelle«[37] heraus, sind nicht allein die palästinensischen Terroristen, sondern alle Beteiligten, auch die Israelis. Die Palästinenser-Sympathien der seinerzeitigen europäischen Linken haben auch ihn nicht ganz unbeeindruckt gelassen. Allerdings kann und will er dem Instrument des Terrorismus nichts abgewinnen. Dieser erscheint ihm nicht nur moralisch abstoßend, sondern zugleich realpolitisch verfehlt. Auch der Nahe Osten ist eine Bühne, auf der schwarze Stücke der moralischen Desillusionierung zur Aufführung gelangen, dazu Guerillero-Theater. Der Terrorist dekuvriert sich mit eigenen Worten: »Terror ist Theater. Wir regen an, wir erwecken Abscheu, Zorn, Liebe. Wir erleuchten. Das Theater auch. Der Guerilla-Kämpfer ist der große Schauspieler der Welt.«[38]

1989, als der Ostblock in die Knie geht, entdeckt John Le Carré die russische Gesellschaft. In diesem Jahr ist alles noch offen. Der Reformer Gorbatschow steht auf dem Scheitelpunkt seines internationalen Ansehens, ohne daß der rasche Absturz und die Auflösung der Sowjetunion schon zu erahnen wären. Das Ringen zwischen Reformern und Reaktionären ist noch unentschieden. Alle Sympathien des Westens, Le Carré selbstverständlich mit inbegriffen, fliegen damals Gorbatschow und den Liberalen zu, die Glasnost vorantreiben, ebenso den Minderheiten, deren nationale Identität jahrzehntelang deformiert worden war und die nun einen eigenen Nationalstaat wiedererrichten oder erstmals aufbauen möchten.

Jetzt erscheint »Das Rußland-Haus«[39], in dem viele den besten Thriller John Le Carrés seit Erscheinen des Romans »Der Spion, der aus der Kälte kam« begrüßen. Der Autor zeigt sich hier engagierter als in den meisten seiner vorhergehenden Bücher. Im Vorwort feiert er die »außerordentliche Zeit« der Gorbatschowschen Reformen und bekennt sich mit ehrfurchtsvollen Worten zur »dauerhaften Liebe für das russische Volk«[40]. In keinem literarischen Werk jenes bewegten Jahres ist der Zeitgeist dieser Epoche voller Hoffnung »auf eine vernünftigere und freundlichere Zukunft« eindrucksvoller gestaltet worden als in diesem Thriller. Die bald erfolgende Verfilmung mit Sean Connery, Klaus Maria Brandauer und Michelle Pfeiffer verstärkt diesen Eindruck. Nicht nur Gorbatschow, auch John Le Carré befindet sich damals auf dem Gipfel seines Ansehens. Wer allerdings gründlich liest und über die sentimentale Handlung nachdenkt, dem kommen schon damals die Zweifel, ob der Autor wirklich mit einem guten Ausgang der Reformpolitik rechnet. Daß er selbst ganz zu Beginn diesen Thriller ein »Märchen« nennt, sagt fast schon alles.

Das Buch hat drei Helden: einen genialen russischen Physiker mit dem Spitznamen »Goethe«, eine schöne, blonde Heroine, die alles riskiert, indem sie den Kontakt zum Westen herstellt, und einen ziemlich schrägen, aber nicht unsympathischen englischen Verleger namens Barley, der bei dieser Gelegenheit in die Mühlwerke der Geheimdienste gerät. Das Buch hat aber auch klar identifizierbare Schufte: die britischen Geheimdienstler im sogenannten Rußland-Haus, die den hochgemuten, wenngleich recht arglosen »Goethe« ans Messer liefern, und es hat voll ausgewachsene Schurken: die Apparatschiks der CIA, die den Kalten Krieg weiterführen möchten.

Der Dissident mit dem Spitznamen »Goethe« ist eine reine Seele – Liberaler, Utopist, Pazifist, genialer Physiker und Techniker, eine Mischung aus Sacharow und heiligmäßigem Aljoscha in Dostojewskis Roman »Die Dämonen«. Er läßt ein Paket mit explosiven Dokumenten in den Westen schmuggeln. Aus diesen ist im Detail zu erkennen, daß die gefürchteten sowjetischen Raketen nicht zielgenau sind, auch daß der Militärapparat ineffizient und korrupt ist. Zugleich klagt er die Verkommenheit des kommunistischen Systems an. Das ist sein Beitrag zur Wahrheit. Die Veröffentlichung der Dokumente soll international ein Zeichen setzen, um die Wissenschaftler in aller Welt aufzurufen, dem kriminellen Mißbrauch ihrer Forschungen durch die Politik ein Ende zu machen. Zur Tat entschlossen hatte sich »Goethe«, als der Verleger Barley bei einem ersten Moskau-Besuch in einer

Runde von Intellektuellen ausrief: »Wenn es noch Hoffnung geben soll, müssen wir unsere Länder verraten.«[41]

Das muß unvermeidlicherweise dem sowjetischen Geheimdienst genauso mißfallen wie der CIA. Was würde auch aus den amerikanischen Rüstungsinteressen, wenn plötzlich bekannt würde, daß die Sowjetunion nicht nur – wie Helmut Schmidt das formuliert hat – ein Obervolta (also ein Dritte-Welt-Land) mit Atomraketen ist, sondern daß diese Atomraketen überhaupt nicht oder nur sehr schlecht funktionieren?! Das Paket mit den Geheiminformationen wird also kassiert und bleibt unter Verschluß. Doch Barley wird gezwungen, nach Rußland zu reisen, um herauszufinden, ob die Informationen »Goethes« überhaupt zutreffen. Daß dieser dadurch den sowjetischen Sicherheitsorganen preisgegeben wird, ist unbeabsichtigt, liegt aber in der Logik derartiger Operationen.

Bemerkenswert ist aber, daß es Barley gelingt, sich letztlich dem Zugriff aller Apparate zu entziehen und unterzutauchen. Auch die schöne blonde Heroine muß in dem politisch milderen Moskauer Klima nicht mehr mit Hinrichtung rechnen, sondern behält sogar ihre Privilegien. Als einziger, aber durchaus gangbarer Ausweg aus der unüberwindbaren Herrschaft der Apparate erscheint hier der Rückzug in die Privatheit. Doch an die weltweiten Veränderungen des Bewußtseins der mit Rüstung befaßten Wissenschaftler und einer breiten Öffentlichkeit durch Publikation »der Wahrheit« ist nicht zu denken. Der idealistische, auch von unangebrachtem Vertrauen auf England inspirierte Verrat »Goethes« erweist sich somit als reine Donquijoterie.

Ziemlich verächtlich wird in diesem Buch der britische Geheimdienst geschildert. Gegenüber den USA hat er überhaupt nichts mehr zu bestellen. England hat abgedankt. Einer der Beamten von Whitehall bemerkt resigniert: »Auf strategischem Gebiet sind wir wie ein winziges, unwissendes Ruderboot, und sie sind die *Queen Elizabeth*.«[42] Spätestens seit diesem Buch wird der zuvor schon latente Antiamerikanismus bei John Le Carré ganz manifest, und das steigert sich noch in den künftigen Romanen. Seine Abneigung gegen Amerika wird allenfalls noch von der Verachtung für die britischen Regierungen übertroffen, die, wie er das sieht, nach der Pfeife Washingtons tanzen.

Daß sich dieser Autor nach dem Irak-Krieg von 2003 im Haß auf den rechtskonservativen George W. Bush, die CIA, das Pentagon und Tony Blair geradezu verzehrt, kann nicht verwundern. Selbst Bundeskanzler Gerhard Schröder bekommt in dem Thriller »Absolute Freunde«, der wie alles von John Le Carré kompliziert konstruiert und sensitiv geschrieben ist, tüchtig sein Fett weg, weil er nach anfänglichem Widerstreben doch wieder seinen Frieden mit Washington zu machen sucht: »Der Kanzler kroch zu Kreuze – gerade, daß er nicht seinen Kopf auf einem Silbertablett ins Weiße Haus sandte.«[43] Alle politischen Tendenzen, die nun im Œuvre Le Carrés in den Vordergrund treten, waren auch im vorhergehenden Werk schon angelegt. Doch seit Beginn der neunziger Jahre macht sich bei ihm ein gewisser Alters-Radikalismus bemerkbar.

Schon mit dem Dritte-Welt-Thriller »Der Schneider von Panama«[44] hatte sich John Le Carré auf den Spuren Graham Greenes der Persiflage des US-Imperialismus in Mittelamerika verschrieben. Sarkastisch wird dort ein Szenario entfaltet, in dem ausgerechnet England bei Installierung eines von Amerika gestützten Militärdiktators eine unrühmliche Rolle spielt, indem es »zu Lasten der europäischen Beziehungen Großbritanniens die kolonialistischen Bestrebungen Amerikas unterstützte und auch das nur, um durch Appell an die niedersten Instinkte des britischen Nationalcharakters der Jammergestalt eines ohnehin längst diskreditierten Premierministers im Vorfeld der Wahlen den Rücken zu stärken«[45]. Gemeint ist John Major, der Nachfolger Margaret Thatchers. Auch die konservative britische Presse bekommt damals ihr Fett ab. Je länger, desto weniger entgeht somit selbst ein so großer Könner wie John Le Carré der altbekannten Krankheit mancher Thriller-Autoren, ihre Spannungsromane als Kanzeln zur Predigt über das Gute, Gerechte und Wahre zu verwenden bei gleichzeitiger Verfluchung aller amoralischen Machthaber in

Politik und Wirtschaft sowie aller wissenschaftlichen Experten, die ihre Seele verkauft haben.

Genauso ingrimmig wie im »Schneider von Panama«, dessen moralischer Ernst den Spannungsgehalt bei weitem übertrifft, äußert er sich ein paar Jahre später zum Afghanistan-Krieg. Als Premierminister Tony Blair nach dem Anschlag am 11. September 2001 auf das New Yorker World Trade Center erneut ein Beispiel transatlantischer Bündnissolidarität an den Tag legte, stimmt John Le Carré in einem Zeitungsartikel in den Hohn und Spott der europäischen Linken über Amerikas »eloquenten weißen Ritter« ein. Hinter der hochgemuten weltpolitischen Aktivität Blairs vermutet er die Absicht, sich für ein weiteres Jahr den häßlichen Problemen des eigenen Landes zu entziehen: »Das Britannien, das er in den Krieg führt, ist das in den sechziger Jahren entstandene Monument einer unfähigen Verwaltung. Die Krankenhäuser, die Schulen, das Verkehrsproblem sind eine einzige Katastrophe.«[46]

Die sechziger Jahre als Beginn der großen Misere – das war die Epoche, in der John Le Carré bereits voller Sarkasmus, der wahrscheinlich seinen Kummer verbergen sollte, die Symptome der britischen Dekadenz registriert hat. Gut dreißig Jahre später ist seiner Meinung nach alles noch viel schlimmer geworden, obwohl doch der Westen den Kalten Krieg gewonnen hat. Freilich, hat er ihn wirklich gewonnen? 1990 schon läßt er den alten Smiley konstatieren: »womöglich haben wir auch gar nicht gewonnen. Vielleicht haben die anderen bloß verloren. Oder vielleicht fangen unsere Schwierigkeiten erst an, nachdem wir jetzt die Fesseln des ideologischen Konflikts abgestreift haben.«[47]

Zusehends nimmt nun auch er die Verheerungen des globalen Kapitalismus ins Visier. »Der Nacht-Manager«[48] vermittelt in den frühen neunziger Jahren die Botschaft, daß das Böse existiert, und zwar in Gestalt eines unermeßlich reichen, weltweit operierenden Waffen- und Drogenhändlers, der alle Regierungen im Sack hat.« Wiederum wird Amerika, es sind die Jahre Clintons, als Wurzelgrund der schlimmsten Übel identifiziert. In Whitehall existieren zwar Unlustgefühle, doch sich im Ernst gegen Amerika zu wenden, wäre unmöglich: »Atlantikmenschen. Kein Vertrauen zu Europa. Europa ist für die ein Babel, das von Krauts beherrscht wird. Amerika immer noch das einzig Wahre. Washington ist immer noch ihr Rom, auch wenn Caesar eine ziemliche Niete ist... Globale Heilsarmee. Retter der Welt. Kämpfen für die Weltordnung, versuchen sich an der Geschichte und legen ein paar Dollar auf die Seite... Sie sind ein bißchen korrupt geworden. Kann man ihnen nicht verwehren. Whitehall weiß nicht, wie man sie loswerden kann. Jeder meint, irgendwem werden sie schon nützlich sein...«[49]

Die Verhältnisse in Rußland malt er jetzt mit besonders schwarzen Farben. Dort habe nicht die Hoffnung gesiegt, sondern die Korruption: »Die Kommunisten sind jetzt allesamt Kapitalisten. Schlimmer als die verfluchten Amis«, konstatiert man im Londoner Westend bei einer Karaffe hauseigenen Portweins.[50] Am schlimmsten, so klagt John Le Carré nun, trifft der Umbruch im Osten die kleinen Völker, die er ins Herz geschlossen hat. Als er einen seiner pensionierter Geheimdienstler nochmals auf die Reise schickt, um mit der eigenen Vergangenheit ins reine zu kommen, landet dieser schließlich im Land der Inguschen.

Le Carrés post-kommunistischer Thriller »Single & Single« beleuchtet gleichfalls die Zustände der gottverlassenen Kaukasus-Regionen, in denen ingusische oder tschetschenische Freiheitskämpfer alle vier Stunden ihre Gebete an Allah richten. In diesem Buch zeigt sich einmal mehr, daß die Spionage ewig ist. Ewig ist aber auch die Figur des Doppelagenten und das perspektivlose Aufbegehren unterdrückter Völker. Die westliche Waffen- und Ölmafia macht inzwischen am Kaukasus schmutzige Geschäfte. Gleichzeitig überschwemmt die kaukasische Mafia das, »was wir einmal die freie Welt zu nennen pflegten, mit schmutzigen Dingen ... von afghanischem Heroin für unsere Teenager über tschechischen Semtex für irische Friedensfreunde bis zu russischen Atomsprengköpfen für nahöstliche Demokraten.«[51] Le Carré schätzt es nach wie vor, das, was ihn bekümmert, mit flotten, zynischen Sprüchen und als Spannungsroman zu formulieren. Doch daß die Munterkeit aufgesetzt ist, vermag niemanden zu täuschen. In Wirklichkeit ist er zunehmend hoffnungslos und sieht keinen Ausweg. Was einstmals der Westen oder der Osten war, ist jetzt ein großer gemeinsamer Markt für kriminelle Unternehmer.

In dem Roman »Der ewige Gärtner«[52] fügt er diesem ununterbrochenen Klagelied ein weiteres Kapitel hinzu. Auch das von ihm zuvor nicht als Thrillerwelt entdeckte Afrika identifiziert er nun als Beute von Wirtschaftskriminellen. Profitorientierte Manager in London oder Basel, die sich die gepflegt manikürten Hände nicht schmutzig machen möchten, lassen in Kenia mit Unterstützung der korrupten einheimischen Regierung Menschenversuche mit noch unerprobten Arzneimitteln durchführen und schrecken dabei auch nicht vor Morden zurück. Wenn man die Handlung richtig interpretiert, so hat Le Carré alle Hoffnung auf nachhaltige Beseitigung solcher Mißstände aufgegeben. Immerhin haben auch diese prononciert antikapitalistischen Bücher seiner späten Schaffensperiode ihre Helden. 1993, im »Nacht-Manager«, ist das nochmals ein Geheimagent, ein zäher Soldat, der vergebens versucht, einen ganz großen Schurken vor Gericht zu bringen. Immerhin gelingt es ihm aber, diesen festzunageln. Mehr ist nicht drin.

Noch ausgeprägter als früher gestaltet er jetzt das Scheitern komplizierter Gutmenschen – des genial-naiven russische Physikers »Goethe« oder dessen Freundin, der blonden Heroine, von Missionsschwestern oder von unerschrockenen, zugleich allerdings auch überdrehten Mitarbeitern von UN-Hilfsorganisationen, von kauzigen deutschen Umweltschützern oder nur einfach Individuen, die aufgehört haben zu kämpfen und ihre Erfüllung in der Privatheit suchen. Mehr und mehr entfaltet sich bei ihm über die Jahrzehnte hinweg ein großes, existentielles Thema: Die Welt ist des Teufels, und keiner aus jenem kleinen Häuflein, die das Gute wollen, kann sie erretten. Erst recht will keiner ihr helfen, der die Macht dazu hätte. Das Ende des *evil empire,* so sieht er es, ändert an dieser grundlegenden Befindlichkeit der modernen Welt gar nichts. Es geht dort genauso schlimm weiter wie zuvor, nur anders.

1990, als Peter Guillan, einer der Helden aus Smileys Geheimdienst-Zirkus auf 35 Jahre Kalter Krieg zurückblickt, meint er bitter: dieser sei von den richtigen Leuten verloren und von den falschen gewonnen worden. Eigentlich müßte man sich jetzt, da der Kommunismus besiegt ist, an die Aufgabe machen, »den Kapitalismus zu besiegen«[53]. Aber er weiß: Auch das ist aussichtslos, das Übel steckt nicht im System, sondern im Menschen. Dieser und andere Helden des so ausgesprochen zeitkritischen John Le Carré halten sich am Ende ihrer Laufbahn an den resignativen Rat, den einstmals Voltaire im »Candide« gegeben hat: »mais il faut cultiver notre jardin«. Über Dinge, die man nicht ändern kann, philosophiert diese resignierte Geheimdienst-Größe in bezug auf ihr wieder halbwegs repariertes Eheleben, doch wohl auch im Hinblick auf den heillosen Zustand der Welt, lohnt es sich nicht zu reden: »Wir haben uns ein Landhaus gekauft. Es hat einen langgestreckten Garten, in dem ich gern etwas tun möchte, ein paar Bäume pflanzen, einen Ausblick aufs Meer schaffen.« Dazu etwas karitative Tätigkeit: Engagement in einem Segelclub für Kinder aus ärmlichen Verhältnissen, Mitarbeit im Gemeinderat oder in der Kirche. Ab und zu kürzere Reisen.

Auf denselben Grundton ist auch das Nachwort in dem Roman gestimmt, dem John Le Carré nicht ganz ohne Hintersinn den Titel »The Constant Gardener« gegeben hat.[54] In diesem Buch liegt die Idylle, in der die müden Kämpfer Ruhe suchen, nicht an der Küste Englands. Es ist eine alte Villa auf der Insel Elba. Dort, so erfährt man, hat sich ein schöner alter Landsitz erhalten, wo Rotwein, Weißwein, Rosé, Liköre und sogar feines Olivenöl angebaut werden. Auf dem Grundstück sind auch ein paar Hütten zu vermieten. Wer nach Antwort auf die großen Rätsel des Lebens sucht, meint David Cornwell abschließend, kann sich dorthin für einige Zeit zurückziehen.[55] Auch dieser Thriller endet in der ländlichen Idylle, wo die resignierten Helden ihren Frieden mit sich und der Welt machen können.

The Crash of '79 oder Ein Jeremias der siebziger Jahre:
Paul E. Erdman

Spionage, Krieg, Terroranschläge, Verschwörungen und Verrat auf den höchsten Regierungsetagen – das sind die klassischen Sujets des Spionage- und des Polit-Thrillers. Doch es hat vergleichsweise lange gedauert, bis ein sachverständiger Autor die Thrillerwelten internationaler Währungsspekulation als Thema aufgegriffen hat. Man muß sich schon darüber wundern, daß es erst in den frühen siebziger Jahren soweit war. Denn was ist erregender und unheimlicher zugleich als die Vorgänge auf den globalen Geldmärkten?

Für die lange Vernachlässigung dieser Schreckensdimension gibt es zwei einleuchtende Gründe, objektiv historisch der eine, eher zufällig der andere. Nachdem der große Krach der Weltwirtschaftskrise von 1929 alles erschüttert hatte, sind die Möglichkeiten und Gefährdungen, die von den Geldmärkten ausgehen, erst gegen Ende der sechziger Jahre wieder ins Bewußtsein einer breiten Öffentlichkeit gerückt worden. Zur gleichen Zeit fand sich dann auch mit Paul Emil Erdman ein Mann, der dreierlei gleichzeitig war: ein zynischer Insider, ein Jeremias von analytischer Begabung und ein Thrillerschreiber mit Gespür für die Ängste während jener kritischen Dekaden im Leben der westlichen Gesellschaften, die Mitte der sechziger Jahre einsetzten und erst in den frühen achtziger Jahren einer neuen Zuversicht Platz machten, gefolgt von neuer Malaise seit 2001.[1]

Damals, ab Mitte der sechziger Jahre, sind die angelsächsischen Mächte, die bisher international großes Gewicht hatten – Großbritannien also und bald auch die USA – in die Strudel von Währungskrisen hineingezogen worden. Nach längerer Pause begann 1967 in England eine Serie von Pfundkrisen, die das Land an den

Rand des Zusammenbruchs brachten. Ein Tiefpunkt war 1976 erreicht. Als zwei kundige Autoren die Krise später wissenschaftlich aufarbeiteten, betitelten sie ihr Buch »Goodbye, Great Britain«[2]. Es gab aber in den siebziger Jahren hinlänglich viele Skeptiker, die beim Blick auf die damaligen Dollar-Krisen meinten, eher früher als später würde es auch heißen: »Goodbye, America!«

Die lange Jahrzehnte an die Allmacht des amerikanischen Finanzriesen gewöhnte öffentliche Meinung des Westens tat sich anfänglich schwer, die neue Lage so kritisch einzuschätzen, wie sie tatsächlich war. Doch bei den Experten, in den Großbanken und in den Finanzministerien läuteten die Alarmglocken. Amerika war krank. Eine ruinöse Kombination chronischer Zahlungsbilanzdefizite, galoppierende Staatsverschuldung, faule Bankenkredite aufgrund leichtsinniger Kreditgewährung an bereits hochverschuldete Regierungen, ein kostspieliger Krieg in Vietnam und ein ebenso kostspieliger Ausbau des Wohlfahrtsstaates in den Vereinigten Staaten sowie die unerwartete Vervierfachung des Erdölpreises durch das OPEC-Kartell 1973/74 zerstörten das Bretton-Woods-System und ließen den Dollar zur Weichwährung werden. Der Goldpreis stieg rapide an. Und vorsichtige Anleger, die nicht vom Dollar in das Gold einstiegen, parkten ihre Gelder nunmehr in Europa und Japan. Die harte D-Mark, der Schweizer Franken und der japanische Yen wurden zu Fluchtwährungen. Für wenige Jahre saßen die hochmütigen Bundesbanker, die Herren über den Yen und die besonders in England vielgescholtenen »Gnome von Zürich« auf hohen Rossen. Zugleich schwammen die OPEC-Länder im Geld und schickten sich an, die Industrien des Westens aufzukaufen, allen voran die Führungsmächte Iran unter dem Schah-in-Schah und Saudi-Arabien.

Für Devisenspekulationen größten Stils waren jetzt Tür und Tor geöffnet. Alles schien möglich. Manche der hochverschuldeten, partiell zahlungsunfähigen Staatsschiffe – Italien, England, vielleicht sogar die USA – schienen gewissermaßen für Höchstgebote zum Verkauf zu stehen. Die Regierungen der OPEC-Länder, die inzwischen bestens erholten Kriegsgegner Deutschland und Japan sowie wenige potente Großbanker hielten nunmehr, so sahen das manche Pessimisten, das Schicksal der westlichen Industriestaaten in Händen. Die einstige Supermacht Amerika machte unter einer nicht endenwollenden Abfolge präsidentieller Pechvögel – Kennedy, Johnson, Nixon, Ford, Carter – einen überschuldeten und psychologisch verunsicherten Eindruck.

Kein Wunder also, daß der 1976 erscheinende Thriller »The Crash of '79«[3] von Paul E. Erdman alsbald zum Bestseller wurde. In kurzer Zeit sind von dem Buch mehr als drei Millionen Exemplare verkauft worden. Daniel Yergin, ein Erdölfachmann und später selber Bestseller-Autor[4], blieb zwar Erdman gegenüber kritisch, räumte aber ein, eine erstaunlich große Zahl von Fachleuten auf den Feldern Außenpolitik, Energiepolitik, internationale Währungsfragen und Rüstungspolitik hätten das Buch studiert, auch in Tokio, London und Bonn.[5] Jeder Leser erkannte – und die Verlagswerbung rief dies zusätzlich ins Bewußtsein –, daß mit Erdman tatsächlich ein kenntnisreicher Ökonom, zugleich ein Insider im Bankgeschäft, auf dem Turf war, der das bedrückende Thema grandioser, auch krimineller Währungsspekulationen für den Thriller erschlossen hatte. Genau besehen, befand sich der damals noch recht junge Bankier im Jahr 1971, als er sich aus einer gewissen Langeweile heraus ans Thrillerschreiben machte, gar nicht auf dem Turf, vielmehr saß er in einem Basler Gefängnis.

Seine Karriere als Ökonom hatte der 1932 in Kanada geborene Erdman mit Studien erst in St. Louis und an der Universität Georgetown begonnen, dann in Basel, wo er 1958 promoviert wurde. Seine ersten Bücher erschienen bei dem angesehenen Wissenschaftsverlag Mohr Siebeck in Tübingen. Sie befaßten sich mit den amerikanisch-schweizerischen Wirtschaftsbeziehungen sowie den Außenbeziehungen der damals noch jungen Europäischen Wirtschaftsgemeinschaft[6] – Fachbücher also, allein für Experten geschrieben. 1959 war Erdman ins Berufsleben eingestiegen, erst bei einer Investitionsgesellschaft auf den Bahamas, wo schon damals viele fragwürdige Geschäfte getätigt wurden. Dann war er, seit 1954 mit einer Schweizerin verheiratet, in Basel für amerikanische Bankfilialen tätig. Hier erfolgte im Alter von 38 Jahren der Karriereknick, der ihn erst in Untersuchungshaft brachte, in der Folge aber an die Spitze der Bestsellerlisten.

Die United California Bank, als deren Vice-Chairman er amtierte, fallierte im Jahr 1970. 65 Millionen Dollar, eine für damalige Verhältnisse recht namhafte Summe, waren aufgrund unzulässiger Spekulationen mit Silber- und Kakao-Futures verloren gegangen. Wenn Erdman später auf das schmachvolle Ende seiner Bankiers-Laufbahn andeutungsweise zu sprechen kam – so etwa leicht verschlüsselt in »The Crash of '79« –, pflegte er zu bemerken, jeder Bankier stehe mit einem Fuß im Gefängnis. Doch was ihn im Regelfall davor bewahre, mit beiden Füßen im Gefängnis zu landen, sei die Kameraderie aller anderen Banker. Jeder von ihnen wisse nämlich, daß alle Welt die Bankiers haßt. Entschließen sich allerdings die ganz Großen im Bankgeschäft, eine in Schwierigkeiten geratene kleinere Bank nicht zu unterstützen, so falle deren Management den Wölfen zur Beute.[7]

Nach neun Monaten Untersuchungshaft kam er zwar gegen Zahlung einer Kaution von 125.000 Dollar frei, wurde aber 1973 in absentia zu acht Jahren Gefängnis verurteilt und zog es verständlicherweise vor, künftig auf seiner Ranch in Kalifornien zu leben. Offenbar rührt daher Erdmans unverhohlener Haß auf die Schweizer Großbanken im allgemeinen und einzelne Bankiers im besonderen, die von ihm verschiedentlich in Gestalt von Thrillerfiguren karikiert werden. Und da ihm von den Basler Staatsanwälten und Richtern wenig Schonung zuteil wurde, übertrug er seine Abneigung auf das gesamte Schweizer Establishment mit seinem, wie er das sieht, old-boys-network von Top-Bankern, Top-Konzernherren, Top-Militärs, Top-Chargen im Justizapparat, Top-Geheimdienstbeamten und Top-Politikern. Wer in den siebziger Jahren nach sarkastisch gemalten Porträts geldgieriger, super-patriotischer, fremdenfeindlicher und unendlich mißtrauischer »Gnome von Zürich« suchte, wurde

in Erdmans Thrillern fündig. Gern bediente er so die Clichévor-
stellungen, die damals in der angelsächsischen Welt lebendig
waren.

Allem Anschein nach verbindet ihn aber mit der Schweiz mehr
als Haß, nämlich eine gewisse Haßliebe. Das kommt beispielsweise in dem sehr traditionalistisch konstruierten Thriller von
1991 »The Swiss Account«[8] zum Ausdruck. Zwar geht es auch dort
um das öffentlich hinlänglich breitgetretene Thema des »Nazi-
golds« in den Gewölben von Schweizer Banken, doch bei genau-
erem Zusehen ist erkennbar, daß Erdman die Schweizer der
Kriegsjahre durch differenzierte Darstellung ihrer Zwangslage
doch eher entlasten möchte. Gestützt auf die inzwischen breite
Forschung, läßt er die alten Kämpen Allen W. Dulles, Oberst
Roger Masson, den Leiter des Militärischen Nachrichtendienstes,
mit General Guisan im Hintergrund, standhaft-patriotische, anti-
nazistische Basler sowie den zwielichtigen SS-General Walter
Schellenberg nochmals in einem recht traditionell geschriebenen
Thriller aufgaloppieren. Ein üppiger Fußnotenapparat beweist,
daß er vieles Einschlägige gelesen, allerdings zugleich das Genre
des Polit-Thrillers mehr und mehr aus dem Auge verloren hat.
Seine Schilderungen des alten Basel und der Umgebung sind
akkurat und spürbar nostalgisch gefärbt. Nur die Straßennamen
sind vielfach fehlerhaft geschrieben – eine wohlvertraute Unvoll-
kommenheit englischsprachiger Bücher über die Schweiz oder
über Deutschland.

Doch im Rückblick interessiert nur der Thriller-Autor Erdman
aus den siebziger Jahren, weil er seinerzeit den rohen Nerv der
Zeit getroffen hatte. Damals zeigte er sich über die Schweizer Ge-
schäftswelt noch stark aufgebracht, sparte allerdings bestimmte
Gesellschaftsdamen aus guten Familien nebst deren Elternhäu-
sern aus seinen ansonsten durchgehend kritischen Büchern aus.
Im übrigen war er auf diesem Höhepunkt seines Erfolgs als Thriller-Schreiber dazu disponiert, seine Kritik am Schweizer Establishment gewissermaßen zu globalisieren. Weltweit, so seine Botschaft, sind dieselben unerfreulichen Typen dabei, die Menschheit

in den Abgrund zu steuern: hartgesottene, nicht bloß in Geldfragen gierige Banker, gleichfalls hartgesottene, zugleich stets nach harten Getränken durstige Generale, käufliche, geldgierige Experten und ganze Scharen korrupter Politiker, deren Mangel an Weitsicht nur noch von ihrer Geldgier übertroffen wird. Selbst in der Sowjetunion, so die auf persönliche Begegnungen gestützte Lagebeurteilung von Anfang der siebziger Jahre, wächst neben den bauernschlauen Brutalos aus den Reihen der Altrevolutionäre – auch sie schon durchweg korrupt – ein smarter, kapitalistisch infizierter, gleichfalls korrupter Nachwuchs heran.

Aus diesem wenig erfreulichen menschlichen Rohstoff und in recht genauer Kenntnis der Bedingungen seinerzeitiger Globalisierung sind Erdmans Thriller konstruiert. Man goutiert sie auch deshalb, weil er Eric Ambler den lässigen Zynismus seiner Helden abgeguckt hat. Er moralisiert nicht, sondern er karikiert und läßt dann und wann die Melancholie des Wissenden antönen, der die alte Welt zum Teufel gehen sieht, ohne etwas daran ändern zu können.

Schon sein erster Thriller, »Der Milliarden-Dollar-Schnitt«[9], Erscheinungsjahr 1973, trägt ihn rasch auf die Nummer 1 der Bestsellerlisten und wird auch verfilmt. Der Grund dafür ist klar: Es ist das Buch zur Krise, die damals jedermann in Unruhe versetzt, verfaßt von einem Insider, und alles in allem eher Angst machend als Zuversicht weckend. Der erste Ölschock wurde bekanntlich von der OPEC im Herbst 1973 im Gefolge des Yom-Kippur-Krieges ausgelöst. Erdman hatte diesen Thriller über eine Milliarden-Spekulation also geschrieben, kurz bevor die Decke herunterkam. Der Plot ist noch nicht so sicher konzipiert wie der über den »Crash of '79«. Doch die sarkastischen Dialoge oder Seitenhiebe entschädigen für eine Anzahl allzu langer Exkurse zu den bank- und währungstechnischen Details. Man spürt, wie sich hier ein zuvor wissenschaftlich arbeitender Autor aufmacht, seine Entdeckung gewaltiger, sehr beunruhigender Machtverschiebungen aufgrund der Dollarkrise in Gestalt eines Thrillers zu popularisieren. Doch eben die Detailschilderung verschlungener Transaktionen ist es, die seinen Thrillern die erwünschte Authentizität vermittelt.

Die Geschichte ist rasch erzählt. Sie spielt im Jahr 1974 und zeigt die Regierungen großer und kleiner Staaten in einem trüben Licht – als Großspekulanten. Damals ist der Moment erreicht, da die amerikanische Regierung endlich etwas Drastisches gegen den Dollarverfall tun muß. Zwar liegt der offizielle Goldpreis immer noch bei 42,22 Dollar je Unze. Doch es ist allgemein bekannt, daß die Deckung des Dollars durch Gold nur noch fiktiv ist. In dieser Lage entschließen sich die Regierungen Frankreichs, der Bundesrepublik, der Schweiz und Japans in größter Heimlichkeit, ihre Währungen einerseits nach gebührender Aufwertung fest an das Gold zu binden, andererseits diese frei in Gold zu konvertieren. In Washington bleibt das aber nicht verborgen, und so plant der amerikanische Präsident, ebenfalls streng geheim, eine drastische Dollarabwertung bei gleichzeitiger Heraufsetzung des offiziellen Goldpreises des Dollars auf 125 Dollar je Unze.

Doch auch dieses Vorhaben sickert durch und setzt abenteuerliche Spekulationspläne in Gang. Neben dem amerikanischen Präsidenten und seinem Finanzminister, dem man nachsagt, er sei zuvor »der skrupelloseste und daher erfolgreichste Bankier in der Geschichte Ohios gewesen«[10], treten wie in einer Goldoni-Komödie unter anderem auf: ein New Yorker Mafia-Investor, der schon Milliarden seiner Klientel im holländischen Curaçao geparkt hat, ein überschlauer Direktor der Moskauer Außenhandelsbank, der durch riskanteste Spekulationen die Dominanz des Dollars mittels einer diskret vorgenommenen Goldspekulation durch den goldgedeckten Rubel ablösen möchte, ein hochtalentierter Geldschrankknacker, ein gerissener libanesischer Geldwechsler, der sich an den Mekka-Pilgern bereichert, ein scharfer Basler Staatsanwalt aus der Familie Bernoulli, ein unsympathischer deutscher Generalbevollmächtigter der Rhein-Ruhr-Stahlwerke (er hatte die russische Sprache »nach der mühevollsten Methode erlernt, dank des militärischen Genies Adolf Hitlers«[11]), ein unsympathischer Schweizer Großbankier und zudem verschiedenste Damen, zumeist aus dem horizontalen Gewerbe. An dem Schweizer Bankier, der wohl nach dem Leben porträtiert ist, läßt der Autor als Knalleffekt ganz zum Schluß einen Auftragsmord vollziehen – der Auftraggeber bleibt im Dunkeln, doch es gibt hinlänglich viele, die bei der Spekulation Hunderte von Millionen verloren haben, somit ein glaubhaftes Motiv zur Rache oder zur Vertuschung besitzen. Jedenfalls findet der Bankier Dr. Hofer von der General Bank of Switzerland mehr als 100 Meter tief unter der Oberfläche des Vierwaldstätter Sees in seinem Mercedes 300 die vorerst letzte Ruhestätte.

Dank der dümmlichen Alt-Kommunisten im Politbüro, die ihrem gerissenen Außenhandelsbanker mißtrauen und gegenüber den USA auf Numero sicher gehen möchten, wird aber der Dollar nochmals gerettet. Grund zum Triumph oder zur Entwarnung? Dies wohl kaum. Erdman hat das Thrillerpotential der westlichen Finanzmärkte unübersehbar verdeutlicht, zugleich auch die Korruptheit fast aller Amtsträger, die mit den Milliarden spekulieren.

Doch dieser Erstling ist nicht viel mehr als eine Fingerübung für den rasanten Polit-Thriller »The Crash of '79«. Beinahe alle Krisen-Ingredienzien der labilen siebziger Jahre sind darin zusammengebraut und führen schließlich zur Explosion. Lediglich die sowjetische Bedrohung bleibt außer Betracht. Im wesentlichen greifen drei Schreckens-Szenarien ineinander: der finanzielle Bankrott des Westens, die nukleare Proliferation und die Bedrohung der industriellen Demokratien durch einen Golfkrieg. Der Thriller erscheint 1976. Somit ist das Unheilsszenario in die allernächste Zukunft verlegt.

Der Held des Thrillers ist ein amerikanischer Bankier. Er berichtet aus Sicht des Jahres 1984, wie es zur Weltkatastrophe des 22. März 1979 kam. Bill Hitchcock, so heißt er, bewirtschaftet inzwischen in Ruhe sein schönes kalifornisches Weingut in der Sonoma County. Auch seine Gefährtin, eine schöne, halbjüdische Schweizerin aus bester Familie, ist gerettet. Beide betrauern allerdings ihren Vater. Dieser war ein genialer, leicht verrückter

Physik-Professor. Erst hat er in strengster Geheimhaltung, so läßt uns Erdman wissen, die in den Tiefen der Berge verborgenen Schweizer Atombomben konstruiert, um alsdann auf Geheiß des Schweizer Establishments und verführt von den Israelis für den mehr als halbverrückten Schah einige schmutzige Atombomben zu bauen. Die Herren der Schweiz waren durch lukrative iranische Aufträge und das Versprechen verbilligten Erdöls verlockt werden, doch der Professor selbst endete in dem Inferno, das auch den Schah ausgelöscht hat.

Am 22. März 1979 hat sich nämlich eine doppelte Katastrophe ereignet. Damals ist das amerikanische Bankensystem rettungslos zusammengebrochen. Gleichzeitig hat ein atomarer Angriff des Iran mit durch Kobalt angereicherte Atombomben auf die Ölfelder am Golf 50 Prozent der Welt-Rohölproduktion für wenigstens ein Vierteljahrhundert verstrahlt. Aus iranischer Sicht war das eine Panne. Der Schah wollte Bomben zum Einsatz bringen, die nur feindliche Truppen verstrahlen, die Förderanlagen aber intakt lassen. Doch nach diesem Gewaltakt ist auch er in seinem Befehlsbunker zu Korramshar durch den Angriff von 17 saudischen Phantoms unter amerikanischer Führung zu atomarem Staub zerblasen worden.

So stellt sich also die Welt aus Sicht des Jahres 1984 dar. Und wie zu Zeiten des klassischen Altertums nach dem verheerenden Peloponnesischen Krieg der griechische Historiker Thukydides nach den tieferen Gründen für die Katastrophe Athens gefragt hat, beschreibt nun auch Bill Hitchcock, wie es zu dem großen Kladderadatsch kam. Er ist dafür besonders qualifiziert, war er doch ein hochrangiger Finanzexperte im Dienste des saudischen Königshauses. Ungewollt, wenngleich sehenden Auges, hat er an dem Verhängnis mitgewirkt und kannte alle Akteure.

Die tieferen Ursachen, so suggeriert der Zeitkritiker Erdman, sind in drei Stichworten zusammenzufassen: leichtsinnig herbeigeführter Bankrott der Privatbanken und der öffentlichen Haushalte; politische Korruption in Tateinheit mit der Dummheit eines amerikanischen Präsidenten und die Verrücktheit des Schah-in-Schah von Persien. Letzterer, so lesen wir, hatte seine hochge-rüsteten Armeen und Luftflotten mit einem Überraschungsschlag zu einem großangelegten Eroberungskrieg in Gang gesetzt, um sämtliche Ölstaaten rings um den Golf, Saudi-Arabien mit inbe-griffen, einem wiedererrichteten Persischen Großreich einzuglie-dern und als Herr über das Erdöl die Weltherrschaft zu erringen.

Erdman gehörte damals zu jenen Warnern, die das vielgerühmte Recycling der nach 1973 in den Nahen Osten geflossenen Erdöl-milliarden für selbstmörderisch hielten. Ohnehin überschuldete Banken unter gierigen Bankvorständen, ermutigt von schwachen, partiell auch bestochenen Regierungen, ließen sich, so die Rück-schau, damals darauf ein, kurzfristig von den Ölländern gewährte Darlehen mit langfristigen Schuldverschreibungen an bereits hochverschuldete Staaten der Dritten Welt auszuleihen. Wenn ein potenter Ölstaat seine Kredite zurückrief oder die Zinsen un-erwartet erhöhte, waren Liquiditätsengpässe die Folge. Erst recht mußte ein Golfkrieg, sofort gefolgt von Massenpanik der ameri-kanischen Einleger, das gesamte Bankensystem erschüttern mit dem Endeffekt eines Bankenkrachs analog dem des fatalen Okto-ber 1929.

Washington, so suchte Erdman weiter zu suggerieren, erwies sich dabei so korrupt wie eh und je, eher noch mehr als früher, da jetzt riesige Bestechungsbeträge gezahlt wurden. Vom Weißen Haus über das Verteidigungsministerium einschließlich der Ge-neralität bis hin zum Senat und zur Presse hatte der psychisch instabile, größenwahnsinnige Schah alle in der Hand. Selbst die-jenigen, die Verdacht hätten schöpfen müssen, betrachteten den Iran als die große antisowjetische Ordnungsmacht am Golf und taten ihr Bestes, ihm beim Aufbau der großen Kriegsmaschine zu helfen – gegen Petrodollars (und natürlich zusätzlich geschmiert durch Bestechung). Dem Schah fehlte nur noch die iranische Atombombe. An diesem Punkt kommen im Roman die schon erwähnten Schweizer ins Spiel.

Der Thriller endet mit grellen Knalleffekten. Die hochmütigen Ölscheiche sind erledigt, da die Förderstätten Kobalt-verstrahlt sind. Der Iran ist erledigt. Der Dollar und die Währungen der gleichfalls schwächlichen, kurzsichtigen Europäer sind gleichfalls erledigt.

Daß und warum ein derartiger Thriller im Jahr 1976 großen Eindruck machte, kann nicht erstaunen. Damals fanden sich in der Tat schon Experten, die in der Aufrüstung des Iran eine Gefahr für die ganze Region sahen. Wie so mancher Thriller-Autor seit den fernen Tagen, als Erskine Childers vor dem expansiven deutschen Kaiserreich gewarnt hatte, griff jetzt auch Erdman direkt in die außenpolitische Debatte ein. Allerdings mußte er bald feststellen, daß bei allzu präzisen und allzu naheliegenden Zeitangaben doch große Behutsamkeit geboten ist. Man kann damit zwar kurzfristig Spannung erzeugen, somit auch viel Geld verdienen. Doch geht das mittelfristig auf Kosten der Reputation, wenn das Vorausgesagte nicht eintritt. Auch die Urteilsfähigkeit von Thriller-Autoren wird nämlich von der Konkurrenz kritisch verfolgt, vor allem dann, wenn sie durch Produktion von Bestsellern Neid hervorrufen.

Als George Orwell seinem im Jahr 1948 erschienenen Zukunftsroman den Titel »1984« gegeben hatte, konnte er immerhin ziemlich sicher sein, nicht mehr persönlich auf die Richtigkeit seiner Prognose angesprochen zu werden. Anders erging es Erdman. 1979 lief alles doch ganz anders ab, als das im Thriller vorhergesagt war. Das Jahr des Crash hatte noch nicht recht begonnen, da mußte der als gewaltiger Eroberer porträtierte Schah am 10. Januar ins Exil abreisen. Am 1. Februar wurde der Ajatollah Chomeini unter dem Jubel von vier Millionen begeisterter Perser in Teheran empfangen. Auch die amerikanischen Finanzmärkte brachen nicht zusammen. So machte das Wallstreet Journal am 20. März 1979 höhnisch darauf aufmerksam, daß sich der große Krach von '79 nicht ereignet hatte.

Gleichwohl wurde 1979 zum Unheilsjahr für Amerika und ganz besonders für Präsident Carter. Wenigstens daß sich in der Golfregion Schlimmstes zusammenbraute, war von Erdman richtig prognostiziert. Und als sich in Kalifornien die Autoschlangen vor den Tankstellen stauten, mochte er sich auch in seinem Pessimismus bezüglich der westlichen Ölabhängigkeit bestätigt fühlen. Erdman, der sich im Rechtfertigungsnotstand befand, redete sich also mit dem etwas faulen Hinweis heraus, er habe nicht beansprucht, eine Prognose abzugeben, sondern eher eine Art Lehrstück in Gestalt eines Thrillers geschrieben.[12] Durch den nach wie vor kritischen Gang der Weltpolitik zu Beginn der achtziger Jahren sah er sich aber ermutigt, einen weiteren Krisen-Thriller zu publizieren, dies allerdings wiederum mit recht unvorsichtiger Terminierung auf den November 1985.

Der Titel lautete, ominös genug, »Die letzten Tage von Amerika«[13]. Gemeint war damit: weiterhin hohe Inflationsraten in den USA und andauerndes innenpolitisches Chaos sowie geostrategisches Vordringen der Sowjetunion (Jugoslawien ist im Thriller-Szenario bereits wieder dem Ostblock angegliedert). Vor allem aber schilderte Erdman hier den Hinauswurf der USA aus Europa durch die von dem ultrakonservativen Bundeskanzler Franz Joseph Strauß und seinem schneidigen Bundesaußenminister Otto Graf Amsburg urplötzlich in den Rang der europäischen Supermacht katapultierte Bundesrepublik Deutschland.

Tatsächlich dreht sich der wohl 1980 und Anfang 1981 verfaßte, vorwiegend in der Schweiz und in der Bundesrepublik spielende Thriller weniger um den Abstieg der USA als um den Aufstieg Deutschlands. Damals, nach der ein letztes Mal gewonnenen Bundestagswahl, begann die Regierung Helmut Schmidts rasch moribund zu werden. Weniger gut informierte, phantasiebegabte ausländische Beobachter vom Typ Erdman mochten den im Grunde verläßlich westlich orientierten, eher zögerlichen und europäisch gesinnten Franz Josef Strauß für einen entschlossenen schlauen Nationalisten halten und sich in dem Glauben wiegen, selbst nach der verlorenen Bundestagswahl könne er noch ein Comeback erleben.

Wie schon im »Crash von '79« wählt Erdman erneut die bewährte Rückschau, diesmal aus der Perspektive des Jahres 1987, als Deutschland, wie am Schluß des Thrillers geschildert wird, tatsächlich der zweimal gescheiterte Griff nach der Weltmacht gelingt. Der desillusionierte, aber gerettete Held erfreut sich zusammen mit seiner Frau und einer Schweizer Gespielin des stillen Friedens in einem Chalet mit zugehörigem Weinberg im Alexander Valley – siebentausend Meilen von dem gräßlichen Europa entfernt. Die Haupthandlung spielt aber bereits zwei Jahre zuvor, im November 1985, und dreht sich um die Verschwörung zur heimlichen Bewaffnung der Bundesrepublik mit atomar bestückten Cruise Missiles.

Wieder ist der Held ein Amerikaner, Frank Rogers mit Namen, diesmal Finanzdirektor eines kalifornischen Rüstungskonzerns. Die Firma hat ihre ganze Zukunft auf die Herstellung eines hochmodernen, allen Konkurrenzprodukten überlegenen Cruise Missile gesetzt, gegen die auch die Sowjets kein Abwehrsystem besitzen. Angestiftet von der Regierung Strauß, dabei unterstützt von den Niederlanden und Belgien, tendiert aber die NATO zur Konkurrenz. Für die Missile Development Corporation (MDC) heißt das schlicht und einfach, daß sie pleite ist, wenn sie den Auftrag nicht doch noch erhält. Der nach Europa entsandte Frank Rogers glaubt erst an einen simplen Korruptionsvorgang und bemüht sich, die NATO schließlich doch zur Entscheidung für das Produkt seiner Firma zu bewegen, indem er den zögernden Regierungen unter Einschaltung des dubiosen Schweizer Anwalts Dr. Zimmerli eine noch saftigere Bestechungssumme zukommen läßt. Doch tatsächlich ist eine gewaltige politische Verschwörung im Gang.

Zuerst beginnt ihm die Crème de la crème des Schweizer Establishment in Zürich die Augen zu öffnen, alsdann trifft er mit den Spitzenfiguren des deutschen militärisch-industriellen Komplexes im gemütlichen Gasthof Zum Hirschen des verschneiten Schwarzwald-Städtchens Sankt Blasien zusammen. Jetzt entdeckt er, was gespielt wird. Die Deutschen wissen genau, daß und weshalb sie die MDC in den Bankrott treiben. Bundeskanzler Franz Joseph Strauß und Außenminister Graf Amsburg, dabei sekundiert von der Deutschen Bank, von Siemens, von Messerschmidt-

Bölkow-Blohm und vom Generalinspekteur der Bundeswehr, sind kalt entschlossen, die ansonsten bankrotte Firma insgeheim zu kaufen, um von ihr die Blaupausen und bestimmte Schlüsselkomponenten zu erhalten und so, wiederum unter höchster Geheimhaltung, einige hundert atomar bestückte Cruise Missiles zu produzieren. Ganz geheim ist der Vorgang allerdings doch wieder nicht, denn tatsächlich ist die schwächliche amerikanische Administration mit im Komplott. Angesichts der erdrückenden sowjetischen Überlegenheit wagt sie es nicht mehr, mit in Europa stationierten amerikanischen Cruise Missiles zu drohen. Sollen doch die Deutschen, so der Kalkül im Weißen Haus, das Risiko laufen, insgeheim zielgenaue Nuklearwaffen zu produzieren, um sich dann, immer noch im Bündnis mit Amerika, als westeuropäische Ordnungsmacht der Sowjetunion entgegenzustellen!

Die von Erdman erfundenen Thriller-Figuren lassen keinen Zweifel daran, daß der deutschen Führung nichts lieber ist als ein solcher Kurs. Das Establishment der Bundesrepublik, so suggeriert er, hat den Traum nie ausgeträumt, Deutschland wieder in den Rang einer Weltmacht zu erheben. Allerdings sind diese Deutschen doch ein wenig klüger geworden. Sie wollen keinen Krieg gegen die Sowjetunion führen, setzen vielmehr auf einen großen diplomatischen Coup, der schließlich auch gelingt.

Als der Held der Geschichte das ganze Ausmaß der Verschwörung durchschaut, unternimmt er verzweifelte Anstrengungen, das Vorhaben zu durchkreuzen. Sein Aufbegehren führt aber bloß zu zwei von ihm begangenen Totschlagdelikten. Die Geheimdienste und Polizeien Europas sind nun hinter ihm her. Nur mit Hilfe seiner Schweizer Geliebten, einer Basler Staatsanwältin (auch sie, wie es sich gehört, aus bester Bankiersfamilie), gelingt es ihm, in einer Swiss-Air-Maschine nach New York zu entkommen. Aber er hat ausgespielt. Nicht einmal die New York Times will ihm die phantastische Geschichte abkaufen, zumal sich die Verschwörer aller Beweismittel bemächtigt haben. Er muß froh sein, sich in Begleitung seiner verständnisvollen Frau auf das schon erwähnte Weingut absetzen zu können.

Im Oktober 1987 ist es dann soweit. Die Bundesrepublik Deutschland wird über Nacht zur Atommacht. Aber es kommt nicht zur befürchteten Konfrontation mit Moskau. Das sowjetische System, so Erdman, nähert sich nämlich aufgrund seiner Überrüstung »dem Punkt des Zerspringens« (im Jahr 1981 war das eine ganz gute Prognose). So reist Otto Graf Amsburg auf den Spuren Joachim von Ribbentrops nach Moskau und handelt dort mit der sowjetischen Führung einen geheimen Deal aus. Die Sowjetunion gibt sich mit der atomaren Bewaffnung der Bundesrepublik zufrieden, Deutschland verspricht dafür, die NATO zu verlassen und die amerikanischen Streitkräfte spätestens nach 60 Tagen des Landes zu verweisen. Im Gegenzug sichert die Sowjetunion zu, die Rote Armee aus der DDR abzuziehen. Was sich somit in Europa vollzieht, ist »ein Machtwechsel großen Stils«[14]. Amerika übergibt seine mehr als vierzig Jahre wahrgenommene Vormachtstellung an Deutschland und sagt: Goodbye, Europa!

Ähnlich wie »The Crash of '79« ist also auch dieses Buch ein politisch gezielter Thriller. Damals ging es gegen den als ziemlich üblen Psychopathen karikierten Schah, jetzt sind Franz Josef Strauß und seine Kumpane im Visier. Erdman ist jedoch peinlich bemüht, den Thriller gerichtsfest zu verfassen. Die neue deutsche Führungsschicht wird zwar als nationalistisch, erzkonservativ und machtlüstern dargestellt, auch als recht unbedenklich, aber zugleich als rational, friedlich und in Maßen zivilisiert.

Bekanntlich hat sich Erdman einmal mehr gründlich getäuscht. Nicht Franz Josef Strauß wurde am 1. Oktober 1982 zum Bundeskanzler gewählt, sondern Helmut Kohl. Die neue Bundesregierung strebte weder nach deutschen Cruise Missiles noch nach Kernwaffen, sondern setzte 1983 die Stationierung amerikanischer Cruise Missiles und Pershings durch. Auch Amerika verblieb nicht im »heimischen Chaos«[15], und Ronald Reagan scheiterte nicht, wie von Erdman vorhergesagt.[16] Zwar kam es zum Rückzug der russischen Armeen, wenngleich nicht 1987, sondern zwischen 1990 und 1994. Doch das war nicht das Ergebnis deutscher Ausrüstung mit Kernwaffen oder zweifelhafter Deals mit Moskau. Und als die achtziger Jahre zu Ende gingen, erlebte Amerika nicht seine letzten Tage, sondern den unaufhaltsamen Aufstieg als letzte verbliebene Supermacht, während das wiedervereinigte Deutschland genauso friedfertig, europäisch und atlantisch gesinnt verblieb wie zuvor schon.

Paul Erdman war und ist jedoch nicht davon abzubringen, weiterhin Katastrophen-Thriller zu verfassen und seriös aufgemachte Katastrophenberatung[17] zu betreiben. Da die Finanzmärkte periodisch in Turbulenzen geraten, kann er sogar behaupten, auf längere Sicht immer Recht zu haben. 1986 suchte er mit einem weiteren Thriller an die früheren Erfolge anzuknüpfen. Er nannte ihn »Panic of '89«[18] und ließ dabei eine recht gemischte Verschwörergruppe von Russen, Latinos und natürlich Schweizern erneut den Versuch unternehmen, Amerika wirtschaftlich auf die Knie zu zwingen.[19] Unnötig auszuführen, daß 1989 lediglich der Kollaps des Ostblocks erfolgte, während Amerika prosperierte.

Was bleibt somit von Erdmans darstellerisch recht ungleichwertigen Thrillern? Die Tage seiner großen Triumphe sind wohl definitiv vorbei. Aber die Börsen sind weiterhin sehr volatil. Auch die Moralität des Establishments an den Spitzen der Machtpyramiden gibt heute genauso zum Sarkasmus Anlaß wie seinerzeit, als Erdman an den Spitzen der Bestsellerlisten figurierte. Die unseriöse Haushaltspolitik der Staaten gehört nach wie vor zu den unlösbaren Problemen, nukleare Proliferation und weltweite Korruption genauso. So gesehen, bleibt dieser Autor aktuell. Doch in der Thriller-Geschichte wird man ihn vor allem als den Jeremias der siebziger und der frühen achtziger Jahre in Erinnerung behalten. Denkwürdig bleibt er auch deshalb, weil er der einzige ist, der in einem Basler Gefängnis zum Beruf des Thriller-Schreibers fand und daraus dank Insiderwissen und zynischer Weltbetrachtung ein neues Genre zu entwickeln verstand: den Polit-Thriller der globalisierten Finanzmärkte.

Die Geheimdienstchefs als Retter Europas: **Colin Forbes**

Im Unterschied zu vielen anderen Ländern sind die Geheimdienste in England und in den USA politisch heftig umstritten, jedenfalls zeitweise. Das strahlt auch auf die Bruderschaft der Thrillerschreiber ab. Zur gleichen Zeit, da Eric Ambler, Graham Greene, Ted Allbeury, Len Deighton oder John Le Carré die Absurdität des Treibens der Geheimdienstapparate sowie die charakterliche Gebrochenheit der Akteure beschreiben, setzen viele andere Autoren Buch für Buch den wachsamen westlichen Abwehrapparaten und dem stummen, opferbereiten Patriotismus ihrer Agenten so etwas wie Thriller-Denkmale.

Verrat und Verräter sind zwar auch in diesen Romanen nie abwesend. Schließlich würde das Genre ohne den Kitzel der Verräterei in Langeweile verdorren und wäre nicht mehr wirklichkeitsnah. Entscheidend aber ist die Bewertung. Landesverrat, somit auch Verrat eigener Agenten und Freunde, gilt diesem Lager nach wie vor als moralisch abstoßendes Verbrechen. Dementsprechend wird die triumphale Vernichtung solcher Schufte in den Thrillern dieser Tendenz als kathartischer Vorgang inszeniert.

Hier führt ein ungebrochener Traditionsstrang von John Buchan über Helen MacInnes bis Frederick Forsyth oder Colin Forbes. Ein Dutzend weitere, die sich häufig mit den Leistungen der militärischen Abwehr befassen, wären hier gleichfalls zu nennen, etwa die des Fernsehkorrespondenten und Kriegsberichterstatters Gerald Seymour.[1] Dabei haben neben dem Kalten Krieg gegen den KGB vor allem auch die jahrzehntelange Abwehr des Terrorismus der IRA oder radikaler nahöstlicher Organisationen in ihren Thrillern jene großen Blutspuren hinterlassen, denen der Thriller-Leser nachspürt. Unter diesen Autoren ist Colin Forbes (mit bürgerlichem Namen Raymond Harold Sawkins) besonders bemerkenswert. Nicht einmal der Viktorianer John Buchan könnte einen schöneren englischen Selbstbehauptungswillen an den Tag legen.

Auf die Geheimdienste des Westens und ihre Mitarbeiter ist Verlaß – so die Botschaft von an die zwei Dutzend seiner Thriller. Das gilt ganz besonders für die britische Abwehr, personifiziert in dem Stellvertretenden Geheimdienstchef Tweed und seinem Team, die Forbes seit den frühen achtziger Jahren zu Helden seiner Romane erkoren hat. In den Thrillern von Forbes ist London auch immer noch das Zentrum des Westens – keine Spur von der traurigen Häme, mit der John Le Carré die psychisch, finanziell und moralisch ausgelaugten Spionageapparate des Vereinigten Königreichs karikiert. Lediglich der Chef des Geheimdiensts wird als leicht kuriose Type geschildert: pompös, bequem, seit den Studienjahren in Cambridge ein Teil der politischen Klasse, somit den Politikern hörig, nicht immer voll auf dem laufenden, guter Administrator, aber phantasielos, risikoscheu und die Dolce Vita mit schönen Damen oder auf dem prachtvollen Landsitz mehr schätzend als den Schreibtisch oder gar die Jagd auf Terroristen und auf die fast allmächtigen Feinde des Westens.

Eigentlich ist er ganz überflüssig, denn der auf den schlichten Namen Tweed getaufte Deputy Director wittert jede Gefahr, die dem Vereinigten Königreich droht, jagt an der Spitze seines eingespielten Teams die Bösewichte höchstpersönlich und bringt sie schließlich zur Strecke. Dieser dynamische Macher, der unablässig in England und auf dem Kontinent auf Achse ist, wurde von Colin Forbes ganz bewußt als Anti-Typ konzipiert: Anti-Typ zu den Amateuren, die in den Serien früherer Thriller-Autoren häufig die Zentralfigur waren und zu großer Form aufliefen, Anti-Typ aber auch zu den psychisch verkrüppelten Geheimdienstlern in den Thrillern von Len Deighton oder John Le Carré. Unter den britischen Thriller-Autoren findet seit Jahrzehnten ein Ringen nicht nur um die ersten Plätze auf der Bestsellerliste statt, sondern ebenso um das öffentliche Bild des Geheimdienstes, und in diesem Ringen nimmt Forbes ganz entschieden Partei für die vielgeschmähten Dienste.

Forbes hat seine Figur in jenen Jahren erfunden, als Margaret Thatcher in Politik und Verwaltung einem ganz neuen Typ von Konservativen zum Durchbruch verhalf. Die oft wohlmeinenden, aber auch träge gewordenen Tories aus der einstigen Oberschicht wurden damals wenigstens teilweise von Aufsteigern verdrängt, die nicht mehr in Oxbridge studiert hatten, sondern Manager waren, die auf Effizienz schworen und unzeremoniell zupackten. So ein Typ ist Tweed und seine Truppe, unter der sich auch ein staatlich besoldeter Killer findet, der als einer der besten Scharfschützen Europas gelobt wird. Denn in diesen Thrillern wird nicht lange gefackelt. Nicht nur die hier auftretenden Terroristen, feindlichen Geheimagenten und die mächtigen, bösen Drahtzieher lassen einen hohen Leichenberg hinter sich, sondern ebenso Tweed mitsamt seiner Mannschaft, wobei sich der zumeist unbewaffnete Chef nicht selbst die Hände blutig macht. Er läßt töten und rettet so wieder und wieder den Westen.

Überhaupt: wenn die uralte Figur des John Bull irgendwo im Agenten- und Polit-Thriller ihren Niederschlag gefunden hat, dann bei Colin Forbes, der im Zweiten Weltkrieg Offizier war, dann in die Werbebranche ging und als Drehbuchautor arbeitete, bis er sich Mitte der sechziger Jahre für die Existenz des freien Schriftstellers entschied. An Fleiß ist er von niemandem zu übertreffen: Jahr für Jahr ein Thriller, wenngleich nicht jeder gleich gut gelungen ist.

Besonders die Tweed-Thriller leiden zunehmend an Wiederholungen. Jeder einzelne Roman ist zwar spannend konstruiert. Doch Forbes entgeht ebensowenig wie seine Konkurrenz dem Schicksal solcher Serien-Romane. Wenn immer wieder dieselbe Gruppe von Helden mit denselben Ticks und denselben Reaktionsmustern vorgeführt werden, langweilt dies. Die Gestalten dieser Romane entwickeln sich nicht. Sogar die großen Bösewichte haben keinen psychologischen Tiefgang. Die Dialoge sind flach. Auch die Handlungsabläufe sind eine nie endende Abfolge von Strategie-Beratungen bei viel Kaffee in der Zentrale am Park Crescent oder in Hotel-Suiten, von Rasereien über die englischen Autobahnen oder durch unwirtliche Moorlandschaften entlang der Nordsee, von Flügen in die Kapitalen Europas und von stets nach ähnlichen Mustern verlaufenden Mordanschlägen, Verfolgungsjagden, Beschleichungen und schließlichen *shoot outs*. Die meisten Leser scheint das jedoch überhaupt nicht zu stören. Wer es regelmäßig auf die Bestsellerlisten schafft, in 20 Sprachen übersetzt ist und zahlreiche Verfilmungen erreicht hat, kann sich viel leisten. Und für Thriller-Freunde, die zugleich studieren, wie die Ängste der letzten Jahrzehnte des 20. Jahrhunderts und der Anfänge des 3. Milleniums im Thriller ihren Niederschlag finden, sind sie eine Fundgrube.

Auch Forbes hat ein großes Thema: den Abwehrkampf der westlichen Geheimdienste gegen die zeitgenössischen Bedrohungen. Aufgetischt werden dabei die jeweils aktuellen Bedrohungen: arabischer Terrorismus, vom Ostblock gesteuerte Staatsstreichversuche und terroristische Anschläge, organisierte Kriminalität weltweiter Konzerne, desgleichen künftige Gefährdung durch anti-westliche Großmächte, die Machtgelüste verderbter Spitzenpolitiker und neuerdings zusehends die amerikanische Gefahr.

Bei Forbes ist der Westen das Ziel periodischer Anschläge, aber zugleich eine Handlungseinheit. In der Spionagezentrale in einem Gebäude im georgianischen Stil mit Blick auf den Regent's Park laufen alle Fäden der westlichen Abwehr zusammen. Wenn es ganz kritisch wird, bemüht sich sogar Tweeds Kollege bei der CIA, Cord Dillon, nach London, denn von hier aus ergehen die entscheidenden Impulse zur Rettung der westlichen Welt. Wie zuvor bei Ian Fleming sind auch bei Colin Forbes die internationalen Machtverhältnisse aus britischer Sicht noch in Ordnung – wenigstens im Thriller.

Auf dem europäischen Kontinent verfügt Tweed über ein verläßliches Netzwerk an Geheimdienstkontakten. Mal für Mal tauchen dieselben Gestalten auf: der deutsche BKA-Chef Otto Kuhlmann, der ruhige, doch unsentimental zupackende Arthur Beck von der Schweizerischen Bundespolizei, Lasalle, Chef des DST in der Rue de Saussure, und die Häuptlinge der analogen Dienste in Stockholm, Brüssel oder Wien. Selbst wenn sich die Politiker ganz an der Spitze häufig als unentschlossen, ängstlich, legalistisch, korrupt oder gar als noch Schlimmeres erweisen, bleibt Verlaß auf die Apparate. Wenigstens im Geheimdienstbereich funktioniert Westeuropa als Einheit, die Schweizer Eidgenossenschaft mit inbegriffen.

Anders als seine Vorläufer John Buchan oder Helen MacInnes verzichtet jedoch Forbes fast völlig auf bedeutungsschweres Reden von patriotischen Pflichten, von Menschenwürde oder von Demokratie. Selbstbehauptung des Westens manifestiert sich für ihn in präzise geplanter, entschlossener Aktion, nicht in Polit-Dialogen. Allenfalls dann, wenn wieder einmal eine Krise gemeistert ist, läßt der Autor einen seiner Helden resümierend feststellen: »wie in der Vergangenheit wird der Westen nur von einer Handvoll Männern und Frauen gerettet werden«, wobei er hinzufügt, dies im Jahr 1977: »Am Ende werden wir die Sowjets schlagen ...«[2]

Die wachsamen Abwehrchefs betrachten die politische Kontrolle durch Premierminister oder Präsidenten bestenfalls als notwendiges Übel. Immerhin, Forbes erwähnt durchaus Spitzenpolitiker, vor deren Entschiedenheit er Respekt hat. In England ist das die Premierministerin Margaret Thatcher, in der Bundesrepublik Deutschland ein Kanzler, hinter dessen verfremdetem Namen unschwer Helmut Schmidt zu erkennen ist. Überhaupt ist das uneingeschränkt positive Deutschland-Bild in diesen Thrillern auffällig. Nach Meinung von Forbes ist die Bundesrepublik auf dem Feld der Terrorismusbekämpfung ein hervorragend organisierter Staat und im Kalten Krieg mit dem Kommunismus ein Eckpfeiler der westlichen Gemeinschaft. Alles in allem aber halten die bei ihm Buch für Buch auftretenden Geheimdienst-Chefs von den Politikern nicht viel, zumal immer wieder einmal ein amerikanischer Präsident oder dessen engste Mitarbeiter, desgleichen ein französischer Staatspräsident als Sicherheitsrisiko entlarvt werden.

Rechtsstaatliche Schranken, ein Zentralproblem jeder effizienten westlichen Agenten- und Terrorismusbekämpfung, werden in diesen Thrillern im Krisenfall völlig bedenkenlos durchbrochen. In Westeuropa, wo Killer-Kommandos östlicher Geheimdienste ihren Zielpersonen grenzüberschreitend mit Semtex-Sprengstoff, Kalaschnikows oder mit altertümlichen Garotten das Leben nehmen, bringen auch Tweed und seine Gefährten die Feinde des Westens wie tolle Hunde zur Strecke. Zu guter Letzt werden die Leichenhaufen immer rasch unter den Teppich gekehrt, um lästiges Nachfragen zu vermeiden. In der Thriller-Welt von Colin Forbes gibt es keine parlamentarischen Untersuchungsausschüsse. Auch Forbes schreibt also fast durchweg Wachsamkeits-Thriller. Dabei scheint die jeweilige zeitgeschichtliche Folie durch. Wie an Jahresringen läßt sich an diesen Thrillern ablesen, was den Konservativen im Westen jeweils besondere Sorge bereitet hat.

Soziologisch gesehen, ist Colin Forbes ein Beispiel dafür, daß die britischen Privatschulen, wo die Oberschicht meist ihren Nachwuchs abstellt, nicht nur anti-patriotische Linksintellektuelle des Typs Graham Greene hervorbringen. Im Zweiten Weltkrieg war der 1923 geborene Raymond H. Sawkins Offizier, ist dann in der Privatwirtschaft tätig gewesen und hat Mitte der sechziger Jahre seine Freude am Thrillerschreiben entdeckt. Von verschiedenen Pseudonymen, die er ausprobierte – Richard Raine, Jay Bernard –, hat ihm schließlich Colin Forbes am besten gefallen. Unter diesem Pseudonym erfolgte in den siebziger Jahren, also nach dem ersten Ölschock von 1973 und im Zeichen des geostrategischen Vordringens der sowjetischen Weltmacht, sein Durchbruch auf dem schon heftig umkämpften Schlachtfeld der Thriller-Autoren. Er versteht sich, wie gesagt, in seinem Metier als gewissermaßen trivial-literarischer Krieger für den bedrohten Westen, zuvörderst natürlich für Freiheit und Sicherheit Englands.

Die Thriller, die ihn Mitte der siebziger Jahre weltbekannt machen, erinnern daran, von welch defätistischen Zukunftserwartungen die Demokratien damals erfüllt waren. Heute ist das völlig vergessen. Selbst unerschrockene Analytiker wie Raymond Aron, der führende liberal-konservative Intellektuelle im damaligen Frankreich, sind in jenen Jahren von düsteren Befürchtungen umgetrieben worden. 1977 veröffentlichte Aron ein tief besorgtes, vielbeachtetes Buch des Titels »Plädoyer für das dekadente Europa«[3]. Im Vorwort konnte man lesen: »die Freiheit des westlichen Europa wird dadurch bedroht, daß die militärisch starke Sowjetunion, deren Truppen immer ›zwei Etappen der Tour de France entfernt‹ stationiert sind (so de Gaulle im Jahr 1949), mit den Wahlerfolgen der kommunistischen Parteien in Italien und Frankreich und schließlich mit dem Verlust des Selbstvertrauens der Europäer zusammentrifft«[4]. Aron spielte damit auch auf den französischen Präsidentschaftswahlkampf von 1974 an. Der liberale Kandidat Giscard d'Estaing hatte ihn zwar gewonnen. Doch zeichnete sich erstmals ab, was dann 1981 Wirklichkeit wurde: ein Wahlsieg des undurchsichtigen Sozialistenführers François Mitterrand mit Unterstützung der Kommunisten, die immer noch an ihrer stalinistischen Ideologie festhielten.

So stellt sich der politische Hintergrund des Thrillers »Nullzeit«[5] dar, der 1975 erscheint und Colin Forbes an die Spitze der Bestsellerlisten katapultiert. Kurz nach Erscheinen sind allein in England bereits eine halbe Million Exemplare verkauft. Colin Forbes hat damit nicht nur seinen besten Thriller geschrieben: die sensationelle Handlung, die Atmosphäre, die Psychologie der Akteure – alles stimmt. Zum Erfolg trägt auch der Umstand bei, daß der Spannungsroman den politischen Besorgnissen Ausdruck gibt, die im damaligen Westeuropa weit verbreitet sind. Auf seine Weise ist dieser Thriller über einen kommunistischen Maulwurf, der es geschafft hat, als Staatspräsident in den Elysée-Palast zu gelangen, genauso schrill alarmistisch wie seinerzeit »Das Rätsel der Sandbank« von Erskine Childers. Ein charismatischer, mit allen Wassern des Populismus gewaschener und mit den weitreichenden Befugnissen eines Staatspräsidenten gemäß Verfassung der 5. Republik ausgestatteter kommunistischer Hochverräter steht eben im Begriff, nach Moskau zu fliegen, um Frankreich durch einen Vertrag an die Seite der Sowjetunion zu führen. Seinem rabiaten Anti-Amerikanismus hat er kurz zuvor in einer Rede zu Dijon mit den Worten Ausdruck gegeben: »Die USA sind ein einziger Slum… Wenn Europa nicht auch zu einem riesigen Slum verkommen soll, müssen wir dafür kämpfen, unseren Kontinent von allem amerikanischen Einfluß zu säubern…«[6]

Tatsächlich, so Colin Forbes in diesem in einer nahen Zukunft angesiedelten Thriller, hat sich die geostrategische Lage in Europa bereits dramatisch verändert. Während der weltweiten Rezession Mitte der siebziger Jahre ist es der Sowjetunion gelungen, ihren Machtbereich stark zu erweitern. In Portugal regieren die Kommunisten, desgleichen in Spanien und in Griechenland. Kriegsschiffe der Roten Flotte liegen in Piräus und in Barcelona vor Anker. Das Mittelmeer ist zu einer Art sowjetischer Binnensee geworden. Und der entscheidende Faktor: Die letzten amerikanischen Truppen haben vor kurzem unter dem Druck eines neo-isolationistischen Kongresses in Washington den europäischen Kontinent verlassen. Nur die entschieden antikommunistische Bundesrepublik Deutschland, in engem Bündnis mit dem nuklear gerüsteten, wirtschaftlich prosperierenden Frankreich, steht noch dem sowjetischen Vordringen bis zur Nordsee und bis zum Atlantik im Wege. Doch eben Frankreich droht nun durch Staatspräsident Guy Florian ins sowjetische Lager geführt zu werden, so daß die Bundesrepublik isoliert wäre.

Forbes konstruiert seine Handlung ähnlich wie zur gleichen Zeit Helen MacInnes. Vorgänge und Verrätereien, die sich lange zuvor beim Kampf der Résistance im Zweiten Weltkrieg abgespielt haben, wirken jetzt auf die Gegenwart ein. Florian war bereits im Maquis der Jahre 1943/44 unter dem Decknamen »der Leopard« insgeheim ein Kommunist gewesen. Angeblich war er im Kampf gegen die Deutschen umgekommen. Der Plot dieses handwerklich perfekt konstruierten Thrillers besteht nun darin, daß ein patriotischer hoher französischer Beamter namens Grelle, den Florian zu seinem Sicherheitschef gemacht hat, diese Vergangenheit Zug um Zug ans Licht zu bringen versucht, während sowjetische Agenten jene Zeugen ermorden, welche die wahre Identität Florians ans Licht bringen könnten. Alles scheitert, Florian hat bereits nach Moskau abgehoben, da gelingt es dem tapferen Grelle, das Flugzeug mit einer Boden-Luft-Rakete zu vernichten – erste Explosion einer »Concorde« kurz nach dem Start vom Flughafen Charles de Gaulle, wenngleich damals nur im Thriller. Um die Schande seines Landes nicht bekannt zu machen, wählt Grelle den Freitod, während der gleichfalls patriotische Verteidigungsminister Alain Blanc das Land vor dem Abgrund zurückreißt und wieder auf NATO-Kurs führt.

Nach dem Welterfolg von »Nullzeit« bleibt Forbes weiterhin auf die letzte, sehr gefährliche Phase des Kalten Krieges fixiert. 1977 knüpft er mit dem Thriller »Lawinenexpreß« daran an. Auch dieses Buch wird bald verfilmt und etabliert seinen Autor endgültig an der Spitze der Sellerlisten.

Die Handlung folgt dem inzwischen gängigen Muster der Kalter-Kriegs-Thriller: Verrat und Intrige auf höchster Ebene, harte Geheimdienstprofis in beiden Lagern, eine hektische Abfolge von Kommando-Überfällen und *cliffhanger*-Szenen, alle mit Todesfolgen.

Diesmal sitzt der »Maulwurf« aber nicht im Elysée, sondern im Moskauer Politbüro, wo ein noch unentschiedener Machtkampf zwischen den zusehends aggressiveren Hardlinern, die Westeuropa durch die Rote Armee überfallen lassen wollen, und den gemäßigteren Kräften hin- und herwogt. Kurz vor der Entdeckung der dissidenten Kreml-Größe gelingt es einer neu aufgestellten westlichen Geheimdienst-Einheit, diesen sowjetischen Spitzenfunktionär inmitten eines Schneesturms über Bukarest auszufliegen, und zur großen allseitigen Verblüffung entpuppt sich der bisher namentlich nicht bekannte Überläufer als der

Chef des KGB höchstpersönlich. Aus der Frau des anfänglich durch Chruschtschow protegierten, höchstrangigen Geheimdienst-Chefs war im Lauf der Jahre, zuletzt durch Lektüre Solschenizyns, eine heimliche Dissidentin geworden. Um den eigenen Mann vor den mißtrauischen Feinden des KGB-Chefs zu schützen, hatte sie den Freitod gewählt. Das Hauptmotiv des hochtalentierten, sympathisch gezeichneten Überläufers ist also die Rache.

Forbes versetzt die Handlung in einen jener grimmigen Winter, die damals Westeuropa gelegentlich heimsuchten. Und da er – darin Helen MacInnes vergleichbar – die dramatischen Vorgänge gern in touristisch attraktiven Regionen spielen läßt (oder aber in furchterregenden Landschaften der Arktis und in englischen Einöden), erreicht der Thriller in der ihm bestens vertrauten und von ihm offensichtlich geschätzten Schweiz die eigentliche Klimax. Westeuropa ist im Eis erstarrt, alle Flughäfen außer dem holländischen Schiphol sind dicht, und so müssen die westlichen Dienste den mit knapper Not entkommenen KGB-Chef im Zug von Mailand durchs Tessin und das Gotthard-Massiv über Zürich und Basel nach Holland eskortieren, was natürlich KGB und GRU Gelegenheit gibt, die für den Kriegsfall in allen Ländern des Westens im Verborgenen bereitstehenden Sabotage-Kolonnen von Mailand bis zu den Maas-Brücken den Konvoi mit einer Abfolge tödlicher Überfälle attackieren zu lassen, selbstverständlich erfolglos.

Allem Anschein nach auf der Basis von Geheimdienstinformationen sucht Forbes hier zu illustrieren, wie die italienische Brigade Rosse und die deutsche RAF heimlich von Moskau aus finanziert und ferngesteuert werden. Auch in diesem Thriller erweisen sich die zuverlässig antikommunistischen Geheimdienstchefs Italiens, der Schweiz, Deutschlands, Belgiens und der Niederlande sowie deren nicht zimperliche Anti-Terror-Teams als entscheidende Akteure des westlichen Selbstbehauptungswillens, während die Politiker Westeuropas die Gefahren gerne ignorieren, weil sie nur an ihre Karrieren sowie an schöne lange Wochenenden denken und außerdem von der Droge der Entspannungsillusionen benebelt sind. Wer das Buch heute, aus dem Abstand eines guten Vierteljahrhunderts, wiederliest, findet darin ebenso wie in »Nullzeit« oder in Forbes' vergleichbaren Thrillern aus demselben Zeitraum jene pessimistische Stimmung eingefangen, die sich damals der Antikommunisten in Westeuropa und in den USA bemächtigt hatte. Beim Blick auf die amerikanische Szene gestaltet Forbes so etwas wie eine konservative Utopie, die dann allerdings erst vier Jahre später mit Reagan Wirklichkeit wurde.

Der Thriller erscheint, wie schon erwähnt, im Jahr 1977. Im November 1976 ist Jimmy Carter überraschenderweise zum Präsidenten gewählt worden, damals noch ein unbeschriebenes Blatt. So skizziert auch Forbes einen mit 41 Jahren sehr jungen, knallharten Amtsinhaber im Weißen Haus, den antikommunistischsten Präsidenten seit der Russischen Revolution, kann man lesen. Dieser setzt all das in Gang, was jene Konservativen erhoffen, die über das geostrategische Vordringen der Sowjetunion, über die sowjetische Hochrüstung und das Vordringen der Eurokommunisten in Westeuropa alarmiert sind. Er zieht das trügerische Wort Entspannung aus dem Verkehr, ersetzt die durch den Kongreß eingeschüchterte und ans Licht der Öffentlichkeit gezerrte CIA durch eine kleine, schlagkräftige westliche Geheimorganisation aus konsequent antikommunistischen amerikanischen, britischen und deutschen Profis, geht mit Rotchina eine strategische Allianz gegen die Sowjetunion ein und entsendet ohne Zögern in einer gewaltigen Big-Lift-Operation drei amerikanische Divisionen nach Europa, als er von der hochrangigen Quelle im Politbüro erfährt, daß die Rote Armee unter der Tarnung eines großen Manövers tatsächlich den Überfall auf Europa vorbereitet.

Ein knallharter amerikanischer Präsident – 1977 ist das unter den Antikommunisten im westlichen Europa noch ein Wunschtraum, der erst 1981 mit dem Amtsantritt Roland Reagans Wirklichkeit wird. Auch den folgenden Thrillern von Forbes liegen die Befürchtungen und Kontroversen zu den Ost-West-Beziehungen zugrunde. Der amerikanische Präsident und die britische Premierministerin werden nun nicht einmal mehr unter einem Pseudonym versteckt. Mitte der achtziger Jahre dreht sich die Handlung um das Star-Wars-Konzept Ronald Reagans und um sowjetische Versuche, durch Diskreditierung seiner Administration dessen Wiederwahl im Jahr 1984 zu verhindern.[7] Forbes deutet auch ohne falsche Diskretion an, bei dem neuen Abwehrerfolg Tweeds habe die »Eiserne Lady« in Downing Street 10 Regie geführt.

Der Leser konnte wiederum den Eindruck gewinnen, daß Forbes auch diesmal bei Erfindung seiner Handlungen der offiziellen Linie britischer Außenpolitik folgte. Ängstigte man sich in den siebziger Jahren vor dem Generalsekretär Breschnew, so macht man sich seit Mitte der achtziger Jahre Sorgen, der reformerische Generalsekretär Gorbatschow könnte durch reaktionäre Kräfte gestürzt werden. Als es Tweed und seiner Mannschaft, wie im Thriller »Cossack« geschildert[8], schließlich gelungen ist, einen eiskalten Apparatschik auszuschalten, den die Feinde Gorbatschows in komplizierten Manövern an die Spitze der Sowjetunion bringen möchten, belobigt ihn die Premierministerin mit den Worten: »Jeder Nachfolger Gorbatschows stellt eine Gefahr für den Westen dar.«[9]

Verhindern, daß Gorbatschow stürzt – das ist auch das Thema des folgenden Thrillers, betitelt »Der Jupiter-Faktor«[10]. Auch jetzt wieder bringen die Akteure die Gegensätze in der sowjetischen Führungsspitze auf die denkbar schlichtesten Formeln. »Gorbatschow muß verschwinden, er zerstört die militärische Überlegenheit, die wir im Lauf vieler Jahre aufgebaut haben, seine aberwitzige Politik ruiniert den Sowjetstaat ...«, so läßt Forbes einen putschbereiten sowjetischen General ausrufen.[11] Nachdem die dramatische Handlung wieder einmal im letzten Augenblick gut zu Ende geführt ist, kann Tweed zu seiner attraktiven, mit der Pistole treffsicheren, ansonsten aber bemerkenswert asexuellen Assistentin Paula Grey erleichtert, doch immer noch nicht ganz ohne Skepsis sagen: »Sie brauchen einen guten, steifen Drink.

Alles ist vorbei. Die Entspannung ist gerettet – zum Guten wie zum Bösen.«[12]

»Die Entspannung ist gerettet ...« Ist Colin Forbes in jenen Jahren eine Art offiziöser Thriller-Autor, vom britischen Geheimdienst bestens mit Informationen versehen, so wie John Buchan im Ersten Weltkrieg? Die propagandistische Zielsetzung seiner Romane ist hier jedenfalls mit Händen zu greifen.

Forbes war damals nur einer von vielen, die das dramatischste letzte Jahrzehnt des Kalten Krieges im Thriller aufgriffen. In der Öffentlichkeit des Westens hatten die Ost-West-Beziehungen seit Ende der siebziger Jahre alle anderen Probleme der Weltpolitik als zweitrangig erscheinen lassen. Zuerst erzeugten die Spannungen eine Flutwelle von Ängsten. Danach hatte die Hoffnung Hochkonjunktur, doch stets verbunden mit Sorgen vor dem Sturz Gorbatschows. Auf der ständigen Suche nach zugkräftigen Themen waren daher verschiedenste Thriller-Autoren, von denen sich jeder an der Spitze der Bestsellerlisten zu schreiben wünschte, verstärkt auf das Thema Ost-West-Beziehungen abgefahren.[13] Wie die Haifische, wenn sie Blut wittern, schwimmen die modernen Thriller-Autoren zu den jeweiligen Schauplätzen, wo sich Krisen und Katastrophen ereignet haben oder wo sie zu erwarten stehen. Man kann zwar erkennen, daß jeder dieser Schriftsteller bemüht ist, seinen Serien ein markantes eigenes Profil zu verpassen. Auch politisch sucht jeder seinen jeweils eigenen Sorgen und Hoffnungen Ausdruck zu geben, dabei stets den Massenmarkt von Lesern scharf ins Auge fassend. Doch vor allem gilt der Blick den Themen, mit denen die Konkurrenz große Erfolge erzielt hat.

Unversehens aber, um die Wende von den achtziger zu den neunziger Jahren, ist der Kalte Krieg definitiv zu Ende. Die Sowjetunion befindet sich in vollem Niedergang, und die Garde der Thriller-Autoren sieht sich in derselben Lage wie John Buchan nach dem Ersten Weltkrieg. Das gefährliche Raubtier ist erlegt, wenigstens sehr geschwächt, und nun müssen Colin Forbes und die Konkurrenz nach neuen Raubtieren Ausschau zu halten.

Eines von ihnen ist schon Anfang der neunziger Jahre gefunden: Rotchina, das nach der Weltherrschaft greift – »die gefährlichste Macht, mit der wir es je zu tun hatten. Vergessen Sie Hitler und Stalin. Sie waren vergleichsweise kleine Fische. Der neue Feind ist die Volksrepublik China«[14]. Nur ganz knapp, und allein dank der Aufmerksamkeit Tweeds, also des britischen Geheimdienstes, entgeht Großbritannien der Invasion einer Flotte chinesischer Tarnkappen-Schiffe. Diese lassen sich ähnlich wie die amerikanischen Stealth-Bomber auf dem Radarschirm nicht erkennen. Bedeutungsvoll wird eine sogenannte »historische Recherche« aus dem 13. Jahrhundert zitiert, als die von einem Nachfolger Dschingis Khans befehligten Mongolen über Rußland und Polen bis Niederschlesien gelangt waren – das ist kaum mehr als 400 Kilometer von Hamburg entfernt, stellt der auch historisch gebildete Tweed in seinem Hauptquartier am Londoner Park Crescent fest: Die Geschichte des Mongolensturms wiederholt sich.[15]

Neben den Tarnkappenschiffen wollen die chinesischen Strategen noch weitere Instrumente einsetzen. Einer der einschlägig kundigen Analytiker prophezeit »ein Heer von 20 Millionen, das über Asien hinwegfegen würde wie einst die Mongolenhorden, aber wesentlich schneller, weil sie über modernste Panzer verfügen«[16]. Die Invasoren würden in Rußland alte sowjetische Hardliner »als Marionettenherrscher einsetzen«. Überall in der westlichen Welt, so steht zu befürchten, hat China zudem in Gestalt kluger Manager talentierte Spione sitzen.[17] Von besonderer Hinterlist zeugt der Plan, ein Heer östlicher Flüchtlinge über Oder und Neiße nach Westeuropa hineinzutreiben, gegen die militärische Gegenwehr unmoralisch wäre, um so Chaos zu verursachen. Hinter ihnen kämen die chinesischen Panzermassen. Selten hat ein westlicher Autor die Angst vor der »gelben Gefahr« so hemmungslos geschürt wie Colin Forbes in diesem Thriller.

Zusehends befaßt er aber seine Helden am Londoner Crescent Park mit den Gefahren, die den westlichen Gesellschaften von innen drohen. Das Thema wird wiederum aus der öffentlichen

Diskussion entnommen: die organisierte Kriminalität. Antikapitalistische Akzentsetzung ist in den entsprechenden Thrillern aus den neunziger Jahren ganz unverkennbar. Forbes schildert darin das kriminelle Treiben global operierender Tycoons aus den High-Tech-Industrien, die mächtiger sind als Präsidenten oder Premierminister und nach Weltherrschaft streben.

Der Großkapitalist als Bösewicht, das Großunternehmen als mafiose Organisation – seit den fernen Tagen John Buchans ist dieses Feindbild in der Thriller-Welt freilich nicht besonders neu. Eric Amblers Thriller leben gleichfalls davon. Ian Fleming hat seine Thriller mit den Goldfingers und Dr. Nos bevölkert, die alsbald in den Rang von Hollywood-Monstern erhoben wurden. Neuerdings hat auch Robert Ludlum nachhaltig demonstriert, daß sich mit Schilderungen derart verworfener Typen viel Geld verdienen läßt. Wahrscheinlich erklärt die rasche Entstehung global operierender, mächtiger Firmen im Kommunikationswesen, daß diese Thematik wieder einmal Konjunktur hat. Aber es fehlt vorerst an äußeren Feinden.

Forbes ist anfänglich noch bestrebt, die neuen Risiken verrückt gewordener High-Tech-Unternehmer mit den altbekannten Gefahren zu verknüpfen. In dem Thriller »Incubus« droht der zugleich geniale und kriminelle Präsident der »International Continental Union Bank, U.S.« (»die Firma ... findet keine Entsprechung in der realen Welt«).[18] Er beschäftigt übrigens auch ehemalige Stasi-Offiziere, steht mit mafiosen russischen Marschällen in enger Verbindung und würde keine Bedenken tragen, Rußland wieder technologisch aufzurüsten, um dann die ganze Welt, die USA mit inbegriffen, in ein globales Mafia-Imperium zu verwandeln.

Dies ist einer der Gründe, weshalb ihn auch die amerikanische Regierung liquidiert sehen möchte. Der Thriller von Colin Forbes ist 1991 erschienen, und der Nekrolog, den er dem permanenten Deputy Director der CIA, Cord Dillon, in den Mund legt, spricht Bände: »Die Infrastruktur der Sowjetunion ist dem Zusammenbruch nahe...« Alles zerfällt: die Eisenbahnen, das Telefonnetz, selbst die Moskauer Untergrundbahn, auf die man in Rußland so stolz ist. Hauser, der größenwahnsinnige High-Tech-Mogul mit schönem deutschem Namen, habe vorgehabt, den Sowjets ob ihrer verzweifelten Lage erst Todesangst einzujagen, um dann aus der Sowjetunion ein neues Amerika zu machen. »Glauben Sie, das wollten wir?« führt der CIA-Repräsentant aus, »nach siebzig Jahren Kommunismus? Die Sowjetunion wird von der Landkarte verschwinden. Sie wird zu einem Land der Dritten Welt… Jetzt können wir uns zurücklehnen und zusehen, wie es passiert.«[19]

Aber es drohen auch andere Gefahren. Im Zeichen der damaligen Wahlerfolge des rechtsextremen Front National in Frankreich bringt Forbes 1992 einen Thriller heraus, in dem er an seinen Bestseller »Nullzeit« aus dem Jahr 1977 anknüpft, als schon einmal ein französischer Staatspräsident im Begriff war, die westliche Welt zu zerstören. Diesmal ist es ein populistischer Nationalist mit dem bezeichnenden Namen Charles de Forge, der sich mit beträchtlicher krimineller Energie auf den Weg zum Elysée gemacht hat. Nur knapp verhindern die bekannten Abwehr-experten, auf die nach wie vor Verlaß ist, daß er als Staatspräsident eine Diktatur errichtet und damit das »neue Europa« ruiniert.[20]

Doch man muß nicht nur besorgt sein, daß der Elysée-Palast in die falschen Hände gerät. Zwei Jahre später, 1994, veröffentlicht Colin Forbes einen Thriller, der alles übertrifft, was sich zuvor amerikanische Thriller-Autoren zur Thematik polit-krimineller Präsidenten einfallen ließen. 1994 ist das Jahr, in dem sich jedermann fragt, welcher Sex-Teufel eigentlich den Präsidenten Bill Clinton reitet. In diesem Thriller mit dem Titel »Todesspur«[21] finden der nimmermüde Tweed und seine Mannschaft heraus, daß ein psychopathischer Frauenmörder inzwischen als Präsident der Vereinigten Staaten im Weißen Haus residiert. Als Senator hat dieser bullige, widerliche Mann, der »aus der finstersten Provinz« kommt[22], eine Frau vergewaltigt, getötet und den Tatort, eine Jagdhütte tief in den Bergen Kaliforniens, angezündet. Ein Photoreporter hat die Horrorszene gefilmt, und jetzt setzt der Präsident das geballte Machtpotential des Weißen Hauses ein, um mit einer Serie von Mordanschlägen alle Spuren der Untat zu vertuschen. Er hat eine Gangstertruppe, benannt Unit One, angeheuert, die er, mit Diplomatenpässen ausgerüstet, in England, der Schweiz und im Elsaß ihr Unwesen treiben läßt.

Selten in der neuesten Thriller-Literatur wimmelt es von so vielen widerlichen Amerikanern wie in den Romanen von Colin Forbes aus den neunziger Jahren. Die Vereinigten Staaten, die er früher als prinzipiell zuverlässige, moralisch akzeptable Vormacht der freien Welt geschildert hatte, erscheinen nun als eine Art Polit-Gangsterparadies.

Der Präsident in dem eben erwähnten Roman ist aber nicht nur ein krimineller Psychopath von allerdings eindrucksvoller Rednergabe, sondern zugleich korrupt und völlig unfähig, die großen Probleme des Landes tatkräftig zu lösen. Das riesige Staatsdefizit ist nicht verringert, Amerika steht vor dem Bankrott[23], und statt England in Europa oder im Nahen Osten zu unterstützen, praktiziert er eine Politik des Neoisolationismus. Die strategische Zurückhaltung hindert ihn allerdings nicht daran, seine üblen Geheimdiensttypen auf England und auf den Kontinent loszulassen.

Die freien Länder Westeuropas, so warnt Forbes erneut in einem der letzten seiner Romane, sind also nicht einmal mehr vor den Vereinigten Staaten sicher. Diesmal geht es nicht um einfache Verbrechen, begangen von einem Präsidenten, sondern um Machtpolitik unter Einsatz krimineller Mittel und sogar der amerikanischen Militärmacht. Der Thriller führt den vielsagenden Titel »This United State«[24] und führt dem Leser vor Augen, wie ein mächtiges amerikanisches Gangstersyndikat große Teile des Regierungsapparats unterwandert und fehlgeleitet hat. Treibende Kraft dieser Verschwörung ist eine milliardenschwere, politisch ambitionierte Texanerin. Der Präsident, das Pentagon, die CIA und Spitzenpolitiker im Kongreß sind davon überzeugt worden, daß die Zeit gekommen ist, Großbritannien den Vereinigten

Staaten anzugliedern. In der amerikanischen Botschaft in London hat eine Gruppe von Gangstern das Sagen. England wird von Terroranschlägen erschüttert. Die US-Navy hat Kurs auf die britischen Inseln genommen mit Navy-SEALS an Bord, die tatsächlich zum Einsatz kommen.

Sogar der an und für sich vernünftige, nicht korrumpierte US-Außenminister, ein Mann aus dem Ostküsten-Establishment, der schließlich die Verschwörung zum Scheitern bringt, hat sich zeitweilig davon überzeugen lassen, daß die in Washington insgeheim vorbereitete Gesetzesvorlage zur Eingliederung Großbritanniens in die Vereinigten Staaten im wohlverstandenen Interesse beider Länder ist. Washington könnte dadurch dauerhaft sichere Basen auf den britischen Inseln erhalten. Das angelsächsische Element in den USA wäre beim Beitritt von 58 Millionen Briten entscheidend gestärkt. Aber auch England würde sich bei Einbindung in das amerikanische System dem »nutzlosen Vereinigungsprozeß« entziehen, der in Europa im Gange ist, das nach aller historischer Erfahrung in einem einzigen Chaos von Nationalitätenstreit auseinanderbrechen werde – siehe die Beispielfälle Habsburgerreich, Jugoslawien oder Sowjetunion.[25]

Selbstverständlich wird auch dieser Anschlag auf die Freiheit Großbritanniens von dem tüchtigen britischen Geheimdienst im Verein mit den Diensten auf dem Kontinent vereitelt. Die amerikanische Flotte macht kehrt und fährt mit Volldampf nach den USA zurück. Hamlet wird zwar nicht zitiert, doch alle Thriller von Forbes, die in den neunziger Jahren spielen, variieren das altbekannte Hamlet-Thema: »die Welt ist aus den Fugen«, im Innern Europas und global genauso. Die westlichen Demokratien sind ins Zeitalter der Dekadenz eingetreten. Auf Entschlossenheit, Weitsicht und Unbestechlichkeit ihrer Politiker läßt sich nicht uneingeschränkt bauen. Verlaß ist allein auf ein paar wachsame Männer und Frauen in den Geheimdiensten.

»Those were the days, my friends«:
Frederick Forsyth im Kalten Krieg und danach

Die sechziger Jahre haben einen wahren Boom von Geheim-
dienst- und Polit-Thrillern gebracht. Genau betrachtet, gehört
Forsyth eher zu den Späteinsteigern. Aber er ist ein Glückskind.
Meist muß einer eine ganze Reihe von Romanen schreiben, bis er
in diesem Gewerbe einen Volltreffer erzielt, wenn überhaupt. Zu
den wenigen Ausnahmen von dieser Regel gehört Forsyth. Schon
sein allererster Thriller, »Der Schakal«[1], wird zum Welterfolg. Im
Alter von 33 Jahren ist er ein gemachter Mann.

Forsyths beruflicher Erfahrungshintergrund ist der des Soldaten und des Journalisten. In den jetzt gut dreißig Jahren, da
er als Bestsellerautor publiziert, fehlt in der Verlagsreklame nie
der Hinweis darauf, daß Forsyth – Jahrgang 1938 – mit 19 Jahren
der jüngste Bomberpilot der Royal Air Force gewesen ist. Das hat
ihn offensichtlich geprägt. Wer dem Piloten Forsyth begegnen
möchte, lese seine Novelle »Der Lotse«[2]. Darin schildert er den
einsamen Flug eines jungen Piloten von einem verschneiten Flugplatz bei Lüneburg nach Norfolk. Es ist der Weihnachtsabend
1957. Die elektronischen Instrumente der Vampire fallen aus. Der
Absturz aufgrund von Spritmangel, völliger Orientierungslosig-
keit und Nebel scheint unvermeidlich. Doch der Held der Geschichte beherrscht das technische Detail des Fliegens und vertraut auf das Funktionieren der Organisation. Tatsächlich taucht
im letzten Moment ein Lotsenflugzeug auf, eine uralte Welt-
kriegsmaschine, die den Helden durch Nacht und Nebel sicher
auf einen verlassenen Flugplatz geleitet. Erst zum Schluß erfährt
der Erzähler, der ungeachtet aller Todesfurcht stets an die Wirksamkeit der Flugsicherung geglaubt hat, daß der Lotse ein in der
Weihnachtsnacht 1943 gefallener RAF-Pilot gewesen ist.

Ein Pilot wie Forsyth, für den Exaktheit absolut unerläßlich ist, leistet sich auch als Thrillerschreiber keine Flusen. Daher seine vielgerühmte Präzision. Alles ist bis ins kleinste Detail recherchiert und geplant – wie man eine Baby-Atombombe zusammensetzt, wie ein zur Ermordung des Staatspräsidenten de Gaulle geeignetes, großkalibriges Geschoß beschaffen sein muß oder wie eine Staffel der RAF 1991 einen Angriff gegen irakische Tiefbunker vorbereitet und auf die Sekunde exakt durchführt. Nicht nur die Zeitpläne der von ihm geschilderten Kommandounternehmen, Geheimdienstoperationen oder Militäreinsätze sind präzise wie ein Uhrwerk. Die Konstruktion seiner Thriller zeugt von einem analytisch disziplinierten Verstand.

Wie schon in der eben skizzierten Kurzgeschichte »Der Lotse« ist Forsyth allerdings das Auftreten des Unerwarteten nicht fremd. Er versteht es, die Thriller-Handlungen durch den Faktor Zufall voranzutreiben. So läßt er beispielsweise in dem letzten seiner Thriller einen armseligen russischen Raumpfleger in der Villa eines psychopathischen Demagogen, der sich in unwiderstehlichem Aufstieg zur Präsidentschaft Rußlands befindet, voller Entsetzen einen fürchterlichen Geheimplan entdecken – »Das Schwarze Manifest«[3]. Zufällig war dieser alte, in seinem tristen Leben durch Freundlichkeiten nicht eben verwöhnte Veteran bei Kriegsende auf eine britische Patrouille gestoßen, und die gutmütigen Engländer haben ihm ein Bier spendiert. Das hat er ihnen nie vergessen, und so bringt er das Geheimdokument in die britische Botschaft, verursacht damit sein eigenes fürchterliches Ende, setzt aber gleichzeitig auf seiten des Westens eine Gegenaktion in Gang, die Rußland und damit die ganze Welt vor dem Bösewicht rettet. Handlungsbestimmend ist aber auch in diesem Thriller das rational bis ins letzte Detail geplante und nach genau festgelegten Zeitplänen ablaufende Geheimdienstprojekt zur öffentlichen Diskreditierung des charismatischen Scheusals und seiner kriminellen Helfershelfer.

Die Grundhaltung Forsyths ist soldatisch. Zwar fehlt es in seinen Spannungsromanen nicht an Schurken, schäbigen Charakteren und bourgeoisen Weicheiern. Doch die meisten Helden dieser Thriller, die völlig professionell und ungeschwätzig ihre Pflicht erfüllen oder sich freiwillig melden, sind Soldaten. Forsyth zeichnet Briten, die als Undercover-Agenten in der Schlangengrube Nordirland im Einsatz waren, SIS-, CIA- oder Mossad-Agenten, auch einen irregeleiteten, aber unverfälscht patriotischen russischen Offizier im einsamen Geheimdiensteinsatz. In einem seiner Bücher, »Die Hunde des Krieges«[4], verherrlicht er die Söldner der sechziger und der frühen siebziger Jahre, die in irgendeinem der wackligen Staaten Schwarzafrikas ihre Haut zu Markte tragen. Auch sie sind ausgemusterte, von der Rolle geratene, tapfere Soldaten. Sie kommen aus aller Herren Länder, und in diesem völlig unbürgerlichen und unbürokratischen Milieu haben Professionalität und Kameradschaft einen noch höheren Stellenwert als das Geld.

Nach drei Jahren bei der RAF wird Forsyth Reporter. Da er fließend Deutsch und Französisch spricht, schickt ihn Reuters nach Paris und Berlin. Später arbeitet er als diplomatischer Korrespondent für die BBC. Während des Biafra-Krieges hält er sich in Nigeria auf und erzürnt den britischen Hohen Kommissar durch seine Sympathie für die verlorene Sache der Ibos, denen damals ein ähnliches Schicksal zuteil wird wie hundert Jahre zuvor den rebellierenden amerikanischen Südstaaten im Sezessionskrieg. Sein erstes Buch ist eine kritische journalistische Schilderung dieses schmutzigen, tragisch verlaufenden Krieges, in dem die Regierungen in London und in Paris eine schändliche Rolle spielen.[5]

Auch die langjährige Tätigkeit als Reporter erklärt viel von Forsyths schriftstellerischer Technik. Im Unterschied zu vielen anderen Thriller-Autoren blendet er in seine Romane akkurat recherchierte Berichte ein. Wenn er etwa in seinem Deutschland-Roman »Die Akte Odessa«[6] das Thema justitieller Verfolgung, genauer gesagt: Nicht-Verfolgung, von SS-Verbrechern in der Bundesrepublik Mitte der sechziger Jahre behandelt, beschreibt er die »Zentralstelle« in der gut gesicherten Ludwigsburger Villa mit achtzig Kriminalbeamten und fünfzig Staatsanwälten[7], das

Büro Simon Wiesenthals in Wien, Rudolfplatz Nummer 7[8], oder die Organisation des einstigen Reichssicherheitshauptamts (RSHA)[9]. Ähnlich exakt werden Unterbringung und Organisation des britischen SIS[10] oder des KGB am Dserschinki-Platz in Moskau[11] geschildert.

Die Themen wählt Forsyth aus der jeweils aktuellen Zeitgeschichte. Kein Zweifel: »Wir leben in haarsträubenden Zeiten ... Neben der enormen Zunahme konventioneller Verbrechen haben wir jetzt außerdem noch das politische Verbrechen.«[12] Manche seiner Handlungen sind wahrscheinlich – etwa das gescheiterte, von den Sicherheitskräften angeblich unter den Teppich gekehrte Attentat eines gedungenen Killers auf de Gaulle, die Unterbindung der Produktion ägyptischer Mittelstreckenraketen mit Hilfe deutscher Experten (einige von ihnen mit SS-Vergangenheit) durch den Geheimdienst Mossad oder die Zerstörung einer irakischen Kernwaffenfabrik während des Golfkriegs.[13] Andere Handlungen sind zwar nicht wahrscheinlich, aber doch unter ungünstigen Umständen möglich: der sowjetische Versuch, 1987 in England eine Mini-Atombombe zur Explosion zu bringen, die Entführung des Sohns eines amerikanischen Präsidenten, um diesen zum Rücktritt zu veranlassen,[14] oder die Machtergreifung eines Ultra-Nationalisten im nach-jelzinschen Rußland.[15]

Die meisten dieser Thriller spielen in einer sehr nahen Zukunft, zwei oder drei Jahre von der Gegenwart entfernt, oder Forsyth versetzt sie in die allerjüngste Vergangenheit. Dies erlaubt es, die Gegenwart unter Berücksichtigung des jeweils neuesten Standes der Militärtechnik und der politischen Konstellationen realistisch zu schildern und das übergangslos mit einem plausiblen Drama oder einer jederzeit möglichen Krise zu verbinden. Einen fiktiven Tatsachenroman hat man das genannt.

»Wir leben in haarsträubenden Zeiten ...« Von Anfang an weiß Forsyth, daß der Thriller-Autor gar nicht allzu viel Phantasie aufzuwenden braucht. Die Themen liegen auf der Straße. Zwar hatte vor ihm noch kein Autor von Spannungsromanen die Idee, den Versuch der Ermordung eines französischen Staatspräsidenten zu thematisieren. Wohl aber ist das schon in der Wirklichkeit verschiedentlich versucht worden, wenngleich ohne das gewünschte Ergebnis. Thrillerwürdig ist somit nur die Analyse der Frage: Wie ließe sich das tatsächlich mit Erfolg durchführen? Forsyths Antwort: nur durch einen unpolitischen Killer, der allerdings gutes Geld verlangen wird – 500 000 Dollar, was 1962 noch ein ganz schöner Betrag ist. Die eigentliche Pointe: Sogar der beste Profi-Killer Europas scheitert. Die Motive der Auftraggeber von der OAS und das Vorhaben sind somit hochpolitisch, doch Forsyth ist sorgfältig bemüht, nicht etwa selbst politisch Stellung zu beziehen.

Etwas anders schon verhält es sich mit der »Akte Odessa«. Der Thriller über die geheime Bruderschaft von SS-Leuten ist dem Zeitgeist des Jahres 1972 entsprechend anti-nazistisch und pro-israelisch. Freilich sind auch schon andere vor ihm auf das Thema versteckter SS-Verbrecher in der Bundesrepublik Deutschland abgefahren, an ihrer Spitze John Le Carré. Im Unterschied zu diesem glaubt aber Forsyth an die moralisch sensible, positiv-kritische Einstellung der Nachkriegsgeneration zur NS- und SS-Vergangenheit der Vätergeneration. Damit beweist er damals ein auf mittlere Sicht zutreffenderes Verständnis bundesdeutscher Wirklichkeit als vier Jahre zuvor John Le Carré in dem Bonn-Thriller »Eine kleine Stadt in Deutschland«. Aber das Buch wirkt doch recht zusammengestoppelt.

Thematisch ist auch Forsyths folgender Thriller nicht besonders originell, wenngleich gut recherchiert und komponiert. Sein neues Thema liegt seit den Kongo-Wirren der Jahre 1960 bis 1965 auf der Straße. Eric Amblers Thriller »Schmutzige Geschichte«[16], der ein paar Jahre zuvor erschienen ist, enthielt bereits alle diesbezüglichen Ingredienzien. Genau besehen, hatte Ambler schon Ende der dreißiger Jahre die Grundstruktur derartiger Dritte-Welt-Thriller ein für allemal festgelegt: Skrupellose Kapitalisten in der City of London setzen Agenten und Kommandos in Gang, um mit Blick auf mineralische Bodenschätze oder Erdöl irgendeine ferne Regierung eines kleinen Landes zu beseitigen und durch eigene Strohmänner zu ersetzen. »Als Aushängeschild«, so präzisiert auch Forsyth den Sachverhalt, »dienen immer ein paar Politiker und Diplomaten, aber sie sind nichts weiter als ein Käfig voller arroganter Affen. Über die Grenzen ihrer Abteilung und über das Datum der nächsten Wahlen denken sie nicht hinaus. Hinter ihnen stehen unsichtbare Profitgeier ...«[17]

Gegen Ende der siebziger Jahre ist eine sichtliche Politisierung Forsyths zu beobachten. Auch er verspürt, wie der Westen im Zeitraum zwischen 1979 und 1985 eine letzte, besonders gefährliche Phase des Kalten Krieges zu bestehen hat. Eine Destabilisierung der Demokratien scheint nicht ausgeschlossen. Ganz besonders das Vereinigte Königreich droht aus dem Leim zu gehen – wirtschaftlicher Niedergang, klassenkämpferische Gewerkschaften, Radikalisierung Labours und Parteispaltung, desgleichen Radikalisierung der Konservativen mit Margaret Thatcher. Jetzt findet man auch Frederick Forsyth ähnlich wie seinen Kollegen und Konkurrenten Colin Forbes im Lager der bekennenden Thatcheristen.

So schreibt er zwei der besten Kalter-Kriegs-Thriller jener Jahre, in denen der Westen wankt, aber nicht umfällt. »Des Teufels Alternative«[18] erscheint zwar im Jahr 1979, also noch vor der Invasion in Afghanistan, vor dem Aufstieg, gefolgt von der Niederwerfung von Solidarnosc in Polen und auch vor den Psychodramen der Nachrüstung im Jahr 1983. Doch das Buch nimmt die neue Ost-West-Konfrontation schon vorweg.

Noch hält sich die Sowjetunion für eine Supermacht und wird entsprechend respektiert. Aber im Innern ist bereits vieles sehr morsch. Das große Land, so die Handlung, steht vor einer furchtbaren Hungersnot. Schuld daran ist nicht nur die seit langem schwelende Misere der sowjetischen Landwirtschaft, sondern auch die schon lange chronische Schlamperei in den Fabriken. Aufgrund von Nachlässigkeit hat sich in der einzigen großen Agrarfabrik, die Saatbeize herstellt, eine verhängnisvolle Panne ereignet. Ein Teil des Saatgutes für das Riesenland wurde in der Folge toxisch verdorben. Bei den sicher zu erwartenden gewaltigen Hungerrevolten muß das Politbüro zudem befürchten, daß sich der latent nach wie vor schwelende Nationalismus der Ukrainer, Georgier, Armenier, Litauer und Letten mit dem allgemeinen Unwillen über die unfähige Nomenklatura verbindet.

Im virtuellen Thriller-Kreml bei Frederick Forsyth stehen sich, wie das damals allgemein vermutet wird, Falken und Gemäßigte gegenüber. Die Falken im Generalstab planen, der Krise zuvorzukommen und das kontinentale Nordwesteuropa in einem Überraschungsangriff zu besetzen, um sich der dortigen Fleisch- und Butterberge zu bemächtigen. Noch sucht der gemäßigte Generalsekretär nach einer friedlichen Lösung: immense westliche Getreidelieferungen gegen sowjetische Konzessionen in der Rüstungskontrollfrage. Doch er muß konstatieren, wie seine Mehrheit zusehends zusammenschrumpft. In dieser kritischen Lage kapern ukrainische Nationalisten einen Supertanker, gefüllt mit Rohöl, dirigieren ihn in die Nordsee vor die holländische Küste und drohen durch Sprengung des Schiffes eine verheerende Ölpest an, falls einige in Westberlin einsitzende Hijacker nicht frei kommen. Der Westen hat also zu wählen zwischen einer ruinösen Ölpest und einem Sieg der Falken in Moskau, falls die Bundesregierung die Ukrainer tatsächlich, wie gefordert, nach Israel reisen läßt, wo sie eine große anti-sowjetische Propagandaschau inszenieren möchten. Einem einsamen Geheimagenten gelingt es schließlich mit moralisch wenig erfreulichem Vorgehen – eben »des Teufels Alternative« –, den Westen und den Osten vor diesem Albtraum zu retten.

Der 1979 erscheinende Thriller illustriert, wie gefährlich die Sowjetunion damals eingeschätzt wird – zum abenteuerlichen Blitzkrieg gegen Kontinentaleuropa ebenso disponiert wie zum Zusammenbruch aufgrund der verlotterten Wirtschaft. Selbstverständlich soll dieses Krisenszenario aufrütteln. Forsyth beweist in diesem Roman – wohlgemerkt: im Jahr 1979 –, daß er gute Antennen fürs Kommende hat. »Eines Tages, vielleicht schon bald, wird das russische Reich zerbrechen. An einem nicht mehr fernen Tag werden die Rumänen sich auf ihren Patriotismus besinnen – und die Polen und die Tschechen ebenso. Dann werden die Deutschen und die Ungarn folgen. Und die Balten und Ukrainer, die Georgier und Armenier. Das russische Reich wird zerfallen, wie das Römische Reich und das britische Empire zerfallen sind, weil ihre Herrscher in ihrem Machtanspruch unersättlich waren«[19], so läßt er einen der ukrainischen Nationalisten ausrufen.

Forsyths nächster Thriller mit dem Titel »Das vierte Protokoll« erscheint 1984 und spielt im Jahr 1987. Das Buch thematisiert gleichfalls die Ost-West-Spannungen. Diese erscheinen jetzt noch viel gravierender als 1979. Noch hat Gorbatschow nicht die Bühne betreten. Anscheinend hatte Forsyth seinen Thriller begonnen, als der schon von Alter und Krebserkrankung gebeugte KGB-Chef Andropow für kurze Zeit als Generalsekretär der KPDSU an der Spitze der Sowjetunion amtierte. Andropow verstarb am 9. Februar 1984. Er ist offenkundig das Vorbild des Generalsekretärs im Thriller.

Forsyth porträtiert ihn als einen 75 Jahre alten, von Torschlußpanik und kaltem Haß auf den Westen getriebenen Überzeugungstäter. Beraten von dem Verräter Kim Philby, der fast in keinem britischen Kalter-Krieg-Thriller fehlen darf, setzt er eine ultrageheime Operation in Gang, die – unter Verletzung des einstmals zwischen den Atommächten insgeheim ausgehandelten »Vierten Protokolls« – zur Verbringung einer Mini-Atombombe nach England führen wird. Dort soll die Kernwaffe in der Nähe eines amerikanischen Stützpunkts zur Explosion gebracht werden, um dann alle Schuld den Amerikanern anzulasten. Denn für 1987 hat die Premierministerin insgeheim eine vorzeitige Wahl vorgesehen, was an Moskau verraten worden ist. Ein derart erschütternder Unfall wenige Tage vor den Wahlen wird, so der Kalkül, die pazifistische Labour Party an die Macht bringen. Diese ist aber inzwischen auf allen Ebenen kommunistisch unterwandert, und die harte Linke würde so die einmalige Chance erhalten, England aus dem Bündnis mit Amerika herauszuführen und die NATO zum Einsturz zu bringen.

Das gut ausgedachte Vorhaben scheitert an der Wachsamkeit

zweier Geheimdienstexperten, der eine beim SIS, der andere beim KGB. Denn auch der KGB-Funktionär sieht klar und hält den unter Umgehung der offiziellen Kanäle inszenierten Anschlag für ein unverantwortliches Abenteuer. Der Thriller ist also ausgesprochen anti-sowjetisch, wobei Forsyth dann doch wieder gewisse Differenzierungen vornimmt. Das Buch ist aber zugleich scharf gegen die damalige Labour Party gerichtet, die als eine Partei des fahrlässigen Hochverrats porträtiert wird. Die Rezensionen aus dem linken politischen Spektrum in Großbritannien fallen entsprechend kritisch aus.

Wenige Jahre später trifft man auch Forsyth im Kreis jener Thrillerschreiber, die um Gorbatschow bangen. Sein nächster Thriller, »Der Unterhändler«[20] aus dem Jahr 1989, zeichnet verantwortungsvolle Staatschefs in Washington und in Moskau. Das Buch wird aber zugleich von halbverrückten Schießbudenfiguren bevölkert. Politiker und Marschälle aus dem militärisch-industriellen Komplex in beiden Supermächten versuchen mit Mafia-Methoden, auch unter Mobilisierung der originalen korsischen Mafia, ihr Schlimmstes zu tun, um das Friedenswerk eines weitschauenden amerikanischen Präsidenten und »des Manns aus Stawropol« zu hintertreiben, doch vergeblich.

Nach dem weltpolitischen Umbruch konzipiert Forsyth seine Spannungsromane auch als eine Art Lehrstück. Sie sollen illustrieren, wie schnell der Westen auf die schiefe Ebene geraten wird, wenn die Geheimdienste in die Hände unerfahrener Bürokraten aus dem Establishment fallen. Forsyth befindet sich jetzt auf dem Gipfel seines handwerklichen Könnens. So enthält etwa der locker komponierte Sammelband »McCreadys Doppelspiel«[21] aus dem Jahr 1991 eine Kollektion von Geheimdienstgeschichten, in denen er fast nostalgisch auf die Jahre des Kalten Krieges zurückblickt. Zugleich finden sich Warnungen vor künftigen Thrillerwelten eingeblendet: ABC-Waffen und High-Tech-Ausrüstung in den Händen von psychisch instabilen Dritte-Welt-Diktatoren und Terrorismus.[22] Die Weiterverbreitung von High-Tech-Waffen, so prognostiziert er in einem kurz danach erscheinenden

Thriller, wird zur Folge haben, »daß die Jahre des Kalten Krieges uns als friedliches, geruhsames Zeitalter erscheinen«[23]. Forsyth gehört zu denen, derer man sich erinnern wird, wenn die Schrecken des 21. Jahrhunderts hereinbrechen.

Saddam Husseins gleichzeitiger Griff nach Kuweit und nach der Atombombe lassen erahnen, was in Zukunft auf die zivilisierten Gesellschaften zukommt. Forsyth arbeitet den Golfkrieg von 1991 im Thriller auf – mit SIS- und Mossad-Agenten, mit Kommandos des Special Air Service (SAS) und mit Tornado-Piloten der RAF als Helden. Ähnlich wie die gleichzeitigen Romane Tom Clancys ist dieses Buch ein auf vielen Ebenen gleichzeitig spielender Polit-Thriller. Neben den Geheimagenten und den mit verworrenen Machtspielen befaßten Spitzenpolitikern und Bürokraten werden nun auch die Operationsabläufe bei den Streitkräften mit einbezogen. Das schwemmt den Umfang der Thriller auf, vermittelt aber das Bild einer vernetzten Welt. Immer schwerer ist zu entscheiden, was spannender ist und den Autor mehr interessiert – die einzelnen Thriller-Helden nebst den entsprechenden Schurken oder die technischen Abläufe?

Für Leser, die schwer von Begriff sind, werden auf den letzten Seiten des Buches die Nutzanwendungen zusammengefaßt. Erste Lehre: Es ist Wahnsinn, »wenn die dreißig führenden Industrienationen der Welt, die gemeinsam über fünfundneunzig Prozent aller High-Tech-Waffen und die Mittel zu ihrer Herstellung verfügen, dieses Material aus Profitgier an Verrückte, Aggressive und Gemeingefährliche verkaufen, nur um schnelle Gewinne zu machen«[24]. Schärfste internationale Kontroll-Regime sind dringend geboten. Die zweite Lehre: Hochkomplexe technische Überwachungssysteme reichen nicht aus. Benötigt wird nach wie vor der einzelne Geheimagent, der die Teufeleien der Feinde vor Ort ausspäht und diese kaltblütig vernichtet. Im Licht der Thriller-Geschichte könnte man also sagen: Unter den Bedingungen des 21. Jahrhunderts plädiert Forsyth für die Rückkehr zu dem Agententyp eines Erskine Childers und John Buchan in der viktorianischen Ära, als alles anfing.

1996 erscheint »Das Schwarze Manifest«. Der Roman bekundet, daß diesem realistischen und phantasievollen Autor bisweilen doch auch Fehlprognosen unterlaufen, zumindest Fehlprognosen auf mittlere Sicht. Rußland unter Jelzin, so hat es damals den Anschein, steuert auf ein ökonomisches und moralisches Chaos zu. Im Roman wird die Krise auf das Jahr 1999 verlagert. Die Gefahr besteht, daß ein demagogischer und gleichzeitig pathologischer Parteiführer mit charismatischer Verführungskraft auf die Massen im Jahr 2000 die Präsidentschaft erringen wird. Forsyth porträtiert hier eine Art russischen Adolf Hitler, und Rußland befindet sich in einer Lage wie die Weimarer Republik 1932: Lucifer ante portas. Dem Chef-Demagogen zur Seite steht ein neuer Beria beziehungsweise ein russischer Heinrich Himmler. Er hat beim KGB die Künste des Folterns gelernt und freut sich schon darauf, Juden, Tschetschenen, Homosexuelle, Liberale, orthodoxe Popen, Kapitalisten und andere Minderheiten in neuen Gulags zu vernichten.

Die Regierungen des Westens erfahren zwar, was dieser russische Nationalsozialist plant, gehen aber in bekannter Unentschlossenheit auf Tauchstation. Zum Glück existiert wenigstens in der virtuellen Welt des Forsythschen Thrillers ein geheimes NGO, in dem sich die Crème de la crème altgedienter, entschlossener Staatsmänner und Geheimdienstchefs findet, die Eiserne Lady mit inbegriffen. Sie pflegen regelmäßig in einem abgeschiedenen Camp nach dem Vorbild von Birch Grove zusammenzutreffen und beschließen dort, den russischen Hitler, der »das Böse« verkörpert, unter Einsatz aller Mittel noch vor seiner Machtergreifung zu eliminieren.

England verfügt derzeit, so belehrt Forsyth seine Leser, »über die erfahrensten Geheimagenten der Welt«[25]. Das ist dem Kampf gegen die IRA-Terroristen im eigenen Land, den öffentlich ausgefochtenen Kriegen auf den Falklandinseln und am Golf, aber ebenso den zahllosen geheimen Einsätzen zwischen Borneo und Oman, in Afrika, in Südamerika und im Innern eines Dutzend weiterer »abtrünniger« Gebiete zu verdanken. Einer dieser Top-

Agenten wird reaktiviert, errettet Rußland und die Welt vor den drohenden Ungeheuern, um anschließend – guter Dinge und mit einem anständigen Bonus ausgestattet – wieder in den kleinen Hafen auf den West Indies zurückzukehren, wo er sein irdisches Paradies gefunden hat.

Erfreulicherweise läßt Forsyth von Zeit zu Zeit einen Überdruß an der modernen Welt erkennen, deren Vorgänge zusehends den Polit-Thrillern entnommen sein könnten. 1982 bringt er einen Sammelband des Titel »No Comebacks«[26] heraus und 2002 »Der Veteran«[27]. Es gibt Forsyth-Fans, denen diese Kurzgeschichten à la Somerset Maugham besser gefallen als mancher der dicken Wälzer.

Noch viel weiter entfernt von den gewohnten Sujets ist »Das Phantom von Manhattan«[28]. So wie sich Ernst Jünger 1994, im biblischen Alter von 89 Jahren, mit einer Kriminalnovelle, die im Paris der Belle Époque spielt, vom 20. Jahrhundert verabschiedet hat, entdeckt nun auch Forsyth die gar nicht so gute alte Zeit des Fin-de-Siècle. Schauplätze des mit lässiger Hand konstruierten Melodrams sind die weitverzweigten, unergründlichen Katakomben tief unter der Pariser Opéra von Charles Garnier, aber auch New York im Jahr 1906, als das 20. Jahrhundert noch jung und fast unschuldig ist – etwa Louie's Bar, Fifth Avenue/28th Street, die Vergnügungsparks auf Coney Island, das Elend an der Lower East Side, das Waldorf Astoria Hotel, die St. Patricks Cathedral, das Manhattan Opera House und der Battery Park, wo das große *shoot out* stattfindet. Die kapitalistische Erfolgsstory eines genialen Schurken mit gebrochenem Herzen zu Zeiten des Präsidenten Teddy Roosevelt verbindet sich mit einer kitschigen Liebesgeschichte, die geradezu nach der Verfilmung schreit. New York ist so quirlig und voller Gegensätze wie zu allen Zeiten.

Warum verdient dieses Divertimento Erwähnung? Dies vor allem deshalb, weil Forsyth dem einstigen Reporter Charles Bloom, der 1906 die Tragödie recherchiert und seither noch vieles beobachtet hat, im Jahr 1947 vor unreifen Hörern einer New Yorker

Journalisten-Akademie Überlegungen formulieren läßt, die als eine Art Credo des kritischen Journalisten und Thriller-Schreibers Frederick Forsyth begriffen werden können: »die zukünftige Geschichtsschreibung wird festhalten, daß wir Zeitzeugen waren, daß wir mehr gesehen haben als die Politiker, Beamten, Bankiers, Finanziers, Großindustriellen und Generäle, weil sie sich in ihren jeweiligen Welten gefangen sahen, während wir uns auf vielen Schauplätzen tummelten...«[29]

Der echte Reporter habe nur zwei Dienstherren, die Wahrheit und den Leser, der für sein Geld das Recht hat, die Wahrheit zu erfahren: »In einer Demokratie besteht unsere Aufgabe darin, zu sondieren, aufzudecken, zu kontrollieren, zu erhellen, zu enthüllen, zu fragen, zu verhören. Wir haben die Aufgabe, alles anzuzweifeln, bis die Informationen, die wir erhalten, sich als wahr erwiesen haben...«[30] Auch wenn sich Forsyth von seiner stets lebhaften Phantasie aus den vertrauten Thriller-Welten im letzten Drittel des 20. Jahrhunderts in das ebenfalls schon hinlänglich chaotische, wenngleich noch nicht von muselmanischen Selbstmordattentätern heimgesuchte New York des Jahres 1906 entführen läßt, ist er weiterhin bedacht, das Ethos zu benennen, das seiner Schriftstellerei zugrunde liegt.

Doch die Katze läßt das Mausen nicht, und Forsyth wäre nicht er selbst, würde er nicht versuchen, auch die Schreckenswelten des 21. Jahrhunderts im Polit-Thriller zu enthüllen. »Der Rächer«[31], ein Thriller von der Aufspürung und Gefangennahme eines serbischen Kriegsverbrechers durch einen im Vietnamkrieg zum perfekten Kämpfer ausgebildeten amerikanischen Anwalt, endet am 9. September 2001. Die Pointe besteht darin, daß die moralisch zwingend gebotene Festnahme des auch mit der globalen Proliferation von Massenvernichtungswaffen befaßten Gangsters zugleich – zwei Tage vor dem fatalen 11. September – ein geheimes Projekt der CIA zum Scheitern bringt, das darauf abgezielt hatte, Bin Laden bei der Übergabe des Uran zu töten. Forsyth beleuchtet auch hier die Computer-vernetzten Aktivitäten der Geheimdienste und gestaltet in einer Montage von Rückblenden, in denen an naturalistischen Scheußlichkeiten kein Mangel herrscht, das Bild einer heillosen Welt.

Der Thriller ist eine Montage von Schrecknissen: Albtraumhafte Kämpfe in den Labyrinthen des Vietcong während des Vietnamkriegs, wobei die patriotischen Helden nach der Rückkehr von der linksliberalen Öffentlichkeit als Kriegsverbrecher verachtet werden; sinnlose Schlächtereien während des Bosnienkriegs in den Schluchten, Bergdörfern und armseligen Kleinstädten des Balkan, in denen wohlmeinend-naive junge Idealisten aus aller Herren Länder die Rolle von Missionaren im Stil des späten 20. Jahrhunderts spielen und, so sie Pech haben, einen sinnlosen Tod sterben; Drogenkriminalität in den scheinbar friedlichen Städten Amerikas, die bürgerliche Familien urplötzlich zerstört; und natürlich die Globalisierung der Gewalt. Aufschlußreich für Forsyths Sicht des Terrorismus sind Feststellungen, die er einem Experten der CIA in den Mund legt. Der Terrorismus entspringe in erster Linie fast überall auf der Welt und in allen Jahrzehnten der Moderne nicht dem Leiden der armen Bauern und der Arbeiter, sondern seit den Tagen des Anarchismus im Rußland des späten 19. Jahrhunderts über die Irgun und die IRA bis hin zur ETA und Al Qaida »den Köpfen gebildeter, aus gutbürgerlichen Verhältnissen stammender Theoretiker, die sich durch ein Übermaß an Eitelkeit und einen ausgeprägten Hang zur Zügellosigkeit auszeichneten«[32].

Und wer hält die Unholde halbwegs in Schach? Kaum die westlichen Regierungen, weder die windelweichen Europäer noch das von Schuldgefühlen und legalistischer Selbstfesselung gekennzeichnete Washington, wie es sich in den zwei Amtszeiten Clintons manifestiert habe. Einigermaßen Verlaß, so gestaltet Forsyth seine Auffassung, ist nur auf den einen oder den anderen konservativen Senator, auf ein paar FBI-Beamte in unterschiedlichsten Funktionen oder auf die Netzwerke einstiger Soldaten, die noch über einen moralischen Kompaß verfügen und keinerlei Bedenken haben, unkonventionell zuzulangen.

Überblickt man die Gesamtheit der Thriller Forsyths, so porträtiert er drei unterschiedliche Typen von Helden: erstens den perfekten Agenten, der sich stets durch kaum steuerbare Eigenwilligkeit auszeichnet, zweitens den patriotischen Soldaten, der bei keinem Einsatz große Fragen stellt und wie eine zuverlässige Kampfmaschine arbeitet, schließlich den erprobten älteren Geheimdienstchef oder Staatsmann von unreflektiert patriotischer Gesinnung, der gleichfalls keine Skrupel kennt, wenn Freiheit, Sicherheit und Zivilisiertheit des Westens auf dem Spiel stehen.

Betrachtet sich der Thrillerschreiber Forsyth insgeheim als eine Art Anti-Le Carré? Seine prononciert politischen SIS-Thriller erscheinen seit den späten siebziger Jahren, zu einem Zeitpunkt, als die recht defätistischen Smiley-Thriller John Le Carrés en vogue sind. Im politischen und publizistischen Establishment des damaligen England gehen die Auffassungen über den Nutzen und die Moralität der Geheimdienste stark auseinander. Die Unvereinbarkeit der entsprechenden linksliberalen oder konservativen Auffassungen verbindet sich damals mit ähnlich tiefgreifenden Meinungsverschiedenheiten hinsichtlich der Entspannungspolitik. Ebenso strittig ist die britische Militärmacht, insbesondere die Kernwaffen und die Rolle der USA. In der Gesamtheit dieser Streitfragen vertritt Frederick Forsyth anders als John Le Carré entschieden konservative Positionen.

Der gegensätzlichen politischen Orientierung der beiden entspricht auch ein völlig gegensätzliches Konzept des Thrillers. Le Carré brilliert mit Psycho-Thrillern. Seine durch die Bank traumatisierten Geheimdienstfiguren sind vorrangig damit beschäftigt, mit den Abgründen ihrer komplizierten Seelen fertig zu werden und sich aneinander abzuarbeiten. Auch die Gegenspieler interessieren nicht so sehr als Feinde Englands oder der freien Welt, sondern als vergleichbare Psycho-Fälle. Der Wertekompaß dieser Chargen des »Zirkus« funktioniert nicht mehr oder jedenfalls nicht zuverlässig.

Anders die Helden Forsyths. Sie sind nüchterne Realisten – zweckorientiert, entschieden, ausgeprägte Machos, eigenwillige Gegner der trägen Bürokratie, der finassierenden Politiker und des bequemen Establishments der britischen Oberschicht, dafür aber absolut zuverlässige Kameraden. Keiner von ihnen redet groß von Werten, aber an ihrem jederzeit abrufbaren Patriotismus besteht kein Zweifel.

1990, im Jahr des westlichen Triumphs, hatte John Le Carré, wie schon erwähnt, seinen zur Ruhe gesetzten, virtuellen MI6–Chef George Smiley beim Rückblick auf die langen Jahrzehnte des Kalten Krieges, der mit dem Zusammenbruch des Kommunismus endete, sinnieren lassen: »womöglich haben wir auch gar nicht gewonnen. Vielleicht haben die anderen bloß verloren«[33]. Ein Jahr später erscheint »McCreadys Doppelspiel«, ein Rückblick auf die Heldentaten eines im Kalten Krieg einstmals hervorragenden britischen Agenten, der jetzt nicht mehr gebraucht wird und den man so schnell wie möglich frühpensioniert. Die dem Buch vorangestellte Widmung Forsyths liest sich wie eine Replik auf Smileys selbstzweiflerisches Grübeln: »Der kalte Krieg dauerte vierzig Jahre. Unbestreitbar ist, daß der Westen ihn gewonnen hat. Aber nicht ohne Opfer. Dieses Buch ist all denen gewidmet, die ihr Leben lang im dunkeln gewirkt haben. Those were the days, my friends.«[34]

Clive Cusslers amerikanisches Jahrhundert

Wie man weiß, wurde »Das amerikanische Jahrhundert« schon in den Anfängen des Zweiten Weltkrieges ausgerufen[1], und diese Vision ist bereits 1945 in weiten Teilen des Globus Wirklichkeit geworden. Doch die Thrillerwelten, in denen Spione und mächtige Geheimdienstapparate ihre Aktivitäten entfalten, blieben weiterhin auf längere Zeit eine Domäne britischer Autoren. James Bond, Superman der fünfziger und der sechziger Jahre, als Amerika bereits unangefochten als Supermacht agierte, war ein snobistischer Engländer. Und noch die zerrissene, von des Gedankens Blässe bereits mehr als angekränkelte Geheimdiensttruppe von Smiley & Co. hatte ihre schäbigen Büros in London und den Briten David Cornwell, besser bekannt unter dem Pseudonym John Le Carré, zum Vater.

Erst seit den frühen siebziger Jahren beginnt sich dies sichtlich zu ändern. Jetzt erfindet Clive Cussler mit Dirk Pitt, Direktor der Abteilung für Sonderaufgaben (sprich: Spionage- und Verbrechensbekämpfung) der National Underwater & Marine Agency mit dem Akronym NUMA, einen amerikanischen Superman. Cussler figuriert dann bis in die Anfänge des dritten Jahrtausends weltweit mit weit über 70 Millionen verkaufter Bücher in 17 Sprachen[2] auf den ersten Rängen der Bestsellerlisten.

Dirk Pitt und sein Schöpfer Clive Cussler sind waschechte Amerikaner. Die mit futuristischer Technik auf allen Weltmeeren tätige NUMA symbolisiert das maritime Imperium der Vereinigten Staaten. Wenn Mentalitätsforscher kommender Jahrhunderte fragen werden, wie einstmals amerikanisches Sendungsbewußtsein und imperialer Anspruch in der Trivialliteratur ihren Ausdruck gefunden haben, werden sie neben Tom Clancy mit seinem Superman Jack Ryan die maritimen Thriller Clive Cusslers unter die Lupe zu nehmen haben.

Cussler selbst, Jahrgang 1931, ist eine jener unkonventionellen Gestalten, wie sie heute fast nur noch in Nordamerika in größerer Zahl auftreten.[3] Nach Studium und Kriegsdienst während des Koreakriegs beim Military Air Transportation Service war er in die Werbebranche gegangen, wo er schließlich eine eigene Firma besaß und mit öfters preisgekrönten Werbefilmen viel Geld verdiente. Daneben ging er seinen Hobbies nach, die seither in den Dirk-Pitt-Thrillern thematisiert werden: der Marinearchäologie, der abenteuerlichen Suche nach Goldminen oder verlassenen Goldgräberstädten in den Wüsten Südkaliforniens oder Arizonas und dem Sammeln alter Automobile.

Von seinen Wohnsitzen in Colorado und Arizona aus hat er bis heute an mehr als dreißig Unterwasserexpeditionen auf allen sieben Meeren teilgenommen und dabei rund 70 Wracks entdeckt. Darunter sind so berühmte Schiffe wie das im amerikanischen Bürgerkrieg von den Konföderierten zum Einsatz gebrachte U-Boot Hunley, die deutsche U-20, das die Lusitania versenkte, oder der Truppentransporter Léopoldville, der am Weihnachtsabend 1944 vor Cherbourg torpediert wurde und mit mehr als 800 GIs an Bord untergegangen ist. Ebenso stolz ist dieser Selfmademan auch auf seine Sammlung von 85 klassischen Automobilen. Und zieht man noch in Betracht, daß Cussler seit seinen Jahren bei der Air Force auch ein Faible für jede Art von Fluggerät hat – Transportmaschinen, Jagdflugzeuge, Helikopter –, so wird deutlich, daß der einssechsundachtzig große, athletische Held Dirk Pitt eine literarische Inkarnation seines Erfinders darstellt.

Aber Dirk Pitt ist eben noch mehr, nämlich ein begeisterter und, so sei hinzugefügt, rundum sympathischer Propagandist amerikanischer Seemacht. So wie einstmals die Briten im viktorianischen Zeitalter im Bewußtsein lebten, »Britannia, rule the waves!«, ist auch Cussler davon überzeugt, daß die Gegenwart und die Zukunft der USA auf den Meeren liegt, genauer gesagt: in der Tiefe der Ozeane, wo neben einigen interessanten Schätzen aus der näheren und ferneren Vergangenheit ungeheure Bodenschätze lagern, die der amerikanischen Wirtschaftsmacht das Überleben bis weit in kommende Jahrhunderte hinein sichern können.

1973, Cussler ist schon 42 Jahre alt, veröffentlicht er seinen ersten Thriller, in dem Dirk Pitt bereits als Held figuriert. Der große Durchbruch kommt 1977, als »Hebt die Titanic!« erscheint. Die Verfilmung des phantastischen Buches, an dessen Ende die Titanic unter dem Konzert aller Schiffssirenen schließlich doch noch im Hafen von New York einläuft, wird 1980 zum Kino-Hit. Nun ist Cussler weltberühmt. Er macht es sich zum Grundsatz, wenn möglich alle zwei Jahre einen ähnlich spannenden Thriller zu schreiben mit Dirk Pitt bei der NUMA als Helden. Vordergründig geht es dabei stets um versunkene Schiffe, um verborgene Schätze und Kunstwerke oder um Kulturgüter, die aus fernen Zeiten stammen. Cusslers politisches Thema aber ist der wieder und wieder demonstrierte maritime Triumph des amerikanischen Jahrhunderts.

Konsequenter und kompositorisch raffinierter als alle konkurrierenden Thriller-Autoren verknüpft er dabei weit zurückliegende Katastrophen, bei denen Schiffe oder Flugzeuge mit wertvoller oder fürchterlicher Fracht verloren gehen, mit Handlungen, die zumeist in der näheren Zukunft von vier bis acht Jahren nach Erscheinen des Buches spielen. Denn jedem dieser Spannungsromane liegen zeitgenössische Themen zugrunde. Während die Thriller anderer Autoren oft ziemlich flach wirken, weil sie bloß an der Gegenwart entlanggeschrieben sind, macht die gewissermaßen dreidimensionale Anlage der Dirk-Pitt-Abenteuer unter Einbeziehung von ferner Vergangenheit, Gegenwart und Zukunft einen besonderen Reiz dieser Romane aus. Einerseits wird der Leser in den Abgrund der Zeiten und in versunkene Welten hineingezogen, andererseits gaukelt ihm der Autor Thriller-Welten vor, die innerhalb kürzester Zeit Wirklichkeit werden könnten, so sie dies nicht heute schon sind.

Versunkene Welten... Was Thomas Mann den tiefen, unergründlichen Brunnen der Vergangenheit nannte, sind bei Cussler die Tiefen der Ozeane. Indem er die Fernwirkung längst vergangener Katastrophen in die nächste Zukunft hineinprojiziert, erschließt er mit seinen Thrillern Tiefendimensionen von bemerkenswertem Reiz.

Da ist etwa die Titanic, Stoff bereits zahlreicher Katastrophen-Romane und Filme. Doch noch niemand vor Cussler hatte den Einfall, den gesunkenen Schiffsriesen heben zu lassen, wobei sich mit dem Hauptthema verschiedene Unterthemen verbinden – der Versuch der USA, einen Weltraumschutzschild gegen Raketen zu bauen und diesbezügliche sowjetische Geheimdienstanschläge.[4]

Bereits Cusslers erster Thriller aus dem Jahr 1973 »Der Todesflieger«[5] lebte von dem Ineinander der Zeitebenen. Über einer verschlafenen amerikanischen Flugzeug-Basis im östlichen Mittelmeer taucht urplötzlich ein altertümliches deutsches Kampfflugzeug aus dem Ersten Weltkrieg auf und zerstört mit dem Feuer aus seinen schweren Maschinengewehren den Tower und die dort geparkten ultramodernen F-105 Starfighter sowie eine C-133 Cargomaster. Bald wird indessen deutlich, daß das eigens nachgebaute Gespensterflugzeug nur dazu bestimmt ist, das kriminelle Treiben einer mächtigen griechischen Reederei zu tarnen, die von einem am Ende des Zweiten Weltkriegs abgetauchten deutschen Kriegsverbrecher geleitet wird.

In einem anderen Thriller – »Cargo 03«[6] – verwertet Cussler seine Erfahrungen beim Military Air Transport Service. Ein Transportflugzeug der U.S. Air Force mit teuflisch wirksamen biologischen Kampfstoffen ist 1954 beim verzweifelten Versuch einer Notlandung während eines Schneesturms in den Rocky Mountains im Eis eines Gebirgssees versunken. Dirk Pitt sieht sich nun – im Jahr 1988 – aufgerufen, den verbrecherischen Einsatz der heimlich abtransportierten Behälter mit Pestbazillen durch einen kriminellen südafrikanischen Verteidigungsminister des damaligen Apartheid-Regimes zu verhindern.

Oder es werden die Monate kurz vor dem Ersten Weltkrieg ins Bewußtsein gehoben. Ein angeblich zwischen Großbritannien und der amerikanischen Regierung abgeschlossener Vertrag, der den Verkauf Kanadas an die USA gegen Zahlung von 1 Milliarde Dollar vorsah, ist aufgrund von Zug- und Schiffskatastrophen verloren gegangen. Er muß im Jahr 1989 um jeden Preis wieder aufgefunden werden, um die vom amerikanischen Präsidenten sowie seinem kanadischen Amtskollegen gegen vielfache Widerstände betriebene Errichtung der »Vereinigten Staaten von Kanada« zu ermöglichen, womit auch die Energiekrise der USA beendet wäre.[7]

Zunehmend greift Cussler auch viel weiter in die Vergangenheit zurück. »Das Alexandria-Komplott«[8] dreht sich um wertvollste Manuskriptsammlungen aus der berühmten Bibliothek von Alexandria. So diese aufgefunden würden, wäre das nicht nur ein Leckerbissen für alle Althistoriker und Altphilologen. Auf den Papyri sind auch Landkarten mit den Lagerstätten seltenster Metalle sowie von Ölquellen rund ums Mittelmeer eingezeichnet. Eine Flotte römischer Kriegsschiffe hatte die Schätze vor dem Zugriff christlicher Fanatiker gerettet und sie nach langer Irrfahrt in einer Höhle auf Grönland geborgen, wobei alle Expeditionsteilnehmer am 15. Juli 391 von einer Horde von Eskimos erschlagen wurden. Nach diesem Vorspiel beginnt die eigentliche Handlung am 12. Oktober 1991 auf dem Flughafen Heathrow. Die eben gewählte, sehr schöne ägyptische Generalsekretärin der Vereinten Nationen ist dort zwischengelandet, dabei noch nicht ahnend, daß binnen kurzem ein Anschlag auf sie verübt werden wird, bei dem sie allein dank der übermenschlichen Kälteresistenz Dirk Pitts und seiner Gefährten einem kläglichen Ende in den Eishöllen Grönlands und Patagoniens zu entrinnen vermag.

Noch weiter zurück, nämlich 7120 Jahre vor Christus, reicht die in tiefen, eisbedeckten Höhlen verborgene Kultur von Atlantis, deren Wiederauffindung Cussler in einem 1999 erschienenen Thriller auf das Jahr 2001 datiert.[9]

Im unergründlich tiefen Brunnen der Vergangenheit ruhen

also jeweils Dokumente, Manuskriptsammlungen, schwer entzifferbare Inschriften, Flugzeuge, Kriegsschiffe oder Luxusdampfer, deren sich Gangstersyndikate, größenwahnsinnige Unternehmer, kriminelle Regierungen, gemeingefährliche Fundamentalisten, neonazistische Familienclans und andere Ausgeburten des Bösen zu bemächtigen suchen. Doch Dirk Pitt, eine Mischung aus James Bond und Indiana Jones, gestützt auf die überlegene Technik von NUMA, triumphiert wieder und wieder, mit ihm letzten Endes die imperiale Seemacht USA.

Beim Bestehen der scheinbar realistisch geschilderten, doch ganz und gar unglaublichen Abenteuer werden nicht allein schlimmste Gefahren von den Vereinigten Staaten abgewendet. Vielfach zeigt sich auch, daß das Überleben Amerikas mit dem Überleben der Menschheit identisch ist. Der amerikanische Patriotismus Clive Cusslers wird nur noch von dem Tom Clancys übertroffen.

Die NUMA ist auf Unterwasserforschung, somit auch auf das Aufspüren unterirdischer Flußläufe und Kavernen zu Land spezialisiert. Sie kann geradezu als Institution gewordenes Symbol wohltätiger amerikanischer Herrschaft über die Weltmeere und über die dort verborgenen Bodenschätze begriffen werden. Desgleichen spürt sie alle maritimen Bedrohungen auf, die Amerika selbst und der gesamten Menschheit gefährlich werden.

Die politische Botschaft dieser Thriller ist unüberhörbar: Amerikas Zukunft liegt weniger auf als unter den Meeren. Somit sind es nicht bloß die Kriegsschiffe – Flugzeugträger, atomgetriebene U-Boot-Kreuzer oder raketenbewehrte Fregatten –, von denen diese Zukunft abhängt. Forschungsschiffe, tiefseetaugliche kleine Forschungs-U-Boote, Beobachtungs-Helikopter, selbstverständlich auch die zugehörigen Satelliten und Forschungscomputer sind genauso wichtig. Desgleichen nutzen bei Cussler die Feinde Amerikas weitläufige Unterwasseranlagen, tief im Eis oder in Naturhöhlen verborgene Stützpunkte und maritime Plattformen zur Auslösung tödlicher Anschläge.

Der dynamische Gründer und Generaldirektor von NUMA ist

der drahtige Admiral Sandecker, eine Art amerikanischer Lord Fisher oder Admiral Tirpitz. Er hat kurze, feuerrote Haare und trägt einen Knebelbart. Von der Demokratie und den periodisch wechselnden Präsidenten hält Sandecker wenig, verfügt aber dank immer neuer Erfolge über ein beträchtliches Geschick, den zuständigen Ausschüssen des Kongreß einen stetig wachsenden Geheimfonds abzuluchsen. Ähnlich wie der auf Europa fixierte Colin Forbes gestaltet Cussler mit dieser Figur, welche an die zehn Churchill-Zigarren täglich raucht und ihren harten Willen gegen jedermann durchsetzt, den Typ des völlig bedenkenlosen Geheimdienstchefs, der eigenmächtig definiert, was als nationales, somit zugleich auch als wohlverstandenes Menschheitsinteresse zu gelten hat.

Mit raffinierter Technologie ausgestattet, arbeitet NUMA unter strengster Geheimhaltung. Sichtbar ist nur ihr Bürohochhaus, ein blinkender, grüngetönter Glaskasten in Arlington, Virginia, nur ein paar Meilen vom Weißen Haus entfernt. Daß die NUMA allein hier an die zweitausend Experten beschäftigt, während weitere dreitausend über die ganze Welt verstreut sind, ist einer breiten Öffentlichkeit kaum bewußt.

In diesem Hauptquartier befindet sich auch der Zentralcomputer, auf dem alle bislang ermittelten Geheimnisse der Ozeane vermessen und gespeichert sind, die aktuellsten Gegebenheiten mit inbegriffen – Meeresströmungen, die geologische Beschaffenheit des Meeresbodens, Bodenschätze, Liegestätten von Wracks, jeweiliger Standort und Kurs aller U-Boote, Minensperren, Schadstoffe, meteorologische Informationen und vieles andere mehr. Von der NUMA werden bereits jene kommenden Jahrhunderte der Menschheitsgeschichte vorbereitet, in denen die Bodenschätze zu Land weitgehend erschöpft sind, ohne daß das aber zu den vom Club of Rome prognostizierten Folgen führen muß. Denn auf dem NUMA-Zentralcomputer sind bereits weitere unermeßlich reichhaltige Lagerstätten verzeichnet, die in den Tiefen der Ozeane auf Exploration warten. Cussler entwirft hier also keine grüne, sondern sozusagen eine blaue Utopie.

Während aber das Äußere und die Apparaturen ultramodern sind, erinnert das Büro Admiral Sandeckers an einen englischen Herrenclub – dunkles Teakholz, weiche Ledersessel und an den Wänden großformatige Gemälde von siegreichen Seeschlachten der US Navy.[10] Dieses Interieur im englischen Stil ist ein sichtbarer Ausdruck der Tatsache, daß die amerikanischen Admirale das Erbe der britischen Seemacht angetreten haben.

Dirk Pitt, der eigentliche Held dieser Thriller, ist mit dem Establishment der Metropole Washington aufs engste verbunden. Er hat einen wissenschaftlich gebildeten, scharfsinnigen, hoch angesehenen US-Senator zum Vater, der den Vorsitz im Auswärtigen Ausschuß wahrnimmt und den man mit ehrfürchtigem Spott als den »Sokrates des Senats« bezeichnet.[11] Schon deshalb fällt es Dirk Pitt erforderlichenfalls nicht schwer, beim Sicherheitsberater oder gar beim Präsidenten Termine zu bekommen. Freilich findet er in Notlagen vor allem deshalb allerhöchsten Ortes Gehör, weil er selbst schon so viele Krisen, die Amerika bedrohten, mit beispielloser Tapferkeit und nie versagendem Glück gemeistert hat.

Er weiß indessen, daß man in der amerikanischen Republik auch der Volksvertretung gebührende Beachtung zu schenken hat. So unterhält er eine dauernde, gelegentlich lustvoll aktivierte Liaison mit einer knackigen Kongreß-Abgeordneten. Die freizügige Dame ist mit allen Treppen und Hintertreppen im Repräsentantenhaus bestens vertraut, kümmert sich aber auch mit gehörigem Eifer um alle Anliegen ihrer Wähler in den Rocky Mountains.

Wie sein Vater ist auch Dirk Pitt ein Snob. Wann immer er von den vielen Abenteuern zurückkehrt, führt er seine jeweilige Eroberung, die er zuvor aus schlimmsten Gefahren errettete, in das momentan gerade in Mode befindliche Gourmet-Restaurant Washingtons aus. In einem riesigen verrosteten Hangar am Rande der Andrew Air Force Base hat er sich nicht nur eine schicke Junggesellenwohnung eingerichtet, sondern zugleich eine riesige Halle, wo seine Kollektion sündhaft teurer Rennwagen und Limousinen aus der Vorkriegszeit aufgereiht steht, die er, wenn möglich, selbst restauriert. Die gesellschaftliche Atmosphäre Washingtons in den letzten Jahrzehnten des 20. Jahrhunderts mit seinen hohen Bürokraten, Offizieren, Experten, Politikern und Gesellschafts-Löwinnen findet sich in den Dirk-Pitt-Thrillern lebensecht eingefangen.

Clive Cussler, der sich in Amerika viel herumgetrieben hat, versteht es aber auch, die Weite des amerikanischen Kontinents zu schildern – den idyllischen Bergsee im Felsengebirge, in dessen Tiefe eine abgestürzte Transportmaschine mit Kanistern voller tödlicher Pestbazillen verrostet; felsige Buchten vor der Küste von Oregon, unter denen riesige, bislang unbekannte Ölfelder lagern; den nebligen St. Lorenz-Strom, in dessen Tiefe Dirk Pitt und seine Gefährten nach dem verschollenen Nordamerikanischen Vertrag über den Verkauf Kanadas an die USA suchen, oder die Flußlandschaften im Unterlauf des Mississippi, denen der verbrecherische Hongkong-Chinese Qin Shang eine Flutkatastrophe zugedacht hat.

Aber Amerika erscheint in diesen Thrillern durchaus nicht als ein selbstgenügsamer Kontinent. Wie eine riesige kontinentale Insel liegt es zwischen den Weltmeeren, Heimatland der U.S. Navy mitsamt den Forschungsschiffen der NUMA, zugleich aber Ziel feindlicher Anschläge, von denen die der Sowjetunion nicht einmal die schlimmsten sind. Clive Cussler hat sich nicht zuletzt dadurch eine große Fan-Gemeinde erschrieben, weil er neue, bislang so nicht ausgeleuchtete Thrillerwelten entdeckte: die Eishöllen Grönlands und der Antarktis; riesige, im Nordmeer treibende Eisberge; den sturmgepeitschten Atlantik und geheimnisvolle Eilande im Pazifik mit ausgedehnten Höhlensystemen und Unterwasser-Vulkanen, die dank einer Laune der Natur aus der Tiefe emporgetrieben werden, gelegentlich aber auch wieder explodieren.

So sind die Ozeane voller Wunder und Geheimnisse, doch auch voller Schrecken. Und Cusslers Thriller lesen sich geradezu wie eine Menukarte der Gefahren, die im letzten Quartal des

20. Jahrhunderts die imperiale Republik bedrohen. Wer die versteckten oder offen artikulierten Ängste studieren möchte, von denen Amerika in den vergangenen Jahrzehnten umgetrieben wurde, wird in diesen ozeanischen Abenteuer-Romanen, die zugleich Polit-Thriller sind, fündig.

Natürlich spielt der Kalte Krieg in den frühen Thrillern Clive Cusslers noch eine gewichtige Rolle. Die berühmte Hebung der Titanic ist kein Selbstzweck. Bei Cussler dient sie allein der Suche nach dem sehr seltenen Erz Byzanium, das kurz vor dem Ersten Weltkrieg heimlich auf Nowaja Semlja geschürft wurde und von dem eine große Menge angeblich im Tresor der Titanic auf den Grund des Atlantik gesunken ist (tatsächlich findet sich das gesuchte Gestein aber schließlich auf dem Dorffriedhof von Southby, nicht weit Southampton; man hätte sich die abenteuerliche und sehr teure Bergungsaktion sparen können). Byzanium ist aber ein unverzichtbarer Rohstoff, der für die Herstellung eines Anti-Raketenschutzschildes über den USA gebraucht wird. Ein technisch interessierter, weitschauender, auch politisch liberaler Präsident (wahrscheinlich war Jimmy Carter in diesem Punkt Cusslers Vorbild) hat den Bau dieses Abwehrsystems in Auftrag gegeben. Der Thriller erscheint 1977, also ein paar Jahre, bevor Präsident Reagan SDI auf den Weg brachte. Offenbar liegt das Thema damals schon in der Luft.

Als die NUMA unter größtem technischem Aufwand im Begriff ist, die glücklich gehobene, zu allem hin noch von einem gewaltigen Hurrikan bedrohte Titanic nach New York zu schleppen, sucht ein Kommando sowjetischer Marines – wie zu erwarten vergeblich – das mühsam leergepumpte Riesenschiff zu kapern. Dennoch zeigt Cusslers Schilderung des Generalsekretärs im Kreml und der Reaktionen im Weißen Haus durchaus jene für die Entspannungsphase der siebziger Jahre unter Breschnew, Nixon, Ford und in den Anfängen Carters kennzeichnende Vorsicht beider Seiten. An schlimmen Geheimdienstanschlägen herrscht zwar immer noch kein Mangel. Doch die Weltmächte sind darauf bedacht, Frontalkollisionen zu vermeiden.

Immerhin geht der Kalte Krieg weiter, dies vor allem auch in Drittländern. 1981, Ost und West befinden sich erneut in einer heftigen Konfrontationsphase, erscheint der Thriller »Um Haaresbreite«[12]. Die Handlung dreht sich unter anderem um das Vorhaben einer Geheimorganisation frankophoner Kandadier, Quebec von Kanada abzuspalten und dort einen kommunistischen Stützpunkt mitten in Nordamerika zu errichten. Auch hinter diesem Anschlag steckt der sowjetische Geheimdienst. Auf dem letzten Höhepunkt des Ost-West-Konflikts veröffentlicht Cussler schließlich den Thriller »Deep Six«[13]. Dort bemächtigen sich KGB-Agenten des amerikanischen Präsidenten bei nächtlicher Kreuzfahrt auf dem vernebelten Potomac, präparieren dabei sein Gehirn und veranlassen ihn durch Fernsteuerung zu den verrücktesten Maßnahmen. Auch andere Spitzenchargen Washingtons stehen unter sowjetischem Einfluß.

Cusslers Produktion von Kalter-Krieg-Thrillern ist aber schlagartig zu Ende, als sich Reagan und Gorbatschow zur Entspannungspolitik bekehren, die rasch zum Zusammenbruch des Ostblocks führt. Der 1988 erscheinende Roman »Das Alexandria-Komplott« zeigt bereits Senator George Pitt, den Vater des Helden, sowie den Stabschef des Weißen Hauses und den Unterstaatssekretär des State Department bei einer Pokerrunde zusammen mit dem sowjetischen Botschafter (modelliert nach dem seinerzeitigen Botschafter Anatoli Dobrynin)[14]. Ihr Beisammensein dient dem Austausch vertraulicher Informationen.

Doch neben dem Ost-West-Konflikt drohen auch ganz andere Gefahren. 1972 erscheint die schrille Warnung des Club of Rome vor Umweltzerstörung und baldiger Ressourcenerschöpfung. 1973 wird die Weltwirtschaft vom ersten Ölschock getroffen, 1979 vom zweiten. Kein Wunder, daß ein Naturfreund wie Cussler das aufgreift. 1981, ein paar Monate nachdem in Kalifornien die Autoschlangen stundenlang vor den Zapfstellen warteten, um wieder einen Tank voll von dem knapp gewordenen Benzin zu ergattern, schildert Cussler in dem Thriller »Um Haaresbreite« einen Präsidenten, dem sein Sicherheitsberater ein katastrophales Dossier über die Energiesituation der USA zusammengestellt hat. Doch NUMA und der nimmermüde Dirk Pitt helfen aus allen Schwierigkeiten. Vor Oregon wird durch raffiniert konstruierte Explorations-U-Boote ein riesiges Ölfeld entdeckt. Vor allem aber findet der Präsident eine ingeniöse Lösung für das Energieproblem der USA – den Anschluß Kanadas an die Vereinigten Staaten. Bis das aber im verschwiegenen Zusammenspiel des amerikanischen Präsidenten und des Ministerpräsidenten von Kanada erreicht ist, muß sich der Tausendsassa Dirk Pitt mit verschiedenen Geheimdiensten und Killer-Teams herumschlagen, vor allem aber ein Exemplar des Kaufvertrages auffinden, in dem die britische Regierung wenige Wochen vor Ausbruch des Ersten Weltkrieges das Dominion Kanada für den damals stolzen Preis von 1 Milliarde Dollar an die USA verkauft hat.

Dieser Thriller ist nicht nur ein Dokument der Furcht vor Erschöpfung der US-Energieressourcen, sondern zugleich ein schönes Beispiel für amerikanischen Nationalismus. Am Ende des Thrillers läßt Cussler den ganz und gar nicht unsympathisch porträtierten amerikanischen Präsidenten sinnieren: »Der Zusammenschluß Kanadas und der Vereinigten Staaten ist unvermeidlich. Wenn nicht in den nächsten zwei Jahren, dann in den nächsten zweihundert.«[15] Um den Kanadiern die Pille zu versüßen, erhält das kontinentale, nunmehr auch allen Ressourcenproblemen entronnene Empire die Bezeichnung: »Die Vereinigten Staaten von Kanada«.[16]

Die abgestiegenen Briten, die den Verlust ihres Dominions vergeblich zu durchkreuzen suchen, werden mitleidig von oben herab betrachtet. Cussler schildert ein streng geheimes Zusammentreffen des britischen Premierministers mit seinem Geheimdienstchef beim Angeln am Blackwater-Fluß bei Seward's End in Essex und läßt diesen seufzen: »Das gesamte Gerüst unserer Überseehandelsorganisation würde einstürzen. Unsere Wirtschaft ist schon jetzt in einer schlimmen Lage. Der Verlust Kanadas wäre eine Katastrophe... Wenn nämlich Kanada geht, würden Australien und Neuseeland in den nächsten drei Jahren folgen. Und ich brauche Ihnen nicht zu sagen, wie es dann um das Vereinigte Königreich bestellt wäre.«[17] Die Ungeheuerlichkeit dieser Prophezeiung erschüttert zwar den Zuhörer: »England ohne sein Empire war unvorstellbar.« Doch der erfahrene Geheimdienst-General weiß zugleich, wenn auch mit Betrübnis, »daß der britische Gleichmut sich schließlich auch daran gewöhnen würde«. So sehen es auch die Staatschefs von Kanada und den USA. Auf die Frage: »Wie wird England reagieren?« meint der kanadische Ministerpräsident ganz entspannt: »Wie im Falle Indien, Südafrika und den anderen Kolonien. England wird sich widerwillig damit abfinden.«[18]

Der Kalte Krieg ist noch nicht zu Ende, da tauchen in diesen jeweils ein paar Jahre in die nähere Zukunft projizierten Thrillern manche jener Schreckensszenarien auf, die Amerika und Europa erst seit den frühen neunziger Jahren ängstigen: Anschläge mit ABC-Waffen, Masseneinwanderung kulturell fremder, armer Populationen, globale Umweltvergiftung, Machtergreifung krimineller, global operierender Syndikate und das Auftreten böser Fanatiker in der Dritten Welt.

Nach dem Welterfolg mit der Titanic kommt Cussler 1978 wieder mit einem Thriller auf den Markt. Jetzt droht ein vom Meer her ins Werk gesetzter Raketenüberfall auf Washington, wobei ursprünglich im Auftrag des Pentagon entwickelte Pestbazillen versprüht werden sollen, die gegen jedes Serum resistent sind.[19] Der teuflische Plan ist vom südafrikanischen Geheimdienst ausgeheckt worden. Terroristen einer der zahlreichen schwarzafrikanischen Befreiungsbewegungen sollen zu diesem Überfall veranlaßt werden, der – so der Kalkül – diese Organisationen künftig in den Augen der amerikanischen Öffentlichkeit ein für alle Mal diskreditieren wird. Der Leser gewinnt den Eindruck, daß Cussler nicht ganz mit sich im reinen ist, ob er die burischen Rassisten oder deren Todfeinde, die schwarzen Rassisten, für abstoßender hält. Auch wenn er in späteren Romanen mörderische schwarzafrikanische Generale oder deren Folterknechte porträtiert, sind die rassistischen Untertöne gut vernehmbar.

Wenig später – im Jahr 1988 – lenkt er den Blick auf zwei weitere Gefahren: den Terror der Fundamentalisten in Ägypten und das auch politisch vulkanische Mexiko. In beiden Ländern schüren sehr unerfreuliche religiöse Fanatiker gegen Amerika – in Ägypten ein zu jeder Art von Terrorismus entschlossener Muslim-Führer, in Mexiko ein charismatischer Verrückter mit großem Anklang bei den Volksmassen. Letzterer sehnt einen auf dem blutigen Aztekenkult gegründeten religiösen Staat herbei und droht, Millionen von armen Mexikanern zur Rückeroberung von Texas, Arizona und Kalifornien in Marsch zu setzen[20]. Wenn die arabischen und die mexikanischen Fundamentalisten erst einmal den größten Teil der globalen Öl-Reserven kontrollieren, so fürchtet man in Washington, können sie die Preise in astronomische Höhen treiben und den Westen in die Knie zwingen. Angst vor den Massen fanatisierter armer Menschen und Sorge um die Sicherheit der Energieversorgung sind die weltpolitischen Themen dieses Thrillers.

Seit Anfang der neunziger Jahre ist auch Cussler bei denen zu finden, die von den wiedererstarkten Gegnern des Zweiten Weltkrieges heimtückische Anschläge befürchten. 1990, beim Niedergang der Sowjetunion, als manche in Amerika Japan als neue Weltmacht zu erkennen glauben, beschwört der Thriller »Die Ajima-Verschwörung«[21] einen erneuten Griff Japans nach der Weltherrschaft. Wie zumeist in derartigen anti-japanischen Romanen, beruht die neu erbaute Macht der Samurai auf unermeßlichem Reichtum, modernster Technologie, Geheimorganisationen und dem Besitz von Kernwaffen. Amerika soll teils aufgekauft, teils wirtschaftlich geknebelt und schließlich durch atomare Erpressung unterworfen werden. Japanische Ultranationalisten fordern die Herausgabe Hawaiis und Kaliforniens, unbehinderte Einfuhr japanischer Waren und japanischen Kapitals, die visumfreie Einreise von Japanern in die USA und sogar japanische Repräsentation im Kabinett sowie in hohen Positionen der Ministerien.[22]

Cussler versäumt nicht den Hinweis, daß die Überlegenheit Japans auch auf Werkspionage in Amerika beruht[23] sowie auf der

Großzügigkeit, mit der die USA junge japanische Wissenschaftler, die bisweilen recht undankbar sind, an ihren Universitäten ausgebildet hat. Wie mit allen Bedrohungen gegen die große Republik wird Dirk Pitt auch mit dieser fertig. Eine 1945 bei den ersten Kernwaffeneinsätzen im Pazifik verloren gegangene Atombombe gelangt nun doch noch zum Einsatz und vernichtet »das Drachenzentrum«.

Wenn die Japaner als künftige Feinde Amerikas erspäht werden, dürfen auch die Deutschen nicht fehlen. 1999 weiß Cussler in dem Thriller »Atlantis Found«[24] von einem erstaunlichen Fund zu berichten. Dirk Pitt entdeckt unter dem Eis der Antarktis nicht nur das nach einer Kontinentalverschiebung verschwundene Atlantis, sondern auch eine neo-nazistische Weltverschwörung. Aus den Trümmern des Dritten Reiches hat sich ein hoher SS-Offizier namens Ulrich Wolf auf einem ultramodernen U-Boot zusammen mit beträchtlichen Geldmitteln nach Argentinien gerettet und ein mächtiges Wirtschaftsimperium aufgebaut. Die umfassende Nutzung von Nanotechnologie und Tiefseebergbau lassen alles als möglich erscheinen. Das logistische Zentrum der Wolfs liegt in gewaltigen Höhlenanlagen der Antarktis, die teilweise schon vor dem Zweiten Weltkrieg von Deutschland gebaut wurden. Von hier aus wird die Errichtung des Vierten Reiches vorbereitet.

Das Thriller-Thema vom Überleben einer mächtigen nazistischen Geheimorganisation ist freilich alles andere als neu. 1972 schon ist es, wie bereits erwähnt, mit großem internationalem Erfolg von Frederick Forsyth mit der »Akte Odessa«[25] popularisiert worden. In den achtziger und neunziger Jahren wird es, wie noch zu zeigen sein wird, von vielen zu Tode geritten, in erster Linie von Robert Ludlum. Cussler gewinnt dem Stoff aber einige neue, groteske Aspekte ab. Es ist gelungen, den Samen des Führers zu retten, und der fließt nun in den Adern der zweihundert Angehörigen der Wolf-Dynastie, deren Leitungsgremium daran arbeitet, eine neue Erde allein mit reinrassigen Ariern zu bevölkern, um die Menschheit auf eine neue Entwicklungsebene zu heben und die gegenwärtige Welt von Verbrechen, Korruption und Krankheit zu befreien.[26] Von der Antarktis aus soll der gesamte bewohnte Globus überschwemmt werden. Für die Wolfs und deren Anhang sind aber vier Riesenschiffe erbaut worden, und von diesen Archen aus soll die Erde wieder besiedelt werden. Der mit legendärer deutscher Gründlichkeit geplante Anschlag auf das Überleben der Menschheit wird aber, wie zu erwarten, von Dirk Pitt und seinen Gefährten vereitelt.

Cussler beschwört auch die gelbe Gefahr.[27] Ein steinreicher, hochgradig krimineller chinesischer Reeder mit Sitz in Hongkong, der engste Verbindungen zur Führung in Peking unterhält, hat seit Jahren schon maritime Schmuggelrouten ausgearbeitet, um Tausende von chinesischen Kriminellen, Prostituierten und andere finstere Gestalten in die USA einwandern zu lassen. Aber auch er überzieht sein Konto und wird von der NUMA erledigt.

Neben den fremdenfeindlichen Einstellungen der Cussler-Fans werden auch deren Ängste vor Umweltvergiftung bedient. Der Thriller »Sahara«[28] aus dem Jahr 1992 beispielsweise schildert, wie zwei Umweltkriminelle mitten in der Sahara, in Mali, eine angeblich hochmoderne Lagerstätte für chemische Abfälle betreiben. Der eine ist ein französischer Großindustrieller mit besten Regierungs-Verbindungen (Cussler empfindet anscheinend auch für Frankreich nur geringe Sympathie), der andere ein schwarzer Diktator von Mali, der diese Republik mit dem Charme eines Idi Amin regiert. Was weltweit als vorbildliche Anlage vermarktet wird, entpuppt sich tatsächlich als ein gut verstecktes Endlager für giftigstes Kobalt, das in einen unterirdischen Fluß versickert, der in den Niger fließt und, beginnend im Golf von Guinea, die Weltmeere verseucht. Die Fachleute von NUMA und der Weltgesundheitsorganisation sind sich einig, daß die dadurch hervorgerufene »Rote Flut«, die sich rasend schnell ausbreitet, bereits nach Ablauf von etwas mehr als einem Jahr fast den gesamten Sauerstoff auf Erden aufgebraucht haben wird. Das heißt aber: Auch alle Lebewesen auf Erden werden rettungslos verloren sein, wenn es nicht gelingt, die Quelle der Verunreinigung zu entdecken und unschädlich zu machen. Erneut sind die NUMA, insbesondere Dirk Pitt und sein treuer Gefährte Giardino, gefordert.

In diesem und in anderen Thrillern Cusslers macht sich jetzt eine recht positive Einschätzung der Vereinten Nationen bemerkbar. 1992 begannen die Jahre des aktivistischen Generalsekretärs der Vereinten Nationen Boutros Boutros Ghali. Cussler hatte schon Jahre zuvor mit bemerkenswerter Voraussicht die Figur einer schönen und recht energischen ägyptischen UN-Generalsekretärin erfunden. Auf die Aktivitäten der UN-Gesundheitsorganisation und einer angeblich streng geheim operierenden, uneingeschränkt schießwütigen Kommandotruppe der Vereinten Nationen mit dem Akronym UNICRATT fällt gleichfalls helles, warmes Licht.

Schließlich drohen in Cusslers Thrillern den Vereinigten Staaten und der Menschheit global operierende Großunternehmer. Sie sind ebenso allmachthungrig wie hemmungslos kriminell. Dieser Typ taucht bekanntlich immer wieder auf, seit John Buchan in den Anfängen des 20. Jahrhunderts die Mythologie des Thriller-Genres festgelegt hat. Man wird zwar zu fragen haben, woher es eigentlich kommt, daß in der Realität bisher noch kein weltweit operierender Kapitalist die globale politische Allmacht erstrebt hat, von der Verwirklichung solcher Allmachtsphantasien gar nicht zu sprechen. Allem Anschein nach besteht aber doch ein ausgeprägtes Bedürfnis nach derartigen Schießbudenfiguren, nicht nur bei den Thriller-Autoren, sondern auch bei den Lesern.

So ist es also Dirk Pitt und der NUMA auch immer wieder aufgegeben, die radikal bösen Bosse weltumspannender Wirtschafts- und Verbrechenssyndikate zu erledigen – von dem einstigen deutschen Admiral Heibert, jetzt Chef eines Heroinrings im östlichen Mittelmeer[29] über die schöne, eiskalte und ganz schlimme isländische Reederin Kirsti Fyrie, welche durch Geschlechtsumwandlung zustande kam[30], bis hin zu dem neonazistischen Großunternehmer Karl Wolf, in dessen Adern Hitler-Blut fließt und der die derzeit lebende Menschheit vernichten möchte, um eine neue, erbgesunde Gesellschaft zu gründen. Neuerdings hat er auch die Nordkoreaner als Feinde der Menschheit erspäht.[31]

Sie alle scheitern an Dirk Pitt, an der NUMA, letzten Endes an der technisch und moralisch überlegenen amerikanischen Republik. Denn in diesen Thriller-Märchen beherrscht Amerika die Ozeane, den Luftraum und den Weltraum, besitzt aber auch die Mittel und den Willen, an jedem Ort der Erde rettend und strafend einzugreifen. Ja sogar die Präsidenten der großen Republik und deren Sicherheitsberater sind bemerkenswert weitsichtig, effizient und ihrem Amt gewachsen.

Das mafiose Imperium: **Robert Ludlum**s Amerika

Amerika läßt niemanden gleichgültig. Für Millionen ist es ein Leuchtturm von Freiheit und Fortschritt. Doch dieselbe große Republik ist nach Meinung von Millionen ein schlimmer Albtraum. Beides spiegelt sich auch im Polit-Thriller, und Robert Ludlum beschwört die Albträume. Er zeichnet ein Amerika, das einem riesigen und bösen Konzern gleicht, der von Gangstern dirigiert wird.

Daß ausgerechnet die meist wirr konstruierten Thriller Robert Ludlums über mehr als dreißig Jahre unablässig zu großen Rennern wurden, gibt zu denken. Sein deutscher Verlag verkündet im Klappentext des Polit-Thrillers »Das Sigma-Protokoll«[1], die von diesem seit 1971 verfaßten 21 Spannungsromane seien in über 30 Sprachen übersetzt und hätten weltweit eine Auflage von 210 Millionen erreicht. Weltweit 210 Millionen... Anti-Kapitalismus und Verteufelung des Establishment der USA verkaufen sich gut. Wie alle vorhergehen Bücher Ludlums handelt übrigens auch dieses von einer kriminellen Verschwörung auf den allerhöchsten Etagen. Kurz vor seinem Erscheinen ist der 75 Jahre alte Verfasser im März 2001 in seiner Vaterstadt Naples, Florida, als wohlhabender Mann verstorben.

So haarsträubend dramatisch Ludlums Handlungen sind, so denkbar unspektakulär war sein Lebenslauf.[2] Inwiefern die Tatsache, daß sein Vater in der Wirtschaft tätig war, seinen lebenslangen Abscheu vor Big Business und Großbanken erklären könnte, sei dahingestellt. Nicht unwichtig ist jedenfalls der Umstand, daß er – Jahrgang 1927 – von 1944 bis 1946 bei den Marines gedient hat. Wer bei dieser wenig zartbesaiteten Truppe anmustert, gehört selbst nicht zu den sensibelsten Seelen. Das hat offenbar später auf die Helden abgefärbt, denen die Aufgabe obliegt, eine wüste Abfolge schwerreicher und politisch schwergewichtiger Schurken zu erlegen. Ganze Welten trennen diese in den Dschungeln Vietnams zur Jagd und zum Töten abgerichteten Rambo-Typen von den psychisch hochdifferenzierten Geheimdienst-Profis eines John Le Carré oder gar von den Gentlemen eines John Buchan.

Ein Jahrzehnt lang war Ludlum dann Schauspieler am Broadway und im Fernsehen, ein weiteres Jahrzehnt hat er als Produzent von Fernsehserien Geld verdient. Die langjährige Vertrautheit mit der Produktion von Serien, die auf den Massengeschmack zielen, erklärt viel von der Machart seiner Thriller. Wie beim Film sind verschiedene, oft gegenläufige Handlungsstränge in raschen Schnitten miteinander verknüpft. Grelle Effekte, eine wilde Abfolge von Menschenjagd und von Mord-Szenen, bei denen das Gehirn spritzt, primitive Dialoge, sorglos hingeklatschte Schilderung der Schauplätze, wenig Psychologie, Charaktere wie Schießbudenfiguren, hechelnde *action* von der ersten bis zur drittletzten Seite, bevor die Helden verdientermaßen an schönen, ruhigen Stränden ausspannen – so konstruierte er seine Thriller. Ludlum war eine Art Mickey Spillane des Agenten- und Polit-Thrillers: brutal, ganz und gar nicht sophisticated, so unenglisch wie nur denkbar, streckenweise arg melodramatisch, vielleicht aber eben deshalb auch erst in Amerika und dann in vielen Ländern so erfolgreich.

Ludlum veröffentlicht mit 42 Jahren seinen ersten Thriller »Das Scarlatti-Erbe«[3]. Das schaurige Melodram katapultierte ihn sofort an die Spitze der Bestsellerlisten. Von nun an schrieb er pausenlos Buch für Buch, zwar ohne seine darstellerische Technik oder seine Themenpalette groß fortzuentwickeln, doch stets mit ziemlich beispiellosem Verkaufserfolg. Da Ludlums Thriller, milde formuliert, allenfalls suboptimal sind, tatsächlich aber, grob formuliert, eine redundante Abfolge schundiger Kolportageromane darstellen, kann das Geheimnis seiner Wirkung nur in den Themen liegen.

Als dieses erste Buch erscheint, schreibt man das Jahr 1971. Die dauerhafte Etablierung auf dem Thrillermarkt der Vereinigten Staaten erfolgt bis 1974 mit vier weiteren Thrillern, die in erster Linie das Thema Verschwörung gestalten – Verschwörungen der Rüstungskonzerne, Verschwörungen im Pentagon, Verschwörungen in der CIA und beim FBI, Verschwörung der Macht-Eliten quer durch die kapitalistischen Gesellschaften. Es sind allesamt Thriller, die den rauhen Nerv des damaligen Zeitgeistes treffen. Kein anderer amerikanischer Thriller-Autor hat so kraß wie Ludlum den Ängsten und Aversionen Ausdruck gegeben, die in den linken Milieus des damaligen Amerikas vorherrschten. Er ist der Thriller-Schreiber der achtundsechziger Generation. Die Protestgeneration der neuen Linken kann dem Schicksal des Alterns zwar auch nicht entgehen. Doch selbst nachdem die Erregung des radikalen Jahrzehnts von 1965 bis 1975 abgeklungen war, hielt sich bei vielen ein vagabundierender Verdacht gegen das Establishment.

Dies war ganz sicher bei Ludlum der Fall. Das Fortleben solcher Fixierungen mag auch erklären, weshalb er trotz offenkundiger Redundanz seiner Romane bis zu seinem Tod auf einen so konstanten Leserstamm vertrauen konnte. Dabei ist der dauerhafte Bucherfolg dieser kunstlos produzierten Verschwörungs-Thriller auch deshalb erstaunlich, weil er anfangs nicht von weltweit erfolgreichen Kinohits verstärkt wurde wie die Thriller Eric Amblers, Flemings, John Le Carrés oder Tom Clancys.

Amerika war damals politisch polarisiert wie niemals mehr seit der fast genau hundert Jahre zurückliegenden Epoche des Bürgerkriegs. Phasen heftiger Polarisierung sind erfahrungsgemäß durch haßerfüllte Emotionalität und durch clichéhafte Feindbilder gekennzeichnet. Niemand hat diesen so grotesken Ausdruck verliehen wie Robert Ludlum. In seinen Romanen wimmelt es von brutalen, sadistischen und korrupten Generalen, die ihre Untergebenen in zugleich sinnlosen und verlustreichen Angriffen verheizen, von raffgierigen, amoralischen Kapitalisten, desgleichen von schurkischen CIA- und FBI-Agenten sowie von traumatisierten Rambos, die in den Dschungeln Indochinas die Menschenjagd und das Töten gelernt haben.

Eben das war das Bild des schmutzigen Vietnam-Krieges, das in zunehmendem Maß Abend für Abend über die Networks hereinströmte und von vielen Veteranen bestätigt wurde. Immerhin forderten die Kampfhandlungen 58 000 Tote und rund 300 000 Verwundete. Man schätzt, daß rund 150 000 Soldaten als Drogenabhängige, als Alkoholiker oder mit schweren psychischen Schäden zurückkehrten. Wenn von kriegerischen Heldentaten berichtet wurde, so kontrastierten damit Informationen über Greueltaten, begangen von Green Berets, von Marines, nicht zuletzt von CIA-Angehörigen. Entsprechend stark war besonders an den Universitäten und bei mittelständischen Familien die Neigung, sich der Wehrpflicht in einem Krieg zu entziehen, der zunehmend absurde und kriminelle Züge annahm. Moralische Überzeugungen spielten gewiß auch eine Rolle. Doch zweifellos war die Abneigung dagegen, als Soldat nach Vietnam entsandt zu werden, das existentielle Hauptmotiv für die massenhafte Protestbewegung.

Man schätzt, daß sich an die 570 000 wehrpflichtige Amerikaner auf unterschiedlichsten Wegen dem Kriegsdienst entzogen haben. Einer von diesen war der spätere Präsident Clinton, der sich wie Tausende seinesgleichen nach England begeben hatte. Den meisten gelang es, unbestraft davonzukommen. Doch immerhin 6 800 wurden verurteilt, davon 4 000 zu Gefängnisstrafen.[4] Nie zuvor und danach waren somit die Streitkräfte so verhaßt wie in diesen Jahren. Auch in Vietnam selber kam es zu vergleichsweise zahlreichen Desertionen oder zu Verurteilungen wegen Widersetzlichkeit gegen Vorgesetzte.[5] Eine beträchtliche Zahl von Veteranen kehrte voll Haß auf die Generalität zurück, während andere mit gleicher Erbitterung den zögernden Politikern und den Kriegsgegnern zu Hause damals und später die Schuld am Vietnam-Desaster gaben.

In dieser Lage setzten die Präsidenten Johnson und Nixon die Bundespolizei FBI ein, um die Antikriegsbewegung und die heterogenen Organisationen der radikalen Linken zu kontrollieren und zu spalten. Dementsprechend galt J. Edgar Hoover, FBI-Direktor zwischen 1924 und 1972, als Inkarnation eines reaktionären, korrupten, alle Dimensionen der Gesellschaft durchdringenden Polizeistaates. (1977 wird Ludlum Hoovers geheime Dossiers in einem seiner Thriller thematisieren: Dieser sei 1972 ermordet worden, weil er weil er über sehr hochgestellte Politiker viel zu viel wußte.[6]) Vielfach wurde auch die CIA unter Verletzung der gesetzlichen Vorschriften zur Observierung der Protestbewegung herangezogen. In der Tat deckte Mitte der siebziger Jahre der von Senator Frank Church geleitete Senatsausschuß eine bemerkenswerte Vielzahl fragwürdiger Operationen, Mordversuche, Vertuschungen, Gesetzesübertretungen, auch groteske Fehlschläge der CIA auf, so daß deren Aktivitäten auf Jahre hinaus vielerorts diskreditiert waren.

Wie zumeist bei derartigen Polarisierungen, glaubten die politischen und administrativen Autoritäten, die Amerika in einer vorrevolutionären Phase sahen und entsprechend unkonventionell agierten, genauso im Recht zu sein wie die gleichfalls nicht durch Gesetzestreue ausgezeichneten Anhänger der Protestbewegung. Viele Kriegsgegner waren jedenfalls davon überzeugt, daß im Establishment der Vereinigten Staaten mächtige Gruppen eine Verschwörung gegen das Volk betrieben – Verschwörung zur Abschaffung der bürgerlichen Freiheiten und Verschwörung zur Führung überseeischer Kriege im Profitinteresse des mächtigen militärisch-industriellen Komplexes. Die Veröffentlichung der Pentagon-Papers durch die New York Times wurde weithin als Bestätigung dieses Verdachts betrachtet. Auch der Kalte Krieg, so sahen das damals viele, schien in erster Linie das Resultat lichtscheuer Drahtzieher an den Spitzen der Rüstungskonzerne, im Pentagon, im Weißen Haus und im Kongreß.

In manchen Fällen erwuchsen solche Phobien aus neo-marxistischen oder anarchistischen Vorstellungswelten. Bei anderen war schlichte Empörung über evidente Mißstände oder über konkrete, selbst erlebte Übergriffe das Motiv.

Als später Historiker und Sozialpsychologen das wirre politische Klima jenes Jahrzehnte zu erklären versuchten, machten sie darauf aufmerksam, daß in der amerikanischen Republik seit deren Begründung immer wieder einmal Teile der Gesellschaft zu Recht oder zu Unrecht dazu disponiert sind, die jeweiligen Machthaber als korrupt, ihr Handeln als illegitim und ihre Beweggründe als denkbar niederträchtig zu verdächtigen. Wenn dann wieder einmal eine Woge tiefer moralischer Entrüstung durch das Land fegt, bekunden viele Amerikaner, so hat Walter Lippmann das gelegentlich formuliert, »ein ausgeprägtes Vorurteil zugunsten derer, die solche Anklagen erheben«[7].

Dies sind also die Angstträume, denen Robert Ludlum in seinen hektischen Agenten- und Polit-Thrillern Ausdruck verleiht. Er ist repräsentativ für den Zeitgeist der Achtundsechziger, zugleich aber für ur-amerikanische Grundeinstellungen, denen zufolge das gute, einfache Volk stets von Verschwörungen finsterer Mächte bedroht ist, die sich in den allerhöchsten Etagen der Politik und der Wirtschaft verbergen.

Im ersten seiner Thriller aus dem Jahr 1971 geht Ludlum besonders listig vor. Er vermeidet es, bereits einen direkten Angriff gegen Großkapitalisten und Generale zu richten, sucht das Establishment vielmehr indirekt zu karikieren. Sein Roman spielt nämlich in den Jahrzehnten vom Ersten Weltkrieg bis gegen Ende des Zweiten, und er handelt im wesentlichen von der engen polit-kriminellen Zusammenarbeit amerikanischer Konzerne mit der von revanchistischen und nazistischen Eliten beherrschten deutschen Großindustrie und den deutschen Großbanken. Der schäbige Schurke, um den sich alles dreht, ist nicht nur der Erbe eines riesigen, zusammengegaunerten Vermögens, sondern zugleich ein Feigling, dem es gelingt, sich als Kriegsheld aufzuspielen. Wie auch in seinen späteren Thrillern erfindet Ludlum die absurdesten Geschichten, nur um sie mit noch absurderen Einfällen zu übertrumpfen.

So wird beispielsweise dieser negative Held aus dem Haus des Mafioso Scarlatti, der sich als Offizier im Expeditionskorps General Pershings scheinbar mit Ruhm, tatsächlich aber mit Schande bedeckt hat, in den letzten Wochen der Kämpfe an der Westfront kurz vor dem Zusammenbruch Deutschlands im November 1918 von einem nationalistischen deutschen Hauptmann namens Gregor Strasser mitten im Argonner Wald gefangen genommen. Strasser weiß, daß der Krieg verloren ist, und fürchtet jetzt vieles: die Rache der Entente, »die Bolschewiken«, »die dreckigen Profitjuden«[8]. Er verspricht deshalb dem Amerikaner, ihn mit den mächtigsten Deutschen in Verbindung zu bringen, die entschlossen sind, trotz des vorerst verlorenen Krieges wieder zur Elite Europas zu werden und ihr Vaterland hochzubringen. Tatsächlich stellt Strasser – bald darauf ein glühender Nazi – die versprochenen Verbindungen zu schwerreichen Industriellen her, die durch die Inflation noch reicher werden. Es sind Deutsche, Schweizer, Franzosen und vor allem auch Amerikaner, die allesamt an der deutschen Aufrüstung zum Revanchekrieg Geld verdienen und zugleich die NSDAP finanzieren. Sie tragen auch nach 1939 keine Bedenken, in Europa eine neue Ordnung zu errichten. Selbst als sich Amerika im Krieg mit Deutschland befindet, reißt die geheime Zusammenarbeit nicht ab.

Es lohnt nicht, die verworrenen Schurkereien dieses Kolportageromans wiederzugeben, in dem auch Joseph Goebbels und Rudolf Heß auftauchen. Die Botschaft ist eindeutig: Angebliche Kriegshelden sind tatsächlich korrupte Heuchler, die mit dem Feind gemeinsame Sache machen. Das Establishment der sehr reichen Banker und Industriellen hat allein seine Profite im Auge. Über die Staatsgrenzen hinweg und ungeachtet aller ideologischen Gegensätze spielt es in Krieg und Frieden zusammen, wobei auch hohe Offiziere in das korrupte Treiben verwickelt sind.

Neben dem Klassenfeind und dem Militär, denen Ludlum durchweg das Allergemeinste zutraut, pflegt er auch noch seine ethnischen Feindbilder. In dem ersten wie in vielen späteren Thrillern sind es immer wieder die Angehörigen dreier Volksgruppen, welche die übelsten Schurkereien begehen: Italo-Amerikaner, die fast durchweg mit der Mafia in Verbindung gebracht werden, die hochmütigen amerikanischen Familien aus dem Geldadel der WASPs und die Deutschen.

Ein Jahr nach dem sehr erfolgreichen Erstling erscheint schon der zweite Thriller: »Das Osterman-Wochenende«[9]. Diesmal gerät die CIA direkt ins Visier. Der Held des Thrillers ist ein patriotischer amerikanischer Fernsehreporter. Er läßt sich von der CIA davon überzeugen, daß seine Freunde eine Weltverschwörung planen, und ist deshalb bereit, dem wachsamen Geheimdienst für Observationen zur Verfügung zu stehen. Bald jedoch muß er erkennen, daß die eigentlichen Verschwörer seine Auftraggeber sind. Nun findet er sich in einer Lage, die Ludlum auch später unablässig durchspielt: Er wird vom Geheimdienst des eigenen Landes gejagt und weiß nicht mehr, an wen er sich um Hilfe wenden soll, da die Verschwörer überall ihre Helfershelfer plaziert haben. Auch hier ist die Botschaft von eindeutiger Klarheit: Die CIA ist eine von Verbrechern durchsetzte Organisation, und der einfache Amerikaner ist den Polizeiapparaten und Nachrichtendiensten ziemlich schutzlos preisgegeben.

Noch umfassender wird die strukturelle Korruptheit des amerikanischen Systems in dem Thriller »Trevayne«[10] entfaltet. Das Buch erscheint im Oktober 1973. Es ist dies der Monat, in dem sich die Schlinge des Watergate-Skandals bereits fest um den Hals des Präsidenten Nixon zusammengezogen hat. In Amerika verbreitet sich damals schon weithin die Meinung: »The President has got to go.«[11]

Weshalb Ludlum es vorzog, das Buch unter dem Pseudonym Jonathan Ryder erscheinen zu lassen, ist unklar. Fürchtete er die Rechtsanwälte Präsident Nixons? Wünschte er den Eindruck zu erwecken, man könne im Amerika Nixons systemkritische Thriller nur noch unter einem Pseudonym erscheinen lassen? Wie auch immer – er hatte mit sicherem Gespür das richtige Thema zum richtigen Zeitpunkt aufgegriffen. Jetzt war es Zeit für einen Polit-Thriller, der die Korruption in den höchsten Ämtern des Staates enthüllte bis hin ins Weiße Haus.

Ein unbestechlicher Spitzen-Manager namens Trevayne, so der

Plot, wird zum Verdruß aller zwielichtigen Interessenten als Vorsitzender einer Kommission berufen, die Unregelmäßigkeiten im Beschaffungswesen des Pentagon untersuchen soll. Vier oder fünf gigantische Konglomerate teilen nämlich rund 70 Prozent des Verteidigungsetats unter sich auf. Der mächtigste dieser Konzerne ist die Genessee-Corporation. Trevayne fördert zu Tage, was jeder Leser Ludlums ohnehin erwartet: Die hohe Generalität, der Vorstandsvorsitzende, Minister und engste Mitarbeiter des Präsidenten sind in immense Bestechungsvorgänge verwickelt. Doch als der unbestechliche Held des Thrillers seinen Bericht fertig hat, kehrt der Präsident alles mit dem Argument unter den Teppich, praktische Überlegungen machten es eben unvermeidlich, im nationalen Interesse der USA derartige Manipulationen zu dulden. Trevayne wird mit den Worten entlassen: »Tragen Sie Ihre moralische Empörung woanders hin…«[12] Kurz darauf aber wird der Präsident auf Betreiben von Genessee ermordet. Trevayne begibt sich nun selbst in die politische Arena und wird als eine Art Mr. Saubermann zum Präsidenten gewählt. Ludlum läßt diesen Thriller aber auf eine skeptische Note ausklingen. Ob sich Trevayne nämlich auf Dauer durchsetzen wird, ist alles andere als sicher.

Auch als sich die radikale Springflut in den USA seit Mitte der siebziger Jahre langsam beruhigt, reitet Ludlum weiter auf dieser Woge. Seine Themen für die folgenden 25 Jahre liegen ein für allemal fest: Kapitalismuskritik, Korruption in den Spitzenetagen der gesellschaftlichen Machtpyramiden, nicht zuletzt bei CIA und FBI, weltweite Verschwörungen finsterer autoritärer Kräfte, Antimilitarismus und schrille Warnungen vor neo-nazistischer Machtergreifung. Ludlums Helden und Schurken wechseln, doch die mafiosen Machtstrukturen des imperialen Amerika und seiner Verbündeten werden in immer neuen, dickleibigen Thrillern beleuchtet. Und wie das Millionenpublikum seiner Leser beweist, wird das weltweit goutiert.

Ein Lieblingsthema Ludlums ist dabei das säkulare Zusammenspiel zwischen dem industriell-militärischen Komplex der USA

und den ihrerseits nach der Weltherrschaft strebenden Deutschen.[13] Je weiter man sich von den zwölf Jahren des Dritten
Reichs und von der Kriegszeit entfernt, um so zwanghafter wird
bei Ludlum die Obsession durch das Schreckbild weltweiter neo-
nazistischer Verschwörungen. Den Vogel schießt er 1978 mit dem
Thriller »Der Holocroft-Vertrag«[14] ab. Das Buch beginnt im März
1945. Ein deutsches U-Boot verläßt mit einer Ladung von Kindern im Vorschulalter den gut versteckten U-Boot-Bunker von
Scharhörn in der Deutschen Bucht. Gleich ihnen werden in den
letzten Wochen des Dritten Reiches Tausende von Kindern aus
Nazi-Familien in alle Weltgegenden expediert – »die Sonnenkin-
der«. Diese »Kinder der Verdammten« sind dazu auserwählt,
wenn sie erwachsen sind, das Vierte Reich zu errichten.

Mitte der achtziger Jahre geht dann die Saat des Bösen wieder
auf. Der Thriller-Held, Noel Holocroft, ist diesmal ein ganz
unpolitischer amerikanischer Architekt. Seine Mutter, in zweiter Ehe mit einem amerikanischen Banker verheiratet, hat ihren
ersten Mann, ein deutsches Finanzgenie, in den Jahren des Dritten Reiches verlassen (die Figur ist nach dem Vorbild Hjalmar
Schachts modelliert), weil sich dieser zu stark mit den Nationalsozialisten eingelassen habe. Nun aber taucht ein testamentari-
scher Brief dieses leiblichen Vaters Holocrofts auf. Der Sohn wird
ermächtigt, die Summe von 780 Millionen Dollar, die bei einer
Schweizer Bank versteckt ist, in Empfang zu nehmen und zum
Zweck der Wiedergutmachung an die Überlebenden des Holo-
caust oder an überlebende Nachkommen auszuzahlen. Wie zu
erwarten, handelt es sich aber wiederum um eine riesige Verschwörung, in welche auch die Mutter Holocrofts verwickelt ist.
In Wirklichkeit soll das Geld die Machtergreifung der »Sonnen-
kinder« ermöglichen, die inzwischen auf dem Weg durch die
Institutionen allerorten in Führungspositionen der Wirtschaft,
der Bürokratien und der Politik eingerückt sind. Bei der wilden,
wie stets bei Ludlum unübersichtlichen, von zahlreichen Leichen
gesäumten Flucht vor seinen Verfolgern wird der Held der
Geschichte von einer zweiten Gruppe unterstützt: von ein paar

überlebenden Offizieren der anti-nazistischen Abwehr und von Agenten des Mossad.

Neben den heimlich immer noch vom Griff nach der Weltmacht träumenden deutschen Industriellen und Offizieren nimmt Robert Ludlum häufig und mit Vorliebe die amerikanische Generalität ins Visier. Er leistet ein Übersoll, die hohen Offiziere als Machos, Widerlinge und Verrückte zu karikieren. In einem dieser Thriller läßt sich beispielsweise der Vorsitzende der Vereinigten Stabschefs von seinem Adjutanten, der ihm seit den Jahren in Vietnam hörig ist, am Heiligen Abend in ein New Yorker Bordell fahren. Während er sich dort in perversen Sex-Spielen austobt, wird er gräßlich ermordet.[15]

Oder Ludlum schildert eine – wie zumeist bei ihm – weltumspannende Verschwörung von fünf Spitzengeneralen: ein Amerikaner, ein Franzose, ein Deutscher, ein Israeli und ein Brite. Diese Verschwörer sind im Begriff, die Öffentlichkeit ihrer jeweiligen Länder durch eine Serie von Morden und furchterregenden Gewaltakten in Verwirrung zu stürzen, um sie für das Regime einer vom Militär geführten Ordnungsdiktatur empfänglich zu machen. Einer der fähigsten Organisatoren dieser Generals-Verschwörer nimmt eine Schlüsselposition bei der Bundeswehr wahr. Auch er ist ein Mann mit Vergangenheit, denn er war bis 1945 ein »Feldmarschall des Dritten Reiches«[16].

Worin ist somit die Botschaft dieses Thrillers zu sehen, der 1983 erscheint? Zum einen suggeriert Ludlum, die Serie terroristischer Anschläge der RAF, der Brigade Rosse und weiterer linksradikaler Untergrundorganisationen, die Europa seit Mitte der siebziger Jahre verunsichern, gehe tatsächlich auf eine Verschwörung der autoritären Rechten zurück. Zum anderen bringt er in Erinnerung, daß sich in der Bundesrepublik Deutschland, die damals bei der Nachrüstungs-Krise im Brennpunkt des Ost-West-Konflikts steht, ehemalige Offiziere der Wahrmacht in Schlüsselpositionen befinden. Der zeitgenössische Kontext wird zwar ausgeblendet, was im Thriller legitim ist, doch die Insinuationen sind offenkundig.

Noch im letzten Spannungsroman Ludlums treten uralte SS-Verbrecher auf. Dieses Buch mit dem Titel »Das Sigma-Protokoll«[17] erscheint zu Beginn des 21. Jahrhunderts – 56 Jahre nach dem Ende des Zweiten Weltkrieges. Wiederum dreht sich alles um eine globale Verschwörung. Hinter den Kulissen, so erfahren die Leser, zieht eine kleine Clique gut getarnter mächtiger Männer – Geschäftsleute, Finanzmanager, Industrielle[18] – immer noch die Fäden. Die Anfänge der Geheimorganisation Sigma gehen auf die Jahre zurück, als das nationalsozialistische Deutschland zwischen 1940 und 1944 Europa eine neue Ordnung aufzuerlegen versuchte.

Die Macht der transnationalen Konzerne erwächst in starkem Maß aus den Zukunftstechnologien der Phasen seit 1945: Elektronik, Atomkraft, Raketen- und Weltraumtechnologie, Informationstechnologie, Computer. Insgeheim wurde unter Einsatz milliardenschwerer Investitionen auch ein Verfahren entwickelt, das durch Einsatz von Gentechnologie und andere Eingriffe den Alterungsprozeß beim Menschen aufhält. Allerdings ist das nur mittels Menschenversuchen erreichbar. Während die KZ-Ärzte im nationalsozialistischen Deutschland mit Häftlingen experimentierten, müssen jetzt unglückselige Kinder aus Kriegsgebieten und Ghettos der Dritten Welt für derart kriminelle Versuche herhalten. Die Profiteure und die in ihrem Dienst stehenden Wissenschaftler rechtfertigen dies mit dem utopischen Ziel, die menschliche Spezies umzugestalten. Eine mit langem Leben ausgestattete, von genetischen Mängel befreite, weiße Elite soll künftig in der Lage sein, die Massen nach ihrem Willen zu lenken und die Menschheit vor sich selber zu schützen.

Im Verlauf der Suche nach den Drahtziehern von Sigma stellt sich jedoch heraus, daß im Hintergrund ein monströser ehemaliger SS-Wissenschaftler die gesamte Organisation kontrolliert. 1945 war der Mann Mitte vierzig, inzwischen ist er über hundert Jahre alt.[19] Er hat das lebensverlängernde Serum zuerst zur Verlängerung des eigenen Lebens verwandt und bewegt sich jetzt wie ein Zombie inmitten der Labore und Kinder-Käfige.

Doch ist die Kriminalität deutscher SS-Wiedergänger nur eines der Themen, auf das Ludlum immer wieder zurückkam. Ein anderes Thema, das ihn ständig beschäftigt, ist die angebliche Kriminalität in der Katholischen Kirche. Wer gleich ihm das Establishment des kapitalistischen Westens als krypto-kriminelle Elite begreift, verfällt auch unschwer auf die Idee, den Vatikan oder korrupte Kardinäle in seine Thrillerwelten zu integrieren. So schildert »Das Jesus-Papier«[20] die Ängste, die das Auftauchen eines uralten Pergaments während des Zweiten Weltkriegs und danach bei verschiedensten Regierungen auslöst – im Großdeutschen Reich Adolf Hitlers ebenso wie im Umkreis Winston Churchills, vor allem aber im Vatikan. Kein Geringerer als Simon Petrus habe am Tag vor seiner Hinrichtung in Rom berichtet, nicht der Revolutionär Jesus sei am Karfreitag gekreuzigt worden, sondern ein Verbrecher. Der wahre Jesus habe sich drei Tage später selbst getötet. Nun ist die Ersetzung von Jesus durch Barrabas in der Romanliteratur nicht eben ein neuer Einfall, wohl aber im Polit-Thriller.

In einem seiner letzten Spannungsromane läßt Ludlum einen italienischen Kardinal auftreten. Er stammt aus aristokratischer Familie, leitet einen Banco Vaticano und spielt eine Schlüsselrolle in der mafiosen Welt-Verschwörung der Matarese.[21] Früher schon hatte Ludlum demgegenüber die Gestalt eines künftigen Papstes Francesco I. beschworen. Dieser »vitale« Papst werde das Werk von Papst Johannes XXIII. zu Ende führen mit dem Ziel, »die Spinnweben aus den Katakomben zu blasen und seine Kirche in das einundzwanzigste Jahrhundert zu führen«[22].

In verschiedenen der Thriller Ludlums verbindet sich die Korruption in den führenden Schichten des Westens ganz zwangsläufig mit derjenigen in der Sowjetunion. 1979, die Entspannungspolitik Präsident Carters ist eben am Umkippen, schließt sich ein ehemaliger CIA-Agent mit einem ähnlich fähigen KGB-Agenten zusammen.[23] Die beiden haben sich zuvor auch persönlich bekämpft. Jetzt aber sind sie voller Entrüstung entschlossen, eine gefährliche Verschwörung mafioser Kapitalisten zu zerschlagen, welche die westliche Welt, doch genauso die UdSSR, mittels Meuchelmord und chaotischem Aufruhr ins Chaos stürzen möchten, um so die Weltherrschaft zu erringen.

Ähnlich wie Colin Forbes sieht auch Robert Ludlum nach dem Zusammenbruch der Sowjetunion den Weg frei zur Errichtung eines globalen Mafia-Imperiums. Der schrille Ton seiner in Thriller-Form verpackten Warnungen ist kaum zu überbieten. Einmal mehr stellt er einen Reigen großer Schurken auf die Bühne: einen weltweit verzweigten, gigantische Wirtschaftsimperien kontrollierenden Mafia-Clan korsischer Herkunft, die Matarese. Ihm gehören an: Spitzenmanager internationaler Konzerne und Großbanken, Generale, auch der bereits erwähnte Kardinal darf nicht fehlen, dazu die üblichen Geheimdienstgrößen und Spitzenpolitiker. Nachdem sie die Macht über die Weltwirtschaft schon weitgehend in Händen halten, sind diese Super-Verbrecher willens, auch die politische Macht auf dem Globus zu übernehmen[24]. Den Gesetzen des Polit-Thrillers gemäß scheitern allerdings auch sie nach blutigsten Untaten an einigen wenigen moralisch intakten Agenten, die sich nach vollbrachtem Rettungswerk auf ihren schattigen Liegestühlen an den sanften Buchten der Karibik zur Ruhe legen.

Lohnt es überhaupt, derart barocke Albträume auch nur knapp zu referieren? Wäre es nicht angebracht, diese Serienproduktion von Trivialromanen links liegen zu lassen, bis sie im Recycling der Altpapierverwertung enden? Doch Tatsache ist und bleibt eben, daß ein Massenpublikum an den entsprechenden Verschwörungsgeschichten großen Gefallen findet. Im Zeitalter der Globalisierung kommen sie allem Anschein nach einer anti-kapitalistischen und zugleich Amerika-kritischen Stimmung entgegen. Tatsache ist ebenso, daß wachsame Konkurrenten Ludlums seine Themen verschiedentlich und ohne Verzug aufgegriffen haben mit dem Ziel, ähnliche Bestseller-Erfolge zu erzielen. Und Tatsache ist schließlich auch, daß hier, wie schon eingangs erwähnt, eine genuin amerikanische Variante des Polit-Thrillers vorliegt, wobei das als mafios identifizierte US-System konsequent globalisiert wird. Robert Ludlum – auch das ist Amerika.

Zukunftskriege: mit **Tom Clancy** ins 21. Jahrhundert

Seit dem 11. September 2001 halten viele den Thriller-Autor Tom Clancy für einen Hellseher. 1994 hatte er ein Inferno geschildert. Das Kapitol in Washington, wo sich eben beide Häuser des Kongresses versammelt haben, um an der Vereidigung des wiedergewählten Präsidenten teilzunehmen, explodiert in einem riesigen Feuerball. Die Thriller-Vision hat viele Ähnlichkeiten mit den Anschlägen auf das World Trade Center und das Pentagon. Auch bei Clancy wird ein vollgetanktes Flugzeug, ein Jumbo-Jet 747 der JAL, von einem Selbstmordpiloten direkt ins Herz der amerikanischen Weltmacht gesteuert. Alle Sicherheitsmaßnahmen versagen. Das Verbrechen spielt sich vor laufenden Kameras ab und wird weltweit in alle Wohnzimmer transportiert.[1]

Prophetie? Wohl kaum. Vielmehr der Einfall eines Thriller-Schreibers, dessen Thema die Kriege im späten 20. und in den Anfängen des 21. Jahrhunderts sind, welche Amerika aufgezwungen werden. In diesen militärischen Konfrontationen greifen die ultramodernsten Entwicklungen der Waffentechnik, der Kommunikationstechnologie und der psychologischen Kriegführung ineinander. Wer heute einen realistischen Polit-Thriller unter Kriegsbedingungen konstruieren möchte, davon ist Clancy überzeugt, muß sich als ein Experte der fraglichen Systeme und Einsätze erweisen. So wird er zum Meister des Techno-Thrillers. Er erfindet diese Variante des Thriller-Genres zwar nicht. Andere sind ihm vorangegangen, etwa der Brite Craig Thomas. Aber er perfektioniert sie. Zugleich versteht er sich auf die Entwicklung von Kriegs-Szenarien, wie sie üblicherweise nur in Geheimstudien des Pentagon oder der NATO-Stäbe ausgearbeitet werden.

Während der Jahrzehnte des Kalten Krieges hatten sich zwar bisweilen auch Autoren gefunden, die solche Szenarien publizierten. Das waren Konfliktforscher wie etwa Hermann Kahn[2] oder der pensionierte britische General Sir John Hackett, dessen 1985 erschienenes Buch »Der Dritte Weltkrieg. Hauptschauplatz Deutschland«[3] starke Beachtung fand und offensichtlich auch Tom Clancy selbst zu seinem Thriller »Red Storm Rising«[4] inspiriert hat. Noch ist die Sowjetunion der Hauptgegner. Anfangs denken sich somit auch Clancy und seine an den Thrillern beteiligten Freunde Szenarien von Ost-West-Konfrontationen aus.

Nach dem Ende des Kalten Krieges läßt Clancy seine Blicke schweifen, wo neue Feinde und Bedrohungen auftauchen könnten. Er stößt dabei auf »die üblichen Verdächtigen« – den Irak, den Iran, muslimische Terrorgruppen, faßt aber auch schon die künftige Supermacht China ins Auge, doch ebenso Japan und Indien. Die Zeiten, da man einen jahrelang andauernden Weltkrieg oder den Nuklearkrieg befürchten mußte, sind, so meint er, erst einmal vorbei. Was heraufzieht, glaubt er zu erkennen, sind hoch technisierte, regional begrenzte, aber auch rasch wieder beendete Zusammenstöße zwischen Staaten: etwa China gegen Rußland, das von den USA unterstützt wird, oder Japan gegen die USA. Genauso häufig und genauso gefährlich aber sind seiner Meinung nach in Zukunft terroristische Anschläge mörderischer Feinde oder wirtschaftliche Kriegführung durch Erschütterung der internationalen Finanzmärkte.

Kein anderer Thriller-Autor, auch nicht Colin Forbes, macht während der neunziger Jahre, als sich die westliche Welt in der Ruhe vor dem Sturm befindet, die neue Welt-Unordnung des 21. Jahrhunderts so einfallsreich und so detailliert zum weltpolitischen Hintergrund seiner Spannungsromane. Als nach dem fatalen 11. September 2001 jedermann feststellt, jetzt habe der erste Krieg des 21. Jahrhunderts begonnen, hat Clancy bereits mehr als ein Dutzend solcher Kriege im Thriller durchgespielt.

Clancys Polit-Thriller spielen zunehmend in den obersten Rängen der amerikanischen Weltmacht. Um die höchste Entscheidungsebene in ganzer Breite einzubeziehen, läßt Clancy seinen Helden Jack Ryan vom einfachen Soldaten bei den Marines mit Spezialausbildung für unkonventionelle Einsätze über verschiedene Stufen – Deputy Director der CIA, Sicherheitsberater des Präsidenten, Vizepräsident der Vereinigten Staaten – ins Weiße Haus aufsteigen. Dies erlaubt Clancy gleichzeitig, mit wechselnder Perspektive die Machtapparate der Administration, den von ihm zumeist sehr kritisch porträtierten Kongreß und die genauso kritisch bewerteten Medien sowie den Justizapparat darzustellen. Er versteht sich mehr und mehr als Zeitkritiker und als Propagandist der eigenen außen- und innenpolitischen Vorstellungen, die zumeist recht falkenhaft sind. Politisch vertritt er rechtsrepublikanische Positionen.

Ganz offenkundig steht kein anderer amerikanischer Thriller-Autor dem Pentagon so nahe wie Tom Clancy. Sein Ehrgeiz ist darauf gerichtet, die Totalität moderner Sicherheitspolitik virtuell abzubilden, und dies aus sehr konservativem, patriotischem und unverhohlen militaristischem Blickwinkel. Keiner schildert wie er mit soviel Vergnügen an Angriffen mit Präzisionsbomben oder an explodierenden Panzerkolonnen alle irgendwie denkbaren militärischen Zusammenstöße, mit denen Amerika fertig werden muß.

Denn dies ist eine weitere Besonderheit Clancys, die ihm ganz besonders in den Vereinigten Staaten viele Fans einbringt: Er entwirft ein Bild der imperialen Vereinigten Staaten in einer Epoche, da sie Weltmacht Nr.1 sind, nicht unangefochten allerdings, auch von verschiedensten Ländern und Gruppen gehaßt, angefeindet und aufs schwerste bedroht. Aber dank überlegener Waffen, dank ausgezeichneter Berufssoldaten und dank unsentimentaler Anti-Terror-Einheiten, doch ebenso kraft seines demokratischen Glaubens und seines Patriotismus, bleibt Amerika immer siegreich. Nicht einmal die Vernichtung fast der gesamten Führungsschicht im Kapitol, das pulverisiert wird, kann Amerika erschüttern.

Clancy ist ein sendungsbewußter Propagandist dieser in gut gebauten Thrillern verpackten Überzeugungen. So wie bei John

Buchan oder Helen MacInnes bleiben den Lesern seiner von Mal zu Mal voluminöser werdenden Thriller ausführliche Polit-Predigten über die Vorzüge und Gefährdungen der Demokratie durchaus nicht erspart, desgleichen über die Gründe, weshalb Amerika immer siegreich sein wird. Er ist kein Überzeugungstäter, aber ein Überzeugungsschreiber. So dediziert er seine Bücher nicht nur, wie sich das gehört, »For Mom and Dad« bei häufiger Danksagung an die Mitarbeiter, die ihm bei seiner Vielschreiberei zur Hand gingen. Der Thriller »Befehl von oben«[5], in dem Jack Ryan nach Ermordung seines Vorgängers durch den japanischen Selbstmordpiloten ins Weiße Haus einzieht und sich als Präsident gleichzeitig der »Armee Gottes« des Iran, der Volksrepublik China, eines Anschlags mit dem Ebola-Virus auf amerikanische Großstädte und der linksliberalen Medien im eigenen Land zu erwehren hat, trägt die Widmung: »Für Ronald Wilson Reagan, vierzigster Präsident der Vereinigten Staaten: der Mann, der den Krieg gewann«.

Während die meisten der besonders erfolgreichen konservativen Thriller-Autoren Briten waren, findet sich mit Clancy ein waschechter amerikanischer Konservativer an der Spitze der Bestsellerlisten. Der englische Spionage-Thriller hatte im Geist des Empire begonnen, doch am Ende des Jahrhunderts war davon fast nur noch stramme Haltung übrig geblieben. »Die britische Armee ist nicht mehr der Rede wert, Ihre Luftwaffe ist nur noch ein Gerippe und Ihre Marine längst der Schatten ihrer selbst«, muß sich Tweed, Held der Romane von Colin Forbes, vom amerikanischen Außenminister unwidersprochen vorhalten lassen.[6] Es hat vergleichsweise lange gedauert, bis mit Clancy in den USA ein vergleichbarer Autor aufgetreten ist, der ähnlich unerschütterlich wie einstmals die Cousins in England die imperiale Ideologie in der Form des Thrillers propagiert. Tom Clancy schreibt seine Bücher in dem Geist, der das Amerika Reagans beseelte und der unter dem Präsidenten George W. Bush vorherrscht.

Clancy, Jahrgang 1947, gehört der Baby-Boom-Generation an.[7] Viele aus dieser Generation, die weder die Große Depression erlebt haben noch den Zweiten Weltkrieg, revoltieren in der zweiten Hälfte der sechziger Jahre gegen den Vietnamkrieg. Aber Tom Clancy ist ein Beispiel dafür, wie sehr alle irren, die dieser oder jener Generation ein bestimmtes Etikett aufkleben möchten. Milieuprägung wirkt häufig eben doch nachhaltiger als der Generationenzusammenhang.

Clancy stammt nämlich aus einer Familie und einem Milieu hart arbeitender, patriotischer Kleinbürger, wo man für den Geist der Achtundsechziger-Generation keinerlei Verständnis aufbringt. Sein Vater, ein gut katholischer Ire, hat in Baltimore als Briefträger begonnen und im Zweiten Weltkrieg bei der Navy gedient. Tom Clancy selbst erhält seine Ausbildung bei den Jesuiten, am Loyola College in Baltimore. Nach dem Studium arbeitet er im Familienunternehmen seiner Frau in der Versicherungsbranche. Eines seiner Hobbies sind Computer-Kriegsspiele, desgleichen studiert er unablässig die neuesten waffentechnischen Entwicklungen.

Erstaunlicherweise hat dieser Bewunderer soldatischer Tapferkeit und Waffen-Freak nie selbst gedient. Der Grund dafür war, wie er in Interviews nachhaltig hervorhebt, sein schlechtes Sehvermögen. Anders als manche seiner Vorläufer unter den Thriller-Autoren – Graham Greene, Ian Fleming oder John Le Carré – kennt er auch den Geheimdienstbetrieb oder den Dienst bei Einheiten, die für Kommandounternehmen gedrillt werden, nicht von innen. Später, als er berühmt ist, wird man zwar häufiger anregen, er möge sich doch selbst um ein öffentliches Amt bewerben. Aber auch dies hat ihn offenbar nie gereizt, und so ist ihm das Innenleben im US-Kongreß genauso fremd wie die Entscheidungsabläufe in Regierungsbehörden.

Seine Kenntnis der Bereiche, in denen Clancy dann mit bemerkenswerter Akkuratesse seine Thriller ansiedelt, beruht also auf gründlichem fleißigem Studium der verfügbaren Informationen und auf nimmermüder Neugier, mit der er viele der dort Tätigen ausquetscht. Er besitzt Einfühlungsvermögen, und er hat Phantasie. Schon in seinen frühen Thrillern versteht er es, die Offiziere der verschiedenen Waffengattungen wie die Originale reden und reagieren zu lassen. Als er berühmt ist, öffnet sich auch die Welt der Politik, und er lernt es, die politische Schlangengrube von Washington, die NATO und die globalen Entwicklungen mit den Augen hochgestellter Akteure zu sehen und deren Psychologie nachzuempfinden.

Der Durchbruch zur Spitze der Bestsellerliste gelingt ihm fast mühelos. »Jagd auf Roter Oktober«[8] erscheint 1984. Es ist sein erstes Buch, viele meinen, auch sein bestes. Als die Verfilmung durch Paramount mit Sean Connery in der Hauptrolle 1990 gleichfalls ein Welterfolg wird, ist er schon längst ein gemachter Mann. Das Buch schildert die abenteuerliche Flucht eines sowjetischen U-Boot-Kapitäns auf dem modernsten U-Boot und die erfolgreichen Bemühungen der U.S. Navy, der CIA und anderer Dienststellen, diesen sympathischen Russen, der die Freiheit wählte, durch alle Fährnisse sicher nach Norfolk, Virginia, zu geleiten.

Wer das mit dem »Rätsel auf der Sandbank« von Erskine Childers vergleicht, wird daran erinnert, daß zwischen dem Jahr 1903, als jenes Buch herauskam, und dem Jahr 1984 ganze Welten liegen. Damals hatte der maritime Spionageroman mit zwei jungen Briten eingesetzt, deren Segelboot »Dulcibella« keinerlei Funkausrüstung oder gar Radar besaß und noch genauso ein Spielball von Wind und Wellen war wie in grauer Vorzeit abendländischer Geschichte das Segelschiff des Urvaters aller Geheimdienstleute und Kommando-Offiziere, des Sagenhelden Odysseus.

Wenn aber Tom Clancy seine gewaltigen Unterwasserschiffe in den Tiefen des Ozeans einander beschleichen und überfallen läßt, so sieht und hört man in den Kommandozentralen entweder live oder doch kurz danach alles mit. Die Motivationen, die einen glänzenden russischen hohen Marineoffizier dazu bringen, dem durch Tyrannei und Ineffizienz gekennzeichneten Sowjetsystem den Rücken zu kehren, sind zwar immer noch vielschichtig, und es bleibt ein unerklärlicher Rest. Auch bei den Zusammenstößen und dem endgültigen Entkommen sind Zufälle und Glück im

Spiel, wie in jedem guten Thriller. Aber die technischen Apparaturen, selbst dort, wo sie aufgrund von Feindeinwirkung versagen, faszinieren genauso wie die Gestalten, welche die Handlung voranbringen. Konsequenter und kundiger als seine Vorgänger setzt Clancy alle Effekte des Techno-Thrillers ein. Er ist der gegebene Autor für die Kids des Computer-Zeitalters.

Das wird noch deutlicher im nächsten Erfolgsroman Clancys, »Red Storm Rising«, dessen deutsche Übersetzung den unpräzisen Titel »Im Sturm« erhalten hat. Dort schildert er einen kurzen, heftigen, von der Sowjetunion ausgelösten Krieg in Deutschland und im Nordmeer. Die Informationstechnologie transportiert fast jeden Vorgang zu Land, in der Luft oder auf den Ozeanen alsbald in die Entscheidungszentren in Washington oder bei der NATO. Daß auf sowjetischer Seite der Informationsstrom weniger perfekt funktioniert und daß zudem die verkalkten, durch Ideologie vernebelten Gehirne der Politbüro-Mitglieder unfähig sind, die Informationen zu verarbeiten, ist ein Hauptgrund für den Zusammenbruch der sowjetischen Offensive. Das Scheitern des Angriffs auf die Bundesrepublik Deutschland wird letztlich durch den technischen Vorsprung der Stealth-Bomber entschieden, die, kurz bevor die Rote Armee und die NVA losrollen, viele Brücken, Fliegerhorste und mehrere Hundert Flugzeuge im Dunkel der Nacht zerstören.[9]

Clancy vergißt allerdings nie zu betonen, daß es ungeachtet aller Ultra-Technologie letztes Endes auf das Können der Kriegs-Techniker ankommt und vor allem auf deren Charakter. Die Eskalation in die nukleare Dimension wird überhaupt nur vermieden, weil ein sowjetischer Kommandeur und ein paar Politiker im Kreml die Intelligenz und das selbständige Urteilsvermögen aufbringen, den verrückten Krieg zu stoppen und das senile Politbüro durch einen Putsch zu entmachten.

Im August 1986, als Clancy den Dritten Weltkrieg, wenngleich nur virtuell, ausbrechen und auskämpfen läßt, liegt er allerdings politisch völlig daneben. Im November 1985 hatten Reagan und Gorbatschow bereits in Genf ihren ersten Entspannungsgipfel abgehalten. Im Oktober 1986, als sich die Exemplare von »Red Storm Rising«, der wieder ein Bestseller wurde, in den Buchhandlungen türmen, treffen die beiden schon ein zweites Mal zum Entspannungsgipfel von Reykjavik zusammen, auf dem sich die Fata Morgana einer Welt ohne Atomwaffen abzeichnet. Indessen ist der überraschende Entspannungskurs des konservativen Präsidenten Reagan in der amerikanischen Öffentlichkeit und auch innerhalb der Administration damals durchaus nicht unumstritten. Vor allem Verteidigungsminister »Cap« Weinberger widerstrebte den neuen Ansätzen zur Rüstungskontrollpolitik. Clancy liegt also mit seinem neuen Thriller gewissermaßen auf der Pentagon-Linie.

Des langen und breiten werden in dem Roman die großen wirtschaftlichen Schwierigkeiten der Sowjetunion beleuchtet. Der Überfall auf Westeuropa ist im Grunde genommen ein Verzweiflungsstreich. Ein Großbrand auf einem riesigen Ölfeld, so wird der sowjetische Überfall begründet, hatte nämlich zur Folge, daß die ohnehin unterkapitalisierte, verrottete sowjetische Ölindustrie wenigstens ein Jahr lang 34 Prozent weniger Rohöl liefern wird.[10] Aus lauter Furcht, der Westen werde diese Schwächung gnadenlos ausnützen, setzt sich im Kreml die Idee durch, einen begrenzten Krieg gegen Deutschland, die Beneluxländer, Norwegen und die Nordatlantikrouten zu führen, die NATO so zu zerschlagen und sich dann der Ölfelder am Persischen Golf zu bemächtigen. Eine *Maskirovska* soll dabei helfen. Während die Rote Armee unter strengster Geheimhaltung die Invasion Westeuropas vorbereitet, blasen die sowjetischen Diplomaten Entspannungsschalmeien und machen weitgehende Vorschläge zur streng kontrollierter, sehr weitreichender Abrüstung der beiderseitigen Nukleararsenale.[11]

Was der Thriller politisch zum Ausdruck bringt, ist evident – eine Abfolge sorgenvoller Warnrufe, artikuliert im Medium des Polit-Thrillers: Den Sowjets ist nicht zu trauen! Gerade die weitgehenden Rüstungskontrollvorschläge der Jahre 1985 und 1986 sind höchstwahrscheinlich eine Täuschung! Im Vertrauen auf die große konventionelle Überlegenheit auf dem Land sind die Spitzen der sowjetischen Generalität kriegsbereit! Und die schwierige Wirtschaftslage könnte für die zu klarem Denken nicht mehr fähigen Politbüro-Mitglieder ein Anlaß sein, alles auf die militärische Karte zu setzen!

Solche und ähnliche Besorgnisse werden damals in den USA vielerorts noch geäußert. Clancys Roman ist auf seine Art also ein ähnlicher Appell zur Wachsamkeit wie zu Beginn des Jahrhunderts der eben erwähnte Roman »Das Rätsel auf der Sandbank« von Erskine Childers oder wie die zeitgenössischen Polit-Thriller von Frederick Forsyth, Colin Forbes oder Craig Thomas. Hätte ein deutscher Autor im Jahr 1986 einen solchen Thriller veröffentlicht, würde man ihn als Kriegstreiber bezeichnet haben.

Die folgenden Romane greifen weiterhin die Probleme in der letzten Phase des Kalten Krieges auf. »Der Kardinal im Kreml«[12] aus dem Jahr 1988 beispielsweise spielt, wie alle Thriller Tom Clancys, auf zahlreichen Schauplätzen: Moskau, Duschanbe, Afghanistan, Washington, Los Alamos, New Mexiko. Es geht um das damals immer noch aktuelle Thema von Abwehrwaffen gegen antiballistische Raketen und entsprechende Rüstungskontrollverhandlungen sowie einen alternden russischen Oberst, dreifacher Held der Sowjetunion aus dem Zweiten Weltkrieg, der sein Land aus letztlich patriotischen Motiven verrät – er haßt die *tschekisti,* die Rußland immer noch terrorisieren.

Antisowjetismus und Skepsis Tom Clancys sind auch in diesem Buch mit Händen zu greifen. Noch im Jahr 1989 erscheint ein Aufsatz, in dem er dafür plädiert, die Ausgaben für neue Rüstungstechnologie hochzufahren, dies auf Kosten von Programmen zur Armutsbekämpfung, die sich ohnehin als ineffizient erwiesen hätten.[13] Schließlich ringt sich aber auch dieser mißtrauischste aller amerikanischen Kalten Krieger dazu durch, dem wohlmeinenden Gorbatschow zu vertrauen. »The Sum of All Fears«[14] aus dem Jahr 1991 zeigt uns sogar einen nur oberflächlich verfremdeten sowjetischen Präsidenten, der von viel eindrucksvollerer mentaler Stabilität ist als sein Amtskollege im Weißen Haus. Das

Urteilsvermögen des letzteren wird allerdings auch durch den Umstand beeinträchtigt, daß er sich auf eine zickige Chefin des Nationalen Sicherheitsrates stützt, die einstmals Professorin der Politischen Wissenschaft war und mit der er zu allem hin auch noch eine heimliche Liaison unterhält. Indem er in der Annahme eines Putschs in Moskau für die US-Streitkräfte unüberlegt die Defcon-Three-Alarm-Stufe anordnet, riskiert er eine Weltkatastrophe.

Alles in allem zählt dieser kompliziert konstruierte Thriller zu den eindrucksvolleren, die Clancy geschrieben hat. Heute erinnert er daran, wie labil die Ost-West-Beziehungen im Jahr 1991 tatsächlich noch waren und wie nervös das amerikanische Mißtrauen. Ungeachtet des Zusammenbruchs des Ostblocks besaß Moskau weiterhin den Militärapparat einer Supermacht, und die sowjetische Generalität schwankte zwischen Putschgelüsten und Gehorsam hin und her. So wirkt das militärtechnische Krisenszenario, das innerhalb weniger Tage ganz unerwartet an die Schwelle eines amerikanisch-sowjetischen Nuklearkrieges führt, genauso glaubhaft wie die Psychologie der hier auftretenden Politiker, Offiziere und Geheimdienstexperten.

Im Unterschied zu den seinerzeit vorherrschenden Hoffnungen auf eine hinfort friedliche Welt war Clancy bereits am Ende des Kalten Krieges fest davon überzeugt, daß neben den feindlichen Mächten, an denen es nie fehlen würde, künftig auch schlimmste Anschläge terroristischer Fanatiker drohen. Mit gutem Einfühlungsvermögen schildert er eine bunt assortierte Gruppe von Terroristen, der es beinahe gelingt, die USA und die Sowjetunion in einen globalen Nuklearkrieg zu verwickeln. Schon damals, Anfang der neunziger Jahre, hat er fanatische Muslime als die Hauptgegner aller Stabilität ausgemacht. Der Führer des Kommandos, dem es gelingt, während des Superbowls im Stadion von Denver eine – zum Glück defekte – Wasserstoffbombe zu zünden, damit aber immerhin rund 60 000 Amerikaner zu töten, ist ein fanatischer muslimischer Fundamentalist. Sein gleichfalls haßerfüllter Bombenexperte kommt aus einem palästinensischen Flüchtlingscamp. Die Bombe selbst wurde von den Israelis gebaut und ist im Yom-Kippur-Krieg 1973 verloren gegangen. Ganz im Hintergrund aber zieht der Führer des Iran, Ayatollah Daryaei, als Financier die Drähte der Verschwörung. So greifen die nahöstlichen Terrorwelten in diesem Thriller aus dem Jahr 1991 auf Amerika über, das sich damals noch sicher wähnte.

Der Terroristen-Gang gehören auch ein paar ähnlich chaotische Deutsche an: ein sozialistischer Revolutionär, Veteran aus der Baader-Meinhof-Bande, der in der DDR untergetaucht war und jetzt nicht so recht weiß, wen er mehr hassen soll: die amerikanischen Imperialisten oder die Russen, die unter Gorbatschow ihre Anhänger in Ostdeutschland den Wölfen vorgeworfen haben? Außerdem ist er von dem Wunsch beseelt, seine Frau zu rächen, die sich in einem Gefängnis der Bundesrepublik verzweifelt das Leben genommen hat, von der er aber überzeugt ist, daß sie ermordet wurde. Ihm hat sich ein ehemaliger Stasi-Oberstleutnant beigesellt, den der Haß auf die verräterischen Russen gleichfalls nicht mehr schlafen läßt, sowie ein Nuklearexperte aus der untergegangenen DDR, der rasch viel Geld machen möchte. Dazu kommen entsprechende Amerikaner, die gleichfalls von der Rolle geraten sind.

Nach dem 11. September 2001 erscheint auch dieses Produkt aus Clancys Thriller-Fabrik erinnerungswürdig. Tatsächlich hat er darin nicht, wie so viele andere Autoren, einen Kernwaffenanschlag auf Amerika bloß als Drohung ausgemalt, diesen vielmehr mit allem wünschenswerten technischen Detail in Szene gesetzt. Seine Erwartung auf einen großen Kinoerfolg hat ihn langfristig nicht getrogen. Der Regisseur Phil Alden Robinson hatte zwar den Film zum Buch schon vor dem Anschlag auf das World Trade Center gedreht, wenngleich mit unzulänglicher Vorausschau, denn aus den arabischen Terroristen war, politisch korrekt, sachlich aber unzutreffend, in der Kinofassung eine multinationale Bande von Neonazis geworden. Immerhin hatte sich die PR-Abteilung des Pentagon mit gutem Riecher dabei als hilfreich erwiesen. Daß die zwischen patriotischer Aufwallung und verständlichen Ängsten schwankenden Amerikaner diesem Katastrophenfilm im Frühjahr 2002 einen überwältigenden Besucherrekord bescherten, konnte niemanden erstaunen.

Viel interessanter als Clancys Einstellung zum Kalten Krieg in dessen Schlußphase, über welche die Zeit rasch hinweggegangen ist, sind somit seine Thriller der neunziger Jahre. Bekanntlich herrschte in den USA anfangs die Hoffnung auf eine »neue Weltordnung«[15], und die Clinton-Administration war insgesamt recht vorsichtig bemüht, Konfrontationen mit potentiellen neuen Gegnern nach Möglichkeit zu vermeiden. Im gesamten Zeitraum waren freilich in der Publizistik alarmistische Warnungen zu vernehmen. Doch nur wenige haben mit solchem Nachdruck Gefahren an die Wand gemalt wie Tom Clancy in seinen Thrillern, die den Superman beim Geheimdienst, Jack Ryan, zu ihrem Helden haben.

Die entsprechenden Thriller Clancys spiegeln ein pessimistisches Weltbild. Buch um Buch ist er mit beträchtlicher Suggestionskraft bemüht, mehr oder weniger vage Bedrohungsängste in Thriller-Kriegsspielen zu präzisieren und angemessene geostrategische Strategien zu entwickeln. Dabei zeigt er sich davon überzeugt, daß die Krisenzonen der internationalen Politik zunehmend in Asien und im pazifischen Raum liegen.

In Japan, in China, auch in Indien sieht er starke, risikofreudige Kräfte am Werk, die allesamt von Großmachtambitionen getrieben sind und durch abenteuerliche Expansionspolitik die Stabilität gefährden. Neo-nationalistische Japaner in den großen Wirtschaftsunternehmen und beim Militär greifen die alten Pläne aus den Jahren des Zweiten Weltkrieges wieder auf: Expansion in den pazifischen Raum und Griff nach den Bodenschätzen Ostsibiriens. Anders als in den dreißiger und den vierziger Jahren spielen diesmal japanische und chinesische Nationalisten insgeheim zusammen. Beide Großmächte (auch Japan ist bei Clancy inzwischen Atommacht und Weltraum-Macht geworden) möchten dem geschwächten Rußland wertvolle Territorien entreißen und erkennen wieder einmal in den USA das lästigste Hindernis, das ihrem Expansionsdrang im Weg steht.

Amerika hat aber noch andere Feinde: den altbekannten Schurken-Staat Irak, die Mullahs im Iran sowie ein ganzes Assortiment islamisch-fundamentalistischer Terror-Organisationen. Und in Lateinamerika suchen mächtige Drogenbarone die US-Gesellschaft von innen zu zersetzen. Gegenüber der Spätphase des Kalten Krieges vollzieht sich in dieser Lage eine Art »Umkehr der Allianzen«. Amerika stützt das immer noch schwache Rußland gegen China und Japan. Rußland seinerseits gewährt Amerika Hilfe gegen die terroristischen Mächte Irak und Iran in der Golf-Region. Genauso wie zuvor bezüglich der Sowjetunion ist Clancy allerdings um Differenzierung bemüht. In Japan und in China porträtiert er durchaus auch Persönlichkeiten, die vernünftig sind und nach Auslösung der Kampfhandlungen mittels rasch inszenierter Staatsstreiche ihre Länder erneut auf den Pfad des Friedens und der Kooperation mit Amerika zurückführen.

Völlig negativ ist indessen sein Bild des islamischen Fundamentalismus. Der tückische Ayatollah Mahmut Hadschi Daryaei aus dem Iran, der nach der Ermordung »des Schnauzbarts« auch den Irak kontrolliert, entsendet seine Gotteskrieger gegen Saudi-Arabien. Zugleich sucht er die Bevölkerung amerikanischer Großstädte durch Ebola-Viren zu ermorden. Seine Bestrafung erfolgt nach den Spielregeln des Medienzeitalters. Während Präsident Ryan übers Fernsehen bekannt gibt, daß der fundamentalistische Herrscher des Iran den Befehl zum Massenmord an der amerikanischen Zivilbevölkerung erteilte, hat eine amerikanische Delta-Einheit den Wohnsitz des verbrecherischen Ayatollah aufgespürt, zwei BANDIT-Bomber fliegen den Einsatz, und so wird an der passenden Stelle der Fernsehansprache eingeblendet, wie das Gebäude, in dem sich der Todfeind Amerikas aufhält, in einer großen Explosion auseinanderplatzt.[16]

Erstaunlicher als das Feindbild terroristischer Fundamentalisten ist die negative Einschätzung der Entwicklungsmöglichkeiten Japans. In den USA ist Anfang der neunziger Jahren da und dort besorgt gefragt worden, ob Japan auf längere Sicht wieder zur militärischen Bedrohung werden könnte. Nachdem die Wirtschaft Japans ins Schleudern kam, hat sich diese Erwartung zwar erst einmal als illusionär herausgestellt. Die nach Erscheinen des Buchs »The Coming War with Japan«[17] aufgeflammte Diskussion ging wieder zu Ende. Ohnehin hatten die Autoren der fraglichen Studie ihre Sorgen relativ vorsichtig formuliert.

Vorsicht gehört aber generell nicht zu den Kardinaltugenden der Verfasser von Polit-Thrillern und schon gar nicht zu denen Tom Clancys. Mitte der neunziger Jahre läßt er nicht nur Jack Ryan erst im Amt des Sicherheitsberaters und dann in dem des Vizepräsidenten der USA ankommen, sondern beschreibt zu diesem Zeitpunkt auch mit viel sprechendem Detail den heimtückischen Überfall Japans auf die USA, inszeniert von einer nationalistischen Regierung.

Alle wohlbekannten anti-japanischen Clichés werden hier reaktiviert. Japanische Flotteneinheiten überfallen ohne Kriegserklärung, mitten im Frieden, die amerikanische Pazifikflotte. Zuvor ist es Tokio bereits gelungen, mit Hilfe sorgsam verdeckter Börsenmanipulationen Amerika in eine Wirtschafts- und Währungskrise hineinzujagen. Wiederum sorgt Jack Ryan dafür, daß in Japan ein Regierungswechsel erfolgt und die Kampfhandlungen beendet werden. Doch Tom Clancy läßt sich den Knalleffekt nicht entgehen, einen über die Schande der Niederlage seines Landes zutiefst erschütterten japanischen Piloten den eingangs erwähnten Kamikaze-Angriff auf das Kapitol fliegen zu lassen mit dem unbeabsichtigten Ergebnis, daß nunmehr Vizepräsident Ryan Präsident wird.[18]

Ebenso greift Clancy im Thriller-Beitrag zum Milleniumsjahr die Phobien vor der Volksrepublik China auf, die in den letzten Jahren des 20. Jahrhunderts in den USA vielerorts artikuliert wurden. Nachdem der neue Präsident eben erst einen Anschlag des Iran abgewehrt hat, muß er nun auch noch einer Invasion Ost-Sibiriens durch chinesische Divisionen entgegentreten.[19]

In gewisser Hinsicht schließt sich so vorerst der Kreis. Hundert

Jahre zuvor, auf dem Scheitelpunkt des britischen Empire, hatten Erskine Childers und John Buchan bereits imperiale Spionagethriller im Geist ihrer Zeit geschrieben. Nunmehr befinden sich die USA in ähnlicher Lage wie einstmals Großbritannien, obschon die Selbstzweifel wesentlich stärker ausgeprägt sind als damals. Konservative Thriller-Autoren sehen sich somit aufgerufen, die Gefahren zu visualisieren, aber zugleich Mut zu machen. Sie wollen nicht nur spannend unterhalten. So begreift sich auch Tom Clancy als Propagandist des amerikanischen Imperiums, das von allen Seiten bedroht wird, aber jedesmal obsiegt, weil es die gerechte Sache und den tapferen Idealismus der Amerikaner verkörpere. Der Thriller soll gleichzeitig alarmieren, Mut machen und die imperiale Republik legitimieren. Legitimationsbedarf haben vor allem die Streitkräfte und die an Geheimoperationen beteiligten Dienste. Sie finden in Clancy den nimmermüden Fürsprecher.

Doch viele Bedingungen haben sich gegenüber den Anfängen des 20. Jahrhunderts grundlegend verändert, nicht zuletzt die technischen Apparaturen. Verändert hat sich aber auch das Führungspersonal. Die positiven Helden John Buchans aus dem Ersten Weltkrieg wurden noch allesamt als Gentlemen porträtiert, und sie spielten durchweg eine dienende Rolle. Die britische Klassengesellschaft mit aristokratischer Oberschicht, die zum Herrschen fähig und willens war, befand sich allerdings damals schon auf dem Wege, die Macht an bürgerliche Politiker zu übergeben, von denen manche, und oft die tüchtigsten, aus kleinen Verhältnissen kamen. Aber kein Gedanke daran, Richard Hannay oder ein anderer dieser Thriller-Helden könnte sich auf den Weg nach Downing Street 10 machen.

Demgegenüber präsentiert sich das imperiale Amerika in den Thrillern Tom Clancys als eine ur-demokratische Gesellschaft. Der Aufstieg Jack Ryans aus kleinen Anfängen zum Präsidenten der USA illustriert das. Es ist auch kein Zufall, daß er einen ähnlichen Aufsteiger aus einer Hispano-Familie an seiner Seite hat, der durch ihn gleichfalls in eine hohe Position einrückt. Ryan ist die Verwirklichung des amerikanischen Traums vom Aufstieg des Sohns eines tüchtigen, gut katholischen Polizisten irischer Herkunft, dank immensen Fleißes und glücklicher Umstände. Zugleich ist der Superman Jack Ryan ein amerikanischer *uomo universale* beim Übergang vom zweiten zum dritten Millenium – Lehrer der Militärgeschichte an der Marineakademie in Annapolis, hervorragender Computer-Experte, Kenner der internationalen Finanzmärkte, der in kurzer Zeit an der Börse ein Vermögen macht und somit finanziell unabhängig ist, bei den Marines für jede Art härtester Kommandoeinsätze hervorragend ausgebildet, Analytiker bei der CIA mit feinnervigem Verständnis für die Machtpolitik nach dem Kalten Krieg, intuitiver Verhandler, inspirierender Chef seiner Teams, später der ganzen amerikanischen Nation, packender Redner, exzellenter Familienvater.[20]

Die Leser dürfen zudem erkennen, daß Jack Ryan und mit ihm der Bestseller-Autor Tom Clancy dem amerikanischen Feminismus demutsvoll huldigt. Sehr breit und wohlüberlegt werden die Schicksale der Ehegattin Jack Ryans mit seinem Aufstieg verwoben. Sie ist eine erfolgreiche, in der medizinischen Forschung versierte Ärztin, die sogar als First Lady den Beruf, die Rolle der Mutter und die Repräsentationspflichten musterhaft zu vereinbaren versteht. So wird der mit dem Genre des Geheimdienst-Thrillers verbundene Machismus, in dem Superman unablässig sein Land rettet, zwar nicht eliminiert, wohl aber politisch korrekt getarnt.

Tom Clancy ist somit sehr viel mehr als bloß der Autor spannender Techno-Thriller. Er schreibt zwar keine große Literatur, doch bei keinem anderen Autor des zeitgenössischen Amerika tritt das imperiale Selbstverständnis dieses Landes so unverhüllt zutage, zugleich aber auch der uralte amerikanische Mythos in ultramoderner Kostümierung.

Das alles ist sehr, sehr weit von den spätviktorianischen und edwardianischen Thriller-Welten entfernt. Selbst die Kalter-Krieg-Welten von Helen MacInnes sind, ungeachtet aller finsteren Bedrohungen, im Vergleich mit dem aufgewühlten, von gräßlichsten Anschlägen bedrohten Amerika Tom Clancys fast gemütliche Ferienlandschaften. Nun sind amerikanische Kriminalromane oder sonstige Thriller traditionellerweise zumeist brutaler gewesen als das entsprechende Genre im zeitgenössischen England oder Schottland. Das ist in Rechnung zu stellen. Aber Clancy arbeitet auch mit aller Suggestionskraft heraus, über die er gebietet, daß die ganze Welt, und Amerika mit ihr, in ein brutales Jahrhundert eingetreten ist.

Einiges in den Thrillern konservativer Inspiration ist allerdings durchgehend gleichgeblieben: der von keines Gedankens Blässe angekränkelte Patriotismus, der Glaube an den imperialen Anspruch des eigenen Landes, die optimistische Überzeugung, alle Feinde letztlich erlegen zu können sowie die propagandistische Attitüde. Gleich geblieben ist nicht zuletzt die Erkenntnis, daß sich die gesamte Welt immer noch im Zeitalter der kämpfenden Staaten befindet.

Der moderne Spionageroman ist ein literarisches Genre des 20. Jahrhunderts. Doch seine Wurzeln reichen weit zurück. Bereits im Jahr 1821 ist in Amerika ein Roman mit dem Titel »The Spy«[1] erschienen, der rasch zum Bestseller wurde. Sein Verfasser war kein Geringerer als James Fenimore Cooper, einer der interessantesten Schriftsteller in der Frühzeit der amerikanischen Republik. In Deutschland kennt man ihn fast nur aus den Lederstrumpf-Romanen.

»Der Spion« spielt während des amerikanischen Unabhängigkeitskriegs von 1776 bis 1783. Wie so viele spätere Kriege war dieser zweierlei gleichzeitig: ein konventioneller Krieg, in dem reguläre Armeen und Flotten gegeneinander operierten, und ein erbitterter Bürgerkrieg im Untergrund zwischen Aufständischen und Loyalisten, in dem die Fronten manchmal quer durch die Familien verliefen. Coopers Romanheld Harvey Birch selbst spioniert im Zwielicht. Das kommt schon im Untertitel des Buches zum Ausdruck: »Eine Erzählung aus dem Niemandsland«. Die Revolutionäre halten Birch für einen britischen Agenten, auf den ein Kopfgeld ausgesetzt ist. Doch General Washington weiß, daß dieser Patriot für ihn arbeitet. Zwielicht der Kriege und Bürgerkriege, Einzelgängertum und Verlassenheit, die gehetzte Existenz des Doppelagenten – eine ganze Reihe wesentlicher Bestandteile des modernen Spionageromans ist bereits hier zu studieren.

Allerdings lassen sich auch Unterschiede erkennen. Cooper hat einen historischen Roman geschrieben, keinen zeitgenössischen Thriller. Zum Zeitpunkt des Erscheinens lag der Unabhängigkeitskrieg schon an die vierzig Jahre zurück. Anders als der moderne

Agentenroman spielt »Der Spion« somit weder in der aktuellen Zeitgeschichte noch in der allernächsten Zukunft.

Vergleichbares gilt für eine Serie von Spionageromanen, die während der achtziger Jahre des 19. Jahrhunderts in Deutschland erschienen sind. Auch sie hatten einen Verfasser, der bald danach mit seinen Abenteuerromanen, die im Wilden Westen, auf dem Balkan und im Nahen Osten spielen, zum Bestsellerautor und zum Jugendschriftsteller werden sollte: Karl May.[2] Im Unterschied zu dem bis heute literarisch zu Recht renommierten James Fenimore Cooper war Karl May damals allerdings nur ein Vielschreiber anspruchsloser Zeitschriftenserien, die auf einen schlichten Massengeschmack zielten – Lesefutter, um die Zeit totzuschlagen. In dieser Hinsicht haben besonders seine Kolportageromane mit vielen unserer zeitgenössischen Polit-Thriller manches gemeinsam. Auch von diesen reichen bloß die Spitzgipfel in die Sphären niveauvoller Literatur hinein.

Genauso wie Coopers »Spion« sind Karl Mays Spionageerzählungen historische Romane. Sie spielen entweder in den damals bereits weit zurückliegenden napoleonischen Kriegen oder, schon viel näher zur Gegenwart, im Deutsch-Französischen Krieg der Jahre 1870/71. Ein weiterer Schauplatz ist der mexikanische Bürgerkrieg der sechziger Jahre des 19. Jahrhunderts, in den Napoleon III. ein französisches Expeditionskorps entsandt hatte, wobei der unglückselige, von Frankreich installierte Kaiser Maximilian von Mexiko durch die Revolutionäre hingerichtet wurde. Wer will, mag in diesen Romanen Vorformen des Dritte-Welt-Thrillers erkennen. Bei Karl May fehlt zwar noch der in unserem Zusammenhang interessierende konsequente Gegenwartsbezug. Aber ein Leser, der sich von der unglaublichen Tugendhaftigkeit der dort auftretenden preußischen Agenten, von den altmodischen Beschleichungen oder Überfällen und von den primitiven Dialogen nicht abschrecken läßt, entdeckt darin doch verschiedene Elemente des Genres künftiger Agentenromane.

Da ist erstens der kühne Held, der, meist zusammen mit wenigen trefflichen Gefährten, die unglaublichsten Gefahren besteht

– James Bond von Ian Fleming und Dirk Pitt von Clive Cussler
lassen grüßen! Da ist zweitens das Umfeld der neueren Zeitgeschichte. Die Spionagesippe aus dem Geschlecht derer von
Greifenklau operiert im Vorfeld der Schlachten zwischen den damaligen Großmächten: Schlacht von Waterloo 1815 und Schlachten des Siebziger-Krieges. Oder die Agenten tummeln sich auf
den spektakulären Schauplätzen Mexikos, mit Abstechern zum
Rhein und in die preußische Hauptstadt Berlin.

Drittens lassen sich auch schon Elemente des Polit-Thrillers
deutlich erkennen. Wieder und wieder tauchen nämlich politische Spitzenchargen auf, und es geht jeweils um höchste politi-
sche Einsätze. Bereits Cooper hatte den großen Oberbefehlshaber
George Washington auftreten lassen. Karl May verfuhr ähnlich.
Napoleon Bonaparte, Marschall Blücher, König Wilhelm I. von
Preußen, Bismarck, Kaiser Maximilian von Mexiko und der me-
xikanische Revolutionsführer Benito Juarez bevölkern die Szene.
Dabei wirken sie genauso komisch wie die Grusel-Puppen des
sowjetischen Politbüros, des Dritten Reiches oder aus dem Oval
Office des Weißen Hauses in den Thrillern hundert Jahre später.
Spionage mit allem, was dazugehört, verbunden mit Haupt- und
Staatsaktionen unter Teilnahme allbekannter Polit-Größen läßt
sich also bereits hier studieren.

Schließlich das vierte Element: engagierte Parteinahme. Die
Helden des sächsischen Bismarck-Verehrers Karl May sind
hundertfünfzigprozentige preußisch-deutsche Patrioten. Demgegenüber entsprechen die französischen Gegenspieler, über
welche die unerschrockenen und gottesfürchtigen Deutschen
wieder und wieder triumphieren, den damals gängigen Feindbil-
dern. Dieser Geist entschiedener Parteinahme in den nationalen,
ideologischen und machtpolitischen Auseinandersetzungen des
20. Jahrhunderts wird später auch für viele Thriller-Schreiber
konstitutiv sein. Im Fall Karl Mays ist sie allerdings ähnlich naiv
wie der seinerzeitige Patriotismus und längst nicht so reflektiert
wie in künftigen Polit-Thrillern. Und es bleibt dabei: Immer
noch gehören diese Spionagegeschichten ins Genre der exoti-

schen Abenteuerromane, die in der Vergangenheit angesiedelt sind.

Die Schwelle zur Spionagegeschichte, die in der unmittelbaren Gegenwart oder gar in der nahen Zukunft spielt, wird erst in England beim Übergang vom 19. zum 20. Jahrhundert überschritten. In gattungsgeschichtlicher Hinsicht erwächst der moderne Agentenroman auch hier aus dem Abenteuerroman. Daneben aber steht noch ein weiteres Genre Pate: der englische Detektivroman. Einer der ersten, der im Jahr 1893 eine typische Spionagegeschichte verfaßt hat, ist bezeichnenderweise Arthur Conan Doyle.[3] Es geht dabei um einen Diebstahl von Geheimdokumenten im Foreign Office, die Sherlock Holmes wieder beibringt. Und fast gleichzeitig treten damals mit William Le Queux und E. Phillips Oppenheim zwei Autoren auf, die in den kommenden Jahrzehnten Bestseller auf Bestseller schreiben. Diese Vielschreiber haben vorwiegend, wenn auch nicht ausschließlich das Thema Spionage zum Gegenstand. Und vor allem bei Le Queux verbindet sich damit noch ein weiteres Sensationsthema: Invasionen feindlicher Großmächte auf der britischen Insel.

Wie später noch viele Thriller-Schreiber greifen die genannten Autoren, denen sich rasch weitere zugesellen, die tagespolitisch jeweils aktuellen Besorgnisse auf, um sie alsdann mit verschlüsselten Namen und abenteuerlichen Handlungen in die nächste Zukunft zu verlängern. In dieser Phase des Hochimperialismus werden bald Überfälle Frankreichs gewissermaßen »verthrillert«, bald Zusammenstöße mit Rußland. Seit der Eintrübung der deutsch-britischen Beziehungen in den letzten Jahren des 19. Jahrhunderts gerät dann das kaiserliche Deutschland zusehends ins Visier. Doch in den Jahren vor dem Ersten Weltkrieg erscheinen auch bereits anti-chinesische Thriller mit ausgeprägt rassistischer Tendenz.[4]

Immer, wenn sich in der Ferne eine fremde Armada sammelt, berührt das in England offenbar einen empfindlichen Nerv des kollektiven Bewußtseins. In den zwanzig Jahren zwischen dem Ende des 19. Jahrhunderts und dem Kriegsausbruch 1914 erscheinen zahlreiche Bücher, viele zuerst in der Sensationspresse Lord Northcliffs serialisiert, die eine Invasion gegen die britische Insel oder auch schon eine Okkupation Englands durch die siegreichen Deutschen zum Gegenstand haben. Damit liegt ein Strickmuster bereit, mit dem auch viele spätere Thriller-Autoren wieder und wieder arbeiten. Alles ist schon da: die Ausspähung Englands durch feindliche Spione, die Erzeugung von Chaos durch Bombenanschläge und durch Banden, die von gefährlichen Agenten ferngesteuert werden, und die Landungen feindlicher Armeen. Noch an die hundert Jahre später, nachdem Le Queux seine ersten sensationellen Thriller mit dieser Thematik herausgeknallt hat, denkt sich Colin Forbes an der Schwelle zum 21. Jahrhundert eine schreckenerregende Invasion chinesischer Tarnkappenschiffe aus. Wenig später wird von ihm sogar eine Invasion amerikanischer Marines im Thriller simuliert.[5]

Bei der Entstehung des Spionage- und Polit-Thrillers im seinerzeitigen Großbritannien spielte also eine einmalige Koinzidenz literarischer und politischer Faktoren eine Rolle. Von Anfang an fließen in dem neuartigen Genre die Themen des Spionageromans mit denen des künftigen Polit-Romans zusammen, bei denen die Konflikte der imperialistischen Großmächte ebenso handlungsbestimmend sind wie die Entscheidungen auf höchster politischer Ebene. Diese Agentenromane sind politisch, und sie finden vor allem auch deshalb ein fasziniertes Lesepublikum, weil sich das Klima der Vorkriegszeit zusehends mit politischer Hochspannung auflädt. Der moderne Polit-Thriller, so kann man etwas überspitzt formulieren, ist Zeitgeschichte pur, transformiert und verfremdet im Genre des Thrillers.

Beliebte Objekte der in diesen Romanen auftretenden Spione sind damals neben irgendwelchen Geheimverträgen die Aufmarschpläne der Armeen und die Liegeplätze der Kriegsflotten. Doch außer der gewissermaßen klassischen Militärspionage geht es auch bereits um die Ausspähung oder den Diebstahl von Plänen oder Formeln zur Herstellung militärisch relevanter Spitzentechnologie. In jener Epoche sind das Blaupausen für den Bau von U-Booten und modernsten Torpedos. Desgleichen finden sich auch schon Hinweise auf die kurz bevorstehende militärische Rolle der Luftschiffe.[6] In späteren Jahrzehnten werden die Thrillerhelden des Kalten Krieges dann hinter Atomgeheimnissen und hinter der Zielplanung von Interkontinentalraketen her sein.

Die damals heranwogenden Papierfluten meist ziemlich schundiger Spionageromane, die häufig zuerst serialisiert erscheinen, oder die Hardcover, welche dann oft in den damals weitverbreiteten Leihbibliotheken landen, sind inzwischen längst wieder im gnädigen Dunkel der Vergessenheit versunken. Nur ganz wenige dieser Bücher aus der Frühzeit des Spionage- und Polit-Thrillers finden auch heute noch Verlage und Leser. Drei Romane sind in diesem Kontext erwähnenswert, weil sie einerseits literarische Qualität haben, andererseits aber die Grundmuster des neuen Genres deutlich erkennen lassen: Rudyard Kiplings »Kim« (1901)[7], Joseph Conrads »Der Geheimagent« (1907)[8] und die zu Beginn des Buches schon vorgestellte Spionage-Story »Das Rätsel der Sandbank« (1903) von Erskine Childers[9].

Kiplings unsterbliches Epos aus dem spätviktorianischen Indien erhebt sich zwar turmhoch über die eingangs erwähnten Agentenromane Karl Mays. Doch wie bei diesem ist auch hier der klassische, in exotischen Ländern spielende Abenteuerroman mit dem Genre des Agentenromans verbunden. Dabei fallen zwei der eben angesprochenen neuen Aspekte auf. »Kim« ist keine historische Spionagegeschichte. Die Handlung spielt vielmehr in der Gegenwart, und sie verbindet sich mit einem weiteren, ebenfalls ganz aktuellen Vorgang: mit dem zeitgenössischen Imperialismus, bei dem England und Rußland um die Zukunft Zentralasiens ringen. »Das große Spiel« nennt man dies damals. Kimbald O'Hara, der Sohn eines in Indien verstorbenen irischen Unteroffiziers, der jahrelang orientierungslos im bunten Gewühl der Religionen, Kasten, Rassen und Klassen des indischen Subkontinents herumgeirrt ist, findet schließlich, so muß man den Roman doch wohl interpretieren, seine Berufung als Geheimagent der britischen Spionageabwehr im Dienste der Empire-Idee.[10]

Seither werden sich die englischen Agententhriller zumeist irgendwie um das Schicksal des Empire drehen – Selbstbehauptung des Empire von John Buchan bis Ian Fleming, aber auch Diffamierung der Empire-Idee bei Graham Greene oder bei Eric Ambler und Katerstimmung nach dem Dahinschwinden des Empire bei John Le Carré.

Dennoch ist »Kim«, dieses farbenprächtige Panorama aus dem zeitgenössischen Indien, darstellerisch das genaue Gegenteil eines Agententhrillers. Kipling selbst hat sein Meisterwerk, das aus einer Abfolge farbiger Episoden komponiert ist, gelegentlich »handlungsarm« genannt. Demgegenüber ist der moderne Thriller selbst dann, wenn ihn gelegentlich unvergeßliche atmosphärische Schilderungen und Landschaftsmalerei schmücken, wesensmäßig blitzschnelle Aktion, Aktion und nochmals Aktion.

Auch Joseph Conrad entdeckt für den modernen Agentenroman ein weiteres, künftig unverzichtbares Element: den politischen Terrorismus. »Der Geheimagent« (1907) und dann nochmals der im Sankt Petersburger Anarchistenmilieu spielende Roman »Mit den Augen des Westens« (1910)[11] haben beide ein zentrales Thema: die Psychologie des Terroristen und das Milieu terroristischer Untergrundorganisationen.[12] »Dem Historiker künftiger Zeitalter sei diese einfache Geschichte aus dem 19. Jahrhundert freundschaftlich zugeeignet«, heißt es vielsagend in der Widmung des »Geheimagenten« für den Zukunftsschriftsteller H. G. Wells[13]. Mit feinem Gespür hatte Conrad offenbar erkannt, daß sein Terrorismus-Thriller gewissermaßen zwischen zwei Zeiten steht.

Man hat zwar später von der sogenannten Sekurität des 19. Jahrhunderts viel hergemacht. Tatsächlich aber lagen über dessen letzten Jahrzehnten doch auch schon die Ängste vor dem irrationalen Terrorismus aus dem anarchistischen Untergrund, dem wieder und wieder allerhöchste Zielpersonen zum Opfer fielen: 1881 Zar Alexander II., 1898 Kaiserin Elisabeth von Österreich und 1901 der amerikanische Präsident McKinley. So ist »Der Geheimagent« in der Tat »eine einfache Geschichte« aus dem

19. Jahrhundert. Doch zugleich war der Terrorismus dazu bestimmt – Joseph Conrad ahnte dies offenbar –, zu einem der großen Themen des 20. und, so weiß man heute, doch wohl auch des 21. Jahrhunderts zu werden, damit zugleich ein gefundenes Fressen für die Thriller-Schreiber von John Buchan bis Tom Clancy.

Weshalb Erskine Childers' »Das Rätsel der Sandbank« die Bezeichnung eines frühen Klassikers dieses neuen Genres verdient, braucht nicht wiederholt zu werden. Childers hat die Geschichte konsequent in der Gegenwart angesiedelt. Ihr tieferliegendes Thema ist der drohende Zusammenstoß zwischen den imperialistischen Großmächten. Zudem klingt hier noch ein neuer Ton an, der bei Kipling oder auch bei Conrad nicht zu vernehmen ist: ausdrückliche und sehr präzise Warnung vor drohender Gefahr, verbunden mit dem Aufruf zum Handeln.

Als im August 1914 der Große Krieg tatsächlich ausbricht, wird ganz England vom Spionagefieber gepackt. Die Regierung tut ihr Bestes zur Schürung entsprechender Ängste. Von jetzt an hat das Genre des Spionageromans Hochkonjunktur. Der erste, der das mit großem Geschick ausnützt, ist John Buchan.[14] Schon 1915 erscheint der Thriller »Die 39 Stufen«, ein weiterer Klassiker des Genres bis zum heutigen Tage. Unterhaltungsschriftsteller und deren Verlage können nunmehr erwarten, daß sich mit Spionagegeschichten genauso viel Geld verdienen läßt wie mit Detektivstories oder mit Liebesgeschichten.

Neben Buchan sind immer noch Le Queux und Oppenheim die großen Namen, daneben der herzhaft primitive, aber eben deshalb sehr erfolgreiche Herman Cyril McNeile. McNeile ist britischer Offizier. Als er in den Kämpfen an der Somme Tage und Nächte im Unterstand verbringt, beginnt er Kurzgeschichten zu schreiben, für die sich alsbald eine Zeitung interessiert. Da es den Offizieren verboten ist, unter eigenem Namen zu publizieren, wählt er das Pseudonym »Sapper«. Als eine Art Pionier des Kriegs- und Agenten-Thrillers wird er rasch im ganzen Empire berühmt. Seine Serienhelden – der Schlagetot Sergeant Michael Cassidy, Ronald Standish und der besonders draufgängerische

Agent Captain Hugh Drummond – sind Vorläufer von James Bond. Wie dieser liebt auch »Bulldog Drummond« die Nachtclubs, die schnellen Autos und die scharfen Damen, welche in der Regel als feindliche Spioninnen enttarnt werden.[15] Und wie nach ihm auch Ian Fleming pflegt »Sapper« die xenophoben Feindbilder. In seinen Romanen wimmelt es von »mörderischen, fremdländischen Juden«, »schmutzigen, mordlüsternen Boches« und »stinkenden, heimtückischen Bolschewiken«.[16] 1938 verstirbt McNeile als schwerreicher Bestsellerkönig, dessen Bücher auch verfilmt wurden und im Boulevard-Theater Erfolg hatten. Nun läßt sein Freund Gerard Fairlie den Bulldog Drummond weiterleben. Der letzte dieser Thriller erscheint 1954. Als Ian Fleming ein Jahr zuvor seinen Erstling »Casino Royale« herausbringt[17], kennen wenigstens englische Thriller-Leser die Vorlage.

Aus einer wahren Flut vergleichbarer Romane oder Kurzgeschichten, die im Ersten Weltkrieg und in der Zwischenkriegszeit erschienen, sind allerdings nur ein paar wenige bis in unsere Tage frisch geblieben. Somerset Maughams »Ashenden« (1928)[18] gehört dazu. Maugham kannte sich aus, denn während des Kriegs war er selbst als Agent in der Schweiz und danach in Rußland im Einsatz gewesen.[19] Dabei ist ihm nicht verborgen geblieben, daß das Agentenleben zumeist der Romantik ermangelt, vielmehr größtenteils aus trivialer Routine besteht. Was er im Vorwort von »Ashenden« zur wenig romantischen Agententätigkeit und zur Psychologie des Agenten schreibt, ist später häufig zitiert worden: »Die Wirklichkeit ist ein schlechter Geschichtenerzähler; sie fängt eine Geschichte irgendwo lange vor dem Anfang an, fährt weitschweifig und zusammenhanglos fort und versickert dann irgendwo spurlos und ohne Schluß. Die Arbeit eines Agenten im Nachrichtendienst ist im großen und ganzen eintönig. Viel davon ist außerordentlich nutzlos …«[20] Spionage, so geht aus solchen Sätzen hervor, ist nicht nur ein schmutziges Geschäft, sondern langweilig.[21] Dieser unterkühlte Stil hat zwar Eric Ambler und danach John Le Carré beeinflußt, war aber nicht eigentlich typisch für die Spionageromane der Zwischenkriegszeit, in denen

Spioninnen des Typs Mata Hari und knallharte Supermänner figurieren.

Von den vielen Agentenromanen jener Jahrzehnte lebendig geblieben sind eigentlich nur die »Schocker« des literarisch ambitionierten John Buchan. Es ist erstaunlich, wie viele seiner Bücher immer noch aufgelegt werden und offenbar Leser finden. Diese während des Ersten Weltkriegs sowie in der Nachkriegszeit überaus populären Titel haben das Genre nach allen Seiten erweitert und popularisiert. Nachdem er 1915 einen Spionageroman auf den Markt gebracht hatte, erkennt Buchan rasch, daß moderne Geheimdiensttätigkeit viel weiterreichende Ziele anstrebt als bloß die Informationsbeschaffung oder die Spionageabwehr. Noch bevor die Aktivitäten von T. E. Lawrence zum Gesprächsthema in den Londoner Clubs werden, läßt er in »Grünmantel« (1916) deutsche und alliierte Agenten in Deutschland selbst und im Nahen Osten gegeneinander operieren.

Dabei geht es nicht in erster Linie um die Ausspähung von Geheimnissen, dies freilich auch, sondern um die Ingangsetzung oder Verhinderung geschichtlicher Umwälzungen von gewaltigen Ausmaßen. Aus dem Spionageroman wird der Agentenroman. Aus dem schlichten Spion oder dem Spionejäger wird nun in direktem Auftrag der obersten politischen und militärischen Spitzen ein Hauptakteur der psychologischen Kriegführung. Der Superagent, dessen Entschlußkraft, Tollkühnheit und Überlebensgeschick das Schicksal großer Imperien und Kriege entscheidet, ist seither in vielen Thrillern bis hin zu Colin Forbes und Tom Clancy eine stehende Figur. Daß hier die beunruhigende geostrategische Bedeutung der bis heute aktuellen, religiös konditionierten Narreteien in muslimischen Gesellschaften erstmals im Thriller gestaltet werden, sei am Rande vermerkt. Auch dies trägt dazu bei, den Roman »Grünmantel« frisch zu erhalten.

Zugleich wird noch ein weiterer Aspekt des neuen Genres von John Buchan auf Dauer etabliert: die Einbeziehung zeitgenössischer Polit-Größen in die dramatische Handlung. In den »39 Stufen« tritt Lord J. A. Fisher, First Sea Lord Ihrer Majestät, höchstpersönlich auf, in »Grünmantel« Wilhelm II. Allerdings kommt es noch nicht zu jener später so engen Osmose der Agentenhandlung mit Polit-Aktivität oder Polit-Kriminalität auf höchster Ebene. Diese Thematisierung soll einerseits den Lesern noch mehr Appetit machen, hat aber im Agentenroman auch innere Logik.

Spionageoperationen, Kommandounternehmen, Attentate, Landesverrat sowie deren Abwehr sind jeweils politisch motiviert. Naturgemäß sind zumeist die politischen Spitzen involviert – als Auftraggeber, als Zielobjekte oder als Verräter in höchsten Kreisen. Da das 20. Jahrhundert das Zeitalter der Ideologien ist, verbindet sich damit häufig auch der Hochverrat aufgrund von Überzeugungen. Desgleichen ist es ein Jahrhundert, in dem Großmächte oder auch kleinere Staaten unter die Herrschaft von Gangstern fallen. Das alles erklärt, weshalb »die heute erfolgreiche Variante des Kriminalromans die politisierte Spielart des Agenten- und Geheimdienstromans ist« – so Helmut Karasek Anfang der siebziger Jahre in einer Rezension des »Schakals« von Frederick Forsyth.[22] Wie gezeigt, setzt sich diese in dem Genre schon früh angelegte Tendenz vor allem seit den fünfziger Jahren weitgehend durch. Soll man diese Spannungsromane noch Agenten-Thriller nennen? Oder Polit-Thriller? Sie sind zumeist beides.

Mehr oder weniger verfremdet lassen die Thriller-Schreiber nun auftreten: verrückte oder noch halbwegs rationale Mitglieder des sowjetischen Politbüros, psychotische oder schurkische Präsidenten der USA, verräterische französische Staatspräsidenten, zupackende britische Premierminister oder – damals noch – als zuverlässige Verbündete porträtierte deutsche Bundeskanzler und später gemeingefährliche, gelegentlich aber auch vernünftige Machthaber Chinas, Japans, des Iran, Indiens oder irgendwelcher Dritte-Welt-Länder. Sie alle gehören nun in vielen Thrillern zur feststehenden Staffage. In deren Mittelpunkt stehen zwar immer noch die Großtaten von Agenten oder hochrangigen Spionagechefs. Aber die Hereinnahme politischer Spitzenchargen bestimmt das Genre nachhaltig.

In der guten alten Zeit des Spionageromans dreht sich anfangs fast alles um den Helden und seine Gegenspieler. Zusehends rücken nun auch die großen Spionageorganisationen ins Zentrum der Aufmerksamkeit. Mit den Abenteuern des einsamen Helden verbinden sich die komplizierten, immer tödlichen Operationen im Century House, wo MI6 residiert, in der CIA-Zentrale zu Langley oder im Hauptquartier des KGB am Dserschinskij-Platz in Moskau. Emotionalität und Psychologie des Agenten sind zwar weiterhin von Bedeutung. Doch die riesigen Bürokratien gewinnen zusehends an Eigengewicht und werden oft handlungsbestimmend. Die literarischen Höhepunkte dieser Entwicklung sind mit Graham Greene und John Le Carré erreicht.

Sehr früh schon erblüht auch eine weitere Variante – der satirische Spionagethriller. Der erste, der sich daran versucht, ist Edgar Wallace. Im damaligen England gilt er neben Conan Doyle als der Bestseller-Autor schlechthin. Zu Ruhm gekommen ist er allerdings durch seine Kriminalromane. Tatsächlich aber hat er 1919 mit »The Adventures of Heine«[23] auch einen satirischen Spionageroman geschrieben. Es kann niemanden erstaunen, daß der tölpelhafte Geheimagent, dessen Abenteuer dort geschildert werden, ein Deutscher ist. Das Buch wird bis 1954 immer wieder aufgelegt.[24] Die Agenten-Satire wird dann im illusionslosen Zeitklima der dreißiger Jahre weiter gepflegt. Sie bezieht ihren spezifischen Reiz aus der Dialektik zwischen dem Handeln des Thriller-Helden und der Unentrinnbarkeit kafkaesker Spionageorganisationen. Das läßt sich als großes Drama inszenieren, aber auch als zynische Satire. Von jetzt an werden Fragwürdigkeit, Leerlauf und Lächerlichkeit der Geheimdienstapparate zu einem bevorzugten Thema der entsprechenden Thriller. Somerset Maugham, Graham Greene, Eric Ambler und später John Le Carré exzellieren darin. Über die Jahrzehnte hinweg bis in unsere Tage erfreut sich diese Spezialform des Agententhrillers großer Beliebtheit.

Es sind naturgemäß vor allem die Thriller-Größen der Linken, die daran ihre Freude haben, die Abwehr und die Spionagedienste des eigenen Landes lächerlich zu machen. Mit dem Thriller

»Es muß nicht immer Kaviar sein«[25] gelingt später sogar einmal einem Deutschen, dem ansonsten eher auf bierernste Melodramen abonnierten Johann Mario Simmel, eine amüsante Geheimdienstsatire, angereichert mit ganz brauchbaren Kochrezepten. Doch von den dreißiger Jahren an bis zur Gegenwart sind und bleiben die Briten die eigentlichen Meister des satirischen Agententhrillers.

Viel zahlreicher aber als der satirische Agententhriller ist auch in diesem Genre der *roman noir*. Die Agenten von Graham Greene, Len Deighton, John Allbeury oder John Le Carré sind meist keine Helden mehr, sondern Kandidaten für die Couch des Psychiaters. Die Autoren des roman noir haben für die kaputten Typen bei MI6 zumeist nur Spott und Verachtung übrig. Ihre Lieblingsthemen sind die Absurdität der Großbürokratien, Trunksucht, unfroher Sex, Zynismus auf allen Ebenen des Agenten-Zirkus, Geldgier, versteht sich, und Gemeinheit, mit Dummheit vermischt. Die Geheimdienstzentralen des Westens und des Ostens, so die politische Botschaft solcher Thriller, gleichen sich darin wie ein Ei dem anderen. Auch die Vergeblichkeit aufwendigster Penetrations- und Abwehrprojekte, die den von ihren Vorgesetzten betrogenen Agenten höchsten Einsatz abfordern, gehört zu den immer wiederkehrenden Themen. KGB, CIA und MI6 werden als ähnlich absurde, ineffiziente und korrupte Organisationen geschildert, dirigiert von genauso ineffiziente und korrupten Ministern. Die seit 1951 schubweise ans Licht tretende Verrataffäre der vier Cambridge-Spione Burgess, Maclean, Philby und Blunt dient als willkommene Folie zur Diskreditierung des einstmals berühmten britischen Geheimdienstes.

Doch wie gezeigt, ist der patriotische Agententhriller alles andere als ein Auslaufmodell, vielmehr wird die politische Polarisierung seit den frühen fünfziger Jahren zu einem weiteren, auffälligen Merkmal der Thriller-Schreiber, erst in Großbritannien, später auch in den USA. Mit dem snobistischen, xenophoben und kalt-brutalen Super-Macho James Bond kreiert der Tory Ian Fleming im Jahr 1953, auf dem Höhepunkt des Kalten Krieges, einen konservativen Thriller-Helden neuen Typs. So ganz neu ist das freilich auch nicht, denn Fleming greift dabei, wie eben erwähnt, auf die recht primitiven Schocker zurück, mit denen er aufwuchs. Und nachdem der mit Lizenz zum Töten ausgestattete Agent 007 dem Geheimdienst-Image beim Massenpublikum wieder neuen Glanz verliehen hat, setzen Konservative des Typs Colin Forbes, Frederick Forsyth und eine größere Schar von Autoren aus der zweiten und der dritten Garnitur diese Linie fort. Der Eindruck läßt sich nicht abweisen, daß sich ein Hauptthema des britischen Agenten-Thrillers um die Einschätzung von MI6 dreht – auf der einen Seite diejenigen, die nach wie vor den Patriotismus, die Opferbereitschaft und das rettende Eingreifen der eigenen Geheimdienste rühmen, auf der Gegenseite jene anderen, die am *debunking* ihre Freude haben. Bei der Auseinandersetzung um die CIA und um die Entspannungspolitik zwischen Ost und West spielt sich seit den frühen siebziger Jahren in den USA ein vergleichbarer Vorgang ab.

Des weiteren ist beim Blick auf die Agententhriller eines ganzen Jahrhunderts schön zu studieren, wie die beispiellose Entwicklung der Technik auch die Spionageorganisationen unablässig verändert. Neue Agentenprofile entstehen, aber zugleich neue Risikofaktoren des Verrats und der Sabotage. Die Amateur-Spione von Erskine Childers begeben sich noch auf einem Segelboot in die Höhle des Löwen. Die Helden und Heroinen von Helen MacInnes in dem 1940 bis 1944 von Deutschland besetzten Europa sind gleichfalls auf altmodische Fluchtwege und Übermittlungstechniken angewiesen. Sogar in den achtziger Jahren wollen bestimmte Thriller-Schreiber auf die berühmten toten Briefkästen und auf vorsichtig inszenierte Agententreffs in schmuddeligen Cafés oder lärmigen Pubs nicht völlig verzichten. Doch führt letztlich kein Weg vorbei an der Ersetzung der guten alten Geheimtinten und der Agentenkarteien durch Hochleistungscomputer, durch Satellitentelefone mit Zerhacker, durch Boten, die den Atlantik rasch in der Concorde überqueren und durch Profis, die mit den jeweils neuesten Jets oder Hubschraubern die Sperrzonen an den Grenzen des Sowjetreichs durchbrechen. Spätestens mit den Thrillern von Craig Thomas und Tom Clancy sind die abstrakten Dimensionen des Techno-Thrillers erreicht. Detailliert beschriebene High-Tech-Waffensysteme und Kommunikationseinrichtungen, Flugzeuge, U-Boot-Kreuzer oder mit allen Schikanen ausgerüstete Panzer sind nun genauso wichtig wie die gequälte Psyche der Agenten. Im Techno-Thriller werden die Geheimdienstkriege von Technikern geführt.

In manchen der neuesten Bücher des Genres verschmilzt das Agentengewerbe ohnehin zusehends mit der großen Politik, mit der Militärstrategie und mit dem operativen Einsatz von Streitkräften.[26] Das deutet sich zwar schon früh an. Doch der Gipfelpunkt dieser Entwicklung ist zweifellos mit den Thrillern Tom Clancys erreicht. Sie sind Agententhriller, Polit-Thriller, Techno-Thriller, strategische Thriller – alles in einem. Und so ist es kein Zufall, daß aus dem anfangs von den Marines zur Kampfmaschine ausgebildeten Undercover-Agenten Jack Ryan über eine Abfolge von Thrillern hinweg zu guter Letzt der Präsident der Vereinigten Staaten wird. Wer ermessen möchte, welchen Weg nicht allein die moderne Staatenwelt, sondern auch der gute alte Spionagethriller innerhalb eines Jahrhunderts zurückgelegt hat, lese hintereinander »Das Rätsel der Sandbank« aus dem Jahr 1903 und Tom Clancys genau im Jahr 2000 erschienenen Thriller »Im Zeichen des Drachen«[27].

Dieses lange 20. Jahrhundert, wir sagten es eingangs mit den Worten A. W. Audens, ist »Das Zeitalter der Angst«. Kaum ein literarisches Genre, in dem diese Zeitstimmung nicht ihren Ausdruck fände. Doch die Agenten- und Polit-Thriller sind dafür besonders geeignet. Die Bestsellerautoren, doch genauso die Verfasser zweitrangiger und drittrangiger Thriller, leben von der Kunst, den niemals ganz ruhenden Ängsten ihrer Leserschaft Ausdruck zu verleihen und diese noch durch Horror-Szenarien zu verstärken, das allerdings mit der Botschaft verbunden, alles werde letztlich doch noch glimpflich enden dank Entschlußkraft und Tapferkeit des jeweiligen Thriller-Helden.

Auf der reichen Menukarte zeitgeschichtlicher Ängste finden sich gewissermaßen drei Stammessen, die durchgehend serviert werden: die Angst vor den finsteren Anschlägen und Invasionen bösartiger Großmächte, die Angst vor dem Terrorismus und die Angst vor der Machtergreifung mächtiger Gangster.

Das bedrohte Empire

Aufstieg und Niedergang der großen Reiche ist eines der Hauptthemen des 20. Jahrhunderts. Es kann also nicht besonders verwundern, daß das Genre des Polit-Thrillers bis zum heutigen Tag eine Domäne angelsächsischer Autoren ist – von Briten, die ein Jahrhundert des imperialen Niedergangs durchleben, und von Amerikanern, die das imperiale Erbe ihrer Cousins antreten. Vordergründig leben ihre Thriller natürlich vom Kitzel des Spannungsromans, und viele Leser achten allein darauf. Doch obwohl es sich größtenteils um Trivialromane handelt, liegt diesen Büchern vielfach ein tieferes und ernsteres Thema zugrunde: Gefährdung, Selbstbehauptung, Umstrittenheit, Glanz und Elend des britischen Empire und des globalen Imperiums der USA, wo viele in einer Mischung von Hochmut und Sendungsbewußtsein vom »amerikanischen Jahrhundert« sprechen. Da die ganze Welt freiwillig oder gezwungenermaßen daran Anteil nimmt, mag das zumindest teilweise erklären, weshalb diese genuin britische und amerikanische Thematik weltweit Aufmerksamkeit erregt.

Freilich waren Großbritannien und die USA nicht die einzigen Großmächte mit einem imperialen Schicksal. Eigentlich hätten Russen, Japaner, Deutsche, Italiener oder Franzosen im Verlauf des 20. Jahrhunderts zu dem Thema auch einiges zu sagen gehabt. Man könnte lange darüber räsonnieren, weshalb sich ihr imperiales Bewußtsein oder die post-imperiale Misere bei ihnen nicht – oder doch kaum – in der Form von Polit-Thrillern artikuliert hat. Dabei sind sicherlich Gegebenheiten der politischen Kultur und literaturgeschichtliche Besonderheiten ins Spiel gekommen.

Wahrscheinlich ist der Agenten- und Polit-Thriller auch deshalb vorwiegend ein angelsächsisches Genre, weil das Englische im 20. Jahrhundert zur lingua franca geworden ist. Seit langem schon wird ein Bestseller, der auf dem großen angelsächsischen Buchmarkt Erfolg hat, weltweit wahrgenommen. Viele Verlage in Madrid, Rom, Amsterdam, Paris, München, Moskau oder Tokio sind darauf eingestellt, alles, was dort ein Millionenpublikum findet, ungeprüft übersetzen zu lassen, um den offenkundigen Erfolg in den USA, in Großbritannien und in anderen Ländern der englischsprachigen Welt auf den eigenen schmaleren Märkten zu wiederholen. Daneben lassen sich gewiß auch andere Gründe finden. Entstehung und Wachstum dieses Genres ergeben sich natürlich auch aus den spezifischen literarischen Techniken, Vorlieben und Traditionen, die für England in den ersten Jahrzehnten des 20. Jahrhunderts charakteristisch waren und in den USA übernommen wurden.

Das Scheitern der imperialen Idee, deren anschließende Sublimierung im Konzept der freien Welt bzw. der atlantischen Gemeinschaft, doch auch der post-imperiale Blues – dies ist nicht nur ein Hauptthema britischer Geschichte im 20. Jahrhundert, es ist auch das Thema der weltweit erfolgreichen Agenten-Thriller britischer Autoren. Der Befund ist eindeutig, und er ist genauso spannend wie die Themen dieser Action-Romane.

Die britischen Agententhriller sind in einem Moment erfunden worden, als sich im spätviktorianischen und edwardianischen England bereits eine nagende Sorge vor den Feinden und vor einem möglichen Niedergang des Empire auszubreiten begann. Die Thriller des konservativen Empire-Enthusiasten John Buchan proklamieren die Selbstbehauptung des bereits tödlich gefährdeten Empire. In den Geheimdiensten und Armeen läßt er Briten, Kanadier, Australier und Südafrikaner im Dienst derselben zivilisatorischen Ideen kämpfen. Schon 1929 formuliert er in einem seiner Polit-Thriller: »Das Zeitalter der Alten Welt ist zu Ende, das Zeitalter der Neuen Welt ist angebrochen.«[28] Heute sei Amerika das Bollwerk der Demokratie. Das ist eine gute Prognose.

Die unwillige, aber unvermeidliche Übertragung des Imperiums erfolgt dann gut ein Jahrzehnt später, im Zweiten Weltkrieg. Daß dieser geachtete Repräsentant des weltumspannenden Commonwealth ausgerechnet im Jahr 1940 als britischer Generalgouverneur von Kanada verstirbt, ist symptomatisch. Mit dem ungekrönten, wenngleich in die Jahre gekommenen König des britischen Agentenromans sinkt gewissermaßen das alte Empire ins Grab. Aber genauso wie Churchill erhoffte auch er sich von Amerika Unterstützung. Indem er in den Thrillern während des Ersten Weltkriegs auch einen waschechten Amerikaner recht bedeutungsvoll auftreten ließ, propagierte er bereits die atlantische Gemeinschaft.

Während des Zweiten Weltkriegs und in den Jahrzehnten des Kalten Krieges hat die in den USA lebende Schottin Helen Mac-Innes ihre Thriller im gleichen Geist geschrieben.[29] Der imperiale Stabwechsel hat bei ihr bereits stattgefunden. CIA-Agenten geben den Ton an. Doch in Gestalt der Agenten von MI6 oder des französischen Deuxième Bureau ist auch die alte Entente aus beiden Weltkriegen noch intakt mit geheimdienstlicher Ausstrahlung bis nach Griechenland, Österreich, Ungarn und Spanien. Zeitgeschichtliches Hauptthema dieser »Queen des Thrillers« ist die tödliche Bedrohung durch die totalitären Mächte. Erst richten sich die Ängste auf das nationalsozialistische Deutschland, dann auf die kommunistische Sowjetunion im Verbund mit ihren Satelliten und der »fünften Kolonne« im Innern der westlichen Demokratien. Im Kalten Krieg warnt sie besonders nachdrücklich vor der psychologischen Kriegführung der sowjetischen Feinde.

Dieselben Sorgen artikuliert Ian Fleming. Der Schöpfer von James Bond pflegt zwar die Attitüde des zynischen Lebensgenießers. Doch das ist auch Tarnung. Die Maske des Snob verbirgt den kämpferischen John Bull, der alle haßt und verachtet, die England gefährlich werden könnten: die Russen, die Deutschen und die Japaner. Die James-Bond-Romane sind durchweg im Geist der Jahre 1939 bis 1945 verfaßt, als Großbritannien noch eine Weltmacht war und sich als solche behauptet hat. Für den Erfinder von James Bond ist der Schulterschluß mit den transatlantischen Vettern selbstverständlich. Zu Recht hat man sich beim historischen Rückblick zwar angewöhnt, die fünfziger und die sechziger Jahre der britischen Geschichte bereits als Epoche des *imperial decline* zu betrachten. Doch der Tory Ian Fleming schrieb unverdrossen dagegen an: nostalgische Empire-Träume im Thriller.[30]

Colin Forbes und Frederick Forsyth greifen diese Themen erneut auf. Besonders Forbes versteht sich als eine Art Nachfolger Ian Flemings. Seine Helden und Heroinen sind jedoch keine individualistischen Exzentriker aus der britischen Oberschicht mehr, sondern nüchterne Geheimdienstbürokraten.[31] Auch das Empire ist Vergangenheit, obgleich London immer noch als die eigentliche Geheimdienst-Hauptstadt des Westens beschrieben wird. Nach wie vor aber bildet die Dauersorge um das Überleben Englands und des Westens in einer Welt voller tödlicher Feinde das zeitgeschichtliche Hauptmotiv dieser langen Abfolge von Geheimdienst-Thrillern. Kreuz und quer sausen Tweed, seine Scharfschützen und seine schöne Geheimdienst-Dame auf den britischen Inseln und im klein gewordenen Europa herum, um alle Anschläge gegen die Sicherheit des Westens zu vereiteln.

Doch wie so mancher britische Konservative begegnet nun auch Forbes den plebejischen Amerikanern, die wie der große Boß auftreten, mit zusehends kühlerer Reserve. Im Grunde werden auch sie als Gefahr eingeschätzt – dies bereits lange vor dem hektischen Aufbegehren europäischer Politiker und Feuilletonisten gegen das amerikanische Empire in den erst kurz zurückliegenden Monaten vor und während des Irak-Krieges in den Jahren 2002 und 2003. Man braucht die Amerikaner, so die Botschaft bei Colin Forbes, doch sind sie auch lästig. In der Tat gibt es keinen europäischen Thriller-Autor außer dem Engländer Forbes, der so weit geht, und dies ausgerechnet während der Amtszeit Clintons, einen Amtsinhaber des Weißen Hauses als primitiven

Verbrecher vorzuführen. Colin Forbes oder der auf Neonazis, auf Kommunisten und auf arabische Terroristen fixierte Frederik Forsyth[32] wollen gewiß in erster Linie spannend unterhalten, malen aber zugleich die Teufel an die Wand und lassen kaum einen Roman erscheinen, in dem sie nicht vor den feindlichen Großmächten warnen.

In England werden aber nicht nur die konservativen Thriller-Schreiber durch Dauerängste vor feindlichen Anschlägen umgetrieben. Eric Ambler gehörte in der Vorkriegszeit der späten dreißiger Jahre ganz gewiß nicht zu den Konservativen. Doch schon damals transportierte fast jeder seiner Thriller warnende Botschaften: Warnung vor brutalen deutschen und italienischen Agenten, Warnung vor reaktionären Diktatoren auf dem Balkan, Warnung auch vor der perfiden Profitgier britischer Rüstungsfabrikanten, die keinerlei Skrupel dabei empfinden, wenn sie an die Faschisten Rüstungsgeheimnisse verkaufen. Damals plädierte er für eine Allianz gegen Italien und Deutschland unter Einbeziehung der stalinistischen Sowjetunion. Jedenfalls hatte auch er für die äußeren Bedrohungen der fatalen dreißiger Jahre feine Antennen.

Auf selbstquälerische Weise ist selbst noch John Le Carré auf das zerfallene Empire fixiert.[33] Er ängstigt sich allerdings nicht mehr um dessen Zukunft, denn in den sechziger Jahren wollen nur noch Romantiker nicht einsehen, daß das Empire inzwischen den Weg aller früheren Weltreiche gegangen ist. Doch er erfindet eine Fülle von Thriller-Figuren, die daran leiden. Auf Smileys Circus strömt unablässig der saure Regen von Selbstvorwürfen, Selbstironie und Selbsthaß herunter, und seine gebrochenen Helden leiden ganz schrecklich an der Misere des post-imperialen England.

Im Unterschied zum Vereinigten Königreich artikuliert sich das imperiale Amerika erst relativ spät im Agenten- und Polit-Thriller. Der in den USA renommierte Western-Schreiber Frederick Faust hat sich in den Jahren vor dem Zweiten Weltkrieg zwar auch als Verfasser von Agententhrillern einen Namen gemacht.[34]

Doch das war mehr oder weniger konventioneller Stoff nach Art englischer Vorbilder. Entsprechend dem damaligen Zeitklima ließ er »America's Secret Service Agent Number 1« gegen den Top-Agenten Japans antreten. Möglicherweise hat auch dieser gerne den Playboy spielende Thriller-Held nebst attraktiver Assistentin Ian Fleming als Vorlage für 007 gedient.

Etwas erstaunlich ist es schon, daß die an und für sich nicht verschlafenen amerikanischen Autoren von Spannungsliteratur lange Zeit weitgehend übersehen haben, wie viele Thriller-würdige zeitgeschichtliche Themen auf der Straße lagen.[35] Alles in allem intonierten noch bis Mitte der sechziger Jahre nur ein paar Engländer das imperiale Thema. Das änderte sich aber von da an schlagartig.

1961 erscheint von Arthur Hailey der Polit-Thriller »Auf höchster Ebene«[36]. Dort tritt der amerikanische Präsident, noch mit verfremdetem Namen, zusammen mit der britischen Königin und dem Premierminister von Kanada persönlich auf. Alle roten Warnlichter eines bedrohten Imperiums leuchten bereits: Aufgrund eines russischen Rüstungsvorsprungs droht ein Atomkrieg, in Amerika droht der Staatsbankrott. Hilfe schaffen soll eine Union der USA mit Kanada und der Bau eines Raketenzauns im Norden von Kanada. 1967 reüssierte der Bestseller-Autor Leon Uris mit dem Agententhriller »Topas«[37]. Daß darin die Gefährdung der amerikanisch geführten NATO durch General de Gaulle und durch einen hohen französischen Diplomaten thematisiert wird, der ein kommunistischer Agent ist, kann nicht erstaunen. Die Supermacht Amerika ist von drei Feinden zugleich bedroht: von der Sowjetunion, von dem Diktator Fidel Castro auf Kuba und von dem NATO-Verbündeten Frankreich.

Von nun an ist also der Typ des imperialen Thrillers amerikanischer Machart zu studieren. Ungeachtet der andersartigen Mentalität weist er doch manche Ähnlichkeiten zu den britischen Vorläufern auf. Natürlich ist alles gigantischer als im alten britischen Empire – die Ausrüstung der Geheimdienste mit modernsten Kommunikationssystemen, das fliegende und schwimmende

Gerät, auch die Jagden und Verfolgungen. Kein Engländer wäre wahrscheinlich auf die Idee verfallen, die gesunkene »Titanic« im riskanten Wettlauf mit den Sowjets heben zu lassen, um so den Bau eines Anti-Raketenschutzschildes zu ermöglichen. Bei den konservativen amerikanischen Autoren ist das Selbstbewußtsein noch ungebrochener als seinerzeit bei den Briten, vor allem auch die Überzeugung, sich notfalls im Alleingang zu behaupten. Aber in den Thrillern der Clive Cussler[38], Tom Clancy[39] und anderer treten letztlich doch dieselben Grundmuster zu Tage wie einstmals im nach-viktorianischen England. Diese imperiale Mentalität läßt sich mit wenigen Stichworten umschreiben: hochentwickelter Gefahreninstinkt im Establishment eines Imperiums, das es gelernt hat, in einer Welt voller Neider und Feinde zu leben; klagloser und fragloser Selbstbehauptungswille, auch: Sendungsbewußtsein als globale Vormacht der Zivilisation.

Bis Ende der achtziger Jahre wird die Sowjetunion als Feind ausgemacht. Dabei findet das Auf und Ab der Entspannungspolitik auch in den Thrillern seinen Niederschlag. Die dort virtuell gestalteten Gefährdungen sind dieselben wie auch im alarmistischen Spektrum der zeitgenössischen öffentlichen Meinung. Von Mitte der siebziger bis Mitte der achtziger Jahre dominiert die Sorge vor einem Sieg der »Falken« im sowjetischen Politbüro über die Pragmatiker um den jeweiligen Generalsekretär oder gar über das kleine Häuflein überzeugter sowjetischer Liberaler. In der zweiten Hälfte der achtziger Jahre drehen sich verschiedenste Thriller um die Gefahr, daß ein ehrlich entspannungsbereiter Generalsekretär im Kreml von den Exponenten des militärisch-industriellen Komplexes im Bündnis mit alt-kommunistischen Ideologen in einem Putsch gestürzt wird. Während der ganzen neunziger Jahre thematisieren die einschlägigen Thriller die Gefahr eines Rückfalls Rußlands unter totalitäre Machthaber.

Als der Kalte Krieg zu Ende ist, entdecken gewisse Verfasser imperialer amerikanischer Thriller, Tom Clancy zuvörderst, bei ihrer nervösen Suche nach »fernen Monstern« dieselben Gegner, wie sie damals auch von aufgeregten Publizisten identifiziert werden. Zu Beginn der neunziger Jahre schüren Tom Clancy und Michael Crichton[40] die Ängste vor den Weltherrschaftsgelüsten der reichen, technologisch führenden, aggressiv nationalistischen und natürlich wie früher bekanntermaßen heimtückischen Japaner. Als Japan dann unerwartet wirtschaftlich abstürzt, rückt im Fernen Osten durchgehend China ins Blickfeld. Zwischen dem Bild, das Erskine Childers im Jahr 1903 vom kaiserlichen Deutschland gemalt hat, und dem China-Bild Tom Clancys, desgleichen von Colin Forbes, finden sich viele Ähnlichkeiten. Dazu treten der Iran (in den einschlägigen Thrillern ist er nach wie vor von kompromißlos anti-amerikanischen Fundamentalisten regiert) wie auch der Irak und noch ferner am Horizont die aufstrebende südostasiatische Großmacht Indien.

In allerjüngster Zeit ist nun auch in Amerika ein Vorgang zu beobachten, der, wie eingangs ausgeführt, im England der beiden Jahrzehnte vor dem Ersten Weltkrieg zur Massenproduktion spannenden Lesefutters mit eindeutig kriegstreiberischer Tendenz geführt hat: die Thematisierung der Ängste vor der Invasion durch expansive Großmächte. Die Gefährdung der USA durch den Einsatz feindlicher ABC-Waffen ist zwar seit Jahrzehnten ein altehrwürdiges Thema amerikanischer Autoren, die sich dem Agenten- und dem Polit-Thriller widmen. Doch neuerdings kommen auch Spannungsromane auf den Markt, in denen die Anlandung, der Vormarsch und der verzweifelte Kampf gegen übermächtige feindliche Flotten und Armeen thematisiert werden wie etwa in dem Thriller »Invasion« von Eric L. Harry[41]. Haben gewisse Thriller-Autoren in England kurz vor dem Ersten Weltkrieg ihre Landsleute durch die Thriller über deutsche Armeen und deutsche Okkupationspolitik auf den britischen Inseln zum Gruseln gebracht, mag es heute Amerikanern ähnlich ergehen, wenn sie lesen, wie brutale chinesische Armeen unwiderstehlich vom Golf von Mexiko über South-Carolina und North-Carolina nach Virginia vorstoßen, um am Potomac die Schlacht um Washington zu schlagen (und natürlich zu verlieren), während in Richmond bereits eine arrogante chinesische Besatzungsverwaltung eingerichtet ist. Mit welchen inzwischen gemachten Erfahrungen wird man in fünfzig oder hundert Jahren derartige Romane lesen?

Eine Welt voller Gefahren droht also auch aus amerikanischer Thriller-Perspektive. Wer die These vertritt, daß die Agenten- und Polit-Thriller zumindest teilweise eine Manifestation der Fremdenfeindlichkeit und der Schürung von Mißtrauen gegen nahe und ferne Völker sind, findet hier schöne Beispiele.

Die Terroristen

Beim Rückblick über die Papierfluten der Thriller, die das 20. Jahrhundert herangeschwemmt hat, gerät auch eine zweites Angstsyndrom ins Blickfeld: der Terrorismus. Wie schon angedeutet, begegnet er bereits in den frühesten Romanen dieses Genres. Während die imperialen Ängste vorwiegend möglichen Angriffen feindlicher Großmächte gelten, ist die Terrorismusangst diffuser. Sie wird durch Attentate von Geheimgesellschaften hervorgerufen. Der Feind ist unsichtbar, und er verbirgt sich in der Tiefe der eigenen Gesellschaft. Allerdings lehrt die Erfahrung, daß die Drahtzieher des Terrorismus häufig außerhalb der eigenen Landesgrenzen zu suchen sind. Dabei mag es sich um transnational operierende Untergrundorganisationen handeln oder aber um ausländische Regierungen, die sich terroristischer Killer bedienen.

Da die Gefahren aus dem Dunkel drohen, müssen sie jedenfalls durch Agenten bekämpft werden, die gleichfalls im Dunkeln operieren. Der Terrorist und der Geheimagent bedingen einander. Die große Bedeutung dieser im 20. Jahrhundert ebenso gebräuchlichen wie unmoralischen Kampfesweise erklärt also hinlänglich, weshalb die Angst vor dem Terror und die Terrorismusbekämpfung in den Agententhrillern erhebliches Gewicht haben. Dabei folgt die Thematisierung im Agententhriller naturgemäß den Konjunkturen des Terrorismus.

Mit Blick auf Joseph Conrads Roman »Der Geheimagent« aus dem Jahr 1907 ist schon erwähnt worden, welche Rolle die Ängste vor dem Anarchismus von Anbeginn an bei der Entstehung des modernen Agententhrillers gespielt haben. Auch John Buchans Klassiker »Die 39 Stufen«, der im zweiten Jahr des Ersten Weltkriegs erscheint, beginnt mit einem terroristischen Mord, dessen Drahtzieher angeblich zugleich hinter dem historischen Anschlag von Sarajewo stecken, in dessen Folge das alte Europa explodierte. Buchans Roman ist gleicherweise ein Spionageroman und ein Terrorismus-Roman. Auch in seinen jedenfalls im deutschen Sprachraum heute so gut wie unbekannten Thrillern aus den zwanziger Jahren, die er in Phantasieländern Ostmitteleuropas ansiedelt, spielen Terror-Organisationen, meist mit völkischer Zielsetzung, so wie in der damaligen Wirklichkeit eine unheilvolle Rolle.

Der für die Terrorismus-Thematik wichtigste Thriller-Autor ist Eric Ambler. Er analysiert sie aus verschiedensten Perspektiven.[42] Da ist zuerst das Opfer der Terroristen – ein normaler, unpolitischer, an ihren politischen Zielen durchaus uninteressierter Alltagsmensch, sei das ein Techniker, ein Journalist oder ein staatenloser Sprachlehrer, der aufgrund dummer Zufälle oder raffinierter Planung in die Fänge terroristischer Organisationen gerät. Kein anderer Thriller-Autor vor oder nach Ambler hat so wie er die kreatürliche Angst der den Terroristen Ausgelieferten zu gestalten verstanden. Ambler zeigt jedoch auch, wie das in die Enge getriebene Individuum plötzlich ganz unerwartete Energien entwickelt.

Ein zweiter Aspekt ist die Psychologie des Terroristen. Terroristen, so zeigt Ambler, sind Killer. Ihre Moralität ist die eines Krokodils, mit welchen politischen Zielen sie ihre Anschläge auch immer zu legitimieren suchen. Dabei verschwimmen die Unterschiede zwischen den Berufsverbrechern und terroristischen Machthabern. Der Berufs-Killer Dimitrios, der von Smyrna bis Paris eine breite Blutspur hinter sich läßt, der Psychopath Salah Ghaled, ein palästinensischer Guerilla-Führer, der halb Tel Aviv umbringen möchte, oder der verrückte Scheich vom Golf, der hinter toxischen Vernichtungsmitteln her ist – sie alle sind auf ihre Weise Terroristen. Ein Terrorist ist aber auch der genial-verrückte Wissenschaftler Kassen, der eine Atombombe konstruiert. Amblers Schlußfolgerung aus solchen Beobachtungen: Man kann mit solchen Typen nicht verhandeln, man muß sie mitleidslos umbringen – es sei denn, sie ermorden sich, noch besser, gegenseitig.

Ein weiterer Aspekt: Die Terroristen sind Werkzeuge der Mächtigen, die sich schlau im Hintergrund halten. Entweder handelt es sich dabei um Regierungen oder um Konzernchefs in London, Paris oder Genf. Sie bezahlen unbedenkliche Agenten, um Revolutionen anzuzetteln, oder Killer zur Beseitigung unliebsamer Gegenspieler. Unnötig zu sagen, daß im Grund auch solche Staatsterroristen oder Wirtschaftskriminelle Teile der Terrornetze sind. Unablässig verweist Ambler auf diese Hintermänner – voller Entrüstung in seiner frühen, linksradikalen Phase, zynisch und resigniert, je älter und weiser er wird.

Schließlich ein letzter Aspekt. Terrorismus, Politik, Wirtschaft sowie die zum Massenmord geeigneten technisch-naturwissenschaftlichen Entwicklungen sind nach Meinung Amblers nicht mehr voneinander zu trennen. Die Welt ist in ein terroristisches Jahrhundert geraten und wird auch in Zukunft nicht mehr herauskommen. Im Jahr 1981 läßt er eine seiner Gestalten vermuten, die nächste Generation von Terroristen werde »mit Sicherheit Kenwaffen einsetzen«[43].

Zeitgenössische oder spätere Thriller-Schreiber bleiben in Sachen Terrorismus an Tiefgang weit hinter Ambler zurück, auch wenn sie fleißig bemüht sind, jede Phase des zeitgenössischen Terrorismus in ihren Agenten- und Polit-Thrillern zu verarbeiten. So zieht sich bis zur Gegenwart ein breiter Strom terroristischer Gewalttaten durch die einschlägigen Romane: KGB-Killer, mörderische, immer noch aktive SS-Leute (ein Lieblingsthema von Helen MacInnes, Alistair MacLean, Jack Higgins, Frederick Forsyth, Robert Ludlum und Clive Cussler), IRA-Killer (seit gut

35 Jahren im Visier der angelsächsischen Thriller-Schreiber[44]),
RAF-Terroristen[45] und (beginnend mit den frühen siebziger Jahren) jede Menge von Arabern.

Seitdem die spektakulären Anschläge palästinensischer Terroristen Europa beunruhigen, liefert diese neue Welle des Terrorismus den Stoff für zahlreiche Horror-Thriller mit Geiselnahme,
Gefahr eines Atomkrieges im Nahen Osten, Bedrohung der Ölfelder am Golf. In dem Cocktail nahöstlicher Schreckensszenarien werden neben unterschiedlichsten palästinensischen Terrororganisation in der Regel auch der KGB, der israelische Mossad
und der britische SIS zusammengeschüttelt.[46] Kaum einer der
vielgelesenen Autoren, der sich in den letzten drei Jahrzehnten
nicht an diesem Stoff versucht hat. Dabei gilt die Aufmerksamkeit schon seit längerem den religiös motivierten fundamentalistischen Terrororganisationen. Es bedurfte nicht erst des 11. September 2001. Längst sind jedenfalls die terroristischen Araber
und Muslime als die übelsten Feinde ausgemacht. Die Parteinahme ist eindeutig. Unter den zahlreichen Thrillern, die den
entsprechenden Terrorismus im Visier haben, ist John Le Carrés
»Die Libelle«[47] mit doch spürbarer Sympathie für die Sache der
Palästinenser eine seltene Ausnahme.

Titanische Verbrecher

Gattungsgeschichtlich betrachtet, sind die modernen Agenten-
und Polit-Thriller nicht nur eine Variante des Abenteuerromans.
Zugleich muß man sie auch als Variante des Kriminalromans begreifen. In strafrechtlicher Hinsicht sind Landesverräter, ausländische Spione, angeheuerte Killer und gar Hochverräter, denen
die Helden des Agententhrillers das Handwerk zu legen haben,
Kriminelle. Doch auch die unkonventionellen Methoden, deren
sich die Agentenabwehr bedient oder auf die der Thriller-Held
zum Zweck der Selbstverteidigung rekurriert, sind häufig strafbewehrte Delikte, für die korrekte Richter rasch ein paar hundert

Jahre Zuchthaus zusammenaddieren würden! Während sich aber die ordinäre Detektivgeschichte um private Verbrechen dreht, begangen aus Geldgier, aus Eifersucht, aus Sadismus oder noch Schlimmerem, drehen sich die Agenten- und Polit-Thriller um Staatsverbrechen.

Auch der Blick auf die Entstehungsgeschichte des Spionagethrillers läßt die genetische Herkunft aus dem Detektivroman deutlich erkennen. Er entsteht, wie schon erwähnt, im Zeitalter Conan Doyles, entfaltet sich in den Jahrzehnten der Damen Agatha Christie und Dorothy Sayers beziehungsweise der Herren Edgar Wallace, Georges Simenon, Raymond Chandler und mäandert schließlich in unsere nähere und nächste Gegenwart, in der wiederum große Queens des zeitgenössischen Verbrechensromans vom Kaliber einer Patricia Highsmith oder Donna Leon die Szenerie dominieren.

So kann es kaum erstaunen, daß in den Agenten- und Polit-Thrillern neben den feindlichen Agenten und den Geheimdienstapparaten ausländischer Großmächte auch immer wieder ganz ordinäre Gangster ins Visier der wachsamen Helden geraten. Eigentlich wird der Begriff »ordinäre Gangster« der ungeheuren kriminellen Energie dieser Feinde nicht hinlänglich gerecht. Es sind durchweg mächtige Verbrecher der Spitzenklasse, denen zu begegnen ist – Gangsterhäuptlinge also, die ganz an der Spitze der nationalen Machtpyramide angesiedelt sind oder die weltumspannende, fast allmächtige Konzerne beherrschen.

Auch dies beginnt mit John Buchan. Schon am Vorabend des Ersten Weltkriegs und erst recht in den Wirren der Nachkriegszeit sieht er bald im eigenen Land, bald weltweit brillante Meistergangster die Zivilisation gefährden[48], allerdings noch recht romanhaft. Genauso romanhaft ist die Figur des chinesischen Super-Verbrechers Fu Manchu, der die Weltherrschaft erstrebt und zu dem Henry Ward unter dem Pseudonym Sax Rohmer zwischen 1913 und 1959 an die 15 Thriller produziert hat, die in 25 Sprachen übersetzt und verschiedentlich verfilmt wurden. »Die gelbe Gefahr« in Gestalt völlig skrupelloser, fast allmächtiger chinesischer oder japanischer Verbrecher wird dann auch bei Ian Fleming und Clive Cussler wieder auftauchen.[49]

Eine typisch linke Perspektive wird, wie eben erwähnt, durch Eric Ambler in das Genre eingeführt. Er identifiziert die großen Kriminellen vor allem in den Direktionsetagen der Rüstungskonzerne und der Großbanken. Graham Greene tutet zur gleichen Zeit in dasselbe Horn. Künftig werden besonders die links orientierten Thriller-Autoren bis zum heutigen Tag immer wieder Verschwörungen von Großkapitalisten und durch viel Geld korrumpierte Generale oder Politiker karikieren.

Als sich Stalin und Hitler auf den politischen Spitzgipfeln niedergelassen haben, ist die Thematisierung durch den Polit-Thriller naheliegend. Auffälligerweise werden aber die höchsten Gangster des Dritten Reiches oder Stalin mit seiner Entourage vorwiegend aus der Rückschau zum Thema historischer Polit-Thriller. Es ist anfangs vor allem Ian Fleming, der seit Mitte der fünfziger Jahre das sowjetische Politbüro als Vorstand einer Mörder-AG porträtiert. Diese Perspektive bleibt, bis Mitte der achtziger Jahre auch die Herzen der Polit-Thriller-Schreiber Gorbatschow zufliegen.

Erstaunlicherweise erspähen bestimmte Thriller-Schreiber fast zur gleichen Zeit auch das Pentagon, die CIA-Zentrale in Langley, ja sogar das Weiße Haus in Washington als Regierungssitze, in denen hochgestellte Kriminelle ihr Unwesen treiben. Die Anschwärzung amerikanischer Präsidenten setzt schon Mitte der sechziger Jahre ein, also längst bevor der Skandal um Watergate 1973 entdeckt wird und Richard Nixon zum Rücktritt zwingt. 1965 beispielsweise schreibt der Journalist Fletcher Knebel, der Washington bestens kennt, einen Triller über einen paranoiden Präsidenten.[50] Damals amtiert der Texaner Lyndon B. Johnson im Weißen Haus, dessen Gestalt einen auf manche Idee bringen kann.

Der Präsident in Fletchers Polit-Thriller ist von dem Gedanken besessen, das FBI müsse ermächtigt werden, zum Zweck der Verbrechensbekämpfung eine Abhörleitung an jedem Telefon anbringen zu lassen. Psychisch gestört, wie er ist, trägt er sich auch mit weitreichenden Plänen einer Union mit Kanada sowie mit den skandinavischen Staaten. Er verfolgt aber zudem voll messianischen Größenwahns das Fernziel, die Staaten Europas notfalls mit Militärmacht in eine Union mit den USA zu zwingen. In einer Phase, da er wieder bei Verstand ist, gelingt es glücklicherweise, ihn zum freiwilligen Rücktritt zu bewegen. Von jetzt an müssen aber klinisch verrückte Präsidenten oder ihre hochgestellten Berater unablässig als virtuelle Sicherheitsrisiken und bald auch als perfekte Bösewichte für die erwünschte Spannung sorgen.

Wie schon dargestellt, ist unter denen, die nun auch die Ministerien Washingtons einschließlich des Weißen Hauses zu Brutstätten schlimmster Verbrechen machen, der Amerikaner Robert Ludlum eine Art Weltmeister.[51] Während nicht wenige amerikanische Thriller-Autoren, namentlich Clive Cussler und Tom Clancy, Jahr für Jahr selbstbewußt-imperiale Polit-Thriller auf den Markt schleudern, ist bei Ludlum und seinesgleichen eine gegenläufige Tendenz zu studieren. Auch sie ist kennzeichnend für den modernen amerikanischen Polit-Thriller: schrille Imperialismuskritik und der Dauerverdacht, daß böse Gestalten in den Vorständen großer Konzerne mit Rüstungsinteressen im Kapitol zu Washington, im Pentagon und selbst im Weißen Haus unablässig Verschwörungen gegen das amerikanische Volk und die ganze Menschheit aushecken. Bei der mehr oder weniger linksradikalen amerikanischen Protestbewegung gegen den Vietnamkrieg fungierte das Stichwort »militärisch-industrieller Komplex« als ein Schlüsselbegriff, der alles oder doch fast alles erklärte. Ludlums Romane, in denen die Verschwörungen von Mal zu Mal gigantischer werden, sind durchgehend Variationen zur korrupten Allmacht oder doch Fast-Allmacht dieses militärisch-industriellen Komplexes.

Häufig zeigen sich die von links her schreibenden Autoren bestrebt, kapitalistische Großverbrechen in den USA zugleich als weltweite Verschwörungen zu konzipieren. In den hektischen

Thrillern Robert Ludlums läßt sich das ebenso gut studieren wie in Paul E. Erdmans Spannungsromanen aus den siebziger und den frühen achtziger Jahren. Dort stoßen die krisenhaften Finanzmärkte, die krisenhaften Ost-West-Beziehungen, die Krisenzone am Golf und die Korruption der westlichen Eliten in globalen Katastrophenszenarien zusammen.[52] Im Zentrum des Unheils werden dabei nicht selten überforderte oder korrupte amerikanische Präsidenten vorgeführt.

Nach dem Ende des Kalten Krieges hat sich bei verschiedenen Autoren die Neigung verstärkt, die zeitgenössischen Thriller als manichäischen Kampf zwischen ruchlosen, nach der Weltherrschaft strebenden Kapitalisten und heroischen, unkorrumpierten Geheimdienstagenten zu konzipieren. Daß dabei häufig Handlungen konstruiert werden, bei denen das Überleben der Menschheit auf dem Spiel steht, entspricht einer schon lange feststehenden Struktur derart alarmistischer Horror-Geschichten. Gelegentlich tauchen auch uralte SS-Ungeheuer oder deren inzwischen zu beispielloser wirtschaftlicher Macht gekommene Nachfolger wie Wiedergänger aus längst vergangenen Schreckenszeiten in den kapitalistischen Weltverschwörungen auf der Schwelle zum 21. Jahrhundert auf.[53] Desgleichen bildet die Ausbreitung mafios kapitalistischer Oligarchien im post-kommunistischen Rußland ein beliebtes Sujet solcher zugleich zeitgenössischen und zeitkritischen Thriller.

Dabei sind es durchaus nicht nur traditionell linke Globalisierungskritiker des Typs John Le Carré, die auf Verbrecher in dunklen Nadelstreifenanzügen abfahren. Das Thema der Weltverschwörung mit katastrophalen Folgen liegt offenbar in der Luft. Colin Forbes und Clive Cussler machen das gleichfalls zum Thema ihrer Spannungsromane. Globale Umweltkatastrophen, verschuldet von großen Konzernen, amerikanische Tycoons aus der Kommunikationsindustrie, die den Griff nach der Weltmacht wagen, Amtsinhaber im Weißen Haus, die schlicht kriminell sind oder die, was gleichfalls als rügenswert zu betrachten ist, das Vereinigte Königreich unter Einsatz von Gangstern, doch auch der

Marines, in die USA integrieren möchten, Neonazis, welche den Plan verfolgen, die ganze Menschheit unter Einsatz von Nano-Technologie zu ertränken – es gibt kaum eine globale Untat, die in entsprechenden Thrillern unserer Tage nicht schon vorbedacht wäre. Doch man muß nochmals hinzufügen: Dies sind Muster, die im Thriller seit fast hundert Jahren periodisch ausprobiert worden sind. Sie haben allerdings gegenwärtig wieder einmal Hochkonjunktur.

Auch die heutigen Thriller-Schreiber wären allerdings ihr Geld nicht wert, würden sie nicht mit dem Prinzip Hoffnung arbeiten. So will es das Gesetz des Genres. Deshalb finden sich selbst in den Schreckensszenarien des Erzpessimisten Robert Ludlum sogar in der CIA, beim britischen SIS und erst recht unter den Millionen einfacher, unpolitischer Amerikaner immer wieder Individuen, welche die bösen Titanen entlarven, um sie alsdann in den Orkus fahren zu lassen. Tatsache bleibt aber doch, daß auch im zeitgenössischen Thriller die Terrorwelten zunehmend bedrohlicher emporwachsen. In dem letzten seiner Thriller aus dem Jahr 1981, der den modernen Terrorismus zum Thema hatte, ließ Eric Ambler, wie eingangs erwähnt, eine seiner zwielichtigen Figuren »zweifelsfrei voraussagen, daß in den kommenden fünfzig Jahren das letzte Jahrhundert noch einmal – nur zehntausendmal schlimmer – ablaufen wird«[54]. Soll man ihm glauben? 25 Jahre sind bereits um, 25 stehen noch bevor.

Wie wird es weitergehen?

Viel wird von Amerika abhängen. Zu Beginn unseres Rückblicks war zu erwähnen, daß dort im Jahr 1821 der Spionageroman gewissermaßen Premiere hatte. Dieser hat sich zum modernen Polit-Thriller ausgewachsen, und die Vereinigten Staaten sind zu einer Weltmacht geworden, deren Realität vielfach sogar die Phantasie der Thriller-Schreiber übertrifft. Vier dieser amerikanischen Autoren haben wir vorgestellt, ein jeder zeichnet ein anderes Amerika und eine andere Zukunft. Jeder behauptet auch, das richtige Amerikabild zu entwerfen, denn die Autoren von Polit-Thrillern sind nicht nur Unterhalter, sondern auch Propagandisten ihrer Überzeugungen.

Paul E. Erdman, der Jeremias der siebziger Jahre, wie wir ihn nannten, prognostiziert ein Amerika, das bankrott geht und gezwungen ist, seine säkulare Expansion abzubrechen und auf den eigenen Kontinent zurückzukehren. Dies wäre eine Zukunft, vergleichbar derjenigen Englands im 20. Jahrhundert.

Anders Robert Ludlum. In seinen Polit-Thrillern ist Amerika uneingeschränkt allmächtig. Doch es ist eher die Allmacht eines *evil empire* als die Herrschaft des *common man*, von dem Thomas Paine geträumt hat. Aus seiner Sicht ist die Welt ganz unerfreulich interdependent. Vor allem Amerika und Europa sind eng miteinander verflochten. Doch was die alte und die neue Welt miteinander verbindet, ist in erster Linie das Kapital und die Korruption derer, die Macht haben. Die monströsen Feinde der Freiheit drohen, so glaubt er zu wissen, nicht von außen, sondern sie sitzen im Innern und beherrschen schon weitgehend die politischen Institutionen. Bis zu seinem Tod im Jahr 2001 hat Ludlum auf seine Weise *littérature engagée* produziert. Er war überzeugt davon, daß man gegen den »militärisch-industriellen Komplex« und das den Globus wie mit Krakenarmen würgende kapitalistische Imperium im Polit-Thriller anschreiben muß.

Wieder anders Clive Cussler. Im großen und ganzen läßt sich feststellen, daß er mit feinem Gespür dem jeweils in den USA vorherrschenden Meinungsklima folgt, dies aber unter Vermeidung extremer Positionen. Er hat keine spezielle politische Botschaft, zeigt vielmehr Möglichkeiten. Die Grundstimmung, von der seine zahlreichen Schmöker getragen werden, ist optimistisch. Der bärenstarke, in vielen Künsten erfahrene Supermann Dirk Pitt, der zupackende Admiral Sandecker, die mit üppigen Mitteln ausgestattete, technologisch ultramoderne, global operierende Organisation NUMA und deren Mitarbeiter – sie alle verkörpern das selbstsichere amerikanische Imperium. Washington ist die

Metropole der Welt, Amerika die Herrin der Ozeane und des Luftraums, auch der Zukunftstechnologien, doch auch Garantiemacht des zivilisatorischen Fortschritts, an deren Überlegenheit alle feindlichen Anschläge abprallen.

Schließlich Tom Clancy. Er ist auf seine Art genauso politisch wie Robert Ludlum. Ludlum verkörpert das ständige Mißtrauen und den Mißmut des Radikalen, Tom Clancy die Entschlossenheit und die kriegerischen Instinkte des Rechtskonservativen. In der zweiten Hälfte der achtziger Jahre hält er länger an dem Mißtrauen gegen die Gorbatschowsche Entspannungspolitik fest als selbst Ronald Reagan. Seit dem Untergang der Sowjetunion sucht er den Horizont unablässig nach neuen Feinden ab, um sie in virtuellen Kriegen zu vernichten. Je dicker seine Wälzer werden, um so länger werden auch bei ihm die politischen Predigten. Seine Botschaft ist stets dieselbe: Das große Amerika, Leuchtturm der Demokratie, ist von sehr gefährlichen Mächten umgeben. Heimtückische Feinde lauern im Iran, in Mexiko, in Kolumbien, in Japan, in China. Immerhin: aus Rußland ist ein neuer Verbündeter geworden, und Amerika weiß auch den alten Freund England immer noch auf seiner Seite.

In Clancys aufgeschwemmten Thrillern ist der amerikanische Glaube rechtsrepublikanischer Provenienz gewissermaßen im Breitwandkino zu besichtigen. Er propagiert eine populistische Version präsidentieller Demokratie, vertraut weiterhin auf ein Gelingen des multikulturellen Experiments in den USA, lobt den moderaten Feminismus und zweifelt nicht am meritokratischen Charakter des amerikanischen Systems. Zwar läßt er keinen Tellerwäscher zum Präsidenten aufsteigen, wohl aber einen zeitweiligen Soldaten der Marines, der sich ständig weitergebildet hat, ohne jedoch auf dem Weg nach oben der Korruption zu verfallen oder gar dem Defätismus. Denn besonders vorbehaltlos glaubt Clancy an die Effizienz der patriotischen Geheimdienste und der Militärapparate, während er mit Vorliebe die Medien kritisiert, die alle Staatsgeheimnisse ausspähen und viel eher für weiche Lösungen plädieren als für die harte Selbstbehauptung. Kein anderer Thriller-Autor propagiert so offen wie er den Nationalismus der großen Republik, die sich als mächtigste Ordnungsmacht des globalen Staatensystems versteht, das polyzentrisch ist, labil, prinzipiell friedlos, von stärksten Spannungen durchzogen und von Feinden Amerikas bevölkert. In diesen Thrillerwelten des frühen 21. Jahrhunderts herrscht kein Mangel an teuflischen Bösewichten, die unablässig heimtückische Anschläge gegen die USA ins Werk setzen. Doch die bei ihm immer schuldlos überfallenen Amerikaner haben, so verkündet er, das Recht und die Macht, alle diese Feinde unter Einsatz ultra-moderner Technologie in heilig-demokratischem Zorn zu vernichten.

Tom Clancys Amerika ist das Amerika George W. Bushs – der Auftakt zum 21. Jahrhundert im Thriller.

Anmerkungen

Zur Einführung

1 Frederick Forsyth, Der Schakal, München 1972 (1971), S.225.
2 W. H. Auden, The Age of Anxiety, New York 1947.
3 Margret Boveri, Der Verrat im 20. Jahrhundert, Reinbek bei Hamburg 1976 (1956–1960).
4 In unseren Anmerkungen wird das Erscheinungsjahr stets in Klammer (–) gesetzt.
5 Arthur M. Schlesinger Jr., A Life in the 20th Century. Innocent Beginnings, 1917–1950, Boston 2000, S. 154.
6 Siehe dazu Wesley Wark (ed.), Spy Fiction, Spy films & Real Intelligence, London 1991.
7 Es sind vorwiegend britische und amerikanische Autoren, die sich mit diesen Spannungsromanen befassen. Während wir im folgenden die politischen Bezüge beleuchten, ist im literaturwissenschaftlichen Schrifttum die Tendenz vorherrschend, den Polit-Thriller unter das Genre des Spionageromans zu subsumieren. Siehe etwa John C. Cawelti/Bruce A. Rosenberg, The Spy Story, Chicago 1987; B. Merry, Anatomy of the Spy Thriller, London 1989 (1977); Jost Hindersmann, Der britische Spionageroman, Darmstadt 1995.
8 Oswald Spengler, Der Untergang des Abendlandes. Umrisse einer Morphologie der Weltgeschichte. Bd.2: Welthistorische Perspektiven, München 1922, S.521–523.
9 Hugh Johnson, The World Atlas of Wine, London 1985 (1971).
10 Soweit zu den im folgenden behandelten Autoren nicht bereits ausgewachsene Biographien vorliegen (wie etwa zu Erskine Childers, John Buchan, Eric Ambler, Graham Greene oder Ian Fleming) stützen wir uns auf die Angaben in dem vielbändigen Werk Dictionary of Literary Biography (DLB), Detroit 1978ff., und in dem laufend aktualisierten Lexikon Contemporary Authors. New Revision Series (CANR), vol. 58ff., Detroit 1982ff.

Erskine Childers entdeckt die deutsche Gefahr

1 Karl Loewenstein, Staatsrecht und Staatspraxis von Großbritannien, Bd. 1: Parlament, Regierung, Parteien, Berlin 1967, S. 220f. Seine Funktionen sind in etwa mit denen des Direktors des Deutschen Bundestages vergleichbar.

2 John Le Carré, Krieg im Spiegel, Hamburg 1965.

3 Erskine Childers, Das Rätsel der Sandbank. Ein Bericht des Geheimdienstes, Zürich 1975 (1903), 10. Kap., S.112f.

4 ibd., S.113.

5 ibd., 14.Kap., S.141.

6 Eric Ambler, Spione, Spione. Berühmte Spionagegeschichten. Gesammelt und eingeleitet von Eric Ambler, Frankfurt am Main 1978 (1966), S. 15.

7 Erskine Childers, Das Rätsel der Sandbank, a.a.O., 14. Kap., S.141.

8 ibd., 1. Kap.,S. 17.

9 ibd., 24. Kap., S. 275.

10 ibd., Nachschrift (März 1903), S. 336.

11 Andrew Boyle, The Riddle of Erskine Childers, London 1977, S.111.

12 A. C. Curtis, A New Trafalgar, London 1902.

13 Darauf verweist Niall Ferguson, Der falsche Krieg. Der Erste Weltkrieg und das 20.Jahrhundert, Stuttgart 1999 (1998), S. 35.

14 Peter Haining, The Classic Era of Crime Fiction, London 2002, S. 188f.

15 ibd., S.187–189.

16 ibd., S.188. Ein Zusammenstellung der vor Deutschland warnenden, alarmistischen Thriller-Titel findet sich bei Niall Ferguson, Empire. How Britain Made the Modern World, London 2003, S.287f.

17 Erskine Childers, Das Rätsel der Sandbank, a.a.O., S.113.

18 siehe z. B. Richard Hough, Admiral of the Fleet. The Life of John Fisher, London 1969, S. 247f.

19 Geoffrey Household im Vorwort zu Erskine Childers, The Riddle of the Sands, London 1978, S. 15.

20 Paul Kennedy, The Realities Behind Diplomacy. Background Influences on British External Policy, 1865–1980, London 1981, S. 119–123.

21 The Works of Rudyard Kipling, London 1994, S. 284.

22 Zu den internationalen und militärstrategischen Bedingungen zusammenfassend siehe Klaus Hildebrand, Das vergangene Reich-. Deutsche Außenpolitik von Bismarck bis Hitler, Stuttgart 1995, S. 190–243.

23 Erskine Childers, Das Rätsel der Sandbank, a.a.O., 10. Kap.,S. 114.

24 ibd., S. 113.

25 ibd., S. 110.

26 ibd., S. 113.

27 ibd., Nachwort, S. 327.

28 Siehe dazu Pat Jalland, The Liberals and Ireland: The Ulster Problem in British Politics to 1914, London 1980.

29 Erskine Childers, The Framework of Home Rule, London 1911.

30 Zahlen nach Tim Pat Coogan, Eamon de Valera. The Man Who Was Ireland, New York 1993, S. 54.

31 Margret Boveri, Der Verrat im 20.Jahrhundert, Hamburg 1976 (Erstdruck 1956), S. 724.

32 Andrew Boyle, The Riddle of Erskine Childers, a.a.O., S. 209.

33 ibd., S. 243.

34 Documents on Irish Foreign Policy, Vol.I: 1919–1922, Dublin 1998, Bericht vom 18.9.1919, S. 46.

35 De Valera bewunderte den starken Charakter von Childers. Er sei ein »unbeugsamer Idealist« gewesen, dem er selbst nacheifere. Es gibt einigen Grund zur Vermutung, daß der trotzige Radikalismus de Valeras in den Jahren 1921 und 1922 von Childers verstärkt wurde (siehe dazu Tim Pat Coogan, Eamon den Valera, a.a.O., S. 213).

36 Siehe unser Kapitel 9.

37 Andrew Boyle, The Riddle of Erskine Childers, a.a.O., S. 22 und 17.

38 ibd., S.25.

Erster Weltkrieg und Zwischenkriegszeit im Spiegel des Agenten-Schockers: John Buchan

1 Eric Ambler. Die Angst reist mit, Zürich 1975 (1940).

2 John Buchan, Die neununddreißig Stufen, Zürich 1975 (1915).

3 Wm. Roger Louis, In the Name of God, Go! Leo Amery and the British Empire in the Age of Churchill, New York 1992, S. 40–50.

4 John Buchan, Memory Hold-the-Door, London 1984 (1940), S. 278, 286.

5 ibd., S. 125.

6 John Buchan, Prester John, London 1956 (1910), S. 198.

7 nach James Morris, Pax Britannica. The Climax of an Empire, New York 1968, S. 494.

8 Elleke Boehmer, ed., Empire Writing. An Anthology of Colonial Literature, 1870–1918, Oxford 1998.

9 Noel Annan, Our Age. The Generation that Made Post-war Britain, London 1991, S. 39–44.

10 Dazu M. L .Sanders/Philip M. Taylor, Britische Propaganda im Ersten Weltkrieg 1914–1918, Berlin 1990, S. 60–70.

11 Zum Beispiel: Sir Walter Raleigh (1911), Montrose (1928), Sir Walter Scott (1932), Julius Cesar (1932), Oliver Cromwell (1934), Augustus (1937).

12 Die neueste, abgewogene Darstellung zur Wirkungsgeschichte gibt Andrew Lownie, John Buchan. The Presbyterian Cavalier, London 2002 (1995); dort auch eine umfassende Bibliographie. Auch Buchans Sohn, William Buchan, hat Erinnerungen an seinen Vater veröffentlicht (John Buchan. A Memoir, London 1985 ›1982‹).

13 Graham Greene, Fluchtwege, Wien 1981 (1980), S. 71.

14 Dazu Donald Spoto, Alfred Hitchcock. Die dunkle Seite des Genies, Hamburg 1984, S. 179–188.

15 John Buchan, The Power House, London 1999 (1923).

16 Andrew Lownie, John Buchan, a.a.O., S. 138.

17 John Buchan, A Prince of the Captivity, London 2001 (1933).

18 Richard Usborne, Clubland Heroes, London 1974 (1953).

19 ibd., 1.Kap., S. 15.

20 ibd., S. 16.

21 ibd., 4. Kap., 6. Kap., S. 16f.

22 ibd., 4. Kap., S. 78.

23 ibd., 6. Kap., S. 136.

24 ibd., 10. Kap., S. 239.

25 Mr. Standfast, London 1994 (1919).

26 Grünmantel, 4. Kap., S. 63f.

27 ibd., 15. Kap., S. 247.

28 ibd., 4. Kap., S. 64f.

29 ibd., 5. Kap., S. 88.

30 ibd., 6. Kap., S. 111.

31 Andrew Lownie, John Buchan, a.a.O., S. 140.

32 Zit. in: Faszination Orient. Max von Oppenheim. Forscher, Sammler, Diplomat, hrsg. von Gabriele Teichmann und Gisela Völger, Köln 2001, S. 126. Die bisher detaillierteste Darstellung der konkreten deutschen Agententätigkeit stammt von dem britischen Journalisten und Historiker Peter Hopkirk, Östlich von Konstantinopel. Kaiser Wilhelms Heiliger Krieg um die Macht im Orient, München 1996 (1994).

33 John Buchan, Grünmantel, a.a.O. Kap.1, S. 15.

34 ibd., S. 101f.

35 ibd., 15. Kap., S. 246.

36 ibd., 6. Kap., S. 97f.

37 John Buchan, Die neununddreißig Stufen, a.a.O., 4. Kap., S. 90.

38 M. L. Sanders/ Philip M. Taylor, Britische Propaganda im Ersten Weltkrieg, a.a.O., S. 62.

39 Zur diesbezüglichen Publizistik siehe John M. Mackenzie, Propaganda and Empire: The Manipulation of British Public Opinion, 1880–1960, Manchester 1984.

40 William Buchan, John Buchan. A Memoir, a.a.O., S. 157.

41 John Buchan, Memory Hold-the-Door, S. 180.

42 William Buchan, John Buchan. A Memoir, London 1982, S. 237.

43 John Buchan, Memory Hold-the-Door, a.a.O., S. 278.

44 Wenigstens einige Titel seien genannt: The Courts of Morning , Thirsk 2001 (1929); Castle Gay, Thirsk 2001 (1930); The Gap in the Curtain, Thirsk 2001 (1932); The House of the Four Winds, Thirsk 2001 (1935).

45 John Buchan, Die drei Geiseln, Zürich 1980 (1924).

46 ibd., 2. Kap., Zürich 1980, S. 28f.

47 John Buchan, A Prince of the Captivity, a.a.O., Book II, 2nd chap., Book III, 1st chap., S. 176–191, 227–269.

48 Im englischen Sprachraum blieben die Verkaufszahlen der Thriller Buchans indessen bis weit in die Epoche nach dem Zweiten Weltkrieg eindrucksvoll. Der Spitzentitel sind Die neunundreißig Stufen,von dem zwischen 1915 und 1993 rd. 1250 000 Exemplare verkauft wurden (Christopher Harvie in der Einleitung zu The Thirty-Nine Steps, Oxford 1993).

49 W. W. West, The Quest for Graham Greene, London 1997, S. 18f.

50 Graham Greene, Fluchtwege, a.a.O., Kap. 2, S. 71f.

51 Eric Ambler, Spione, Spione, a.a.O., Einleitung, S. 16.

Von Mitte der dreißiger bis Mitte der siebziger Jahre: Eric Amblers Anti-Helden in den Terrorwelten des 20. Jahrhunderts

1 Augenzeugenbericht vom Angriff auf Hiroshima, in: Richard Rhodes, Die Atombombe, oder Die Geschichte des 8. Schöpfungstages, Nördlingen 1988, S. 731–744.

2 ibd., S. 738.

3 Zur Unergiebigkeit allzu scharfer terminologischer Erörterung siehe Jost Hindersmann, Der britische Spionageroman. Vom Imperialismus bis zum Ende des Kalten Krieges, a.a.O., S. 1–8, und Stefan Howald, Eric Ambler. Eine Biographie, Zürich 2002, S. 507. Howalds Ambler-Biographie ist eine der glänzendsten Biographien, die je über einen Thriller-Autor verfaßt wurden.

4 Eric Ambler, Schmutzige Geschichte, Zürich 1968 (1967).

5 Eric Ambler, Der dunkle Grenzbezirk, Zürich 1979 (1936).

6 ibd., 2. Kap., S. 30.

7 Eric Ambler, Ambler by Ambler. Eine Autobiographie, Zürich 1986 (1985), 7. Kap., S. 196.

8 ibd., S. 194.

9 Richard Rhodes, Die Atombombe, oder: Die Geschichte des 8. Schöpfungstages, a.a.O., S. 24f.

10 Vorbemerkung zu »Der dunkle Grenzbezirk«, S. 9. In ähnlichem Sinn, aber ohne Namensnennung, in »Ambler by Ambler«, S. 195.

11 Richard Rhodes, Die Atombombe, Bild 55.

12 H. G. Wells, The World Set Free, New York 1914 (= dt. Befreite Welt, Wien 1985).

13 H. G. Wells, The Shape of Things To Come, London 1993 (1933).

14 Spencer R. Weart/Gertrude Weiss Szilard (Hg.), Leo Szilard: His Version of the Facts, Cambridge, Mass. 1978, S. 16.

15 Eric Ambler, Der dunkle Grenzbezirk, a.a.O., 2. Kap., S. 35.

16 ibd., Bemerkung des Verfassers, S. 9.

17 Die klassische Darstellung der literarischen Generation der dreißiger Jahre ist Samuel Hynes, The Auden Generation. Literature and Politics in England in the 1930s, London 1976; Malcolm Bradburys jüngst erschienene Würdigung (The Modern British Novel. 1878–2001, Kap. 4: Closing Time in the Gardens. 1930–1945, S. 194–250) setzt dieselben Akzente.

18 Zu dem damals vielgelesenen, heute vergessenen »Sapper« siehe Joan DelFattore, Herman Cyril McNeile (Sapper), in: DLB 77, Detroit 1989, S. 221–227.

19 Siehe z. B . Eric Ambler, Ambler by Ambler, Zürich 1986 (1985), S. 194f., und Eric Ambler, Hrsg., Spione, Spione, a.a.O., Einleitung, S. 16f.

20 ibd., 7. Kap., S. 199.

21 Eric Ambler, Ungewöhnliche Gefahr, Zürich 1979 (1937).

22 ibd., 10. Kap., S. 140.

23 ibd., 1. Kap., S. 18.

24 Eric Ambler, Anlaß zur Unruhe, Zürich 1979 (1938).

25 ibd., 1. Kap., S. 17.

26 ibd., 18. Kap., S. 328.

27 Eric Ambler, Ambler by Ambler, a.a.O., 6. Kap., S. 168.

28 ibd., S. 171–174.

29 Eric Ambler, Die Angst reist mit, Zürich 1975 (1940).

30 ibd., 3. Kap., S. 66f.

31 Eric Ambler, Die Stunde des Spions, Frankfurt/M. 1973 (1938).

32 Eric Ambler, Ambler by Ambler, a.a.O., 8. Kap., S. 244.

33 Eric Ambler, Die Stunde des Spions, a.a.O., »Rechenschaft« S. 162.

34 ibd., »Abschied«, S. 148.

35 Eric Ambler, Anlaß zur Unruhe, 10. Kap., S. 164.

36 Eric Ambler, Die Maske des Dimitrios, Zürich 1974 (1939), 5. Kap., S. 68.

37 George Orwell, Keep the Aspidistra Flying, London 1936, S. 30, in: Samuel Hynes, The Auden Generation, a.a.O., S. 232.

38 Zusammenfassend dazu John E. Wiltz, In Search of Peace: the Senate Munition Inquiry, 1934–36, New York 1963.

39 Siehe unser Kapitel über Helen MacInnes.

40 Eric Ambler, Ungewöhnliche Gefahr, a.a.O., 8. Kap., S. 97f.

41 ibd., 10. Kap., S. 135.

42 Eric Ambler, Anlaß zur Unruhe, a.a.O., 8. Kap., S. 138.

43 Eric Ambler, Wer hat Blagden Cole umgebracht? Lebens- und Kriminalgeschichten, Zürich 1995 (1993), Anfang, S. 24.

44 Eric Ambler, Ambler by Ambler, a.a.O., 8. Kap., S. 247.

45 Eric Ambler, Die Maske des Dimitrios, a.a.O., 14. Kap., S. 236.

46 ibd., 5. Kap., S. 81.

47 Graham Greene, Stamboul Train, London 1932, (= Orient Express, Garden City, N.Y. 1933).

48 Eric Ambler, Ambler by Ambler, a.a.O., 8. Kap., S. 219f.

49 Eric Ambler, Topkapi, Frankfurt/M.1972 (1964).

50 Eric Ambler, Mit der Zeit, Zürich 1983 (1981), 2. Kap., S. 51.

51 ibd., 13. Kap., S. 345.

52 Eric Ambler, Der Fall Deltschew, Zürich 1975 (1951).

53 ibd., 1. Kap., S. 7.

54 ibd., 17. Kap., S. 197–204.

55 Eric Ambler, Schirmers Erbschaft, Zürich 1975 (1953).

56 ibd., 1. Kap., S. 21.

57 ibd., 7.Kap., S. 111.

58 ibd., 8.Kap., S. 130-132.

59 ibd., Prolog, S. 7.

60 ibd., 8. Kap., S. 132.

61 Eric Ambler, Besuch bei Nacht, Zürich 1978 (1956), 8. Kap., S. 183.

62 Graham Greene, Der stille Amerikaner, München 2003 (1955). Siehe unser Kapitel über Graham Greene.

63 Eric Ambler, Besuch bei Nacht, Zürich 1978 (1956).

64 ibd., 1. Kap., S. 16.

65 ibd., 3. Kap., S. 59.

66 ibd., 1. Kap., S. 11.

67 ibd., 7. Kap., S. 172.

68 Eric Ambler, Der Levantiner, Zürich 1975 (1972).

69 ibd., 6. Kap., S. 295.

70 Eric Ambler, Die Angst reist mit, a.a.O., 2. Kap., S. 45.

71 Eric Ambler, Eine Art von Zorn, Zürich 1975 (1964), 4. Kap., S. 66.

72 ibd., 3. Kap., S. 24.

73 Eric Ambler, Das Intercom-Komplott, München 1973 (1969).

74 Eric Ambler, Bitte keine Rosen mehr, Zürich 1980 (1977), 11. Kap., S. 454.

Linker Großschriftsteller, Thrillerschreiber und IM im Geheimdienst Ihrer Majestät: Graham Greene

1 Peter Hennessy, The Prime Minister. The Office and its Holders since 1945, London 2000, S. 451.

2 Michael Shelden, Graham Greene. Eine Biographie, Göttingen 1995 (1994), S. 38f.; W.J.West, The Quest for Graham Greene, London 1998, S. XIII und passim.

3 Graham Greene and Hugh Carlton Greene, The Spy's Bedside Book, London 1957.

4 Ben Greene, The Truth about the War, London 1939.

5 Graham Greene, Zentrum des Schreckens, München 1999 (1943).

6 The Noel Coward Diaries. Ed. by Graham Payn and Sheridan Morley, London 1982, Eintrag vom 9. März 1953, S. 208.

7 ibd., Eintrag vom 13. Februar 1966, S. 623.

8 Norman Sherry, The Life of Graham Greene. Vol. I: 1904–1939, London 1989, S. 513.

9 Michael Shelden, Graham Greene, a.a.O., S. 38.

10 Graham Greene, Der stille Amerikaner, München 2003 (1955).

11 Graham Greene, Unser Mann in Havanna, München 2000 (1958).

12 Graham Greene, Der menschliche Faktor, Wien 1978.

13 Norman Sherry, The Life of Graham Greene, a.a.O., S. 132–140.

14 Michael Shelden, Graham Greene, a.a.O., S. 95.

15 Graham Greene, Orient-Expreß, München 1999 (1960).

16 Graham Greene, Jagd im Nebel, München 1995 (1938), S. 78.

17 ibd.

18 Graham Greene, Zentrum des Schreckens, a.a.O., ibd, S. 29.

19 ibd., S. 32.

20 Graham Greene, Fluchtwege, Wien 1981 (1980), S. 107.

21 So Andrew Boyle, der die bisher am besten recherchierte Unter-suchung dieses Spionagerings verfaßt hat (Ring der Verräter. Fünf Spione für Rußland, Hamburg 1980 (1979), S. 451.

22 Zu Blunt siehe Miranda Carter, Anthony Blunt. His Lives, New York 2001, und die geraffte Problemskizze von Thomas Noetzel »Anthony Blunt – Der britische Edelspion«, in: Wolfgang Krieger, Hrsg., Geheimdienste in der Weltgeschichte. Spionage und verdeckte Aktionen von der Antike bis zur Gegenwart, München 2003, S. 201–215.

23 Dazu W. J. West, The Quest for Graham Greene, a.a.O., S. 110f.

24 Diese Andeutung findet sich bei Norman Sherry (The Life of Graham Greene, Vol. II: 1939–1955, a.a.O., S. 183), der sie allerdings alsbald in einer Fußnote wieder relativiert.

25 Karol Kulik, Alexander Korda: The Man Who Could Work Miracles, London 1990 (1975).

26 Graham Greene, Der dritte Mann, München 1994 (1951).

27 Zu den Spionageaktivitäten dieser Jahre siehe Michael Shelden, Gra-ham Greene, a.a.O., S. 37–44.

28 Graham Greene, «Malaya, the Forgotten War«, in: Life, 30. 7. 1951.

29 Norman Sherry, The Life of Graham Greene, Vol. II: 1939–1955, a.a.O,. S. 473–475.

30 Das Interview erschien am 8. Mai 1955 in der »Sunday Times«.

31 Graham Greene, Unser Mann in Havanna, a.a.O., S. 201.

32 ibd., S. 169.

33 Michael Shelden, Graham Greene, a.a.O., S. 173f.

34 ibd., S. 434.

35 Graham Greene, Vorwort zu Kim Philby, My Silent War, London 1969 (1968), S. 7, zit. nach Andrew Boyle, Ring des Verräters, a.a.O., S. 453.

36 »The Virtue of Disloyalty«, speech in receiving the Shakespeare Price, Hamburg, June 1969.

37 ibd., S. 190–205.

38 Graham Greene, Letter to »The Times«, 4. 9. 1967, in: Graham Greene,Your's etc.: Letters to the Press 1945–1989, ed. by Christopher Hawtree 1989, S. 136.

39 Michael Shelden, Graham Greene, a.a.O., S. 490.

40 Anthony Cave Brown, »C«. The Secret Life of Sir Stewart Menzies, Spymaster to Winston Churchill, New York 1987, S. 746f.

41 Graham Greene, Fluchtwege, a.a.O., S. 332.

42 W. W. West, The Quest for Graham Greene, a.a.O., S. 250.

43 Graham Greene, Reflections, ed.by Judith Adamson, London 1990, S. 370.

44 Graham Greene, Jagd im Nebel, a.a.O., S. 78f.

Die Queen des anti-totalitären Thrillers vom Zweiten Weltkrieg bis in die achtziger Jahre: Helen MacInnes

1 Margaret Thatcher, Die Erinnerungen 1925–1979, Düsseldof 1995, S. 43.

2 Gina Macdonald, »Helen MacInnes«, in: DLB 87, Detroit 1989, S. 285.

3 Helen MacInnes, Above Suspicion, Boston und London 1941.

4 Helen MacInnes, Assignment in Britanny, Boston und London 1942.

5 Helen MacInnes, Neither Five nor Three, New York 1951.

6 Charles Brower, Dashiell Hammett, in: DLB 226, Detroit 2000, S. 207.

7 Siehe Tom Hiney, Raymond Chandler: A Biography, New York 1997.

8 Eric Ambler, Der Fall Deltschew, Zürich 1975 (1951).

9 Die Bewertungen in den heutigen Darstellungen sind nach wie vor genauso unversöhnlich wie seinerzeit diese politischen Lager. Neueste Darstellungen aus linker Sicht sind Michael Barson: Better Dead Than Red! A Nostalgic Look at the Golden Years of Russophobia, Red-Baiting and Other Commie Madness, New York 1992, und, seriöser, Richard M. Fried. Nightmare in Red: The McCarthy Era in Perspective, New York 1990; dagegen die konservative Perspektive bei Richard Gid Powers, Not Without Honor. The History of American Anticommunism, New York 1995.

10 »Helen MacInnes«, in: Contemporary Authors. New Revision Series (CANR), Vol. 58, Detroit 1997, S. 240.

11 Helen MacInnes, Decision at Delphi, New York 1960.

12 Helen MacInnes, Auftrag in Venedig, München 1965 (1963).

13 Helen MacInnes, In Salzburg stirbt nur Jedermann, München 1973 (1968).

14 Helen MacInnes, Treffpunkt Wien, München 1982 (1978).

15 Helen MacInnes, Botschaft aus Malaga, München 1971 (1971).

16 Helen MacInnes, I and My True Love, New York 1953.

17 Helen MacInnes, Neither Five nor Three, a.a.O.

18 Siehe unser Kapitel über Eric Ambler.

19 Helen MacInnes, Das Spiegelbild, München 1968 (1966).

20 ibd., S. 139f.

21 Siehe unser Kapitel über Colin Forbes.

22 Helen MacInnes, In Salzburg stirbt nur Jedermann, a.a.O.

23 Helen MacInnes, Auftrag in Venedig, a.a.O., S. 355.

24 Helen MacInnes, Ride a Pale Horse, New York 1984.

25 Siehe unser Kapitel über John Le Carré.

Der Snob als Superagent:
James Bond und sein Erfinder Ian Fleming

1 Alexander Smoltczyk, James Bond, Berlin, Hollywood. Die Welten des Ken Adam, Berlin 2002, S. 29f.

2 John Pearson, The Life of Ian Fleming, London 1967 (1966), S. 263.

3 Ian Fleming, Diamantenfieber, Frankfurt/M. 1960 (1956).

4 The Noel Coward Diaries, ed. by Graham Payn and Sheridan Morley, London 1983, Eintrag vom 18. Juni 1956, S. 325.

5 James Bond, Moonraker, London 1955.

6 ibd., Eintrag vom 23. Januar 1955.

7 Joan DelFattore, »Ian Fleming«, in: British Mystery and Thriller Writers Since 1940. First Series (=DLB 87), Detroit 1989, S. 110.

8 »I originally thought of this book as a film and the reason why it breaks so badly in half as a book is because I had to more or less graft the first half of the book onto my film idea in order to bring it up to the necessary length«, ibd., S. 97.

9 »Reklame«, in: Ringelnatz in kleiner Auswahl als Taschenbuch, Berlin 1957, S. 68.

10 Alexander Smoltczyk, James Bond, Berlin, Hollywood, a.a.O. S. 151.

11 Ian Fleming, Dr. No, London 1958.

12 James Bond, Leben und sterben lassen, Bern 1992 (1954), S. 73.

13 ibd., S. 76.

14 ibd., S. 81.

15 ibd., S. 91.

16 ibd., S. 94.

17 ibd., S. 35.

18 James Bond, »Tod im Rückspiegel«, in: Der Hauch des Todes, Bern 1982 (1962), S. 47.

19 Das wird in der neuesten, gut recherchierten Fleming-Biographie von Andreas Lycett schön beleuchtet (Ian Fleming, London 1996 ›1995‹), desgleichen in dem schönen Essay des Sozialhistorikers David Canadinne, »Fantasy: Ian Fleming and the Realities of Escapism«, in: In Churchills Shadow. Confronting the Past in Modern Britain, London 2002, S. 279–311.

20 Andreas Lycett, Ian Fleming, ibd., S. 144.

21 Ian Fleming, From Russia, with Love, London 1957.

22 Andrew Lycett, Ian Fleming, a.a.O., S. 97.

23 A .J. P. Taylor, English History, 1914–1945, Oxford 1966 (1965), S. 600.

24 So der Journalist und Historiker Peter Hennessy in der gegenwärtig besten Darstellung dieser alles in allem bedrückenden Nachkriegepoche (Never Again. Britain 1945–1951, London 1992, S. 453).

25 Joan DelFattore, »Ian Fleming«, in: DLB 87, a.a.O., S. 90.

26 Anthony Sampson, The New Anatomy of Britain, a.a.O., S. 383.

27 David Dutton, Anthony Eden. A Life and Reputation, London 1997, S. 553.

28 Andrew Lycett, Ian Fleming, a.a.O., S. 229.

29 Ian Fleming, Casino Royale, Frankfurt/M. 1960 (1953), S. 33.

30 Ian Fleming, Leben und sterben lassen, a.a.O., S.18.

31 Ian Fleming, From Russia with Love, London 1964 (1957), S.16.

32 James Fleming, Goldfinger, Bern 1982 (1959), S. 38f.

33 John Pearson, The Life of Ian Fleming, a.a.O., S. 258.

34 Ian Fleming, From Russia with Love, a.a.O., S. 34.

35 Hans-Joachim Torke (Hrsg.), Historisches Lexikon der Sowjetunion, 1917–1922, München 1993, S. 91.

36 Ian Fleming, From Russia with Love, a.a.O., S. 27.

37 Ian Fleming, Leben und sterben lassen, a.a.O., S. 21.

38 ibd., S. 20.

39 Ian Fleming, From Russia with Love, a.a.O. S. 32.

40 ibd., S. 38.

41 ibd., S. 82f.

42 Siehe Joan DelFattore, »Hermann Cyril McNeile (Sapper)«, in: Bernard Benstock, ed., British Mystery Writers, 1920–1939 (=DLB 77), Detroit 1989, S. 221–227. Zum Vergleich mit Cheyney siehe John Pearson, The Life of Ian Fleming, a.a.O., S. 311.

43 Ian Fleming, Goldfinger, a.a.O., S.41f.

44 Ian Fleming, Im Dienst ihrer Majestät, Bern 1999 (1963), S.100–106.

45 ibd., S.106.
46 ibd., S.102.
47 Alexander Smoltczyk, James Bond, Berlin, Hollywood, a.a.O., S. 16.

Lauter ausgebrannte Fälle:
Die Agentenwelt des John Le Carré

1 Neben John Le Carré war es besonders Len Deighton, der die Berlin-
   und Deutschlandthematik ständig behandelt hat (Funeral in Berlin,
   London 1964: Berlin Game, London 1983). Auch Ted Allbeury mit
   seinen Polit-Thrillern ist immer wieder auf die Schauplätze Berlin
   und DDR zurückgekehrt (A Choice of Enemies, London 1972; The
   Only Good German, London 1976; Consequence of Fear, London 1979;
   The Secret Whispers, London 1981).

2 Am meisten Aufmerksamkeit gefunden, auch dank der Verfilmung
   durch Hitchcock, hat der anti-gaullistische Spionage-Thriller »To-
   paz« von Leon Uris, in dem die Kuba-Krise thematisiert wurde (Leon
   Uris, Topas, München 1979 ›1967‹).

3 Im Jahr 1965 erschien einer der ersten Polit-Thriller zum Vietnam-
   krieg. Verfasser war der Australier Morris L. West. Er gab seinem
   Buch, das schon scharf mit der Vietnam-Politik der USA ins Gericht
   ging, den Titel »Der Botschafter« (München 1970 ›1965‹). Hauptfigur
   ist der im Thriller verfremdete US-Botschafter in Saigon, John Cabot
   Lodge, und das Thema ist die Ermordung des Ministerpräsidenten
   Ngo Dinh Diem bei einem Putsch unter amerikanischem Mitwissen.
   Zwei Jahre zuvor hatte West mit »In den Schuhen des Fischers«
   (Frankfurt/M.1975 ›1963‹) den ersten Russen auf dem Thron Petri erfunden – ein Reform-Papst »aus der Steppe«, Kyrill Lakota, in dessen
   Figur Johannes XXIII., das 2. Vaticanum und die Ost-West-Entspan-
   nung verwoben waren. Seither segelte West, ursprünglich Direktor
   einer großen australischen Fernsehkette, jeweils hart am Wind hinter
   den Dramen der Zeitgeschichte einher. Er »verthrillerte« den arabisch-
   israelischen Konflikt (Der Turmbau zu Babel, München 1999 ›1968‹),
   die sich verschärfende Krise Italiens Anfang der siebziger Jahre (The
   Salamander, New York 1973), die heraufziehende Allmacht global
   operierender Computer-Industrieller (Harlekin, München 1978 ›1975‹)
   oder die Themen des internationalen Terrorismus und der politischen Gefangenen (Proteus, Locarno 1979 ›1978‹).

4 John Le Carré, Schatten von gestern, Hamburg 1965 (1961).

5 Graham Greene, England Made Me, London 1935.

6 John Le Carré, Agent in eigener Sache, Hamburg 1980 (1979), S. 252.

7 John Le Carré, Ein blendender Spion, Köln 1986.

8 John Le Carré, Single & Single, Köln 1999.

9 Joan Del Fattore, »John Le Carré«, in: DLB 87, London 1989, S. 241.

10 John Le Carré, Eine kleine Stadt in Deutschland, Bergisch-Gladbach 1987 (1968).

11 John Le Carré, Der heimliche Gefährte, München 1991 (1990), S. 98.

12 John Le Carré, Der Spion, der aus der Kälte kam, Hamburg 1966 (1963).

13 Joan Del Fattore, »John Le Carré«, a.a.O., S. 241.

14 ibd., S. 243.

15 John Le Carré, Der ewige Gärtner, London 2001, S. 323.

16 John Le Carré, Schatten von gestern, a.a.O., S. 120.

17 ibd., S. 101.

18 ibd., S. 96.

19 John Le Carré, Der Spion, der aus der Kälte kam, a.a.O., S. 96.

20 John Le Carré, Eine kleine Stadt in Deutschland, a.a.O., S. 66.

21 ibd., S. 167.

22 ibd., S. 385.

23 ibd., S. 74f.

24 ibd., S. 404.

25 ibd., S. 406.

26 John Le Carré, Schatten von gestern, a.a.O., S. 111f.

27 John Le Carré, Dame, König, As, Spion, Hamburg 2000 (1974), S. 170.

28 John Le Carré, Schatten von gestern, a.a.O., S. 5.

29 John Le Carré, Der Spion, der aus der Kälte kam, a.a.O., S. 178.

30 John Le Carré, Der heimliche Gefährte, a.a.O., S. 19f.

31 ibd., S. 234.

32 John Le Carré, Der Spion, der aus der Kälte kam, a.a.O., S. 134.

33 John Le Carré, Dame, König, As, Spion, a.a.O., S. 385f.

34 Kim Philby, My Silent War, London 1969 (1968).

35 Anthony Cave Brown, »C«. The Secret Life of Sir Stewart Graham Menzies, Spymaster to Winston Churchill, New York 1987, S. 729f.

36 John Le Carré, Agent in eigener Sache, Hamburg 1980 (1979), S.427–435.

37 John Le Carré, Die Libelle, Köln 1983.

38 ibd., S. 593.

39 John Le Carré, Das Rußland-Haus, München 1991 (1989).

40 ibd., S. 10.

41 ibd., S. 220.

42 ibd., S. 209.

43 John Le Carré, Absolute Freunde, München 2004, S. 424.

44 John Le Carré, Der Schneider von Panama (= The Tailor of Panama, New York 1996), Köln 1997.

45 ibd., S. 445f.

46 John Le Carré, »Dieser Krieg ist längst verloren«, in: Frankfurter Allgemeine Zeitung, 17.10. 2001, S. 49.

47 John Le Carré, Der heimliche Gefährte, a.a.O., S. 18.

48 John Le Carré, Der Nacht-Manager, Köln 1993.

49 ibd, S. 297f.

50 John Le Carré, Single & Single, a.a.O., S. 155.

51 ibd., S. 118.

52 John Le Carré, Der ewige Gärtner, München 2001.

53 John Le Carré, Der heimliche Gefährte, a.a.O., S. 446.

54 Der deutsche Buchtitel »Der ewige Gärtner« ist verunglückt.

55 John Le Carré, Der ewige Gärtner, a.a.O., S. 557.

»The Crash of '79« oder Ein Jeremias der siebziger Jahre: Paul E. Erdman

1 Wer sich die zeitgeschichtlichen Hintergründe der Polit-Thriller Erdmans vergegenwärtigen möchte, sei auf die Jahrbücher »Die Internationale Politik« für die Jahre 1966/67 bis 1983/84 verwiesen (= Jahrbücher des Forschungsinstituts der Deutschen Gesellschaft für Auswärtige Politik, München 1973–1986).

2 Kathleen Burk/Alec Cairncross, »Goodbye, Great Britain«. The 1976 IMF Crisis, New Haven, London 1992.

3 Paul E. Erdman, The Crash of '79, New York 1977 (1976).

4 Daniel Yergin, The Prize. The Epic Quest for Oil, Money, and Power, New York 1991.

5 »Erdman, Paul E.«, in: CANR, Vol. 13, Detroit 1984, S. 172.

6 Paul E. Erdman, Swiss-American Economic Relations, Tübingen 1958; Die Europäische Wirtschaftsgemeinschaft und die Drittländer, Tübingen 1960.

7 Paul E. Erdman, The Crash of '79, a.a.O., S. 200f.

8 Paul Erdman, The Swiss Account, London 1992 (1991).

9 Paul Erdman, Der Milliarden Dollar-Schnitt, Frankfurt/M. 1976 (1973).

10 ibd., S. 9.

11 ibd., S. 106.

12 »Erdman, Paul. E.«, in: CANR, Vol. 13, a.a.O., S. 171f.

13 Paul E. Erdman, Die letzten Tage Amerikas, Bergisch Gladbach 1984 (1981).

14 ibd., S. 215.

15 ibd., S. 216.

16 ibd.

17 Sein letztes diesbezügliches Buch lautet: Tug of War: Today's Global Currency Crisis, London 1996.

18 Paul E. Erdman, Panic of '89, London 1986.

19 Der 19. Oktober 1987, der einen weltweiten, aber doch vergleichsweise bald korrigierten globalen Kurssturz der Aktien zur Folge hatte, ermutigte ihn zudem zur Veröffentlichung eines Ratgebers für versicherte Anleger des Titels »What's Next? How to Prepare Yourself for the Crash of '89 and Profit in the 1990^s«.

Die Geheimdienstchefs als Retter Europas: Colin Forbes

1 Gerald Seymour, Das tödliche Patt, Bergisch Gladbach 1979 (1975); Fliegenpilz, Bergisch Gladbach 1980 (1976); Der Auftrag, München 1982 (1980); Aus nächster Nähe, Bergisch Gladbach 1992 (1987).

2 Colin Forbes, Lawinenexpreß, München 2000 (1977), S. 336.

3 Raymond Aron, Plädoyer für das dekadente Europa, Stuttgart 1978 (1977).

4 ibd., S. 15.

5 Colin Forbes, Nullzeit, Düsseldorf 1977 (1975).

6 ibd., S. 10.

7 Colin Forbes, Der Überläufer, Hamburg 1986 (1985).

8 Colin Forbes, Cossack, München 1991 (1988).

9 ibd., S. 586f.

10 Colin Forbes, Der Jupiter-Faktor, München 1993 (1989).

11 ibd., S. 208.

12 ibd., S. 479.

13 In England erwies sich Craig Thomas auf diesem Feld als heißester Konkurrent von Forbes. Sein gleichfalls in höchsten Kreisen spielender Thriller Firefox (London 1977) war zum Welterfolg gewor-

den, dies verstärkt durch die Verfilmung mit Clint Eastwood in der Hauptrolle. Thomas brillierte seither mit einem recht lesbaren Mix: Anfänge des Techno-Thrillers mit hochmodernen Atom-U-Booten (See-Leopard, München 1985 ›1981‹) und Ultraschall-Kampfflugzeugen, Agentenjagden im Schnee und Eis russischer Wälder, byzantinische Machtkämpfe im Kreml (Schneefalke; München 1984 ›1979‹, Verklammerung von Geheimdienstoperationen im Zweiten Weltkrieg mit den geostrategischen Machtspielen von London über Bonn, Moskau, Schanghai bis Washington, Sympathie für mutige Dissidenten und sowjetische Reformer (Jade-Tiger, München 1983 ›1982‹). In den USA hatte sich Tom Clancy im Jahr 1984 mit Jagd auf Roter Oktober (München 1985 ›1984‹) dem Club der Schriftsteller beigesellt, die mit Kalter-Krieg-Thrillern an die Spitze der Bestsellerlisten gelangten.

14 Colin Forbes, Die unsichtbare Flotte, Hamburg 1994 (1992).
15 ibd., S. 189, 333.
16 ibd., S. 332.
17 ibd., S. 333.
18 Colin Forbes, Incubus, München 1991, S. 4.
19 ibd., S. 341.
20 Colin Forbes, Cross of Fire, London 1992, S. 551.
21 Colin Forbes, Todesspur, München 1997 (1995).
22 ibd., S. 140.
23 ibd., S. 143.
24 Colin Forbes, Kaltgestellt, a.a.O. (=This United State, London 1999).
25 ibd., S. 194–200.

»Those were the days, my friends«:
Frederick Forsyth im Kalten Krieg und danach

1 Frederick Forsyth, Der Schakal, München 1972 (1971).
2 Frederick Forsyth, Der Lotse, München 1977 (1975).
3 Frederick Forsyth, Das Schwarze Manifest, München 1996.
4 Frederick Forsyth, Die Hunde des Krieges, München 1974.
5 Frederick Forsyth, The Biafra Story, Harmondsworth 1979.
6 Frederick Forsyth, Die Akte Odessa, München 1973 (1972).
7 ibd., S. 137f.
8 ibd., S. 185.
9 ibd., S.189f.

10 Frederick Forsyth, Das vierte Protokoll, München 1984, S. 99–102.

11 ibd., S. 137.

12 Frederick Forsyth, Der Schakal, a.a.O., S. 225.

13 Frederick Forsyth, Die Faust Gottes, München 1994.

14 Frederick Forsyth, Der Unterhändler, München 1991 (1989).

15 Frederick Forsyth, Das Schwarze Manifest, a.a.O.

16 Eric Ambler, Schmutzige Geschichte, Zürich 1968 (1967).

17 Frederick Forsyth, Die Hunde des Krieges, a.a.O., S. 434.

18 Frederick Forsyth, Des Teufels Alternative, München 1979.

19 ibd., S. 441.

20 Frederick Forsyth, Der Unterhändler, a.a.O.

21 Frederick Forsyth, McCreadys Doppelspiel, München 1997 (1991).

22 ibd., S. 14, 263.

23 Frederick Forsyth, Die Faust Gottes, a.a.O., S. 639.

24 ibd., S. 639.

25 ibd., S. 303.

26 Frederick Forsyth, In Irland gibt es keine Schlangen, München 1982.

27 Frederick Forsyth, Der Veteran, München 2002.

28 Frederick Forsyth, Das Phantom von Manhattan, München 2000 (1999).

29 ibd., S. 203.

30 ibd., S. 206.

31 Frederick Forsyth, Der Rächer, München 2003.

32 ibd., S. 280.

33 John Le Carré, Der heimliche Gefährte, a.a.O., S. 18.

34 Frederick Forsyth, McCreadys Doppelspiel, a.a.O., S. 4.

Clive Cusslers amerikanisches Jahrhundert

1 Das Schlagwort erhielt durch den Verleger Henry R. Luce weite Verbreitung (»The American Century«, in: LIFE, 17. 2. 1941).

2 »Clive Cussler, in: Contemporary Authors, New Revision Series, vol. 91, Detroit 2000, S. 89.

3 ibd., S. 88–92.

4 Clive Cussler, Hebt die Titanic!, München 1985 (1977).

5 Clive Cussler, Der Todesflieger, München 1978 (1973).

6 Clive Cussler, Cargo 03, München 1982 (1978).

7 Clive Cussler, Um Haaresbreite, München 1990 (1982).

8 Clive Cussler, Das Alexandria-Komplott, München 1991 (1988).
9 Clive Cussler, Atlantis Found, New York 1999.
10 Clive Cussler, Schockwelle, München 1999 (1996), S. 153f.
11 Clive Cussler, Das Alexandria-Komplott, a.a.O., S. 213.
12 Clive Cussler, Um Haaresbreite, a.a.O.
13 Clive Cussler, Deep Six, New York 1984.
14 Clive Cussler, Das Alexandria-Komplott, a.a.O., S. 107, 115.
15 Clive Cussler, Um Haaresbreite, a.a.O., S. 394.
16 ibd., S. 395.
17 ibd., S. 200.
18 ibd., S. 395.
19 Clive Cussler, Cargo 03, a.a.O.
20 Clive Cussler, Das Alexandria-Komplott, a.a.O., S. 109f., 115f, 150–153.
21 Clive Cussler, Die Ajima-Verschwörung, München 1993 (1990).
22 ibd., S. 492–496.
23 ibd., S. 145.
24 Clive Cussler, Atlantis Found, a.a.O.
25 Frederick Forsyth, Die Akte Odessa, München 1973 (1972).
26 Clive Cussler, Atlantis Found, a.a.O., S. 374.
27 Clive Cussler, Höllenflut, München 2000 (1997).
28 Clive Cussler, Sahara, München 1994 (1992).
29 Clive Cussler, Der Todesflieger, a.a.O.
30 Clive Cussler, Eisberg, München 1978 (1975), S. 276.
31 Clive Cussler, Black Wind, London 2004.

Das mafiose Imperium: Robert Ludlums Amerika

1 Robert Ludlum, Das Sigma-Protokoll, München 2003 (2001).
2 »Robert Ludlum«, in: CANR, vol. 63, Detroit 1998, S. 320–324.
3 Robert Ludlum, Das Scarlatti-Erbe, München 1999 (1971).
4 Zahlen nach Paul Johnson, A History of the American People, New York 1999 (1997), S. 884.
5 James E.Patterson, Grand Expectations. The United States, 1945–1974, Oxford 1996, S. 752.
6 Robert Ludlum, Das Kastler-Manuskript, München 1977.
7 Walter Lippmann, Drift and Mastery, Englewood Cliffs, N.J. 1961, S. 23–27.
8 Robert Ludlum, Das Scarlatti-Erbe, a.a.O., S. 65.
9 Robert Ludlum, The Osterman Weekend, New York 1972.

10 Jonathan Ryder (=Robert Ludlum), Das Genessee-Komplott (=Trevayne, New York 1973), München 1984.

11 Stephen Ambrose, Nixon. Vol. 3: Ruin and Recovery, New York 1992 (1991), S. 263.

12 Jonathan Ryder, Das Genessee-Komplott, a.a.O., S. 456.

13 So in: Robert Ludlum, Der Rheinman-Tausch, München 1999 (1974) und Das Kastler-Manuskript, a.a.O.

14 Robert Ludlum, Der Holocroft-Vertrag, München 2000 (1978).

15 Robert Ludlum, Der Matarese-Bund, München 1987 (1980), S. 5–11.

16 Robert Ludlum, Die Aquitaine-Verschwörung, München 1997 (1983), S. 685.

17 Robert Ludlum, Das Sigma-Protokoll, a.a.O.

18 ibd., S. 431.

19 ibd., 47.Kap., S. 641.

20 Robert Ludlum, Das Jesus-Papier, München 1989 (1977).

21 Robert Ludlum, Das Matarese-Mosaik, München 1999 (1998).

22 Robert Ludlum, Der Gandolfo-Anschlag, München 1999 (1975), S. 352.

23 Robert Ludlum, Der Matarese-Bund, München 1987 (1979).

24 Robert Ludlum, Das Matarese-Mosaik, a.a.O.

Zukunftskriege: mit Tom Clancy ins 21. Jahrhundert

1 Tom Clancy, Befehl von oben, Hamburg 1997 (1996), S. 9–43.

2 Hermann Kahn, Eskalation. Die Politik mit der Vernichtungsspirale. Mit einer Einleitung von Helmut Schmidt, Frankfurt/M 1966 (1965).

3 Sir John Hackett, Der Dritte Weltkrieg. Hauptschauplatz Deutschland. Mit einem Vorwort von General a. D. Graf Kielmansegg, München 1985 (1978).

4 Tom Clancy, Im Sturm (= Red Storm Rising, New York 1986), München 1996.

5 Tom Clancy, Befehl von oben (1997).

6 Colin Forbes, Kaltgestellt, a.a.O., S. 196.

7 Helen S. Garson, »Tom Clancy«, in: DLB 227, Detroit 2000, S. 106–114, und »Thomas Clancy«, in: CANR, vol. 62, Detroit 1997, S. 92–95.

8 Tom Clancy, Jagd auf Roter Oktober, München 2001 (1984).

9 Tom Clancy, Im Sturm, a.a.O., S. 174–182.

10 ibd., S. 21.

11 ibd., S. 49–52.

12 Tom Clancy, Der Kardinal im Kreml, München 1991 (1988).
13 Tom Clancy, »Back to the Frontier«, in: Tom Clancy/Martin H. Green-berg/Roland J. Green, eds., The Tom Clancy Companion, New York 1992.
14 Tom Clancy, Das Echo aller Furcht, Hamburg 1991.
15 Dazu zusammenfassend in zeitgenössischer Perspektive Stefan Fröh-lich, Die USA und die neue Weltordnung, Bonn 1992.
16 Tom Clancy, Befehl von oben, a.a.O., S. 950–954.
17 George Friedman/Meredith Lebard, The Coming War with Japan, New York 1991.
18 Tom Clancy, Die Ehrenschuld, Hamburg 1996 (1994).
19 Tom Clancy, Im Zeichen des Drachen, München 2000.
20 Dazu Sven Olaf Berggötz, »Jack Ryan's America: Tom Clancy und das außenpolitische Krisenmanagement in den USA«, in: Sabine Sielke, Hrsg., Der 11. September 2001. Fragen, Folgen, Hintergründe, Frank-furt/M. 2002, S. 131–146.

Rückblick: Das 20. Jahrhundert im Polit-Thriller

1 James Fenimore Cooper, The Spy. A Tale of the Neutral Ground, New York 1964 (1821).
2 Die anfangs unter Pseudonym serialisierten Kolportageromane Karl Mays haben später in die Werkausgaben Eingang gefunden. Es han-delt sich dabei um die folgenden Titel: »Schloß Rodriganda«, »Die Pyramide des Sonnengottes«, »Benito Juarez«, »Trapper Geierschna-bel«, »Der sterbende Kaiser«, »Der Weg nach Waterloo«, »Das Ge-heimnis des Marabut«, »Der Spion von Ortry«, »Die Herren von Greifenklau« (Karl May, Gesammelte Werke, Bd.51–59, Bamberg 1967). Zur biographischen Verortung siehe Hans Wollschläger, Karl May. Grundriß eines gebrochenen Lebens, Dresden 1990, und Her-mann Wohlgeschaft, Große Karl May-Biographie. Leben und Werk, Paderborn 1994. Zur Einordnung in die seinerzeitige Trivialliteratur siehe Peter Sprengel, Geschichte der deutschsprachigen Literatur von der Reichsgründung bis zur Jahrhundertwende, München 1998, S. 202–209.
3 Arthur Conan Doyle, Der Marinevertrag (The Naval Treaty, London 1893), in: Sherlock Holmes, Offenbach 2000, S. 432–460.
4 Nachdem sein Spannungsroman »The Mystery of Dr Fu Manchu« (1913) zum großen Hit wurde, konzentriert sich beispielsweise Henry

Ward (alias Sax Rohmer) bis zu seinem Tod im Jahr 1959 auf diese Variante.

5 Colin Forbes, Die unsichtbare Flotte, Hamburg 1994 (1992); Kaltgestellt (= This United State, New York 1999), München 2001. Siehe unser Kapitel über Colin Forbes.

6 Siehe John Atkins, The British Spy Novel. Styles in Treachery, London 1984, sowie Jost Hindermann, Der britische Spionageroman. Vom Imperialismus bis zum Ende des Kalten Krieges, Darmstadt 1995.

7 Rudyard Kipling, Kim, München 1978 (1901).

8 Joseph Conrad, Der Geheimagent. Eine einfache Geschichte, Frankfurt/M.1975 (1907).

9 Siehe unser Kapitel über Erskine Childers.

10 So porträtiert ihn auch Andrew Lycett in einer der neuesten Biographien und versäumt dabei nicht, den Bogen ins Agentenmilieu des Zweiten Weltkrieges und des Kalten Krieges zu schlagen. »Rudyard's book of this name attained mythical status among American spies: Allen Dulles, one of the first heads of the CIA, used to keep a copy beside his bed« (Rudyard Kipling, London 2000 (1999), S. 550.

11 Joseph Conrad, Mit den Augen des Westens, Frankfurt/M. 1975 (1910/11).

12 Andrew Mayne, The Secret Agent by Joseph Conrad, Basingstoke 1987.

13 Joseph Conrad, Der Geheimagent, S. 5.

14 Siehe unser Kapitel über John Buchan.

15 Joan DelFattore, »Herman Cyril McNeile«, in: DLB 77, Detroit 1989, S. 221–227.

16 ibd., S. 223.

17 Ian Fleming, Casino Royale, a.a.O.

18 Somerset Maugham, Ashendens Abenteuer, in: Gesammelte Erzählungen III, Zürich 1972 (1928).

19 Ted Morgan, Maugham. A Biography, New York 1980, S. 199–207.

20 Somerset Maugham, Ashendens Abenteuer, a.a.O., S. 7.

21 So Ted Morgan, Maugham, a.a.O., S. 313.

22 Hellmuth Karasek, in: Frederick Forsyth, Die Akte Odessa, München 1973 (1972), S. 396.

23 Edgar Wallace, The Adventures of Heine, London 1919.

24 Wallace hat übrigens in den zwanziger Jahren auch einen amerikanischen Serien-Spion mit dem Namen James Mortlake erfunden, der die im Ersten Weltkrieg begründete anglo-amerikanische Waffen- und Spionage-Bruderschaft verkörpert und schließlich 1959 mit Joa-

chim Fuchsberger verfilmt wird (Peter Haining, The Classic Era of Crime Fiction, a.a.O., S. 196).

25 Johann Mario Simmel, Es muß nicht immer Kaviar sein, München 1964.

26 Charakteristischerweise verlegt sich Tom Clancy auch, dabei unterstützt von entsprechenden Fachleuten, zunehmend auf die Produktion von »Power Plays«, in denen das Team eines amerikanischen OP-Center eine Abfolge globaler Sicherheitsbedrohungen, die von einzelnen Ländern ausgehen – etwa: Korea, Rußland, Spanien – durch unkonventionelles Eingreifen beseitigt (z. B. Tom Clancys OP-Center, München 1996 (1995), Tom Clancys Power Plays: Politika, München 1999 (1997), Tom Clancys OP-Center 5: Balance of Power, München 1999 (1998).

27 Tom Clancy, Im Zeichen des Drachen, München 2000.

28 John Buchan, The Courts of Morning, London 1929, zit. nach Andrew Lownie, John Buchan, a.a.O., S. 164.

29 Siehe Kap. 5 über Helen MacInnes.

30 So begreift ihn auch David Canadinne, »Fantasy: Ian Fleming and the Realities of Escapism«, in: Churchill's Shadow, London 2002, S. 279–311.

31 Siehe unser Kapitel über Colin Forbes.

32 Siehe unser Kapitel über Frederick Forsyth.

33 Siehe unser Kapitel über John Le Carré.

34 Frederick Frost (=Frederick Faust), Secret Agent Number One, New York 1936; Spy Meets Spy, New York 1937; The Bamboo Whistle, New York 1937. Siehe dazu Peter Haining, The Classic Era in Crime Fiction, S. 202–204.

35 Es gab Ausnahmen, so Upton Sinclair. Nach dem Abklingen seiner linken Phase beginnt er Ende der dreißiger Jahre eine Serie melodramatischer zeitgeschichtlicher Romane zu schreiben, in denen sich der Playboy Lanny Budd, aus dem schließlich ein Emissär Präsident Roosevelts wird, im Europa der Zwischenkriegszeit und des Zweiten Weltkriegs herumtreibt, auch mit den künftigen oder schon amtierenden Diktatoren zusammentrifft, die üblichen Abenteuer erlebt und schließlich – inzwischen ist der linksradikale Sinclair zum überzeugten Antikommunisten geworden – auch noch im Korea-Krieg für Amerika, die Vormacht der Demokratie, aktiv wird. (Genannt seien: Zwischen zwei Welten, Bern o. J. (Between Two Worlds, 1941), Drachenzähne, Bern 1954 (= Dragon's Teeth, 1942), Presidential Agent (1944), Lanny Budd kehrt zurück, Bern 1953 (The Return of Lanny Budd, 1953). Zu

Sinclair siehe »Upton Sinclair«, in: DLB 9, Detroit 1981, S. 25–32. Einer der frühen Polit-Thriller ist »The Manchurian Candidate« von Richard Condon. Das ziemlich wirre Buch erschien 1959 und enthält die typischen Ingredienzien des Polit-Thrillers: Gefangennahme des Helden im Koreakrieg, wo er durch perfide mentale Konditionierung zum willenlos aus dem Unterbewußtsein gesteuerten Werkzeug der Kommunisten gemacht wird, Rückkehr als vermeintlicher Kriegsheld ins Milieu eines skrupellosen Senators und seiner genauso skrupellosen Mutter und Schießerei inmitten eines Parteitages zur Wahl des Präsidentschaftskandidaten im Jahr 1960. Der Thriller wurde 1962 mit Frank Sinatra in der Hauptrolle verfilmt, nach der Ermordung Kennedys aus dem Verkehr gezogen und 2004 mit Denzel Washington und Meryl Streep erneut verfilmt.

36 Arthur Hailey, Auf höchster Ebene, Frankfurt/M 1976 (1961).

37 Leon Uris, Topas, München 1979 (1967).

38 Siehe unser Kapitel über Clive Cussler.

39 Siehe unser Kapitel über Tom Clancy.

40 Michael Crichton, Nippon Connection, München 1994 (1992).

41 Eric L.Harry, Invasion, München 2002 (2000).

42 Siehe unser Kapitel über Eric Ambler.

43 Eric Ambler, Mit der Zeit, a.a.O., Zürich 1983, S. 51.

44 Wem ist der Vorzug zu geben – dem Briten Gerald Seymour (Das tödliche Patt, Bergisch Gladbach 1979 ›1976‹) oder dem Amerikaner Daniel Silva (Der Botschafter, München 2000 ›1999‹)?

45 Der beste Thriller über die RAF stammt von dem schwedischen Fernsehjournalisten Jan Guillou: Der demokratische Terrorist, München 1991 (1987).

46 Neben den von uns ausführlicher diskutierten Autoren und Titeln läßt sich die Karriere des Themas u. a. studieren bei Colin Forbes, (Tafak, München 1977 ›1975‹): Terroranschlag, finanziert durch einen schwerreichen Scheich gegen einen Supertanker mit dem Ziel nuklearer Erpressung); Gerald Seymour (Fliegenpilz, München 1977 ›1976‹): Anschlag auf einen israelischen Atomphysiker); Robin Moore (Dubai, München 1988 ›1976‹): Söldnermelodram im Spannungsfeld Israels und der arabischen Staaten); Nelson De Mille (An den Wassern von Babylon, München o.J. ›1978‹): melodramatische Entführung einer Concorde mit einer israelischen Delegation zu den Trümmern des alten Babylon); Ken Follett (Dreifach, Bergisch Gladbach 1980 ›1979‹): der Mossad sucht die Entwicklung einer ägyptischen Atombombe mit allen Mitteln zu verhindern); Alfred Coppel (Finale in der

Wüste, München 1985 ›1981‹): Sturz der korrupten Saudi-Dynastie, Gefährdung der westlichen Ölversorgung); Gerald Seymour (Aus nächster Nähe, Bergisch Gladbach 1990 ›1987‹): Todeskommando eines britischen Rächers an arabischen Terroristen im Libanon); Jan Guillou (Coq Rouge, München 1991 ›1986‹): Ein schwedischer Agent und eine Mossad-Agentin verhindern einen PLO-Anschlag); David Masson (Schatten über Babylon, München 1994 ›1993‹): Mordanschlag auf Saddam Hussein durch ein britisches Kommando).

47 John Le Carré, Die Libelle, Köln 1983.
48 Siehe unser Kapitel über John Buchan.
49 Siehe unsere Kapitel über Ian Fleming und Clive Cussler.
50 Fletcher Knebel, Der Präsident, Hamburg 1966 (1965).
51 Siehe unser Kapitel über Robert Ludlum.
52 Siehe unser Kapitel über Paul E. Erdman.
53 Siehe unsere Kapitel über Clive Cussler und Robert Ludlum.
54 Eric Ambler, Mit der Zeit, Zürich 1983 (1981), S. 51.

Die Autoren

Erskine Childers (1870–1922) schreibt 1903 den ersten modernen Spionage-Thriller »Das Rätsel der Sandbank« – bis heute ein Kultbuch von Thriller-Lesern und Segelsportlern. Er ist der einzige englische Thriller-Autor, der zum irischen Nationalhelden wird und den Tod vor einem Erschießungskommando findet.

John Buchan (1875–1940) erfindet im Ersten Weltkrieg den ersten Meisterspion und Thriller-Serienhelden Richard Hannay. »Die 39 Stufen«, auch dies ein Kultbuch von Thriller-Freunden, wird 1934 von Alfred Hitchcock verfilmt. Dieser Großmeister des »Schokkers« ist ein Bergsteiger, Vorkämpfer des britischen Empire, im Krieg Leiter der Regierungspropaganda und verstirbt 1940 als Generalgouverneur von Kanada.

Eric Ambler (1909–1998) schreibt in den dreißiger Jahren die besten Spionage-Thriller der Vorkriegszeit. Dann wird aus ihm ein gefragter Filmemacher und Drehbuchautor. Von 1950 bis 1986 datiert seine zweite literarische Schaffensphase. Amblers bevorzugte Thrillerlandschaften liegen am Mittelmeer, auf dem Balkan und in der Dritten Welt. Von seinen zahlreichen Verfilmungen ist »Topkapi« mit Peter Ustinov am berühmtesten. Süchtige Leser seiner coolen Thriller feiern auch ihn als Meister des Genres.

Graham Greene (1904–1991) ist nach Meinung vieler der bedeutendste Schriftsteller Englands im 20. Jahrhundert. Daß er auch seit den dreißiger Jahren bis in sein Alter einer der großen Thriller-Schreiber gewesen ist, wird häufig vergessen. Genausowenig ist ins öffentliche Bewußtsein gedrungen, daß der Verfasser der Geheimdienstsatire »Unser Mann in Havanna« und anderer kri-

tischer Spionage-Thriller an die vierzig Jahre lang erst als offizieller und dann als inoffizieller Mitarbeiter des Secret Intelligence
Service (SIS) tätig war und dafür gut honoriert wurde. Die letzten
25 Lebensjahre verbrachte er in Frankreich, im Steuer-Exil.

Helen MacInnes (1907–1985), eine in Amerika lebende Schottin,
ist die bisher einzige Queen des Spionage-Thrillers. Ihre Themen
sind Spionage und Desinformation im Zweiten Weltkrieg und in
den langen Jahrzehnten des Kalten Krieges. Sie schreibt kämpfe-
risch gegen alle totalitären Großmächte an, schätzt komplizierte
Plots und ist die Erfinderin des touristischen Spionage-Thrillers
vom Typ »Auftrag in Venedig«.

Ian Fleming (1908–1964) ist der Erfinder von James Bond. Wer
von Thrillern spricht, denkt zuallererst an ihn. Er kennt die Welt
der Geheimdienste genau, denn im Zweiten Weltkrieg war er im
Rang eines Commander Assistent des Leiters der britischen Ma-
rinespionage. Wie seine Romanfigur James Bond führt auch er
das Leben eines Snobs. Flemings Thriller machen in den fünfziger und frühen sechziger Jahren Furore. Von allen Thriller-
schreibern ist Fleming am häufigsten, am teuersten, am verrücktesten und manchmal auch am schlechtesten verfilmt worden.
Das hat seinen Ruhm lebendig erhalten.

John Le Carré (*1931) gilt neben Eric Ambler als literarische Spit-
zenbegabung unter den Verfassern von Geheimdienst-Thrillern.
Fast alle seine Bücher sind verfilmt worden, die meisten mit Spit-
zenschauspielern von Alec Guiness über Sean Connery bis Michelle Pfeiffer. Als junger Mann war er selbst in der Intelligence
tätig. Seine Dauerthemen sind der Verrat und die Schlechtigkeit
der Welt. Seine Schauplätze sind Deutschland im Kalten Krieg,
London als Tatort britischer Geheimdienstintrigen, Rußland und
trostlose Dritte-Welt-Länder.

Paul E. Erdman (*1932) ist der Ökonom unter den Thriller-Schreibern. Zugleich ist er der Erfinder des Thrillers der globalisierten Finanzmärkte. Geistig ist er ein Mann zweier Welten. In Kanada geboren, hat er in Basel promoviert, stand dort an der Spitze einer kalifornischen Bank, die fallierte, geriet wegen unzulässiger Spekulationen 1970 in Untersuchungshaft und lebt seither in Amerika, das er genauso kritisch betrachtet wie die Schweiz. Im Gefängnis begann er seinen ersten Thriller zu schreiben, der 1973 zum Bestseller wurde. Sein 1976 veröffentlichter Thriller »The Crash of '79« machte ihn zu einem Jeremias der siebziger Jahre.

Colin Forbes (*1923) ist in London geboren, war im Zweiten Weltkrieg Offizier, ging dann in die Wirtschaft und schreibt seit 1965 Thriller auf Thriller, in denen Tag und Nacht wachsame Geheimdienstchefs die westliche Welt und zuallererst England vor schrecklichsten äußeren und inneren Gefahren retten. Man kann ihn als Geistesverwandten von Helen MacInnes und Tom Clancy betrachten. Seine Helden predigen erfreulich wenig, schätzen aber schnelle Autos oder Motorräder und sind unfehlbare Scharfschützen.

Frederick Forsyth (*1938) war gerade 36, als er mit seinem Erstling »Der Schakal« an die Spitze der Bestsellerlisten gelangte. Dort hat er sich bis heute gehalten. Zuvor war er RAF-Pilot und Journalist. Forsyth-Leser schätzen seine detaillierten Recherchen. Die von ihm mit Vorliebe geschilderten Geheimoperationen und Militäreinsätze erfolgen mit der Präzision eines Uhrwerks. Er ist ein Meister des fiktiven Tatsachenromans. Außerdem hat er die schönste moderne Weihnachtsgeschichte geschrieben: »Der Lotse«.

Clive Cussler (*1931) ist, neben den vielen englischen Thriller-schreibern, ein waschechter Amerikaner. Er hat dem Thriller die Weiten und Tiefen der Ozeane erschlossen, vorzugsweise in polaren Breiten, und den Serienhelden Dirk Pitt nebst seinen Gefährten bei der NUMA erfunden. 1977 hatte er die geniale Thriller-

Idee, die Titanic aus den Tiefen des Atlantik heben und nach dem Zielhafen New York schleppen zu lassen. Seither kauft seine Fan-Gemeinde jedes Buch dieses alten Seebären. Wer studieren möchte, wie sich das imperiale Amerika im Thriller darstellt, wird bei ihm fündig.

Robert Ludlum (1927–2001). Auch dieser Amerikaner hat in vielen Ländern eine riesige Fan-Gemeinde. Von seinen gepfefferten Verschwörungs-Schmökern wurden in drei Jahrzehnten 210 Millionen Exemplare verkauft. Er schildert Amerika als evil empire, das von Gangstern dirigiert wird. Überhaupt ist für ihn die ganze Welt ein Albtraum, in dem Großkriminelle hinter den Kulissen die Fäden ziehen. Er blieb bis zum Tod zu Beginn des 21. Jahrhundert der Polit-Thriller-Schreiber der antiautoritären und antikapitalistischen Achtundsechziger-Generation.

Tom Clancy (*1947), ein Amerikaner auch er, gehört zu den innovativen unter den zeitgenössischen Thrillerschreibern. Clancy-Fans streiten darüber, ob die Buchfassung der »Jagd auf Roter Oktober« aus dem Jahr 1984 spannender ist oder der Film. Manche nennen ihn den Erfinder des Techno-Thrillers, andere des Kriegsspiel-Thrillers. Er ist auch der bisherige einzige Thrillerautor, der seinen Helden Jack Ryan über verschiedenste Funktionen bis ins Weise Haus aufsteigen ließ. Vor dem 11. September 2001 schrieb man, Clancy sei ein Erfinder von Zukunftskriegen. Inzwischen hat die Zukunft begonnen.

HANS-PETER SCHWARZ

Anmerkungen zu Adenauer

DVA

Hans-Peter Schwarz
ANMERKUNGEN ZU ADENAUER
220 Seiten

Große Biographien in der DVA

Hans-Peter Schwarz
ADENAUER
Der Aufstieg: 1876-1952
1024 Seiten mit 103 Abbildungen

Hans-Peter Schwarz
ADENAUER
Der Staatsmann: 1952-1967
1083 Seiten mit 97 Abbildungen

Peter Merseburger
DER SCHWIERIGE DEUTSCHE
KURT SCHUMACHER
Eine Biographie
544 Seiten mit 34 Abbildungen

Peter Merseburger
WILLY BRANDT
1913-1992
Visionär und Realist
928 Seiten mit 94 Abbildungen

Große Biographien in der DVA

Hartmut Soell
HELMUT SCHMIDT
Vernunft und Leidenschaft
1914-1969
544 Seiten mit 34 Abbildungen

Stefan Aust / Robert Fleck
HELMUT SCHMIDT
Ein Leben in den Bildern des SPIEGEL-Archivs
208 Seiten mit 147 Abbildungen

Klaus Dreher
HELMUT KOHL
Leben mit Macht
671 Seiten mit 45 Abbildungen

Philipp Gassert
KURT GEORG KIESINGER
1904-1988
Kanzler zwischen den Zeiten
ca. 700 Seiten mit ca. 40 Abbildungen
(erscheint im Frühjahr 2006)

Peter Hoffmann
CLAUS SCHENK GRAF VON STAUFFENBERG
UND SEINE BRÜDER
672 Seiten mit 52 Abbildungen

Ian Kershaw
HITLER
1889-1936
972 Seiten

Ian Kershaw
HITLER
1936-1945
1343 Seiten

www.dva.de